Franz Böckle · Fundamentalmoral

Franz Böckle

Fundamentalmoral

Kösel-Verlag München

CIP-Kurztitelaufnahme der Deutschen Bibliothek

Böckle, Franz

Fundamentalmoral. – 2. Aufl. – München: Kösel, 1978.

ISBN 3-466-20124-1 Pb.

ISBN 3-466-20123-3 Lw.

ISBN 3-466-20123-3 (Leinenausgabe)
ISBN 3-466-20124-1 (kart. Ausgabe)

Zweite Auflage 1978

Mit kirchlicher Druckerlaubnis. München, 28. VII. 1977. GV Nr. 4503/77/1a
Dr. Gerhard Gruber, Generalvikar.
Gesamtherstellung: Kösel, Kempten
Umschlag: Günther Oberhauser, München

Inhalt

Zweiter Abschnitt: Natur – Erfahrung – Vernunft

3. Kapitel: Entwicklung und Begründung sittlich-normativer Urteile

Dritter Abschnitt: Der Beitrag der Kirche

Vorwort

Die Renovationsarbeiten am Gebäude der Moraltheologie nehmen offensichtlich kein Ende. Dabei ist die Bauhütte nicht etwa erst nach dem zweiten Weltkrieg installiert worden. Man hat seit dem Mittelalter immer an der Moral gebaut und neue Stilelemente eingefügt. Wenn also auch unsere Generation ihre Kunst versucht, sollte man deswegen nicht schon in Sorge sein. Man möge redlich prüfen, ob es uns gelingt, die Bausubstanz zu erhalten und in moderner Gestalt wirkungsvoll zum Ausdruck zu bringen. Eine solche Prüfung setzt allerdings voraus, daß man gelegentlich das ganze Gebäude in Blick bekommt. Das war in den letzten zehn Jahren zugegebenermaßen schwierig. Pläne wurden vorgelegt und an verschiedenen Ecken wurde auch intensiv gearbeitet. Wer aber nicht selber von der Zunft war, der konnte daraus nicht klug werden. Er hatte den Eindruck, daß hier ganze Gewölbe ausgebrochen und vertraute Figuren abtransportiert wurden; so mußte er sich fragen, ob dafür Ebenbürtiges zur Verfügung stehe. Inzwischen sind die Arbeiten vieler Bauleute soweit gediehen, daß man eine Führung wagen und zumindest eine Vorstellung der Grundstruktur der »renovierten« Moraltheologie wagen kann.
Es sind ja vor allem die Grundfragen der Moraltheologie, die in den letzten fünfzehn Jahren in einem fruchtbaren internationalen Dialog diskutiert werden. Und es handelt sich keineswegs um eine bloß kircheninterne Diskussion. Durch das Zweite Vatikanische Konzil ermuntert, suchen die Theologen das Gespräch mit allen, die sich um eine Verbesserung unserer gesellschaftlichen Ordnung bemühen. Die Fragen – auch die kritischen Fragen an Theologie und Kirche – werden gehört. Man überlegt, worin der spezifische Beitrag einer christlichen Ethik liege; man prüft aber auch, wie in fundamentalen Aussagen zur Güter- und Normenlehre ein breiter gesellschaftlicher Konsens zu gewinnen sei. In der vorliegenden Fundamentalmoral wird versucht, wichtige Erkenntnisse der philosophischen wie der sozialwissenschaftlichen und theologischen Diskussion in eine Gesamtdarstellung der moraltheologischen Prinzipienlehre einzubringen. Die prinzipiellen Einsichten

sollen helfen, auf konkrete sittliche Fragen eine fundierte Antwort zu finden, die sowohl die notwendige Allgemeingültigkeit hat als auch dem individuellen Entscheid den gebührenden Raum und die geforderte Sicherheit verleiht. Der Leser wird vermutlich ein eigenes Kapitel über das Gewissen vermissen. Eine Psychologie des Gewissens muß ich kompetenteren Leuten überlassen, dem begründeten sittlichen Urteil aber will das Ganze in all seinen Teilen dienen.

Der Autor hat vielen zu danken. Vorab den Kollegen; sie werden eigene Ansätze und Gedanken überall verarbeitet wiederfinden. Der Dank gilt auch den vielen Diplomanden und Doktoranden, deren Fragen und Untersuchungen ich nicht wenige Anregungen verdanke. Ganz besonders aber bin ich meinen engsten Mitarbeitern zu großer Dankbarkeit verpflichtet. Mein Assistent, Gerd Höver, der eine Arbeit über Erfahrung und Werteinsicht vorbereitet, war immer zur Stelle, sei es mit seinem fachlichen Wissen speziell aus dem Bereich der Sozialwissenschaften, sei es bei der Kontrolle und Ergänzung des Textes. Seine Frau, Ingeborg Höver-Johag, hat besonders den alttestamentlichen Teil kritisch gelesen und bereichert. Sie hat zusammen mit ihrem Mann und Herrn Norbert Klatt auch das Register erstellt. Unermüdlich stand Frau Claire Reiter an meiner Seite; sie hat nicht nur das ganze Manuskript geschrieben, sie hat uns alle fortwährend stimuliert und entscheidend zum guten Abschluß beigetragen.

Franz Böckle

Einleitung

§ 1 Begriff und Aufgabenstellung der Fundamentalmoral

A. Der Begriff »Fundamentalmoral«

»Allgemeine Moraltheologie« oder »moraltheologische Prinzipienlehre« nannte man bisher den Sachbereich, von dem hier unter neuem Titel gehandelt werden soll. Der Ausdruck »fundamental« scheint in der Theologie Schule zu machen; man spricht nicht mehr bloß von Fundamental*theologie,* sondern ebenso von Fundamental*katechetik* und Fundamental*moral.* Handelt es sich um eine bloße Modeerscheinung? Anscheinend geht es um mehr. Der Begriffswandel deutet auf eine *veränderte Problemstellung* hin. Diese wiederum hängt mit der allgemeinen geistes- und kulturgeschichtlichen Situation zusammen. Die Emanzipation der modernen Wissenschaften aus theologisch-philosophischer Bevormundung ist längst vollzogen. Die Aufsplitterung in einzelne wissenschaftliche Disziplinen mit ihrer methodischen Autonomie nimmt ständig zu. Ein vordergründig funktionales Denken beherrscht den Wissenschaftsbetrieb. Die Philosophie sucht weitgehend in der Wissenschaftstheorie ihre neue Identität. Wert- und Sinnfragen werden in den vorwissenschaftlichen Bereich verwiesen oder als Gegenstand von Wissenschaft nur so weit akzeptiert, als sie testbaren Hypothesen zugänglich sind. Man hält den Anspruch auf nicht-hypothetisches Wissen für unvereinbar mit einer freien offenen Gesellschaft. Diese Situation bringt der Theologie als Wissenschaft nicht unerhebliche Legitimationsprobleme.

Die Diskussion über den Wissenschaftscharakter der Theologie

ist dementsprechend in vollem Gange[1]. Zwei Fragen stehen dabei im Vordergrund: eine wissenschaftstheoretische und eine mehr

[1] B. Casper/K. Hemmerle/P. Hünermann, Theologie als Wissenschaft. Methodische Zugänge, QD 45, Freiburg i. Br. 1970; G. Sauter (Hrsg.), Wissenschaftstheoretische Kritik der Theologie. Die Theologie und die neuere wissenschaftstheoreti-

methodologische. Wissenschaftstheoretisch geht es um die Beziehung der Theologie zu den übrigen Wissenschaften. Ist Theologie überhaupt eine Wissenschaft? Die Antwort hängt ab von dem, was man als Wissenschaft verstehen will. Wer den Gegenstand von Wissenschaft auf den Bereich testbarer Hypothesen beschränkt, muß der Theologie logischerweise den Wissenschaftscharakter absprechen. Diese radikale Reduktion des Wissenschaftsbegriffs gründet allerdings in einer Setzung, die dem umfassenden Begriff menschlicher Erfahrung nicht entspricht. Durch den Gebrauch der exakten Wissenschaften ist der ursprünglich umfassende Sinn von »Empeiria« resp. »experientia« einseitig auf die Methoden empirischer Kontrolle und ihrer Kenntnis festgelegt worden[2]. In der Ursprungsbedeutung weisen das griechische wie das lateinische Wort sowohl auf den *Erfahrungsvorgang* wie auch auf die *Erfahrenheit* als Ergebnis vieler Erfahrungsvorgänge hin. Eine Phänomenologie der Erfahrung zeigt deren vielschichtige Dimension: Neben die *gemessene Erfahrung* auf der kognitiv-theoretischen Ebene (Empirie im engeren Sinn) tritt die *erlebte und gelebte Erfahrung* auf der pragmatischen Ebene und schließlich die *gestaltete und gedeutete Erfahrung* auf der Ebene des Sinnverstehens[3]. Mit Recht wendet man sich darum immer mehr gegen die Festlegung des Wissenschaftsbegriffs ausschließlich von *einer* Methode her. Es gibt nicht einfach *die* Wissenschaft; es gibt verschiedene Wissenschaften, die unter klar definierten Voraussetzungen mit ebenso bestimmten Methoden ihren »Gegenstand« untersuchen und die Erkenntnisse systematisch zu ordnen und zu vermitteln vermögen. Die wissenschaftstheoretische Frage nach dem Wissenschaftscharakter der Theologie führt damit von selbst zur Methodenfrage. Theologie sollte sich unseres Erachtens nicht allzulange bei der Vorfrage aufhalten, ob sie zum erlauchten Kreis der Wissenschaften gehöre oder nicht und welche Position sie dabei möglicherweise einzunehmen vermöge. Sie hat sich ihrem

sche Diskussion. Materialien – Analysen – Entwürfe, München 1973; W. Pannenberg, Wissenschaftstheorie und Theologie, Frankfurt a. M. 1973; H. Peukert, Wissenschaftstheorie – Handlungstheorie – Fundamentale Theologie, Düsseldorf 1976.

[2] Vgl. D. Mieth, Der Wissenschaftscharakter der Theologie, in: FZPhTh 23, 1976 13–41,31; H. Rombach, Der Glaube an Gott und das wissenschaftliche Denken, in: H.-J. Schultz (Hrsg.), Wer ist das eigentlich – Gott?, München 1969, 192–208.

[3] Vgl. D. Mieth, a. a. O. 30.

Gegenstand, der Offenbarung Gottes in der Geschichte, zu stellen und von daher nach den Methoden zu fragen, mit denen sie ihre Erkenntnisse vor dem *heute fragenden Menschen* überzeugend vermitteln kann. Da dieser Mensch unausweichlich von *wissenschaftlichen Erwartungen mitgeprägt* wird, muß sie diesen Erwartungen die gebührende Beachtung schenken. Dieser Anforderung suchen wir zu genügen nicht durch wissenschaftstheoretische Erörterungen, sondern durch eine klare Definition unseres Ausgangspunktes, unserer Fragestellung und der methodischen Schritte, die zu den Ergebnissen führen.

Soweit diese methodischen Fragen und die Legitimationsproblematik die Theologie im allgemeinen betreffen, gehören sie zum klassischen Aufgabenbereich der *Fundamentaltheologie.* Ihre Beantwortung dient auch der Moraltheologie als Grundlage, da sie sich selbst als *theologische* Disziplin versteht. Als *ethische Theorie* wachsen ihr aber eine Reihe *zusätzlicher Legitimationsprobleme* zu. Sie kommen teils aus dem eben skizzierten, einseitig festgelegten Wissenschaftsverständnis, das jede Ethik wegen der implizierten Werturteile in den rein subjektiven Bereich abdrängt oder der totalen Hypothetisierung unterwirft. Sie kommen zum anderen Teil aber auch aus der eigenen moraltheologischen Tradition, die durch die Verabsolutierung bestimmter sittlicher Urteile sich selbst in eine ausweglose Situation gebracht hat. Die heute aus verschiedenen Richtungen vorgebrachten Einwände und Vorbehalte gegen bisher fraglos angenommene Voraussetzungen der Moraltheologie gestatten uns nicht, uns auf eine systematische Darlegung systemimmanenter Prinzipien zu beschränken. Wir müssen die Fundamente einer theologisch-ethischen Theorie auf dem Hintergrund der geistesgeschichtlichen Situation neu zu begründen versuchen. Um dieses umfassende Anliegen zum Ausdruck zu bringen, sprechen wir *nicht* von einer *Prinzipienlehre, sondern* von einer *fundamentalen Moraltheologie* (Fundamentalmoral). Damit ist auch

B. Die Aufgabenstellung der Fundamentalmoral

im Prinzip bereits benannt: Bezogen auf die gegenwärtige geistes- und kulturgeschichtliche Situation, soll die *Berechtigung einer ethischen Theorie zur Wert- und Normbegründung aufgezeigt und dabei speziell die dem christlichen Glauben zufallende Funktion dargestellt werden.*

Gegen dieses Konzept erhebt sich möglicherweise Widerspruch. Die Formulierung läßt vermuten, daß hier vornehmlich eine allgemeine ethische Theorie entfaltet werden soll, der dann die aus dem Glauben wachsenden Einsichten ergänzend und modifizierend einverleibt werden. Statt dessen erwartet man vom Moral*theologen* eine im Glauben fundierte und durchgängig geprägte Handlungstheorie. Noch unmittelbar vor dem II. Vaticanum forderte man »von der Moraltheologie einen organischen Aufbau aus der Mitte der Offenbarung in Christus, eine stärkere Herausarbeitung der sakramental-ontischen Basis im Moralsubjekt und methodisch eine stärkere und textkritische Heranziehung der positiven Quellen«[4]. Entsprechend lebhaft diskutierte man über heilsgeschichtlich konkrete Aufbauprinzipien[5]. Man sah jedoch bald ein, daß mit Programmworten wie »Nachfolge Christi«, »Königsherrschaft Gottes«, »Sakramentale Christusbildlichkeit« u. a. keine allgemeine normative Theorie zu gewinnen war. Die christologische Konzentration[6] zeigte sehr bald, daß

[4] F. Böckle, Bestrebungen in der Moraltheologie, in: J. Feiner/J. Trütsch/F. Böckle (Hrsg.), Fragen der Theologie heute, Einsiedeln–Zürich–Köln [3]1960, 425–446, 426.

[5] Das von F. Tillmann angewandte Grundprinzip der Nachfolge Christi wurde vertieft und entsprechend abgewandelt. Nachfolge Christi wird verstanden als ein im sakramentalen Leben begründeter Mitvollzug des Lebens Christi. Man versteht den Menschen konkret-heilsgeschichtlich als Glied am mystischen Leib (E. Mersch, Morale et corps mystique, Louvain 1937) oder in seiner Berufung zur Königsherrschaft Gottes (J. Stelzenberger, Lehrbuch der Moraltheologie. Die Sittlichkeitslehre der Königsherrschaft Gottes, Paderborn 1953) oder als den in Christus und durch Christus geschaffenen und erneuerten Menschen (N. Krautwig, Entfaltung der Herrlichkeit Christi. Eine Wesensbestimmung der katholischen Moraltheologie, in: WiWei 7, 1940, 73–99, B. Häring, Das Gesetz Christi, Freiburg i. Br. 1954). Entsprechend heißt dann das Aufbauprinzip: »Lebensgestaltung in Christus zur Gleichgestaltung mit ihm zur Verherrlichung Gottes in Kirche und Welt« (G. Ermecke, Die Stufen der sakramentalen Christusbildlichkeit als Einleitungsprinzip der speziellen Moral, in: Th. Steinbüchel/Th. Müncker [Hrsg.], Aus Theologie und Philosophie, Festschrift für F. Tillmann, Düsseldorf 1950, 35–48), oder gnadengetragene Gestaltung des »alter Christus« als Glied im mystischen Herrenleib (R. Egenter, Art. Moraltheologie, in: LThK[2] VII, 613–618).

[6] In streng christologischer Konzentration bestimmt K. Barth die Schöpfung formal als Voraussetzung der Erlösung, die Natur als Voraussetzung der Gnade. Im ewigen Ratschluß Gottes zur Menschwerdung des Sohnes Gottes ist die Schöpfung

sich die Gestalt Christi als Universale Concretum einer normativen Verallgemeinerung widersetzen muß. Gewiß gibt die im Glauben gründende christliche Existenz, die Wendung vom eigenen Suchen zum Gefundenwordensein durch Gott, dem Leben eine neue Richtung. Und das besagt mehr als ein neues ethisches Motiv; es eröffnet Horizonte und erschließt verschlossene Möglichkeiten des Handelns. Aber – und darin liegt das Entscheidende – diese Möglichkeiten sind Erfüllung der ursprünglichen Berufung des Menschen, aller Menschen. Die christliche Botschaft erträgt daher keine sektiererische Verengung. Sie will *universale Botschaft für alle Menschen* sein. Das Zweite Vatikanische Konzil hat durch den Aufruf zur Mitverantwortung der Christen im gesellschaftlichen Bereich neue Impulse dazu gegeben. Entsprechend vollzog sich auch in der Theologie eine Akzentverlagerung. Unter dem Programmwort einer »Theologie der Welt«, einer »politischen Theologie« resp. einer »Theologie der Befreiung« wendet man sich gegen eine individuelle Verengung des christlichen Heils. Die Heilsbotschaft muß immer mitsamt ihrem Öffentlichkeitsbezug gesehen werden. Der Theologie insgesamt (und nicht nur einem Sondertraktat) kommt

mit- und vorausgesetzt. Das ewige Voraus Jesu Christi vor und in aller Grundlegung der Welt ist die ewige Garantie einer guten, in ihrer Natur nicht zerstörbaren Welt. Das Problem der Voraussetzung liegt darin, daß man das Vorausgesetzte zwar im Lichte der Setzung betrachten muß, um es zu verstehen, sich aber andererseits hüten muß, es irgendwo mit dieser Setzung zu identifizieren. Die ganze Schöpfungslehre ist hineingestellt in eine doppelte Unmöglichkeit: es ist einerseits unmöglich, die Naturordnung aus der Erlösungsordnung zu deduzieren, andererseits ist es ebenso unmöglich, die Ordnungen zu trennen und von unten her das Wesen und den Sinn der Natur zu bestimmen. Der Begriff der Voraussetzung schließt darum eine Dualität der Ordnungen ein. Er besagt nichts anderes als eine echte, aber doch nur relative Selbständigkeit der Naturordnung innerhalb der Ordnung der Gnade (vgl. K. Barth, KD I/1, 431; II,172). Alles Geschaffene ist nur Zeichen der Verheißung und Erwartung der Gnade. Alles wahre Menschsein ist nur noch Epiphänomen Christi. Wenngleich Barth sich von diesem dogmatischen Standpunkt aus scharf *gegen eine Schöpfungsordnung,* die der natürlichen Vernunft jedes Menschen einleuchtet, wendet, ist er dennoch bereit, den Begriff der Schöpfungsordnung einzusetzen, und zwar als »der besondere Bereich göttlichen Gebietens und menschlichen Handelns, in welchem hier der dem Menschen in Jesus Christus gnädige Gott auch als Schöpfer gebietet, und dort der Mensch, dem Gott in Jesus Christus gnädig ist, auch als sein Geschöpf vor ihm steht und durch sein Gebot geheiligt und befreit werden soll... Wir treten, um dieser Ordnung gewahr zu werden, aus dem geschlossenen Kreis theologischer Erkenntnis nicht heraus« (KD III/4,49). Hieraus wird klar, daß es für Barth keine andere Form theologischer Ethik als allein eine *Glaubensethik* geben kann.

die Aufgabe zu, das Verhältnis zwischen Religion und Gesellschaft, zwischen Kirche und gesellschaftlicher Öffentlichkeit sowie zwischen eschatologischem Glauben und gesellschaftlicher Praxis neu zu bestimmen[7].

»*Glaube und Handeln*« unter dem speziellen Aspekt der Öffentlichkeitsgeltung der christlichen Botschaft wurde so zum *zentralen Thema der Moraltheologie.* Dabei können sich aber die Moraltheologen mit dem allgemeinen Postulat nach Durchdringung und Formung der Gesellschaft durch die Befreiungsbotschaft des Evangeliums nicht zufriedengeben. Es genügt auch nicht, einzelne konkrete gesellschaftskritische Forderungen aufzustellen. Abschaffung der Rassendiskriminierung, Bekämpfung der Massenarmut, Schutz dem Lebensrecht der Geborenen wie der Ungeborenen usw., das sind zweifellos fundamentale Ansprüche, für die sich Christen an vorderster Front einsetzen müssen. Die Aufgabe der Moraltheologie ist umfassender. Nicht selten stehen fundamentale Ansprüche in gegenseitiger Konkurrenz, sie müssen erkannt und Handlungsregeln entwickelt werden. Zu Recht versteht sich die Moraltheologie seit ihrer wissenschaftlichen Ausprägung in der Hochscholastik als *normative Theorie,* d. h., sie sieht ihre Aufgabe in der Begründung und Darstellung eines umfassenden Systems sittlicher Normen (allgemein verbindlicher Gebote und Verbote). Soweit sie sich dabei immer schon auf die biblisch begründete Tradition berufen hat, sah sie darin nie einen Gegensatz zum Allgemein-Menschlichen. Es wurde vielmehr stets Wert gelegt auf die Feststellung, daß die Moral der Offenbarung die wahre Vernunftsmoral sei. Gerade dies berechtigt uns, ja macht es notwendig, die Grundfragen von der ethischen Theorie her zu stellen und dann nach der Bedeutung des christlichen Glaubens für die Ethik zu fragen.

Jede normative Ethik muß zwei resp. drei grundlegende Fragen beantworten: *Warum* sollen wir? Und: *Was* sollen wir? Wobei sich die zweite Frage in die zwei Teilfragen gliedert: Welche Güter und Werte (Zwecke) sind unserem Handeln vorgegeben? (Frage der Werteinsicht) und: Wie ist menschliches Handeln auf dem Hintergrund solcher Werteinsichten sittlich zu beurteilen? (Frage

[7] Vgl. J. B. Metz, Christliche Religion und gesellschaftliche Praxis, in: Dokumente der Paulus-Gesellschaft XIX, 30; D. A. Seeber, Was will die politische Theologie?, in: Her Korr 22, 1968, 345–349.

der Begründung sittlicher Urteile). Diese letzte Frage nach der Möglichkeit vernünftiger Begründung allgemeinverbindlicher moralischer Urteile beschäftigt heute intensiv auch die praktische Philosophie. Sie beherrscht gewissermaßen die ethische Diskussion. Ihre kritischen Fragen werden unser eigenes Suchen nach Antwort ständig begleiten.

1. Die Frage nach dem letzten Grund sittlicher Beanspruchung

Statt nach dem Grund sittlicher Beanspruchung könnte man auch nach dem *Grund und den Grenzen sittlicher Autonomie* des Menschen fragen. Darin liegt auch das spezielle Interesse unserer Fragestellung. Es ist für eine theologische Ethik eine bare Selbstverständlichkeit, daß sie den letzten Grund sittlicher Verpflichtung des Menschen in einer radikalen Beanspruchung des Menschen durch Gott sieht. Aber alles hängt an der Art und Weise, *wie* man diese göttliche Beanspruchung versteht. Und sie wird nur recht verstanden, wenn man sie als den universalen Horizont und das letzte Fundament der menschlichen Freiheit sieht. Abhängigkeit von Gott und Autonomie des Menschen schließen sich nicht aus. Seit Kant besagt Autonomie die Bestimmung des Menschen, sich als Vernunftwesen durch sich selbst zu bestimmen. Diese Autonomieerklärung bestimmt gewissermaßen das Ethos des modernen Menschen. Sie gilt als Proklamation der Freiheit aus der Umklammerung von fremden Autoritäten. Insbesondere scheint hiermit jeder religiös begründeten Moral der Boden entzogen. Es wäre unredlich, nicht zuzugeben, daß viele Formen der Begründung und der Vermittlung kirchlicher Morallehre sich mit der Autonomiethese nur schwer verbinden lassen. Der Haupttypus der Verkündigung ist der einer heteronomen Gebotsmoral. Gesetze oder Verbote, die uns durch die Natur oder durch die biblische Offenbarung vermittelt werden, gelten als immer gültiger und unantastbarer Ausdruck göttlicher Willensverfügung. Sie sind durch Gott selbst garantierte Normen des ius divinum. Aber genau dagegen ist zu zeigen, daß dies nicht notwendig so sein muß, ja daß dies keineswegs dem klassischen Typus katholischer Moraltheologie entspricht. Vom Schöpfungsglauben aus müssen wir vielmehr in der sittlichen Selbstbestimmung die ethische Grundaufgabe des

Menschen sehen. Der Mensch ist gewiß nicht frei, wenn er sich von Willkür oder Laune bestimmen läßt, er muß sich nach vernünftigen Gesetzen und Normen richten. Er wäre aber auch nicht frei, wenn ihm diese Normen von außen auferlegt würden. Er muß sie sich selbst setzen, aber wiederum nicht aus Willkür, sondern aus Freiheit. Gerade seine Freiheit erweist sich ihm als Aufgabe. Das kann sie aber nur, wenn sie ihm und wenn er sich selbst aufgegeben ist. Sittliche Pflicht entsteht nicht aus einem Konglomerat von Notwendigkeit und Zufall. Das Sittengesetz als Schöpfung der Vernunft ist letztlich begründet in der eigenartigen Seinsweise menschlicher, d. h. endlicher Vernunft, die sich vor die Aufgabe der Realisation der Freiheit in dieser Welt gestellt sieht. Wenn die Philosophie glaubt, hierzu nicht mehr sagen zu könen, respektieren wir dies. Wir können nur darzulegen versuchen, daß unser Gottesglaube die Pflicht zur Realisation unserer Freiheit in dieser Welt nicht aufhebt, sondern dieses Sich-selbst-Aufgegebensein des vernünftigen freien Geschöpfes begründet. Wir brauchen Gott nicht, um Erlaubnisse oder Verbote zu geben; aber wir sind überzeugt, daß erst die Anerkennung der Schöpfung und das Wissen um unsere Geschöpflichkeit die Pflicht zum vernunftmäßigen Vollzug der Freiheit begründet. Wir befürchten, daß ohne dies – also letztlich ohne Gott – vor dem autonomen Willen alles einerlei und gleichgültig bliebe. Damit wäre allerdings auch die Autonomie selbst von innen her gefährdet.
Der Darlegung dieser Grundfrage über das Verhältnis von Theonomie und Autonomie dient vor allem das zweite Kapitel im ersten Abschnitt. Aber die dort zu entwickelnde grundsätzliche Antwort muß sich hernach im ganzen Entwurf der Fundamentalmoral durchhalten.

2. Die Frage nach der inhaltlichen Begründung sowie dem Geltungsanspruch moralischer Aussagen

Hier geht es um die materialethische Frage: Woher können wir wissen, *was* wir tun sollen? Und welche Geltung können entsprechende normative Urteile haben? Seit Max Weber das Postulat der wertfreien Forschung verkündet hat[8], glaubten viele, die

[8] »Die Unmöglichkeit ›wissenschaftlicher‹ Vertretung von praktischen Stellungnahmen – außer im Falle der Erörterung der Mittel für einen als fest *gegeben*

ethische Frage nach der Begründung moralischer Urteile müsse endgültig aus dem Kreis der Wissenschaften ausgeschlossen werden. Eine Argumentation über die Fundierung sittlicher Normen habe von der Sache her notwendig irrationalen Charakter, weil sie sich zwangsläufig auf gruppenrelative Weltanschauungen und subjektive Wertungen stütze. Eine wertende Stellungnahme könne wohl Wirkungen auf das Handeln des Menschen auslösen, sie könne jedoch weder wahr noch falsch sein[9]. Inzwischen hat die Analyse der Moralsprache den speziellen Charakter präskriptiver Sätze herausgestellt und auch die notwendigen Bedingungen subjektiver Rechtfertigung erarbeitet[10]. Darüber hinaus sucht man heute in der praktischen Philosophie (im Rahmen der konstruktiven Wissenschaftstheorie) nach einer Methode vernünftigen Argumentierens für konkrete Zielsetzungen und entsprechende Handlungsweisen, d. h., man verlangt nach objektiver oder besser »inter«- oder »transsubjektiver« Geltung bestimmter Werturteile. Man geht davon aus, daß einer, der fragt: »Was soll ich tun?«, meistens in einer Entscheidungssituation wissen will, welche der offenen Möglichkeiten des Handelns »transsubjektiv betrachtet die beste ist, genauer welche Alternative, transsubjektiv gewogen, die überwiegenden Gründe für sich hat, falls überhaupt ein Fall überwiegender Gründe vorliegt«[11]. Ihm kann aber nur Hilfe zukommen, wenn man in einem offenen Dialog in einem »good reasons approach« das Für und Wider für die eine wie für die andere Handlungsmöglichkeit berät. Von dieser Grundsituation aus werden die Bedingungen einer Kommunikationsgemeinschaft erarbeitet, in der bestimmte Zielvorstellungen und Handlungsmodelle einem allgemeinen rationalen Diskurs unterstellt werden sollen[12]. In eine solche

vorausgesetzten Zweck – folgt aus weit tiefer liegenden Gründen. Sie ist prinzipiell deshalb sinnlos, weil die verschiedenen Wertordnungen der Welt in unlöslichem Kampf untereinander stehen« (M. Weber, Wissenschaft als Beruf, in: ders., Ges. Aufsätze zur Wissenschaftslehre, Tübingen [3]1968, 603).

[9] Vgl. R. Carnap, Philosophy and Logical Syntax, London 1935, 24.

[10] So hat etwa R. M. Hare gezeigt, daß die Bedeutung präskriptiver Äußerungen durch einen bedeutunggebenden Akt der Selbstverpflichtung konstituiert wird (vgl. die ausführliche Erörterung des Problems in § 2).

[11] F. Kambartel, Moralisches Argumentieren. Methodische Analysen zur Ethik, in: F. Kambartel (Hrsg.), Praktische Philosophie und konstruktive Wissenschaftstheorie, Frankfurt a. M. 1974, 54–72,60.

[12] Hierbei ist die Frage nach den operationalen Bedingungen des rationalen

Argumentationsgemeinschaft sind potentiell alle Partner einzubeziehen, die grundsätzlich zu einem solchen Diskurs bereit sind. So läßt sich dann »eine Begründung verstehen als ein rationaler Dialog (oder der Entwurf eines solchen Dialoges), der zur Zustimmung aller Beteiligten dazu führt, daß die in Frage stehende Orientierung bei allen Betroffenen in einer für diese fingierten unverzerrten Kommunikationssituation zur Zustimmung gebracht werden kann«[13].

Wir weisen hier bewußt relativ ausführlich auf diesen Entwurf hin, weil er für die gegenwärtige Diskussion der Normbegründung in der Moraltheologie und entsprechend für die eigene Aufgabenstellung dieser Fundamentalmoral nicht unerheblich scheint. Es dürfte bereits klar geworden sein, daß es sich bei der beschriebenen Methode moralischen Argumentierens vornehmlich um ein Modell rationalen Problemlösungsverhaltens handelt. Das soll keine negative Qualifizierung sein. Die fast unlösbar scheinenden Probleme und Konflikte der Menschheit (z. B. die partielle Überbevölkerung, der Hunger von Millionen, Minderheitenprobleme oder der Umweltschutz) verlangen eine ausgewogene vernünftige Regelung, die die Anerkennung möglichst vieler finden muß, um überhaupt irgendeine Chance zur Verwirklichung zu haben. Auch die selbstverständliche Voraussetzung der Argumentationsgemeinschaft, daß die Konsensbildung immer hypothetisch bleiben muß, weil neue und bessere Einsichten nicht auszuschließen sind, ist kein grundsätzlicher Einwand. Die traditionelle Moraltheologie bietet in ihrer langen Geschichte genügend Beispiele für ein analoges Problemlösungsverhalten (Notwehr, Kriegsrecht, Religionsfreiheit, Minderheitenfragen). Ihre Regeln galten, bis neue Einsichten in Sachzusammenhänge oder veränderte Umstände eine neue Sicherung oder Verhältnisbestimmung der in Frage stehenden *Güter* und *Werte* forderten.

Diskurses, wie sie besonders in der Schule von P. Lorenzen diskutiert wird, zu unterscheiden von der »Konzeption des Sprachtranszendentalismus« K.-O. Apels, in der es um die apriorischen Kriterien der Erkenntnis von Realität als kommunikativer Erkenntnis geht, d. h., die Frage nach dem Apriori der Kommunikationsgemeinschaft zielt auf die Konstituierung einer »transzendentalen Intersubjektivität«, in der die Möglichkeitsbedingungen intersubjektiv gültigen Erkennens im Rahmen einer Kommunikationsgemeinschaft grundgelegt sind (vgl. hierzu C. F. Gethmann, Art. Realität, in: HPhG [Studienausgabe] IV, München 1973, 1168–1187, 1186f.); vgl. die Ausführungen w. u.

[13] F. Kambartel, a. a. O. 68.

Mit diesem Verweis auf »Güter und Werte« ist das Stichwort gefallen, das uns deutlich macht, daß ein bloßes Argumentationsmodell von Gründen und Gegengründen für eine normative Theorie niemals genügen kann. Bevor eine handlungsbezogene Abwägung erfolgen kann, muß die Einsicht in die Bedeutung der Güter und Werte geklärt sein. Wir müssen wissen, was der Mensch dem Menschen bedeuten soll. Dies aber ist wohl ohne Rückgriff auf eine umfassende Anthropologie nicht möglich. So ergeben sich für eine inhaltliche Normbegründung zwei aufeinander bezogene Aufgabenbereiche: Die Begründung und Entwicklung der für das Handeln relevanten Güter und Werte einerseits und die Begründung und Entwicklung von konkreten Handlungsurteilen andererseits. Wir unterscheiden kurz auch einfach zwischen Wert-*Einsichten* und sittlichen *Urteilen.*

a) *Mit den sittlich relevanten Einsichten* [14] sind die Erkenntnis und Feststellung »nicht-sittlicher« oder besser »prä-sittlicher« Werte gemeint. In den Handbüchern sprach man vom bonum physicum im Unterschied zum bonum morale. »Physisch« bedeutet in diesem Zusammenhang etwas, das nicht in der freien Selbstbestimmung des Menschen seinen Ursprung hat oder zumindest nicht unter diesem Gesichtspunkt gesehen wird. »Sittlich« (bonum morale) bezieht sich immer auf das Handeln. Sittlich werten kann man strenggenommen nur das Handeln des Menschen, den wertrealisierenden Akt. Bei der Werteinsicht handelt es sich um die Erkenntnis und Einschätzung bestimmter Gegebenheiten, die für den Menschen und sein Verhalten bedeutsam sind, die gewiß beim Handeln beachtet sein wollen, die aber aus sich unmittelbar *noch keine konkrete Handlungsregel* ergeben. Darum ist das Wertfeststellungsurteil noch kein sittliches Urteil, wiewohl es für den sittlichen Akt bedeutsam ist. In diesem Sinn ist der jedem Menschen aus sich selbst zukommende Wert (die Menschenwürde als sogenannter Symbolwert) ein fundamentaler »prä-sittlicher« Wert. Desgleichen sind die menschliche Gemeinschaft und Gesellschaft mitsamt ihren Institutionen solche Werte. Aber auch die menschliche Sexualität mit ihren Bedeutungsdimensionen, die leibliche Integrität oder das Eigentum sind dazu zu rechnen. Wir schlagen vor, diese Gegebenheiten, diese Realitäten, die nicht als

[14] Wir vermeiden absichtlich den Begriff »Wert-Erkenntnis«, weil er durch eine bestimmte Richtung der Philosophie besetzt ist.

Qualitäten des Willens existieren, aber unserem Handeln vorgegeben sind, ganz einfach »*Güter*« zu nennen. Dies besonders zum Unterschied von bestimmten Wertbegriffen, die sich als eine Art Stereotype auf einen wertrealisierenden Akt beziehen. So ist der Wert »Treue« Ausdruck für die Bereitschaft, ein Versprechen zu halten. Hier handelt es sich um einen handlungsbezogenen, also bereits sittlichen Wert, der für das menschliche Handeln nicht nur verpflichtend, sondern unverzichtbar bleibt. Desgleichen besagt »Gerechtigkeit« den festen Willen, jedem das Seine zu geben. Wir schlagen vor, dafür den Begriff »*Werte*« zu verwenden[15]. Aber auch mit solchen sittlichen Werten ist noch kein konkretes sittliches Urteil und keine Handlungsregel konkreter Art aufgestellt. Vom normativen Standpunkt aus interessiert uns vor allem die Frage, wann man ein Versprechen halten muß und wann man es nicht zu halten braucht, ohne sich den Vorwurf der Untreue zuzuziehen. Dies muß in einem sittlichen Urteil begründend geklärt werden. Eine ethische Theorie hat sich in logischer Priorität mit der Erkenntnis und Feststellung dieser dem Handeln vorgegebenen Güter und Werte zu beschäftigen. Sie kann es nicht

[15] Diese Unterscheidung müßte sich auch im Hinblick auf die gegenwärtige Grundwertdiskussion bewähren, in der oft sittliche und prä-sittliche Werte ungeschieden nebeneinander stehen. Wenn etwa im Zusammenhang damit gefordert wird, einen sittlichen Grundwert wie Gerechtigkeit zu schützen, so bleibt eine solche Forderung so lange im Leeren, als nicht geklärt ist, was jedem zusteht. Die wichtigsten grundlegenden Rechte, die jedem zustehen, zählt z.B. der Grundrechtskatalog des Grundgesetzes der Bundesrepublik Deutschland auf. Dazu gehört – für alle anderen Rechte maßgebend – das Recht jedes einzelnen auf Menschen- und Personwürde. Dazu zählen unverletzliche und unveräußerliche Menschenrechte wie das Recht auf freie Entfaltung der Persönlichkeit, das Recht auf Leben und körperliche Unversehrtheit, aber auch das Recht auf Schutz der Familie, sowie geistiger und materieller Güter. *Träger* all dieser Rechte sind Menschen, nur Menschen können Rechte haben. Diese Rechte aber sind bezogen auf ganz bestimmte Güter, von denen sie ja auch ihren Namen haben. Es sind personale, geistige und materielle Werte. Der konstitutive Höchstwert ist das Leben des Individuums, das nicht vernichtet werden darf; ihm folgt die Persönlichkeit, die sich entfalten darf, soweit damit nicht Rechte anderer verletzt werden. Es folgen dann alle anderen aufgezählten Güter. Sie bestimmen die Grundrechte und werden darum oft durch Grundwerte genannt. In korrekter Terminologie müßte man hier von Rechtsgütern sprechen. Das heißt nicht, sie seien für das sittliche Handeln unbedeutend. Im Gegenteil, sie sind sittlich höchst bedeutsam; sie verlangen Respekt. Aber sie existieren eben gerade nicht als Qualitäten des Wollens, sondern als Realitäten, die dem Handeln der Menschen verpflichtend vorgegeben sind. Über diese Art der Grundwerte sind Recht und Sozialethik (Sittlichkeit) untrennbar miteinander verbunden.

aus sich allein tun. Die verschiedenen Humanwissenschaften bieten ihr dabei entscheidende Hilfe. Sie muß mit der Begründung und Entwicklung sittlich relevanter Einsichten auch nicht an einem Nullpunkt beginnen. Die Aufgabe stellt sich ihr auf dem Hintergrund einer langen kulturgeschichtlichen Entwicklung. Dabei spielen die praktische Erfahrung, vor allem aber auch die religiöse Überzeugung, die Offenbarung und der Glaube eine bedeutende Rolle. Wir werden der Genese von Werteinsichten mitsamt den genannten Faktoren der Entwicklung die gebührende Beachtung schenken.

b) *Die Begründung konkreter sittlicher Urteile* steht heute im Mittelpunkt der moraltheologischen Auseinandersetzung. Die traditionelle Moral beansprucht für bestimmte sittliche Urteile eine absolute Geltung. So wird bekanntlich gelehrt, daß es niemals erlaubt sein könne, die Unwahrheit zu sagen, selbst wenn man damit einem ungerecht Verfolgten das Leben retten könnte. Die Falschaussage oder in gleicher Weise ein dem Zeugungszweck widersprechender Geschlechtsakt seien in sich selbst absolut verwerflich (intrinsece absolute inhonestum). Es könne keinen Grund geben und es seien keine Umstände denkbar, die solches Tun je rechtfertigen könnten. Diese absolute Geltung der Beurteilung eines menschlichen Handelns für alle Fälle, gleichgültig welches die Folgen seien, wird heute von nicht wenigen Moraltheologen bestritten. Dabei wird nicht bestritten, daß die objektive sittliche Qualität (die »transubjektive Rechtfertigung«) einer Handlung von dem zu realisierenden Gut abhängt. Man bleibt beim Grundsatz »actus specificatur a suo obiecto«; aber man glaubt, daß ein bedingtes, ein kontingentes Gut die Handlung nicht absolut zu bestimmen vermöge. Dazu aber ist die Begründung und Geltung sittlicher Urteile genau zu analysieren. Die im Gang befindliche Debatte zeigt auffallende Parallelen zu der in Amerika geführten Auseinandersetzung um den sogenannten Utilitarismus sowie zur Frage »deontologischer« oder »teleologischer« Begründung normativer Urteile. Es wird unsere Aufgabe sein, Beziehungen und Unterschiede zu solchen Vorschlägen herauszuheben und die durchaus eigenständige, »systemimmanente« Position einer theologisch fundierten Ethik klarzulegen. Methodisch bleibt noch zu bemerken, daß wir die beiden Teilfragen nach der Genese von Werteinsichten bzw. nach der

Begründung sittlicher Urteile nicht streng nach Kapiteln aufgliedern. Die beiden Fragen sind ständig aufeinander bezogen und eben doch zu unterscheiden. Wir wollen bei der Behandlung der Quellen materialer Normfindung (Schrift, Erfahrung und Kirchenlehre) dieser reziproken Beziehung besonders nachspüren.

Erster Teil
Der Mensch zwischen Anspruch und Erfüllung

Erster Abschnitt: Anspruch

Ziel dieses ersten Abschnittes ist die Klärung der Frage nach dem letzten Grund sittlicher Beanspruchung des Menschen. Dies aber ist die Frage nach dem Grund seiner Verantwortlichkeit, seiner Freiheit, seiner Autonomie. Als Theologen glauben wir, diesen letzten Grund zu kennen. Wir bekennen uns gläubig zu Gott als dem letzten Grund unserer Freiheit. Als Theologen wollen wir auch von Gott reden, und zwar nicht bloß als einem Synonym für vernünftig begründete menschliche Praxis. Wenn wir Gott den absoluten Grund unserer Freiheit nennen, dann meinen wir damit mehr als »Leben im Vertrauen auf den hinreichenden guten Willen der anderen, an den notwendigen gemeinsamen Bestrebungen um ein vernünftiges Leben mitzuwirken.« Gott ist für uns nicht nur Interpretament des »objektiv vernünftigen Lebens«[1]. Unbedingte Beanspruchung, wie sie im Phänomen des Sittlichen erfahren wird, verlangt als Grund einen absoluten Bezugspunkt. Wir meinen auch, daß ein solcher innerweltlich nicht gegeben ist. Wir ziehen aber daraus noch nicht den Schluß, daß es dann eben nur hypothetische Beanspruchung geben kann. Für eine Welt ohne Gott mag dies folgerichtig sein. Wir erleben auch entsprechend eine immer stärkere Ausprägung einer rein hypothetischen Zivilisation[2]. Sie ist die Folge des Entschlusses (eines hypothetischen?), die Wirklichkeit auf das zu beschränken, was testbaren Hypothesen zugänglich ist. Uns scheint, »daß eine humane, eine sinnvolle Lebensführung nichthypothetische Zugänge zur Wirklichkeit zur Voraussetzung hat«[3]. Doch wollen wir nun nicht gleich mit Behauptungen und Gegenbehauptungen beginnen. Wir wissen gut, wie leicht man den Namen Gottes mißbrauchen kann, um damit für menschliche Gesetze göttliche Autorität zu beanspruchen. Theologische Ethik steht unter dem Heteronomieverdacht.

[1] F. Kambartel, zit. bei W. Kern, Über den humanistischen Atheismus, in: K. Rahner (Hrsg.), Ist Gott noch gefragt? Zur Funktionslosigkeit des Gottesglaubens, Düsseldorf 1973, 9–55,17.

[2] Vgl. R. Spaemann, Überzeugungen in einer hypothetischen Zivilisation, in: NZZ, 26. 11. 1976, Fernausgabe Nr. 277,27f.

[3] Ders., Sinnstiftung in einer hypothetischen Zivilisation, in: NZZ, 10. 12. 1976, Fernausgabe Nr. 289,38.

Viele Zeitgenossen innerhalb wie außerhalb der Kirche können sich eine theologisch begründete Moral nur als Gebots- und Verbotsmoral mit unmittelbar göttlicher Legitimation vorstellen, eben eine Sammlung und Auslegung von *göttlichen* Geboten. Theologische Ethik als theonom legitimierte, gewissermaßen als wahrhafte Autonomie auszulegen, betrachtet man dann gern als unseriösen Anpassungsversuch. Wir gehen darum behutsam vor. Wir beginnen mit einer Phänomenanalyse. Der Alltag ist voller Erwartungshaltungen und Sollensansprüche. Das Erscheinungsbild der Soll-Sätze ist bunt. Am Faktum ist nicht zu zweifeln. Wir können in theoretischer Distanzierung die Geltung von präskriptiven Sätzen einklammern; die faktische Existenz von Geltungsansprüchen, die darin ausgesprochen werden, ist nicht zu leugnen (1. Kap.). Einem solchen Faktum gegenüber muß die Frage erlaubt sein: Ob und warum das, was als seinsollend angesehen wird, sein soll. Es muß geklärt werden, wie sich das Bewußtsein, daß es verwirklicht werden soll, konstituiert und ob es für die Unbedingtheit, mit der sich der sittliche Anspruch meldet, eine hinreichende Begründung gibt (2. Kap.).

1. KAPITEL: DAS SOLLEN ALS PHÄNOMEN

Das Phänomen, um das es hier geht, ist als Faktum so allgemein anerkannt, daß wir uns mit ein paar ausgewählten Hinweisen begnügen dürfen. Es geht uns aber nicht nur um das Faktum, sondern ebenso um die Vielfalt und die Eigenart des Erscheinungsbildes (§ 2) sowie um seine notwendige Voraussetzung: das Handlungsbewußtsein mit der Fähigkeit zur Entscheidung (§ 3).

§ 2 Eigenart normativer Wirklichkeit

A. Die Existenz vielfältiger Sollensansprüche

ist als genereller und konstanter Tatbestand empirisch gesichert. Das bestätigt unsere Alltagserfahrung: Das zwischenmenschliche

Leben ist in vielfältiger Weise normativ geprägt. Sprach- und Schreibregeln, Tischsitten und Umgangsformen, sittliche Gebote und Verbote und eine Fülle menschlicher Vorschriften prägen unseren Alltag. Ebenso selbstverständlich stützen wir uns auf gesellschaftliche Institutionen oder beanspruchen sie.
Das Gesamt an kulturellen, ökonomischen, rechtlichen, politischen und religiösen Strukturen mitsamt unseren personalen Beziehungen, in die unser Verhalten eingebunden ist, bezeichnen wir mit dem Ausdruck »Handlungswirklichkeit«. Mit Handlungswirklichkeit soll demnach jene Dimension des Wirklichen gemeint sein, die stets schon durch den Willen des Menschen geprägt ist und prägend auf ihn zurückweist. Diese Dimension, also Handlungswirklichkeit bildet – allgemein gesagt – den *Gegenstand der Sozialwissenschaften.* Sie sind damit objektiv abgegrenzt gegenüber den Naturwissenschaften. Diese beschäftigen sich mit der physischen Wirklichkeit, d. h., sie versuchen jene Dimension der Wirklichkeit zu fassen und dem Willen des Menschen verfügbar zu machen, zu der dieser Wille selbst nicht schon gehört. Die Untersuchungen der vielfältigen Handlungswirklichkeit durch die kulturanthropologische und soziologische Forschung bestätigen nun nicht bloß den generellen Tatbestand, daß das Zusammenleben in allen Gesellschaften normativ geprägt ist, sie zeigen vielmehr, daß es sich offensichtlich um ein notwendiges strukturelles Merkmal menschlicher Praxis handelt. Menschliches Zusammenleben bedarf normativer Orientierung, d. h. der Steuerung und Stabilisierung des Handelns durch geltende Wertstandards und verpflichtende Sollensansprüche, die ein entsprechendes Verhalten garantieren. Die philosophische Anthropologie sieht die Grundlage für dieses Bedürfnis zum einen in der Tatsache, daß der Mensch ein zur »Lebensführung« genötigtes Wesen ist, d. h., er muß zu sich selbst Stellung nehmen und sein Leben gestalten[4]. Er ist durch seine Instinkte nicht festgelegt, sondern bewegt sich mit seinem Handeln in einem Spielraum von Möglichkeit und Wirklichkeit. Das hebt ihn heraus aus einem bloßen Naturverhalten und macht ihn zum Kulturwesen. Er steht überdies durch »Antriebsüberschuß« und »Reizüberflutung« unter erheblicher Belastung. Symbolisch (sprachlich) vermittelte

[4] Vgl. A. Gehlen, Der Mensch, seine Natur und seine Stellung in der Welt, Frankfurt a. M. [8]1966.

Verhaltensregulative und Entscheidungsmuster sind darum eine notwendige »entlastende« und »freisetzende« Bedingung seiner praktischen Lebensgestaltung. Zum andern muß aber diese vornehmlich individualanthropologische Sicht erweitert werden durch den Blick auf die konstitutive »Sozialität« des Menschen[5]. Menschliche Praxis ist als Interaktion wesentlich gesellschaftspolitisch vermittelt und bezogen. Daraus erst ergibt sich die Notwendigkeit einer allgemeinverbindlichen Regelung der Verhaltensweisen und deren transsubjektiven Rechtfertigung. Dies erst fordert den notwendigen Ausgleich widerstreitender handlungsmotivierender Interessen und Bedürfnisse. Die Vermittlung zwischen Praxis und Normativität vollzieht sich im wesentlichen über die Moralsprache. Ihre Analyse gibt uns Einblick in die formale Bedeutung von Sollensforderungen.

B. Der Soll-Sinn in der Moralsprache

Die analytische Sprachphilosophie der letzten Jahrzehnte hat deutlich gemacht, wie vielfältig unsere Alltagssprache von Ansprüchen und Erwartungen durchsetzt ist. Man spricht geradezu von einer Moralsprache in der Umgangssprache. Dazu rechnet man »diejenigen Worte, Sätze und Satzverbindungen, die, auf eine bestimmte Weise ›vorschreibend‹, Handlungen von Personen betreffen«[6]. Sollensansprüche finden sich nicht etwa bloß in Sätzen, die sich durch ihre grammatikalische Form als Vorschriften oder Befehle ausweisen. Zahlreicher noch sind sie in Aussagesätzen versteckt, in denen ein Wertender ein Werturteil ausspricht. Wenn einer sagt: »Es ist gut, die Wahrheit zu sagen«, so hat dieses Urteil in der Regel den Sinn: »Es ist gut, daß *man* die Wahrheit sagt.« »Man *soll*(te) die Wahrheit sagen.« Welches ist der Sinn dieses Sollens? Eine Antwort hierauf sucht die Sprachphilosophie. Indem sie von der Sprache als Ort der Erkenntnis ausgeht, interessiert sie sich *einerseits für die Frage, was solche Sätze bedeuten,* was mit solchen Wertworten wie »gut«, »richtig«

[5] Vgl. E. Durkheim: Soziologie und Philosophie, Frankfurt a. M. 1970; T. Parsons/R. F. Bales, Family, Socialization and Interaction Process, Glencoe 1955.
[6] I. Craemer-Ruegenberg, Moralsprache und Moralität, Freiburg i. Br.–München 1975, 16.

oder »sollen« überhaupt mitgeteilt werde. Und sofern in irgendeiner Form eine Verpflichtung ausgesprochen werden sollte, entsteht *andererseits die Frage, wo der mögliche Verpflichtungsgrund* für derweise geäußerte Ansprüche liegen könnte.

1. Der Aussagegehalt

Was den Aussagegehalt moralsprachlicher Sätze betrifft, darf die anfängliche Annahme, solche Sätze hätten irrationalen Charakter und seien folglich »theoretisch sinnlos«, als überwunden gelten[7]. Liegt aber der Sinn bloß darin, daß mit den Elementen der Moralsprache – ohne sprachlich überprüfbaren Sachbezug – emotional begründete Stellungnahmen der Sprachteilnehmer zum Ausdruck gebracht werden[8]? Oder gehört das Gebieten, Verbieten, Versprechen usw. in den Bereich dessen, »what one is doing in saying something«[9]? Das würde bedeuten, daß es strenggenommen gar keine moralischen Mitteilungen gibt. Nach J. L. Austin handelt es sich um »illokutionäre Akte«, die in Verbindung mit Lokutionen Verpflichtungen auslösen[10]. Nach Geltung und Begründung moralsprachlicher Äußerungen ist dann nicht zu fragen. Entscheidend sind allein Konventionen sowie der Kontext von Sprechhandlungen. »Nach Austin ist der Fall entschieden: Es gibt einfach keine Moralsprache, es gibt weder von der Intention noch vom Gehalt von Äußerungen her ›moralische Mitteilungen‹ ... die Suche des Logikers nach ›idealsprachlichen‹ Eindeutigkeiten, nach klaren Kriterien und – letztlich – nach moralischen Prinzipien ist vergeblich.«[11] Man könnte also aufhören, sich über Moralsprache den Kopf zu zerbrechen.

Nun aber hat R.M. Hare – selbst Schüler Austins – dieser Auffassung seines Lehrers entscheidend widersprochen. Hare

[7] Dies ist die Position von A. J. Ayer, Language, Truth and Logic, London [2]1946, dt.: Stuttgart 1970; ders., Logical Positivism, Glencoe 1959.

[8] Vgl. Ch. L. Stevenson, Ethics and Language, New Haven 1960; ders., Facts and Values. Essays, New Haven 1963.

[9] J. L. Austin, Performative Utterances, in: J. O. Urmson/G. J. Warnock (Hrsg.), Philos. Papers, London 1961, 233–252,233.

[10] »Für Austin gibt es keine ›Semantik‹ moralsprachlicher oder moralsprachlich relevanter Äußerungsformen; diese gehören vielmehr in die Sphäre der Illokutionarität oder Performativität von Äußerungen überhaupt und sind den Bedingungen des Glückens und Mißglückens überantwortet«, (I. Craemer-Ruegenberg, a. a. O. 46).

[11] Ebd. 47.

zeigt, daß der von Austin praktisch aufgehobene Unterschied von deskriptiven und präskriptiven Sätzen eben doch voll zu Recht besteht. Wörter wie »versprechen«, »verpflichten« und dergleichen (sog. Illokutionswörter) kommen auch in verneinenden und fragenden Sätzen vor, oder sie werden in der Vergangenheit ausgesagt (»Herr A hat gestern versprochen«). Dann ist es aber einfach unmöglich zu sagen, der Sprecher des Satzes vollziehe ein Versprechen. Den Ausdrücken selbst eignet eine konstante Bedeutung (sie haben »sens and reference«), so daß Sätze, in denen solche Worte auftreten, als Sätze präskriptiver Sprache gedeutet und analysiert werden können[12]. Nach Hare sind Präskriptionen Ausdruck von Wertungen. Dabei werden Dinge, Personen oder Handlungsweisen als in möglicher Wahl vorzuziehen oder hintanzustellen beurteilt. Der Wertende nimmt implizit oder explizit auf bestimmte Wertstandards oder Handlungsmaximen Bezug und bringt mit den Wertprädikaten »gut«, »richtig« oder ganz allgemein mit »sollen« zum Ausdruck, was einer, der richtig handeln will, zu wählen hat. *Der Soll-Sinn,* die konstante präskriptive Bedeutung von Sollen, liegt demnach darin, daß jemandem etwas in einer möglichen Wahl als vorzüglicher empfohlen wird.

2. Der mögliche Verpflichtungsgrund

Es ist gewiß wichtig, den präskriptiven Sinn des Wortes »sollen« zu kennen; das Phänomen von Sollensansprüchen und deren Vermittlung ist damit sprachanalytisch aufgewiesen. Aber nun erhebt sich unweigerlich die Frage, welche Verbindlichkeit solchen Ansprüchen eigen sei und woher ihnen diese Verbindlichkeit zukomme. Es ist die Frage nach dem *Grund der im Sollen vermittelten Verpflichtung.* Es gehört zu den grundlegenden Einsichten der Moralphilosophie, daß eine Verpflichtung als solche (formal betrachtet: »*daß* ich soll« und nicht »*was* ich soll«) nicht aus der bloßen Beschreibung von Fakten erschlossen werden

[12] Sätze deskriptiver Art können nach Zerlegung ergänzt werden durch die Beifügung »it is the case«; präskriptive sind zu ergänzen mit »do it«. Entsprechend definiert I. Craemer-Ruegenberg Sätze präskriptiver Art als Sätze, »deren Prädikatwort einen Bedeutungsbestandteil hat, der in einer imperativen Formel expliziert werden kann«, ebd. 54.

kann. In moderner Formulierung: Aus ausschließlich deskriptiven Prämissen lassen sich keine präskriptiven Sätze ableiten. Dem pflichtet auch Hare vollumfänglich bei. Er sieht den Verpflichtungsgrund im Vollzug einer Selbstverpflichtung durch den Redenden selbst oder durch denjenigen, der eine Präskription vernimmt und ihr zustimmt. Es ist für Hare gewissermaßen ein »bedeutungsgebender Akt«, der die Bedeutung der Präskription bestimmt[13].

Zweifellos sind die Unbedingtheit und Aufrichtigkeit des Vollzugs der Selbstverpflichtung eine notwendige Bedingung, jedoch keine hinreichende. Denn mit dem Vollzug der Selbstverpflichtung müssen zugleich die Universalisierbarkeit der Maxime und die universelle Gleichheit aller Menschen miteinbezogen werden können. Die Universalisierungsforderung ist aber selbst schon eine moralische Regel. »Falls die subjektive Rechtfertigung und die logische Ableitung einer beliebigen individuellen Präskription vollständig sein sollen, muß es allgemeine moralische Prinzipien geben. Die Wahrscheinlichkeit, daß das Prinzip der Universalisierung und das Prinzip der Gleichheit (aller Personen) solche Prinzipien sind, ist groß. Beide Prinzipien nehmen in Hares theoretischer Beweisführung und in seinen Argumentationsmodellen einen großen Raum ein, und ihre Anerkennung ist offenbar unerläßlich«[14]. Aber es scheint, daß eben diese moralischen Prinzipien mit den Methoden der Sprachanalyse allein in ihrem allgemeingültigen Verpflichtungscharakter nicht aufzuweisen sind. Das berechtigt aber nicht dazu, die Frage nach der inneren Begründung der Sollensverpflichtung als irrelevant zu betrachten und sich bloß der intersubjektiven Rechtfertigung von konkreten Handlungsvorschlägen und Regeln zuzuwenden[15]. Sie kann – wie wir weiter oben schon bemerkt haben – über hypothetische Aussagen nicht hinausführen. Es zeigt sich hier erneut: die sachliche Rechtfertigung einer konkreten Handlungsregel in einem objektiven Begründungsverfahren (z. B. durch Abwägung

[13] Vgl. ebd. 71.

[14] Ebd. 90.

[15] Der Verzicht auf die transzendentalphilosophische Frage der Letztbegründung des Sollens ist kennzeichnend für das methodische Vorgehen der Vertreter des Operationalismus. Vgl. F. Kambartel, Moralisches Argumentieren. Methodische Analysen zur Ethik, in: F. Kambartel (Hrsg.), Praktische Philosophie und konstruktive Wissenschaftstheorie, a. a. O. 59f.

der Gründe) ist *eine* Sache. Die Suche nach einem allgemeingültigen, unbedingten moralischen Prinzip, das die Wurzel des Selbstverpflichtungscharakters bildet, ist eine *andere.* Es ist die Frage nach der Einsicht in das kategorische Gebotensein eines allgemeinen Gebotes. Es muß geklärt werden, *wie sich das Bewußtsein,* daß etwas *unbedingt* verwirklicht werden soll, *konstituiert.* Darauf werden wir im nächsten Kapitel ausführlich eingehen. Vorerst sollen noch der Normbegriff und die psychologische Voraussetzung der Freiheit geklärt werden.

C. Der Normbegriff

Die Handlungswirklichkeit – so wurde gesagt – sei Gegenstand der empirischen Sozialwissenschaften. In methodischer Selbstbeschränkung konzentrieren sie sich auf eine präzise Erfassung und Analyse normativer Wirklichkeit. Sie heben die normative Geprägtheit heraus und suchen sie begrifflich zu fassen. Sie suchen aber auch Zusammenhänge zu verstehen und Entwicklungen zu deuten. Dazu werden die sozialen, psychologischen und wirtschaftlichen Bedingungen des menschlichen Handelns untersucht. So läßt sich eine auch für die ethische Reflexion brauchbare allgemeine Definition des Normbegriffs entwickeln.

1. In sozialwissenschaftlicher Definition

werden Normen bestimmt als »konkrete Handlungs- resp. Verhaltensregeln«, die in einer bestimmten Gesellschaft »Geltung beanspruchen« und die »Chance haben, angenommen zu werden« (Internalisierung)[16]. In dieser allgemeinsten Form wird der Begriff »Norm« als eine Art Gattungsbegriff verstanden, der

[16] Vgl. E. Durkheim, Die Regeln der soziologischen Methode, Neuwied ²1965, der den Begriff »soziale Norm« als moralischen Standard innerhalb des »Kollektivbewußtseins« faßt und den Obligationscharakter betont (vgl. ebd. 112, Anm.). Zum Begriff der »Chance« vgl. M. Weber, Soziologische Grundbegriffe (1921), in: M. Weber, Ges. Aufsätze zur Wissenschaftslehre, Tübingen ³1968, 567 und 570f. T. Parsons hebt den Aspekt der Sicherung sozialer Normen durch den Prozeß der Internalisierung hervor (vgl. T. Parsons/R. F. Bales, Family, Socialization and Interaction Process, Glencoe 1955).

verschiedene Normarten subsumiert[17]. Als solche gelten beispielsweise Sitten, Gesetze, Weisungen, Konventionen, Moden, aber auch die heute viel genannten Entscheidungskriterien. Durch alle diese Formen wird das freie menschliche Verhalten der Gesellschaftsmitglieder in einer bestimmten *allgemeinen* Weise reguliert. Dabei zeigt sich z. B., daß in einer *geschlossenen* Gesellschaft, die sittliche Ansprüche durch tradierte Werte begründet, das Verhalten der Glieder vornehmlich durch Sitte und Konventionen geregelt wird. »*Sitte*« bezeichnet ein kollektives Überzeugtsein, das auf überlieferter Erfahrung und tradierten Wertmaßstäben beruht[18]. Erfahrung und Tradition wirken als selbstverständliche Gestaltungsprinzipien bis in die Einzelheiten des alltäglichen Lebens hinein. Sitte ist gewissermaßen »eingelebt« (M. Weber), sie trägt ihre Legitimation gleichsam in sich selbst. Sittlichkeit vollzieht sich entsprechend vornehmlich durch Angleichung an die Sitte. Anders stellt sich demgegenüber die Beanspruchung des Menschen dar in der offenen Gesellschaft, wie sie heute unsere Lebenswirklichkeit prägt. Unser Selbstverständnis ist bestimmt durch die Offenheit für ständig neue Information und eine entsprechende Änderung unseres Verhaltens. Wir können das konkret Gebotene nicht mehr unbesehen den »mores« entnehmen. Wir sind in einem höheren Maß zur sittlichen Beurteilung des konkreten Handelns herausgefordert. Dies ergibt sich bereits aus der Tatsache, daß unsere Einsichten und Möglichkeiten zur Lebens- und Umweltgestaltung viel reicher geworden sind. Wichtiger freilich als die Vielfalt der Komplikationen dürfte die Tatsache sein, daß anstelle der Sitte in der Form der »Mode« eine neue Art normativer Außenlenkung getreten ist. Mit dem Geltungsanspruch der Mode setzt sich eine soziale Verhaltenspraxis durch, die sich nicht mehr von tradierten Inhalten bestimmen läßt, sondern »auf eine höchst plurale Weise den Reizwert des Neuen, des überzeugend Aktuellen und Kreativen« verkörpert[19]. Im Gegensatz zur »Sitte« eröffnet

[17] Vgl. H. Popitz, Soziale Normen, in: Europ. Arch. f. Soziol. 2 (1961)H. 2,185–198; W. Korff, Norm und Sittlichkeit, Untersuchungen zur Logik der normativen Vernunft, Tüb. Theol. Studien I, Mainz 1973, 113–128.

[18] Vgl. hierzu grundsätzlich: F. Tönnies, Die Sitte, Frankfurt a. M. 1909; M. Weber, Soziologische Grundbegriffe, 1921, a. a. O.; G. Heilfurth, Sitte, in: Wörterbuch der Soziologie, hrsg. v. W. Bernsdorf, Stuttgart ^{2}1969, 931–933.

[19] Vgl. W. Korff, a. a. O. 123.

»Mode« einen viel größeren Spielraum für Formen und Möglichkeiten persönlicher Differenzierung. Sie schafft dadurch beim einzelnen die Vorstellung der Selbstentscheidung, hebt diese aber nicht selten durch ihren Reizwert manipulativ wieder auf. Der einzelne lebt gewissermaßen wie in einem Selbstbedienungsladen in der Imagination der freien Selbstentscheidung, in Wirklichkeit gerät er gerade dadurch in seinen Entscheidungen unter eine schwer durchschaubare Beeinflussung.

2. Zur systematischen Einordnung und Interpretation

solcher Phänomene und beschreibbarer Prozesse wurde eine Reihe von Modelltheorien entwickelt[20]. Damit kann der Einfluß verschiedener Faktoren innerhalb der sozialen Wirklichkeit auf die Geltung und Entwicklung von Werten und Normen entscheidend verdeutlicht werden. Eine Legitimation der Wertungen selbst ist dadurch allerdings nicht möglich. Die Tatsache, daß etwa bestimmte soziale Normen in Geltung sind oder daß sie unter bestimmten Einflüssen einer Veränderung unterliegen, sagt noch nichts über deren Legitimität und Verbindlichkeitscharakter aus. Dazu ist eine kritische, und das heißt hier eine wertende Stellungnahme zu den Geltungsgründen selbst notwendig. Die Grundlagen dazu haben wir, unserer Aufgabenstellung gemäß, in dieser Fundamentalmoral zu erarbeiten.

3. Zusammenhang von Handlungswirklichkeit und sittlicher Wirklichkeit

Das Phänomen des Sozialen steht offenbar in einer unmittelbaren Affinität zum Sittlichen. Die *Handlungswirklichkeit* ist, weil sie ja mit dem freien Willen des Menschen in Beziehung steht, zugleich *sittliche Wirklichkeit.* Zwischen Sozialität und Moralität besteht eine grundlegende Interdependenz. Die Handlungswirklichkeit – als konkret vorgegebene – erweist sich einerseits als Handlungs*muster,* von dem her sich sittliches Sein-Können formuliert und aktualisiert. Andererseits bleibt dieselbe Wirklichkeit – als je zu leistende – auch Handlungs*entwurf,* der im Horizont dessen, was

[20] Vgl. die systemtheoretischen Entwürfe von T. Parsons und N. Luhmann oder das Konfliktmodell von R. Dahrendorf.

sein soll, je neu erhärtet bzw. erbracht werden muß. Während das Soziale als vorgegebenes Handlungsmuster den Ansatz für die empirisch-analytische Soziologie bietet, eröffnet sich im Begriff des Sozialen als zu leistendem Entwurf die (im weitesten Sinn) sozialethische Fragestellung. Die Sonderung der beiden Bereiche gründet in dem zweifachen Erkenntnismodus: dem *empirischen* und dem *normativen*. Beim empirischen Erkenntnismodus steht nicht der Wahrheitsgehalt oder die ethische Verbindlichkeit der Handlungswirklichkeit zur Frage, sondern einzig der empirische Tatbestand und die empirischen Voraussetzungen der faktischen Wirklichkeit. Beim normativen Erkenntnismodus dagegen geht es um die wertende Stellungnahme. Der vernünftige Wille des Menschen stößt sich ab, korrespondiert oder identifiziert sich mit dem dieser Wirklichkeit jeweils immanenten Willen. Wenn nun die Handlungswirklichkeit nicht nur feststehendes Muster, sondern Handlungsentwurf ist, der im Horizont dessen, was sein soll, erhärtet oder weiterentwickelt werden soll, so ist dies ohne wertendes Urteil gar nicht möglich. Es wird darum auch nicht bestritten, daß soziale Strukturen von Wertungen durchwirkt sind. Umstritten aber ist, ob mit dem über sie empirisch Aussagbaren bereits die Grenze des wissenschaftlich Aussagbaren erreicht sei. Es geht bei diesem Streit letztlich um den Wissenschaftscharakter der Sozialethik, um die Kontrolle der nichtempirischen Dimension in den sozialen Phänomenen. Die Anhänger eines rein empirischen Wissenschaftsbegriffs verweisen in diesem sogenannten Werturteilsstreit den eigentlichen Wertungsvorgang in eine letztlich vorwissenschaftliche, durch die Vernunft nicht einholbare Subjektivität[21].

§ 3 Wahlfreiheit als Voraussetzung

Die Fähigkeiten des Menschen zu freier, verantwortlicher Entscheidung bilden die Voraussetzung für die Möglichkeit sittlichen Verhaltens. Die moderne Diskussion des Freiheitsproblems läßt den alten Philosophenstreit zwischen Deterministen und Indeter-

[21] Vgl. H. Albert/E. Topitsch (Hrsg.), Werturteilsstreit, Darmstadt 1971.

ministen weitgehend hinter sich. Der naturwissenschaftlich geformte Mensch weiß einerseits um die Tatsache, daß der Mensch nur denken kann, solange sein Großhirn funktioniert. Er weiß aber andererseits auch, daß er in der Lage ist, diese materielle Bedingtheit seines Denkens zu denken und um sie zu wissen. Er kann sich dementsprechend verhalten; darauf baut ja seine Möglichkeit, manipulierend auf die biologischen Bedingungen psychischen Lebens steuernd und korrigierend einzuwirken. Als denkendes Ich, das sich seiner Distanz zum Wie seiner Abhängigkeit vom Denkapparat gleicherweise bewußt ist, versucht der Mensch das Freiheitsproblem nicht mehr alternativ zu lösen, indem er entweder eine indeterminierte Freiheit verteidigt oder sich für total determiniert erklärt. Auch die von Kant geprägte Scheidung zwischen einer noumenalen Freiheit des handelnden Willens auf der einen Seite und dem von der Naturkausalität geprägten Menschen auf der andern wird dem wirklichen Menschen zu wenig gerecht. Determiniertheit und Freiheit erscheinen dem heutigen Menschen nicht mehr als ausschließende Gegensätze. Er bemüht sich weniger um philosophische Thesen als vielmehr um eine Auslegung des Lebensbewußtseins. Dieses Bewußtsein weiß aufgrund der verschiedenen Humanwissenschaften um die vielfältige Determination des einen und ganzen Menschen. Damit verbindet sich aber zugleich das Wissen um die Manipulierbarkeit, das »Bewußtsein des Könnens« und der Verantwortung, das sich bewußt ist, daß es vom Menschen abhängt, was er aus sich macht. Angesichts dieser Situation hält es W. Schulz für sinnlos, »dem modernen Bewußtsein dadurch weiterhelfen zu wollen, daß man nun abstrakt die Freiheit oder die Determination des Menschen zu erweisen suchte, ... es gilt, die Legitimität der offenen, abstrakttheoretisch gar nicht zu schließenden *Dialektik* von Freiheit und Unfreiheit anzuerkennen und sie als den anthropologischen Horizont einer Ethik anzusetzen, die den Menschen immer mehr zur Freiheit verhelfen will«[1].

[1] W. Schulz, Philosophie in der veränderten Welt, Pfullingen 1972, 756.

A. Das Handlungsbewußtsein im Spannungsfeld von Aktivitäts- und Passivitätserfahrung

Unsere menschliche Erfahrung ist von zwei scheinbar widersprechenden Erlebnissen geprägt: Wir erfahren uns als *aktiv handelnd* und als *passiv erleidend* in einer Person[2]. Es ist *zuerst* das Erlebnis des spontanen, *willentlich-aktiven Selbstvollzugs.* Dieser Vollzug ereignet sich nicht bloß im Raum des Unterbewußten. Es handelt sich um ein wissendes Tun, das die Akte des Forschens und Erkennens mit umgreift. Es ist begleitet von der Erfahrung der Ursächlichkeit und des Urteils. Der Mensch erfährt unmittelbar, daß im Zusammenhang mit seinem Tun aus etwas etwas anderes wird, daß er seine eigene Tat entläßt. Hier ereignet sich, wie sonst nirgends, die Erfahrung der Ursächlichkeit. Wir erleben in unserem Lebensvollzug prototypisch, was Kausalität meint. Unserem Tun eignet ein Stück Spontaneität. Dabei erfährt der Handelnde sein Tun in Verbindung mit einem Urteil: er glaubt, es sei gut, so und nicht anders zu handeln. Dieses »gut« hat ausdrücklich oder unausgesprochen vergleichenden Charakter[3]. »Gut« heißt dann »besser als«. Je nach der Handlungssituation ist die Explizität dieses Urteils ganz verschieden. In einem Fall kann es sich in einem verhältnismäßig langen Prozeß der Urteilsfindung vollziehen. In einem andern Fall schmilzt das Urteil auf eine einzige Reaktion zusammen. Wesentlich ist, daß Spontaneität und Urteil sich zu jener Einheit personaler Tätigkeit verbinden, die konstitutiv ist für die Wahlfreiheit der Person. Sie erscheint so im ersten Erleben als »Vermögen der Selbstbewirkung in einem Feld wechselnder Möglichkeiten«[4]. Demgegenüber meldet sich nun aber die widersprechende Erfahrung der Begrenzung unserer Möglichkeiten, das *Erlebnis des passiven Erleidens.* Keine Wahl ist Wahl aus voraussetzungslosem Anfang. Wir sind geprägt durch Geburt, Konstitution und Milieu; die Gesellschaft wirkt fortwährend auf uns ein. Kein die Wahlfreiheit bekundender Akt setzt

[2] Vgl. H. Kuhn, Freiheit – Gegebenheit und Errungenschaft, in: K. Forster (Hrsg.), Freiheit und Determination, Würzburg 1966, 57–88.

[3] Alle in diesem Leben konkret sich stellenden Güter zeigen eine objektive Indifferenz gegenüber dem Guten, darum hat unser Wille eine subjektive Indifferenz ihnen gegenüber. Er muß aufgrund vergleichender Einsichten eine Wahl treffen.

[4] H. Kuhn, a. a. O. 63.

einen reinen Beginn in unserem Lebensvollzug. Die Wahl wächst vielmehr heraus aus einer bereits geprägten Vorentschiedenheit, und sie bestimmt selbst wieder die aus ihr folgenden Entscheidungen. Jeder als frei empfundene Akt ist verflochten in ein Gewebe von vorausgegangenen Entschlüssen, Taten, Unterlassungen und beschränkt selbst auch die Freiheit aller nachfolgenden Akte.
Die rechte Unterscheidung und Zuordnung der Aktivitäts- und Passivitätserfahrung erweist sich als der Schlüssel zum Verständnis der Wahlfreiheit. Zunächst erscheint die Passivität als Begrenzung der Freiheit. Daran ist soviel richtig, daß da, wo die Aktivität durch die Passivität aufgehoben würde, jede Wahl verunmöglicht und somit die Freiheit aufgehoben wäre. Grundsätzlich aber gehört die Passivität zum Verständnis kreatürlicher Freiheit. Nur ein göttlicher Wahlakt, die creatio ex nihilo, muß als reine, des Widerstandes unbedürftige Aktivität verstanden werden. Im menschlichen Bereich würde ein Freiheitsverständnis, das eine Wahl in unbegrenzten Möglichkeiten vorsähe, als pervertierende Nachahmung göttlicher Allmacht erscheinen. In unserem menschlichen Erfahrungsbereich bedarf die Aktivität stets der Auslösung durch eine ihr zugeordnete Passivität. Passivität ist nicht so sehr Grenze als vielmehr *Bedingung der Möglichkeit von Aktivität.* Dem Willensimpuls und dem Urteil liegt eine durch die Umwelt geprägte Bereitschaft zugrunde. Diese Umwelt ist nicht einfach berechenbar; sie ist ein Stück Geschichte, aus der neben bestimmt Erwartetem auch immer wieder Unerwartetes auf den einzelnen zukommt. »Die Bereitschaft ist gespannt. Und die Spannung löst sich erst im Augenblick des Betroffenwerdens: Das in einer gegebenen Situation neu auftauchende und sie verwandelnde Moment entbindet die in der Bereitschaft latent gehaltene Aktivität«. Freiheit ist somit »Antwort auf eine konkrete Herausforderung, Lösung einer Aufgabe, die ihrer Natur nach nicht eine, sondern verschiedene in ihr selbst nicht vorgebildete, sondern erst zu erfindende Auflösungen zuläßt«[5]. Die Person muß in ihrer Selbstentfaltung fertig werden mit dem, was ihr aus der Welt entgegentritt. Die Aktivität der Wahl wird nur durch den Stimulus der Passivität ausgelöst. So erhält sie den schöpferischen Impuls durch Findung neuer Wahlmöglichkeiten, durch die auch die

[5] Ebd. 65.

weiteren Akte des Lebens bestimmt werden. Die der Aktivität der *Selbst*bewirkung entgegenstehenden *Ein*wirkungen sind also nicht einfach Grenze der menschlichen Freiheit, sondern Chance, ja Bedingung ihrer Möglichkeit.

B. Die anthropologische Grundlage

Die dialektische Erfahrung von Aktivität und Passivität, die unsere Freiheit prägt, ist grundgelegt in der Eigenart menschlicher Subjektivität[6]. *Der Mensch erfährt sich selbst in und durch seine intersubjektiven, in der Leiblichkeit erschlossenen Bedingungen.* Als leib-seelische Einheit »ist der eine, wirkliche Mensch als ganzer ›seelisch‹ und als ganzer ›leiblich‹ zu verstehen; beide stehen als ganzmenschliche Bestimmungen für das eine und ganze Selbstsein des Menschen«[7]. Entsprechend ist der Leib eine ursprüngliche Befindlichkeit des Menschen, in die er immer schon eingelassen ist, wenn er in seinen Akten sich selbst bestimmt. Leib und Seele sind nicht physische Teile, sondern metaphysische Prinzipien, die sich gegenseitig in der Konstitution des menschlichen Seins durchdringen. Die Einheit von Seele und Leib im einen Menschen und zugleich ihre Differenz stehen in einem dialektischen Verhältnis. Die Nicht-Identität von Seele und Leib ist nämlich gerade in der *Einheit* von »Geist« und »Materie« im Menschen grundgelegt. Der Mensch ist nur Person in dieser Einheit und Ganzheit. Nun sagt aber die scholastische Philosophie, die diese Einheit betont, daß die beiden metaphysischen Prinzipien (Geist und Materie) wesensverschieden seien. Wie ist die Wesensverschiedenheit zu verstehen, ohne einem absoluten anthropologischen Dualismus zu verfallen, in dem Geist und Materie disparate Wirklichkeiten sind und in dem die bisher betonte Einheit des Menschen doch wieder radikal in Frage gestellt wird? Zur Beantwortung dieser Frage muß das eben genannte dialektische Verhältnis mit der scholastischen Ontologie und deren Partizipationsgedanken in Verbindung gebracht werden. Nach dieser Auffassung ist ein Seiendes um so aktueller, je

[6] Vgl. die ausführliche Behandlung dieses Themas durch F. P. Fiorenza und J. B. Metz, in: Mysterium Salutis II, 8. Kap., 2. Abschnitt, bes. 618–625.
[7] Ebd. 621.

mehr es am Sein teilhat. Seinsteilhabe und Seinsakt gehen streng parallel. Eine Verschiedenheit im Grad der Seinsteilhabe konstituiert darum auch eine Wesensverschiedenheit: die Differenz von Akt und Potenz. Das Verhältnis von Materie und Geist ist anhand dieser Differenz zu entfalten und zu verstehen. Dann scheint »reine Geistigkeit« ohne jede Beziehung zur Materialität für einen kreatürlichen Geist unmöglich zu sein, insofern dieser gerade durch die Potentialität in seinem kreatürlichen Abstand zum absoluten Sein bestimmt ist. »Dies bedeutet, daß der menschliche Geist die Vollendung seiner Geistigkeit gerade in seiner Einheit mit dem Leib findet, so daß der menschliche Geist als solcher nicht desto ›mehr Geist‹ wird, je mehr er sich vom Leib trennt, sondern je mehr er sich verleiblicht.«[8]

Was hier über Struktur menschlicher Leiblichkeit gesagt wird, läßt das innere *Spannungsverhältnis unserer Freiheitserfahrung* besser verstehen. Einerseits wird klar, daß die Passivität nicht Eingrenzung, sondern Bedingung der Möglichkeit von Freiheit sein kann. Je mehr wir Determinationsreihen und determinierende Einflüsse durchschauen, um so mehr kann der Raum der Freiheit wachsen. Andererseits erkennen wir aber auch, wie unsere Freiheit von innen und außen bedroht wird. Der Leib ist ja nicht nur das konstitutive Medium für das je eigene Sein des Menschen, er ist zugleich auch das Medium anderer, fremder Einflüsse. Wenn der Mensch im Leibe ist, ist er bei sich selbst, und er ist zugleich in der Fremde. Das Erlebnis des »Leib-Seins« und »Leib-Habens« ist der deutliche Ausdruck dafür. »Aufgrund seiner Leibhaftigkeit steht das unaufhebbare menschliche Selbstverhältnis in einer dauernden konstitutiven Wechselwirkung mit der ›Welt‹ – als dem Inbegriff dessen, was dem freien Selbstvollzug als (natürlich oder übernatürlich bedingte) ›Situation‹ vorgegeben und unausweichlich auferlegt ist. So aber ist das leibhaftige Selbstsein des Menschen je ›von außen her‹ unentrinnbar angegangen, es ist ›konstitutionell bedroht‹, und seine Freiheit bewahrt sich nicht etwa im autonomen Ausschalten oder Niederhalten dieser unverfügten Ausgesetztheit, sondern im ›Gehorsam‹, im inneren Einverständnis mit dem unvermeidlich Auferlegten, in der ›Passion‹.«[9] Diese Bedrohtheit verschärft sich, wenn wir bedenken,

[8] Ebd. 623.
[9] J. B. Metz, Art. Leiblichkeit, in: HThG II (1963) 30–37, 36.

daß die »Weltsituation« nicht neutral, sondern von fremden Freiheitsentscheidungen vorgeprägt ist und »deshalb in die menschliche Subjektivität, die als leibhaftige ekstatisch in dieser ›Welt‹ innesteht, immer schon ganz bestimmte Tendenzen und Antriebe hineinträgt«[10].

C. Konsequenz für das menschliche Handeln

Dementsprechend muß das menschliche Freiheitshandeln, der sittliche Akt (actus humanus), von der Moraltheologie beurteilt werden. Er ist grundlegend mißverstanden, wenn man ihn im Modus eines rein geistigen Aktes denkt, der durch die Verleiblichung »akzidentell« eingegrenzt wäre. Der menschliche Akt – der innere Akt (actus internus) wie der äußere (actus externus) – ist wesenhaft ein verleiblichter Akt, er wäre sonst kein menschlicher. Um die Eigenart des verleiblichten Wollens deutlich zu machen, distinguiert man theoretisch eine ursprünglich intelligible Freiheitstat als solche und deren Verleiblichung[11]. Die beiden Aspekte der Freiheitshandlung sind *einerseits* niemals trennbar. »Die Freiheitstat des Menschen ist nie im Sinn eines reinen Existentialismus absolut schöpferisch, sondern immer wesentlich auch Unterwerfung unter die Gesetzlichkeit der Materie des freien Handelns, (der ›Natur‹ des Menschen, seiner ›Leiblichkeit‹ in einem metaphysischen Sinn, der ›Welt‹).«[12] Die intelligible Tat und ihre Verleiblichung dürfen aber *andererseits* auch nicht identifiziert werden, sowenig die Geistseele bloß forma corporis ist. »Damit ist eine eigentümliche reale Dialektik gegeben zwischen dem Freigewollten als solchem und dem in Freiheit Getanen: Das in die Dimension der Natur hinein durch die Person Vollzogene ist ... Ausdruck und Offenbarung dieser Freiheitsentscheidung in der raumzeitlichen Materialität des Menschen, in seiner ›Sichtbarkeit‹; und es ist gleichzeitig, weil von der ursprünglichen Freiheit verschieden, auch Verhüllung dieser ursprüngli-

[10] Ebd. 36. An sich berechtigte, gegen jeden latenten Manichäismus gerichtete Tendenzen zur völligen moralischen Neutralisierung der Leiblichkeit verkennen wohl den ontologischen Rang der Leiblichkeit.
[11] Vgl. W. Brugger, Die Verleiblichung des Wollens, in: Schol. 25, 1950, 248–253.
[12] K. Rahner, Die Gliedschaft in der Kirche nach der Lehre der Enzyklika Pius' XII. »Mystici Corporis Christi«, in: ders., Schriften II, 1955, 7–94,87.

chen Freiheitstat als solcher.«[13] Mit andern Worten: der sittliche Akt vollzieht sich in der erwähnten Interferenz von Aktion und Passion, von Getanem und Auferlegtem, von Eigenem und Fremdem. Das in der traditionellen Moraltheologie wie in der Rechtsprechung übliche Instrumentarium (Zwang, Irrtum, Unwissenheit) kann zur Abklärung verminderter Verantwortung kaum dieser vertieften anthropologischen Sicht der Freiheitshandlung genügen. Das menschliche Tun behält für den Handelnden selbst und erst recht für die Außenstehenden eine grundsätzlich unaufhebbare Zweideutigkeit. In der Verleiblichung des Wollens ist auch der Grund zu sehen, weshalb es beim Menschen (im Gegensatz zu der beim geschaffenen reinen Geist angenommenen Entscheidungsmacht) die Möglichkeit der »läßlichen Sünde« gibt. Sie ist letztlich auf eine durch die Verleiblichung ermöglichte Begrenzung der sittlichen Entscheidung (imperfectio actus) zurückzuführen[14].

D. Beanspruchung der Wahlfreiheit

Die Wahlfreiheit bringt den Menschen selbst ins Spiel. Das Wählen hat seinen Sinn nicht in sich selbst; das liberum arbitrium ist nicht eine neutrale Drehscheibe, auf der der Mensch sich beliebig hin und her bewegen oder zu Gott und Welt willkürlich ja und nein sagen könnte. Die Wahlfreiheit zielt auf den Menschen; sie erfüllt sich nicht in einer Wahl zwischen Objekten, sondern als Selbstvollzug des gegenständlich wählenden Menschen (als reditio completa subjecti in se ipsum). In seiner Freiheit ist der Mensch sich selbst zur Aufgabe gestellt. Er muß sich frei entscheiden. Dieses »*Müssen*« besagt, daß die Freiheit zu seiner Definition gehört. Als Person hat der Mensch immer schon ein Verhältnis zu sich selbst. Er kann alles von sich und sich von allem, ja sogar sich selbst von sich selbst distanzieren[15]. Weil der Mensch so hinausge-

[13] Ebd. 87.
[14] Vgl. F. Böckle, Bestrebungen in der Moraltheologie, in: J. Feiner/J. Trütsch/F. Böckle (Hrsg.), Fragen der Theologie heute, Einsiedeln 1960, 434f. Vgl. die ausführliche Erörterung in § 10.
[15] Vgl. M. Müller, Erfahrung und Geschichte, Freiburg i. Br. 1971, 300: »Freiheit als absolute Distanz, als Transzendenz, als absolute Reflexion, als Stand im Absoluten ist identisch mit dem, was man Geistigkeit oder Geist nennt.«

hoben ist, weil er nicht bloß vorhanden ist, wie die Dinge, hat er »zu sein«. Er muß »aus der Distanz zu sich selbst eine neue Nähe zu sich selbst gewinnen, die konkrete Gestalt seiner selbst sich selbst geben«[16]. Der Mensch kann sich also gar nicht nicht entscheiden, denn das Sich-nicht-Entscheiden entspräche einem Sich-nicht-entscheiden-Wollen und damit schon einer Entschiedenheit der Freiheit. Die Notwendigkeit des Sich-entscheiden-Müssens ist kein Gegensatz zur Freiheit, sondern deren erklärte Wesenseigenschaft (Wesensfreiheit oder essentielle Freiheit).

In der Frage, wie er sich entscheiden soll, trifft ihn kein »Müssen«. Er hat die Möglichkeit, sich so oder anders zu entscheiden. Wollte er allerdings in libertinistischer Willkür das Wie der Entscheidung dem launischen Zufall überlassen, so würde er seine Freiheit im Selbstwiderspruch aufheben. Er würde sich einer Fremdbestimmung unterwerfen und so die Freiheit selbst negieren. Willkür scheint kein Modus der Freiheit zu sein[17]. Es kann nur sinnvoll sein, sich für die Freiheit zu entscheiden. Mit dem Hinweis auf einen Sinnzusammenhang und die Sinnkonsequenz ist jene andere Form von Notwendigkeit angesprochen, die wir im Unterschied zum »Müssen« mit »Sollen« bezeichnen[18]. Sollen wendet sich an die Freiheit. Es will die Freiheit der Unentschiedenheit in die Freiheit der Entschiedenheit hineinführen. Der Sollensanspruch setzt die psychologische Freiheit des Anders-sich-entscheiden-Könnens immer schon voraus; er läßt aber keine (sittliche) Freiheit des Anders-Dürfens zu. Das Sollen ruft die Freiheit zur Entscheidung für eine bestimmte Möglichkeit gegen andere Möglichkeiten auf. Die Entscheidungsfreiheit setzt die Freiheit zum Entwurf verschiedener Möglichkeiten voraus[19]. Die vom

[16] Ebd. 301.

[17] In einem ursprünglichen Sinn steht sich natürlich die Freiheit in Indifferenz (identisch mit all ihren Möglichkeiten) selbst gegenüber, so könnte sie ihre Negation wählen, indem sie jene Möglichkeit, die nicht die echte Möglichkeit der Freiheit ist, wählt.

[18] Es sind zwei Formen der Notwendigkeit zu unterscheiden: »Müssen« (necesse esse, necessitas), ihm entspricht ein Nicht-anders-Können. Und »Sollen« (debere, obligatio), ihm entspricht ein Nicht-anders-Dürfen mit gleichzeitiger Möglichkeit des Anders-Könnens.

[19] »Als von Freiheit entworfene hat keine dieser Möglichkeiten etwas an sich, dessentwegen sie von vorneherein den anderen vorgezogen zu werden verdiente. Denn gerade dadurch erweist sich Freiheit als Freiheit, daß sie allen ihren Möglichkeiten gegenüber gleichermaßen offen ist, ... Erst als Entscheidung macht Freiheit unter ihren eigenen Möglichkeiten den Unterschied zwischen dem, was

Sollen ausgezeichnete Möglichkeit erscheint aber dann als die einzigartige Möglichkeit der Freiheit. *Freiheit zu gewinnen* wäre entsprechend der geheime Motor, das Motiv der freien Entscheidung. Wir sind essentiell frei, damit wir durch unsere Entscheidung hindurch es auch existentiell immer mehr werden (existentielle Freiheit). Was aber ist diese letzte Gestalt der Freiheit, die uns bedingungslos verpflichtet und fordert? Ist es die schlechthinnige Autarkie des Menschen? Ist es die des einzelnen oder eine für die Gesellschaft in der Geschichte sich verwirklichende Freiheit? Das ist die Frage nach dem Grund und den Grenzen sittlicher Autonomie, auf die wir gleich ausführlich zu sprechen kommen. Soviel aber ist schon jetzt sicher: »Der Wahl der Handlungen und des Seienden, auf das diese Handlungen sich beziehen, geht eine Grundwahl voraus, die wir allein in einem strengen Sinn Entscheidung nennen können, die Wahl dessen, was wir eigentlich sein wollen, der Entwurf unserer eigenen Wesensgestalt.«[20] Das schließt eine bestimmte Interpretation von Welt mit ein, unsere Stellung im Kosmos, unsere mitmenschlichen Beziehungen, unser Verständnis der Gesellschaft und ihrer Institution. Es ist der Entscheid zu einer Hierarchie der Werte, zu einer Präferenzordnung, in der wir mehr Freiheit garantiert sehen. In der Freiheit zu dieser Entscheidung liegt unsere eigentliche personale Freiheit. Im Horizont dieser Entscheidung gewinnen auch die eine Einzelhandlung bestimmenden Werte ihre Motivkraft[21].

2. KAPITEL: DER GRUND DES SOLLENS

Als Ergebnis unserer bisherigen Überlegungen ist festzuhalten: Sowohl unserer Alltagserfahrung wie auch dem reflektierenden Handlungsbewußtsein zeigt sich das Phänomen des Sollens, der

vorgezogen, und dem, was hintangesetzt zu werden verdient« (B. Schüller, Gesetz und Freiheit. Eine moraltheologische Untersuchung, Düsseldorf 1966, 17).

[20] M. Müller, a. a. O. 303.

[21] »Die Handlungsfreiheit ist so durch ihre Motive zwar restlos determiniert, die Motive aber sind erst Motive in der Vorbestimmung durch die Grundwahl oder Grundbejahung der Entscheidungs-Freiheit« (M. Müller, a. a. O. 304).

Beanspruchung und Verpflichtung. Die Moralsprache vermittelt solche Beanspruchung. Vordergründig enthalten Sollenssätze zwar meist eine Aussage, wie man in einer Entscheidungssituation richtig wählen soll. Es läßt sich aber nicht übersehen, daß hintergründig die Verpflichtung zum Wählen und zum Entscheiden mitangesprochen wird. Der Mensch selbst in seiner Entscheidungsfähigkeit ist im Spiel, wenn er sich und anderen gegenüber Verpflichtungen ausspricht. Ein Akt der Selbstverpflichtung, eine Grundentscheidung der Freiheit scheint zum Verständnis des Sollens-Phänomens unerläßliche Voraussetzung. Hier ist nun weiter zu fragen: Welchen Charakter hat dieser Grundentscheid? Es handelt sich offensichtlich um einen fundamentalen Akt sittlicher Selbstbestimmung des Menschen. Was aber besagt diese von so vielen Seiten geforderte Selbstbestimmung oder Autonomie? Handelt es sich um die Selbstkonstitution des Ichs als eines freien Subjekts der Sittlichkeit? Oder geht es um den Anspruch des empirischen Subjekts auf freie und unabhängige Bedürfnisbefriedigung? Die verschiedenen Ausprägungen des Autonomieanspruchs sind daher kritisch zu prüfen (§ 4). Mit besonderer Aufmerksamkeit aber gilt es dann abzuklären, wie weit das moderne Autonomieverständnis mit einer theologischen Ethik vereinbar sein kann (§ 5). Alles auf einen Nenner gebracht, suchen wir im 2. Kapitel nach dem *Grund und den Grenzen sittlicher Autonomie.* Dies ist die moderne Fragestellung nach dem letzten Grund des Sollens der sittlichen Beanspruchung des Menschen.

§ 4 Der Autonomieanspruch

Der Ruf nach Autonomie prägt wie kaum ein anderer das neuzeitliche Denken. Der *Begriff* selbst ist nicht neu. In seinem griechischen Ursprung bezeichnet er seit der Mitte des fünften vorchristlichen Jahrhunderts das Ziel der Stadt-Staaten, die eigenen inneren Angelegenheiten unabhängig von einer anderen Macht bestimmen zu können[1]. Im Zeitalter der Konfessionskriege gewann er zusätzlich die Bedeutung des Anspruchs auf religiös-

[1] Vgl. R. Pohlmann, Art. Autonomie, in: HWP I, 701–719, 701.

konfessionelle Selbstbestimmung[2]. Die Einführung des Begriffs in die Philosophie durch I. Kant hebt ihn über den Bereich institutioneller Selbstbestimmung (Unabhängigkeit, Souveränität) hinaus auf die Ebene eines grundsätzlichen menschlichen Anspruchs. Autonomie besagt nun die Möglichkeit und Aufgabe des Menschen, als Vernunftwesen sich selbst zu bestimmen und auch in Übereinstimmung zu stehen mit einem Gesetz, das der Mensch sich selbst gegeben hat. Der größte gemeinsame Nenner in diesem modernen Autonomieanspruch ist die Ablehnung jeder Art von Fremdbestimmung oder Heteronomie. Unterschiedlich, ja gegensätzlich wird die Frage beantwortet, woher die Heteronomie zu befürchten sei. Ist es die Vielfalt der Objekte des Begehrens, die auf den Menschen einwirken und die Autonomie seines reinen vernünftigen Willens bedrohen? Liegt die Heteronomie in der Abhängigkeit, im Bestimmtwerden durch die Bedürfnisnatur und die Gesellschaft? Oder muß nicht gerade in den menschlichen und gesellschaftlichen Bedürfnissen der Ausgangspunkt für die Befreiung aus jeder Heteronomie gesucht werden? Führt nicht die Flucht in die Subjektivität und in die Abstraktion zur gesellschaftlichen Selbstverfremdung des Menschen? Gewinnt der Mensch seine Freiheit als freie Selbstbestimmung aus der Transzendenz der Bedürfnisse oder aus deren umfassender Entfaltung und Befriedigung? Das sind die kontroversen Fragen, die der Autonomieanspruch aufwirft. Und die geschichtliche Entwicklung zeigt, daß die »Selbstkonstitution des Ichs als eines freien selbstbewußten Subjekts, das sich als achtungswürdig erscheint, insofern es selbst Urheber des Gesetzes ist, dem es sich unterwirft«, einem Prozeß anheimfällt, »der für es selbst in seiner Herkunft und seinem Telos unausdenkbar bleibt«[3]. Zur Klärung des Autonomieanspruchs sollen die Hauptaspekte dieser Entwicklung kurz dargestellt werden.

[2] In der Diskussion um die Interpretation des Augsburger Religionsfriedens (1555) wird »Autonomie« oder »Freystellung mehrerlay Religion und Glauben« zurückgewiesen. Nach dem Westfälischen Frieden (1648) gilt die Autonomie als Gewissensfreiheit bereits als positive Errungenschaft (vgl. R. Pohlmann, a. a. O. 702 f.).

[3] G. Rohrmoser, Art. Autonomie, in: HPhG (Studienausgabe) I, 155–170, 156.

A. Das autonome Subjekt

In einer »kopernikanischen Wende« haben Kant und in der Folge die gesamte idealistische Philosophie ihr Denken dem menschlichen Subjekt zugewandt. Das Seiende wird nicht mehr als Seiendes im ganzen, sondern als Gegenstand endlicher Subjektivität aufgefaßt. Die Subjektivität selbst tritt ins Zentrum des Philosophierens. Dabei gilt das Interesse vorab dem Erkennen und Wollen. Im Experiment der Vernunftkritik erfährt die Welt eine Differenzierung in Erscheinung und Ding an sich. Ihr entspricht die Unterscheidung zwischen dem »empirischen Subjekt«, das der Anschauung zugänglich ist, und dem »intelligiblen Subjekt«, zu dem nur eine spezifische Reflexion Zugang hat. In dieser als transzendental bezeichneten Reflexion werden die Bedingungen der Subjektivität und ihres Erkennens bedacht und so die Wirklichkeit des Bewußtseins sowie die Vernunft als Freiheit denkmöglich gemacht. In diesem Zusammenhang erscheint Autonomie als eine fundamentale Bedingung des intelligiblen Subjekts. Als sittliche Autonomie besagt sie die *Selbstbindung des Subjekts an das Gesetz vernünftiger Selbstbestimmung.*

1. Immanuel Kant

Kant gilt zu Recht als Begründer dieses Denkansatzes. Er selbst hat die »anthropologische Wende« vollzogen, indem er sich von der »Autonomie der Natur« (im Sinne der Schulphilosophie von G.W. Leibniz und Chr. Wolff) abgekehrt und immer mehr der Autonomie des Subjekts zugewandt hat[4]. Nicht mehr die Forde-

[4] Vgl. M. Forschner, Gesetz und Freiheit. Zum Problem der Autonomie bei I. Kant, Epimeleia, Beiträge zur Philosophie, Bd. 24, München 1974. Während beim Kant der 50er Jahre der Objektivismus der Aufklärung dominiert, zeigen bereits die Schriften der frühen 60er Jahre (»Der einzig mögliche Beweisgrund...« 1762 sowie »Untersuchung über die Deutlichkeit der Grundsätze...« 1762/63) einen tiefgreifenden Einschnitt im moralphilosophischen Denken Kants. »Entscheidend ist zunächst der Wandel des Begriffs der *Vollkommenheit* und im Gefolge davon eine Neuformulierung des Gedankens der *Verbindlichkeit* wie des *notwendigen Zweckes,* demzufolge eine Handlung als sittlich gut qualifiziert werden kann. Diese Wandlung Kants läßt sich als anthropologische Wende oder besser als *Wende zur Subjektivität* bezeichnen, da nunmehr Vollkommenheit, Ordnung, Verbindlichkeit, das Gute etc. wesentlich vom Erkennen und Willen eines Subjektes her konzipiert werden« (ebd. 64).

rung, daß sich der Mensch handelnd in die ruhende Harmonie und Vollkommenheit des Alls einfügt, sondern die Frage nach der Selbstbegründung der Erkenntnis und die Selbstbindung des Willens bilden fortan den Ausgangspunkt seines Denkens. Dazu gewinnt für Kant die Unterscheidung von Natur und Vernunft[5], von empirischem und intelligiblem Subjekt tragende Bedeutung. Der Mensch verwirklicht beides. Er ist gewissermaßen Natur und Vernunft zugleich. Er ist ein »Stück Sinnenwelt« und dadurch der Naturmechanik von Begierde und Neigung ausgesetzt; er ist aber zugleich Glied einer Welt, deren Sein durch absolute Freiheit und Vernunft in ihrer Allgemeinheit und Notwendigkeit bestimmt ist[6]. Als vernünftiges *Naturwesen* vermag der Mensch »durch Vorstellungen von dem, was selbst auf entferntere Art nützlich oder schädlich ist, die Eindrücke auf unser sinnliches Begehrungsvermögen zu überwinden«[7]. Er kann sich durch den Verstand in der Wahl seiner Handlungen bestimmen. Er durchbricht so die *Unmittelbarkeit* sinnlicher Nötigung; bleibt aber in einer umfassenden Sicht im Kreis der Natursachen. Diese Art Freiheit – Kant nennt sie »freie Willkür« (arbitrium liberum) oder auch »praktische Freiheit« – erschließt sich unserer täglichen Erfahrung[8]. Sie begründet aber nicht die eigentliche Würde des

[5] Bereits in der vorkritischen Phase sind »die Grundbegriffe ... der Sittlichkeit ... die Wesensgesetze des Geistes selbst. Ihre Strukturmomente ... gleichen denen der kritischen Moral« (M. Forschner, a. a. O. 129). Der Vernunftbegriff selbst ist freilich noch ganz der Schulphilosophie verpflichtet. »Göttlicher Geist und göttlicher Wille ... werden nicht in einem kritischen (d. h. den menschlichen Geist als Denkmöglichkeit mitbegrenzenden) oder regulativen Sinne, sondern in konstitutiver Bedeutung verwendet; menschliche Moralität konstituiert und realisiert sich als participatio an göttlichem Geist und realisatio seiner Schöpfungsteleologie; der kategorische Imperativ ist noch nicht als Ausdruck menschlicher Autonomie formuliert« (ebd. 129).

[6] In der Dissertation »De mundi sensibilis« wird diese Unterscheidung erstmals thematisiert. Dabei »repräsentiert der mundus intelligibilis das Objekt des begrifflichen Denkens und eröffnet rein begrifflicher Bestimmung sein An-sich-Sein unabhängig von sinnlich bedingter Erfahrungsmöglichkeit... Nach der kritischen Wende schränkt Kant die Gültigkeit der Kategorien auf die Erscheinungswelt ein und erklärt das Noumenale für unerkennbar. Das Ding an sich alteriert zu einem bloßen Grenzbegriff, zu einem Etwas, das wir als Grund der Erscheinungen und deren Bestimmtheiten annehmen müssen, ohne es positiv, seinem Wesen nach, bestimmen zu können« (M. Forschner, a. a. O. 239).

[7] I. Kant, KrV, in: ders., Werke in zehn Bänden, hrsg. v. W. Weischedel, IV, Darmstadt 1968, 675 (A 803 B 831).

[8] »Wir erkennen also die praktische Freiheit durch Erfahrung, als eine von den Natursachen, nämlich eine Kausalität der Vernunft in Bestimmung des Willens,

Menschen als eines *Vernunftwesens.* Es bliebe damit notwendig fremden Zwecken unterworfen. Als Vernunftwesen muß der Mensch als Zweck an sich verstanden werden. Darum erhebt sich die Frage, ob und wie menschliches Wollen, Streben und Handeln allein durch Vernunft bestimmbar sei. Dies ist nach Kants Überzeugung nur möglich, wenn der Wille in Identität mit der Vernunft sich selbst unabhängig von allen Gegenständen des Wollens das Gesetz gibt. In dieser von Zwecken freien Selbstbestimmung des Willens durch das allgemeine Gesetz der Vernunft sieht Kant die *sittliche Autonomie.* Autonomie besagt demnach keine Willkür individueller Subjektivität, sondern die Selbstbindung an das eigene Gesetz der Vernunft. »Das kantische Problem der Autonomie als Gesetzgebung der Vernunft bezüglich des Begehrens betrifft also nicht die Wahlmöglichkeit des Menschen bezüglich verschiedener Begehrungsobjekte, betrifft auch nicht die vernunftgeleitete Ablehnung bzw. Bevorzugung bestimmter Handlungsziele mit Rücksicht auf ihre Durchführbarkeit, Nützlichkeit, Schädlichkeit..., betrifft schließlich nicht ›praktische‹ Handlungsanweisungen zur Realisierung eines Ziels..., *das kantische Problem der Autonomie im praktischen Sinn betrifft lediglich die Möglichkeit eines Willens, bzw. einer reinen praktischen Vernunft.*«[9]

In dieser Selbstgesetzgebung der Vernunft als Wille liegt das oberste Prinzip der Sittlichkeit. Damit sieht Kant den Menschen herausgehoben aus aller Naturbestimmung. Die Autonomie als transzendentale *Idee der Freiheit* hebt ihn über sich selbst (als Teil der Sinnenwelt) hinaus. Sie ist Bestimmung des transzendentalen (intelligiblen) Subjekts und bindet ihn an eine Ordnung, die nur der Verstand zu denken vermag. Dem theoretischen Vernunftge-

indessen daß die transzendentale Freiheit eine Unabhängigkeit dieser Vernunft selbst ... von allen bestimmenden Ursachen der Sinnenwelt fordert, und so fern dem Naturgesetze, mithin aller möglichen Erfahrung, zuwider zu sein scheint, und also ein Problem bleibt« (ebd. 675f. [A 803 B 831]).

[9] M. Forschner, a.a.O. 195. Kant braucht denn auch im allgemeinen den Ausdruck »praktische Vernunft« nur zur Bezeichnung des Tatbestandes, daß Vernunft für sich allein als Bestimmungsgrund des Begehrens fungiert. »Praktische Vernunft« hat also bei Kant einen anderen Sinn als im heute üblichen Sprachgebrauch. Auch Kants »theoretische Autonomie« als autonome Verbindung empirischer Vorstellungen sowie als Autonomie der Ideen durch die Vernunft allein kann »nur in einem analogen Sinn mit der praktischen Autonomie in Zusammenhang gebracht werden« (ebd. 196).

brauch bleibt denn auch die Idee der Freiheit eine bloße Denkmöglichkeit; für den praktischen Gebrauch dagegen erweist sie sich als notwendig, damit überhaupt reine Moralität als Selbstbestimmung des Willens möglich sei. So verbindet Kant das Sittengesetz mit dem Begriff des Willens eines vernünftigen Wesens überhaupt. Es hat damit auch die Dignität allgemeiner und notwendiger Geltung von Vernunft. Haben wir es aber bei diesem Vernunftwesen mit einem Subjekt zu tun, dessen Wollen nicht eo ipso mit dem Wesen der Vernunft übereinstimmt (was beim Menschen, der auch Sinnenwesen bleibt, der Fall ist), so gewinnt das Prinzip der Sittlichkeit den Charakter eines unbedingten Anspruchs, d. h., es formuliert sich als kategorischer Imperativ: »Handle nur nach derjenigen Maxime, durch die du zugleich wollen kannst, daß sie ein allgemeines Gesetz werde.«[10] Kant versteht diesen Imperativ, in dem sich Sollen ursprünglich ausdrückt, als einen »praktisch synthetischen Satz a priori«. Das Aprioristische ergibt sich aus der unmittelbaren Verbindung mit dem vernünftigen Willen selbst. Der synthetische Charakter »resultiert hypothetisch aus dem Begriff eines Willens, der nicht von selbst die Gesetzlichkeit der Vernunft realisiert, sondern sie als Gebot der Identifizierung der subjektiven Maxime mit den objektiven Vernunftgrundsätzen erfährt, faktisch aus dem Begriff des Menschen, der sich selbst als Schnittpunkt zweier Reiche erkennt«[11]. Kant verzichtet bei seiner Analyse der Vernunft zur Begründung des Sittengesetzes ganz klar auf empirische Sätze. Sie könnten niemals Allgemeingültigkeit beanspruchen. Allgemeingültigkeit können nur Sätze besitzen, die in einer Beziehung zur transzendentalen Ebene stehen. Kant geht freilich über die transzendentale Ebene hinaus und macht eine materiale Setzung, indem er ausdrücklich erklärt: »Der Mensch, und überhaupt jedes vernünftige Wesen existiert als Zweck an sich selbst.«[12] Während er dabei in der Grundlegungsschrift noch davon ausgeht, daß im Spontaneitätsbewußtsein eine Berührung mit dem substantiellen Sein (dem Ich an sich) gegeben sei, aus dem dann die Idee der Sittlichkeit sowie des Sittengesetzes analytisch folgt, dringt in den späteren Schriften ein anderer Ansatz durch. Die kategorische

[10] I. Kant, GMS, in: ders., Werke, a. a. O. VI, 51 (BA 52).
[11] M. Forschner, a. a. O. 209.
[12] I. Kant, GMS, a. a. O. 59 (BA 64).

Forderung des Sittengesetzes wird als *Faktum menschlicher Vernunft* gesehen, das theoretisch nicht deduzierbar ist, das aber, um überhaupt sinnvoll zu sein, die autonome Gesetzgebung voraussetzt. Freiheit und Autonomie werden damit zu Postulaten, die das Sittengesetz erhebt[13]. Nicht das theoretische Ich, sondern nur das sittliche Selbst kann sich als Freiheit verstehen und einen wirklichen Zugang zum intelligiblen Grund seines Seins vermitteln. Wenn Kant vom Faktum des Sittengesetzes spricht, so meint er damit kein empirisches Faktum, sondern ein »Faktum der reinen Vernunft«, ein unmittelbares Bewußtsein. Es ist endlicher Vernunft schlechthin *gegeben* und eben doch nicht als etwas Fremdes, sondern als Produkt dieser Vernunft. Sein Grund muß in der eigenartigen Seinsweise menschlicher Vernunft selbst gesucht werden. »Während das theoretische Ich ... in völliger Ungewißheit über seine Herkunft verharrt, geben Form und Inhalt des Sittengesetzes dem praktischen Ich einen sicheren Hinweis auf die absolute Autonomie seines intelligiblen Seins, ohne dieses freilich einer theoretischen Einsicht zu öffnen. Menschliche Vernunft ist, so paradox dies klingen mag, faktisch vorgefundene Möglichkeit und faktisch vorgefundener Anspruch, die ihre Wirklichkeit nur durch die Tat beweist, die den Grund ihrer Möglichkeit aus sich selbst zu deduzieren verlangt und doch nicht ableiten kann.«[14] Nach dem *Grund des Sollenscharakters noumenalen Seins* für den Menschen befragt, vermag Kant keine metaphysisch zureichende Antwort zu geben.

2. J. G. Fichte

Fichte will sich nicht damit zufriedengeben, daß die Autonomie intelligiblen Seins ein für die theoretische Einsicht unergründliches Postulat bleiben müsse. Das Sittengesetz als Faktum der Vernunft muß auch in theoretischer Hinsicht bedacht und begründet werden. Der gesamte Bereich von Freiheit und

[13] »Die in der Grundlegungsschrift dominierende metaphysische Fundierung der Moral kehrt sich um in eine moralische Fundierung der Metaphysik. Freiheit und ihre Seinsstruktur (Autonomie) ist ein Postulat, das der Sinn des Sittengesetzes erhebt ... Die ›übersinnlichen Gegenstände‹, in der Kritik der reinen Vernunft als bloß problematische Denkmöglichkeit und Grenzbegriffe eingeführt, werden ›durch ein Faktum bestätigt‹ (KpV, V, 6)« (M. Forschner, a. a. O. 250).
[14] Ebd. 259.

Interpersonalität muß erkenntnismäßig erschlossen werden. Als Ausgangspunkt wählt er den Vollzug sittlicher Existenz im moralischen Handlungsbewußtsein. Darin wird für ihn sittlicher Wille unmittelbar erfahrbar und somit reines Vernunftwissen der Erkenntnis seiner selbst fähig. Dies bedeutet einen wichtigen Schritt in der Entwicklung der Philosophie der Subjektivität. Fichte versucht vor allem in seiner Wissenschaftslehre eine Auslegung des Seienden im ganzen von der Subjektivität her. Die Welt muß als Produkt eines absoluten Ich begriffen werden. Die Intelligenz, das Ich, die Vernunft, ist als das Absolute »reine Tätigkeit«[15], »Tathandlung«, die »kein Objekt voraussetzt, sondern es selbst hervorbringt«[16]. Wenn aber das Ich die Welt setzt, dann kann es die Welt auch innerhalb der ihr vom Ich in apriorischer Setzung auferlegten Gesetze gestalten. Damit führt die Wissenschaftslehre unmittelbar zur Sittenlehre. Auf die gegebene Welt ist die in der Weltgestaltung seinsollende sittliche Welt zu applizieren[17]. Inhalt des Sittengesetzes ist demnach das, was durch uns und unsere Freiheit aus dem Geist heraus ewig werden soll[18]. Die Natur verhält sich dazu als der »leidende Stoff ohne allen Antrieb«[19]. In der Sittenlehre von 1812 knüpft Fichte die Verwirklichung des gemeinsamen sittlichen Grundbewußtseins an das historische Menschengeschlecht und seine Geschichte[20]. Die Erfüllung der Sittlichkeit ist das Ziel der Geschichte. Es wird erst da erkannt, wo das bisher durch Gott erzogene Geschlecht selbst »mit Freiheit und untrüglicher Kunst seine Erziehung übernimmt«[21]. Das sich zur Sittlichkeit des Ganzen erhebende Menschengeschlecht ist gewissermaßen das »große allgemeine Ich«. Die Sittlichkeit des einzelnen Ich besteht dann darin, »daß es als Subjekt in seinem Wollen Organ und Vollzug des auf das Ganze und auf die Vollendung der Menschheit gerichteten

[15] J. G. Fichte, Das System der Sittenlehre nach den Principien der Wissenschaftslehre (1798), in: J. G. Fichte's sämtliche Werke, hrsg. v. J. H. Fichte, IV, Berlin 1845, unv. Nachdruck 1965, 12.
[16] J. G. Fichte, Zweite Einleitung in die Wissenschaftslehre (1797), a. a. O. I, 468.
[17] Vgl. ders., Die Staatslehre, oder über das Verhältnis des Urstaates zum Vernunftreiche (1813), a. a. O. IV, 389.
[18] Vgl. ebd. 387.
[19] Ebd. 385.
[20] Vgl. J. Ritter, Art. Ethik, in: HWP II, 759–795, 786.
[21] J. G. Fichte, Das System der Sittenlehre (1812), a. a. O. XI, 42.

absoluten Lebens wird, und dieses Leben im Element des sittlichen Wollens der Individuen sich auf seinen Endzweck hinbewegt«[22]. Mit dem Hinweis auf das »absolute Leben«, dessen Organ das sittliche Subjekt sein soll, tritt bei Fichte der Grund unbedingten Sollens ins Blickfeld. Die Begriffe »Licht« und »Leben« vermitteln die theoretische und praktische Vernunft zur Einheit des erkennenden Tätigseins als Subjekt. Überdies wirken sie auch als einende Kraft unter der Vielzahl von Vernunftwesen, von denen jedes ein Ich und frei ist[23]. Licht und Leben haben in ihrer medialen Funktion den Charakter eines Absolutum. Das Verhältnis dieses Absolutum zur Vernunft bestimmt Fichte dialektisch: es ist zugleich der Vernunft immanent und übersteigt sie doch absolut. Insofern das Leben der Vernunft immanent ist, steht es unter den Bedingungen interpersonaler Freiheitsdifferenz, d.h., es läßt sich nur unter der Differenz von freiem und freilassendem Anruf und ebenso freier und freilassender Antwort verwirklichen. Als Absolutes aber wirkt es konstitutiv für das Anerkannt- und Gewolltsein des Selbst. Dieses »die absolute Vermittlung ermöglichende Absolute wird von Fichte Gott genannt und von ihm ebenfalls, zwar nicht mit dem Gott der Metaphysik, aber mit dem Gott des Johannes-Evangeliums und insofern mit dem Gottesverständnis der jüdisch-christlichen Überlieferung identifiziert«[24]. Aber dieser Gott wirkt nicht von außen auf den Menschen und seine Geschichte ein, er verwirklicht sich vielmehr unter den intersubjektiven Bedingungen von Vernunft und Freiheit, deren Grund er selbst ist.

[22] J. Ritter, a..a. O. 787.

[23] Vgl. dazu E. Simons, Art. Gott (2.), in: HPhG III, 616–629, bes. 623–627.

[24] Ebd. 623. »Obwohl der Fichtesche Gottesbegriff dem der platonisch-augustinischen Tradition, wenigstens inhaltlich gesehen, nicht unähnlich ist, geht er in seiner methodischen Reflektiertheit, d.h. seiner Vermittlung von Immanenz und Transzendenz, die zugleich eine radikal interpersonale und geschichtliche Dimension hat, weit über diesen und die philosophia negativa hinaus und ist deshalb auch inhaltlich anders. Es wird nicht ein Licht und Leben als (transzendentales) Apriori allen menschlichen Handelns und Erkennens aufgewiesen, als würde sich dieses immer schon und immer nur von Gott her ereignen, sondern dieses Licht und Leben kann sich nur unter gegenseitigen Bedingungen von Freiheit verwirklichen, muß also auch von der endlichen Freiheit schöpferisch erzeugt werden« (ebd. 624).

3. G. W. Hegel

Die Sittenlehre nach dem Prinzip der Wissenschaftslehre, wie sie von Fichte entwickelt worden ist, sollte die Wirklichkeitsferne der Ethik überwinden. Insofern aber die Wissenschaftslehre als spekulative Theorie selbst nicht durch die konkrete Geschichte bestimmt wird, vermag auch das Sittengesetz mit den applikativen Begriffen des transzendentalen Systems die konkrete Wirklichkeit nicht zu erreichen. Die Idealstruktur steht so in einem unvermittelten Gegensatz zur geschichtlich-gesellschaftlichen Wirklichkeit. *Hegel* versucht diesen Gegensatz vermittelnd aufzuheben. Dazu muß das Verhältnis von Subjekt und Objekt, von Bewußtsein und Gegenstand grundlegend bedacht werden[25]. Die Erfahrung des Bewußtseins zeigt, daß es an jedem ihm gegenübertretenden Gegenstand in Wahrheit nur sich selbst begegnet; andererseits kann es nur das von sich erkennen, was es in einem anderen wiederfindet. In allem objektiven anderen erfaßt das Subjekt sich in seinem eigenen Selbst. Subjekt und Objekt sind so miteinander verflochten, daß die Bestimmung des einen notwendig zugleich die Bestimmung des anderen ist. Die Begegnung des Denkens vermag im Reflektieren des Subjekts und des Objekts den Gegensatz beider aufzuheben. Der Grundform der Dialektik gemäß vollzieht sich die Einigung des Selbst mit sich in einem anderen. Die vollkommene Vermittlung zwischen Bewußtsein und Gegenstand wird erst auf der höchsten Stufe absoluten Wissens erreicht. Absolutes Wissen und Wissen des Absoluten sind identisch. Das Absolute, der Geist, ist aber im Prozeß des Denkens immer schon mit uns. So muß nach Hegel die Beziehung von Subjekt und Objekt in dem umgreifenden Zusammenhang des Geistes gesehen werden, der der Inbegriff aller Wirklichkeit überhaupt ist.

Von diesem Denkansatz aus steht Hegel der von Kant und Fichte in ihrer »Reflexionsphilosophie der Subjektivität« entwickelten absoluten Autonomie des Subjekts kritisch gegenüber[26]. Bei

[25] Vgl. G. W. F. Hegel, Phänomenologie des Geistes, A II. Die Wahrnehmung, oder das Ding und die Täuschung, in: ders., Sämtliche Werke, hrsg. v. H. Glockner, II, Stuttgart ^{3}1951, 92–107.

[26] Vgl. Glauben und Wissen oder die Reflexionsphilosophie der Subjektivität, in: Sämtliche Werke I, Stuttgart ^{3}1958, 277–433. Hegel vertieft in dieser 1802/3 veröffentlichten Schrift die Auseinandersetzung mit der zeitgenössischen Philoso-

ihnen befreit sich die Vernunft gewissermaßen vom Besseren ihrer selbst und setzt dieses »als ein Jenseits in einem Glauben außer und über sich«[27]. Statt die Erfahrung der Negativität des Absoluten in ihr Denken aufzunehmen und die Subjektivität in der absoluten Idee aufzuheben, haben sie die Subjektivität absolut gesetzt. Diese Fixierung auf die Subjektivität isoliert diese und führt zur Abstraktion von der Wirklichkeit. Der Verzicht auf das Unendliche bringt auch den Verlust des Endlichen. In der Kantischen Philosophie »tritt ein Formalismus von Rechtswissenschaft und Moral, ohne Lebendigkeit, so wie ohne Wahrheit auf«[28]. Und bei Fichte wird durch »die absolute Subjektivität der Vernunft und ihre Entgegensetzung gegen die Realität ... die Welt der Vernunft absolut entgegengesetzt, dadurch absolute vernunftlose Endlichkeit«[29]. In der Konsequenz dieses Systems muß dann das Rechtliche und der Staat als »ein Fürsichseyendes und der Lebendigkeit und Individualität absolut Entgegengesetztes«[30] erscheinen. Solchem Dualismus von Legalität und Moralität gegenüber entwickelt Hegel eine Staatslehre, nach welcher der Mensch in seiner Moralität zum Subjekt und Grund der rechtlichen und staatlichen Ordnung wird. Er führt damit den Gegensatz von Subjektivität und Natur vermittelnd über das Individuum hinaus, »indem er Familie, bürgerliche Gesellschaft und Staat unter dem Titel der Sittlichkeit als die geschichtlichen Institutionen begreift, in denen Moralität und Gesinnung im Handeln sich verwirklichen und in der Einheit des Objektiven und Subjektiven zu ihrer Wirklichkeit kommen«[31].

Hegels Kritik der Autonomie reiner Subjektivität will die der Vernunft eigene Autonomie nicht abschaffen, sondern retten. Dazu wendet er sich *gegen die Ausklammerung des Absoluten* als des Undenkbaren. *Er anerkennt die Autonomie des Subjekts* (des subjektiven Geistes) »als die Form, in der die göttlich verwirklichte Freiheit von und gegenüber der Welt geschichtlich erscheint«. *Er verneint sie* aber, »insofern sie sich getrennt von ihrem

phie, die er mit seiner philosophischen Erstveröffentlichung über die Differenz des Fichteschen und Schellingschen Systems der Philosophie begonnen hatte.

27 Ebd. 280.

28 Ebd. 393.

29 Ebd. 420.

30 Ebd. 425.

31 J. Ritter, Art. Ethik, in: HWP II, 792.

konkreten Vermitteltsein absolut setzen will«[32]. Sie wäre dann konkret gewordener Widerspruch ihrer selbst. In Verbindung mit dieser Kritik falscher Absolutsetzung wendet sich Hegel auch *gegen die Abstraktheit reiner Subjektivität* und den damit verbundenen Verlust an Wirklichkeit. Konkrete Wirklichkeit ist als ein Prozeß zu verstehen, in dem sich subjektiver und objektiver Geist gegenseitig vermitteln. Mit dem subjektiven Geist bezeichnet Hegel das einzelne Ich, den Menschen als Individuum. Der objektive Geist ist das gesamte Gut der Kultur (Sprachen, Sitten Ausformung des Rechtes im Staat). Subjektiver und objektiver Geist setzen sich gegenseitig voraus. »Der einzelne Mensch kommt nur zu sich, wenn er sich mit dem Kulturgut vermittelt, und zwar in der Weise, daß er das geschichtlich Tradierte durchdringt und sich so in übergreifende Dimensionen einfügt. Aber diese Kulturgüter – das ist die andere Seite – bestehen nicht für sich isoliert vom Menschen. Sie haben ihre Wirklichkeit einzig und allein durch die Menschen, sie leben *in* deren Wissen und Tun.«[33] Hegel hat damit den Blick entscheidend auf die Geschichte gelenkt und diese in den Prozeß der Subjektivität einbezogen. Er hat die Autonomie des geschichtlichen Subjekts Mensch anerkannt und sie zugleich relativiert. Wieweit sie neben der Idee des absoluten Geistes, der als Weltgeist der eigentliche Akteur der Geschichte ist, bestehenbleibt, ist identisch mit der Frage, ob der endliche Mensch das unendliche Geschehen des Geistes nachvollziehen kann.

B. Die autonome Wirklichkeit

Hegel hat der abstrakt-formalen Autonomie die gesellschaftlich-geschichtliche Wirklichkeit entgegengestellt. Er hat den Menschen in seiner geschichtlichen Seinsweise neu entdeckt. Ein von der Gesellschaft wie von der realen Geschichte losgelöstes Individuum erscheint ihm seiner selbst entfremdet. Hegel sieht freilich die Geschichte in idealistischer Sicht als die Entfaltung einer einzigen absoluten Idee. Weltgeschichte ist die Geschichte

[32] G. Rohrmoser, Art. Autonomie, in: HPhG I, 155–170, 161.
[33] W. Schulz, Philosophie in der veränderten Welt, Pfullingen 1972, 506.

der zu sich selbst gekommenen Freiheit. Hier setzt die Kritik an und führt die Entwicklung weiter.

1. Der autonome gesellschaftliche Prozeß

K. Marx macht Hegel den Vorwurf, bei aller Kritik an der Reflexionsphilosophie selbst in der Abstraktheit steckengeblieben zu sein: »*Hegels* Geschichtsauffassung setzt einen *abstrakten* oder *absoluten* Geist voraus, der sich so entwickelt, daß die Menschheit nur eine *Masse* ist, die ihn unbewußter oder bewußter trägt. Innerhalb der *empirischen,* exoterischen Geschichte läßt er daher eine *spekulative,* esoterische Geschichte vorausgehen. Die Geschichte der Menschheit verwandelt sich in die Geschichte des *abstrakten,* daher dem wirklichen Menschen *jenseitigen Geistes* der Menschheit.«[34] Darum fragt Marx nun seinerseits neu und eindringlich nach dem wirklichen Subjekt, nach der Dimension und nach dem Ziel der Geschichte. Subjekt kann nur der Mensch sein, und zwar nicht als bloßes Organ des Weltgeistes[35]. Der wirkliche Mensch muß in der wirklichen Geschichte den Prozeß durchmachen zur Befreiung seines Selbstbewußtseins. Eine Vermittlung der Gegensätze in einem geistigen Prozeß genügt nicht; sie muß sich mitten durch die Geschichte, d. h. konkret durch die Gesellschaft, vollziehen. In diesem Sinne gilt, daß die Welt nicht nur zu interpretieren ist, »es kommt darauf an, sie zu verändern«[36]. Es geht um die Auseinandersetzung des Menschen mit seiner natürlichen und sozialen Umwelt. Diese Auseinandersetzung ist wesentlich durch seine Bedürfnisse bestimmt. In der Erzeugung der Mittel zur Befriedigung der Grundbedürfnisse des Lebens sowie in der mit der Befriedigung verbundenen Reproduktion neuer Bedürfnisse sieht Marx die erste geschichtliche Tat[37]. In der Befriedigung und Reproduktion immer neuer

[34] K. Marx, Die heilige Familie, 6. Kap., in: ders., Werke, hrsg. v. H. J. Lieber/P. Furth, Darmstadt 1962, 766f.

[35] »Der Philosoph erscheint indessen nur als Organ, in dem sich der absolute Geist, der die Geschichte macht, nach Ablauf der Bewegung *nachträglich* zum Bewußtsein kommt. Auf dieses nachträgliche Bewußtsein des Philosophen reduziert sich sein Anteil an der Geschichte, denn die wirkliche Bewegung vollbringt der absolute Geist *unbewußt.* Der Philosoph kommt also post festum« (ebd. 767).

[36] K. Marx, Thesen über Feuerbach, in: Werke II, Darmstadt 1971, 4.

[37] Vgl. ders., Die Deutsche Ideologie, in: Werke II, a. a. O. 29.

Bedürfnisse auf steigendem Niveau muß somit die eigentliche Triebkraft der Geschichte gesehen werden. Im Hinblick darauf ist die Arbeit nicht nur ein Mittel zum Leben, sondern selbst das erste Lebensbedürfnis[38]. Dies verlangt nach freier Entfaltung der Bedürfnisse in einer gesellschaftlichen Ordnung, in der ein Gleichgewicht umfassender Bedürfnisbefriedigung möglich ist. Diese Entwicklung ist durch die kapitalistischen Produktionsverhältnisse und deren gezielte Erzeugung von Scheinbedürfnissen grundlegend gestört. Dazu gehören auch die mit Hilfe der Religion geweckten Bedürfnisse und deren verheißene jenseitige Erfüllung. Hier gilt es korrigierend in den geschichtlichen Prozeß einzugreifen. Das kann aber nicht durch den einzelnen geschehen. Die Klasse des Proletariats muß als das eigentliche geschichtliche Subjekt angesprochen werden. Ihre Entfremdung durch Verkauf der Arbeitskraft ist als total anzusehen. Sie muß durch Rückgewinnung des Selbstbewußtseins befreit werden. Nur als ihrer selbst bewußt gewordene Klasse kann sie die Verfügung und Kontrolle über die von ihr gemachte Geschichte zurückgewinnen. »In der sozialistischen Gesellschaft, in der die immer bessere Befriedigung der wachsenden Bedürfnisse aller Werktätigen Ziel und Bedingung der Produktion ist, kann die Tendenz zu wachsender Komplexität und Universalität der Bedürfnisse nur als organisierter, planmäßig betriebener Prozeß verwirklicht werden. Dies betrifft sowohl einzelne Bedürfnisse als auch das Gesamtsystem der Bedürfnisse, von der Durchsetzung einer sozialistischen Verbrauchskonzeption bis zur Entwicklung der Arbeit zum ersten Lebensbedürfnis der allseitig entwickelten, d. h. aber auch bedürfnisreichen, sozialistischen Persönlichkeit.«[39]
Marxistische Theorie sieht im Bedürfnis die Notwendigkeit für menschliches Handeln innerlich verankert. Das Bedürfnis bildet daher die ständige Wirkungsbedingung objektiver gesellschaftlicher Entwicklungsgesetze; es steht mit dem gesellschaftlichen Erfordernis in dialektischer Einheit. Der Mensch erscheint hier durch seine Bedürfnisnatur eingebettet in die gesetzmäßige Entwicklung des Systems der Bedürfnisse[40]. *Er ist Subjekt und*

[38] Ders., Kritik des Gothaer Programms, in: Werke III/2, Darmstadt 1971, 1024.
[39] W.P. Eichhorn, Art. Bedürfnis, in: Philos. Wörterbuch, hrsg. v. G. Klaus/M. Buhr, Leipzig 1975, I, 206.
[40] »In Abhängigkeit von und in Wechselwirkung mit der Entwicklung der

Objekt in einem autonomen gesellschaftlichen Prozeß. Der Sollensanspruch ergibt sich aus der inneren Logik dieses Prozesses.

2. Die Autonomie der Werte

M. Scheler und *N. Hartmann* wandten sich in ihrer »Materialen Wertethik« in erster Linie gegen den Formalismus in der Ethik, sie haben aber mit ihren Entwürfen auch das Autonomieverständnis umgeformt. Der Ethik der Autonomie, d. h. der reinen Sittlichkeit eines autonomen Subjekts, haben sie die *Autonomie der Ethik,* d.h. ein Reich materialer Wertaprioris entgegengestellt. In den Werten hat die Ethik ihre eigene und eigengesetzliche Gegenstandssphäre. Wenn wir in einem Werturteil einem Wertträger eine Wertqualität zusprechen (wir sagen z. B.: Hans sei tapfer), so können wir das nur aufgrund der Einsicht in den Wertgehalt dieser bestimmten Wertqualität. Dieser Wertgehalt bestimmt nach Scheler das Wertprädikat (Wertbegriff) *unabhängig* von seinem Zukommen oder Nichtzukommen zum Träger. Hinter dem Wertbegriff verbirgt sich ein »materiales Apriori«[41]. Dieses Materiale des Wertes ist intuitiv gegeben und in seiner Selbstgegebenheit voll einsichtig. Insofern aber der Wert als Wert erkannt wird, zeigt er sich als zum Bereich »idealen Seinsollens« gehörig. Der *Sollensanspruch vermittelt sich demnach in unmittelbarer Evidenz mit der Werteinsicht* selbst. Und insoweit nun die Einsicht »nur dem immanenten Gesetz der emotionalen Einsichtsakte selber folgt«[42], *vermittelt der Einsichtsakt einen autonomen Anspruch.* Die *Autonomie der Person* kann dann nur noch eine Folge des sich dem apriorischen Wert eröffnenden Aktes sein. Vom analytischen Standpunkt her ist allerdings zu fragen, ob nicht eine solche Identifizierung des im Wertprädikat »Gemeinten« mit

ökonomischen Struktur der jeweiligen Gesellschaftsformation vollzieht sich die gesetzmäßige Entwicklung des Systems der Bedürfnisse in allen Sphären des gesellschaftlichen Lebens der Menschen« (ebd. 206).

[41] Dabei ist zu beachten, »daß das Gebiet des ›Apriori-Evidenten‹ mit dem ›Formalen‹ und der Gegensatz ›Apriori‹-›Aposteriori‹ mit dem Gegensatz ›formal‹ – ›material‹ auch *nicht das mindeste* zu tun hat... Die Identifizierung des ›Apriorischen‹ mit dem ›Formalen‹ ist ein *Grundirrtum* der kantischen Lehre« (M. Scheler, Der Formalismus in der Ethik und die materiale Wertethik, Werke II, Bern ^{5}1966, 72f.).

[42] M. Scheler, Absolutsphäre und Realsetzung der Gottesidee, in: Werke X, Bern 1957, 179–253, 197.

einer »Wertqualität an sich« das Problem des normativen Anspruchs der Wert-Ausdrücke hintergehe[43]. »Warum das, was als ›seinsollend‹ angeschaut und ausgesagt wird, ›sein soll‹ und gar ›an sich sein soll‹, kann auf dieser Basis nicht erklärt werden ... Man müßte erklären können, *wie* sich ein denkendes oder anschauendes ›Hinnehmen‹ eines Inhalts als Bewußtsein, daß etwas gehandelt werden soll, konstituieren kann.«[44]

C. Die autonome Praxis

Weder der Rückzug auf die reine Subjektivität noch die Auslieferung an autonome Prozesse scheint dem Verlangen nach Eigenverantwortung des Menschen für sich und die Welt gerecht zu werden. So fragt der Mensch, der heute wie kaum zuvor die Grenzen der Machbarkeit und die von gesellschaftlichen Strukturen ausgehenden Zwänge erkannt hat, ob sittliche Autonomie nicht doch nur ein Traum bleiben müsse. Handelt es sich – wie Th. W. Adorno meint – um ein Stück Mythos, um einen von der Aufklärung nicht erfaßten Rest? Dient der Autonomieanspruch des modernen Menschen nur dazu, »die feudal naturwüchsige Herrschaft durch die eigene rationale sich durch den Markt vermittelnde zu ersetzen«[45]? Genügt es, den Menschen aus der Rationalität der Zwecke sowie aus der Herrschaft gesellschaftlicher Zwänge zu freier und unabhängiger Bedürfnisbefriedigung zu führen? Damit sind die der technischen Zivilisation aufgegebenen Probleme nicht zu lösen. Es geht darum, *nach rationaler Problemlösung Ausschau zu halten.*

[43] Vgl. I. Craemer-Ruegenberg, Über methodische Schwierigkeiten bei der Auslegung von moralischen Werturteilen, in: M. Riedel (Hrsg.) Rehabilitierung der praktischen Philosophie I, Freiburg i. Br. 1972, 133–158. Scheler unterscheidet Begriff und Begriffenes und hält auch das Begriffene für a priori zugänglich. »Sein Beweisgang reicht aber nur hin, um die Apriorität der Wert-*Begriffe* zu demonstrieren ... Aus der Apriorität von bestimmten Begriffen folgt aber noch nicht ... die Apriorität des durch diese Begriffe Begriffenen« (ebd. 136).

[44] Ebd. 139.

[45] G. Rohrmoser, Art. Autonomie, a. a. O. 155.

1. Die Autonomie der Praxis

Die wissenschaftstheoretische Diskussion der letzten Jahrzehnte ergab, daß weder auf dem Wege der Formalisierung sprachlicher Operationen noch durch empirische Verifizierung des theoretischen Instrumentariums die Basis für wissenschaftliche Rationalität erreichbar ist. Zum einen zeigten die Ergebnisse von K. Gödel und A. Tarski, »daß jedes formale System in sich unabschließbar ist und daß schließlich immer auf das Sprachhandeln in der kommunikativen Praxis von Subjekten zurückgegriffen werden muß, soll das formale System überhaupt begründet werden«[46]. Zum anderen konnte etwa gegen die Physikalismusthese[47] des Wiener Kreises eingewandt werden, »daß in der Wissenschaft Begriffe verwendet werden müssen, die sich nicht direkt und nur teilweise auf die empirische Basis zurückführen lassen«[48]. Die Erkenntnis, den abgeschlossenen Kreis einer empirisch verifizierten und formalisierten idealen Einheitssprache stets auf die Ebene metasprachlicher Kommunikation überschreiten zu müssen, um deren Rationalität überhaupt begründen zu können, stellt eine grundlegende Aporie positivistischen Denkens dar. Diese veranlaßte bereits L. Wittgenstein, in seiner Spätphilosophie sich »scharf gegen das Ideal der einen, weltabbildenden Einheitssprache«[49] abzusetzen und auf die »Praxis des Gebrauchs der Sprache«[50] als letzter erreichbaren Basis zurückzugreifen. Über J. L. Austins Sprechakttheorie, nach der »alles Sprechen, auch das rein darstellende und feststellende, schon immer intersubjektiven Handlungscharakter hat«[51], konvergierte die wissenschaftstheoretische Diskussion zusehends dahin, die Sprachpragmatik, d. h. die Beziehung zwischen Sprache bzw. Sprachhandlung und dem

[46] H. Peukert, Wissenschaftstheorie – Handlungstheorie – Fundamentale Theologie, Düsseldorf 1976, 106.
[47] Die Physikalismusthese besagt, daß die Aussagen, soweit sie überhaupt den Anspruch auf Wissenschaftlichkeit erheben, in der Sprache der Physik formuliert werden können (vgl. H. Peukert, a. a. O. 107).
[48] Ebd. 126.
[49] Ebd. 146.
[50] L. Wittgenstein, Philosophische Untersuchungen (1935), in: ders., Schriften I, Frankfurt a. M. 1969, 292. »Wir können uns auch denken, daß der ganze Vorgang des Gebrauchs der Worte eines jener Spiele ist, mittels welcher Kinder ihre Muttersprache erlernen. Ich will diese Spiele ›*Sprachspiele*‹ nennen und von einer primitiven Sprache manchmal als einem Sprachspiel reden« (ebd. 292 f.).
[51] H. Peukert, a. a. O. 201.

Sprachsubjekt[52], als die grundlegende Dimension anzusehen, von der aus intersubjektiv überprüfbare Rationalität ihren Ausgang nehmen muß[53]. Das kommunikative Handeln der Subjekte wird somit selbst zum letzten, nicht weiter hintergehbaren Grund reflexiv-vernünftigen Handelns, d.h. zu dessen autonomen Grund. Genauer gesagt: *Autonomie ist grundgelegt in der gesellschaftlich vermittelten Praxis kommunikativ handelnder Subjekte.* So bedeutsam dieser Rückgriff auf die Praxis für die Konstituierung theoretischer Systeme ist, die eigentliche Tragweite dieses Schrittes wird erst dann bewußt, wenn man die *normativen* Implikationen kommunikativer Praxis mit einbezieht. Betrachtet man die Struktur alltagssprachlicher Kommunikation, so zeigt sich, daß in jeglicher Interaktion, »Geltungsansprüche der Wahrheit, der Richtigkeit und der Wahrhaftigkeit erhoben und als solche verstanden«[54] werden, auch wenn diese nicht explizit thematisiert werden. Die sich daraus ergebende Frage nach der Legitimation derartiger Geltungsansprüche führt unmittelbar zur Frage nach dem *normativen Kern* kommunikativer Praxis. Wenn nämlich normative Ansprüche überhaupt rational begründet werden sollen, so »gibt es keinen anderen Weg, als die Kriterien für die Legitimation von Geltungsansprüchen aus der Struktur reziprok-reflexiver Kommunikation abzulesen. Und das heißt in diesem Fall: aufzuweisen, daß im elementaren Vorgang kommunikativen Handelns gegenseitig normative Unterstellungen gemacht und angenommen werden, auf die sich die Kommunikationspartner verpflichten, sobald sie nur in Kommunikation eintreten.«[55] Dies bedeutet: die Frage nach der Begründung normativer Ansprüche setzt die transzendental-philosophische Frage nach der Sollensstruktur kommunikativer Praxis und deren Begründung voraus. Die Legitimation normativer Sprachpraxis setzt die *Legitimation der Praxis* selbst voraus.

[52] Vgl. zur Terminologie: Sprachpragmatik und Philosophie, hrsg. v. K.-O. Apel, Frankfurt a.M. 1976, Vorwort des Hrsg., 7–9.

[53] In diesem Zusammenhang stehen sowohl die Bemühungen der konstruktiven Wissenschaftstheorie der »Erlanger Schule« als auch K.-O. Apels Programm einer »Transformation der Philosophie« in Richtung auf ein »transzendental-pragmatisches Denken« sowie J. Habermas' Konzeption der idealen Kommunikationsgemeinschaft.

[54] H. Peukert, a.a.O. 253.

[55] Ebd. 255.

2. Die Legitimation der Praxis

Analysiert man die Grundstruktur kommunikativen Handelns, so wird einsichtig, daß eine Kommunikationsgemeinschaft nur da möglich ist, wo sich die Teilnehmer gegenseitig als gleichberechtigt akzeptieren, die Ansprüche des jeweils anderen anerkennen und bereit sind, die eigenen Geltungsansprüche zu rechtfertigen. Diese »Grundregeln« des Argumentierens bilden das, was man den normativen Kern der Kommunikationsgemeinschaft oder deren »pragmatische Universalien qua Normen«[56] nennt. Wenn diese Grundnorm konstitutiv ist für das Zustandekommen argumentativer Diskurse, d. h. deren sinnkritische Möglichkeitsbedingung, so bedeutet dies, daß Geltungsansprüche (z. B. konkrete sittliche Normen) nur dann argumentativ begründet werden können, wenn diese Grundnorm als notwendige Bedingung ausgewiesen und legitimiert werden kann. Es geht also in diesem Abschnitt nicht um die Frage, mit welchen methodischen Mitteln man Normen begründen kann, sondern um die Frage nach dem *Status der Grundnorm* allen Argumentierens. Und ebendieser Status ist in der gegenwärtigen Diskussion noch stark umstritten. Vertreter einer wertfrei empirischen Pragmatik behaupten, daß dieser normative Kern als eine quasi-institutionelle Tatsache empirisch-neutral zu konstatieren und daher durch nichts anderes zu begründen sei als durch dessen bloßen Vollzug in der Praxis selbst[57]. Andere suchen diese Frage weitgehend auszuklammern und sich auf Methoden praktisch-rationaler Problemlösung in herrschaftsfreier Kommunikation zu beschränken[58]. Ein Verzicht auf eine Letztbegründung der pragmatischen Universalien aber löst die Legitimationsproblematik nicht, sondern macht die Anerkennung dieser Grundregeln zu einem Akt dezisionistischer Willkür. Demgegenüber suchen die Vertreter einer transzendental-normativen Konzeption diese normative Grundstruktur als die nicht hintergehbare, apriorische Möglichkeitsbedingung allen

[56] K.-O. Apel (Hrsg.), Sprachpragmatik und Philosophie, a. a. O., Vorwort des Hrsg., 8.

[57] Vgl. den Ansatz von H. Schnelle, Sprachphilosophie und Linguistik, Reinbek 1973.

[58] Hierin liegt der Schwerpunkt der Forschungen der Erlanger Schule, vgl. K.-O. Apel, Das Apriori der Kommunikationsgemeinschaft, in: ders., Transformation der Philosophie II, Frankfurt a. M. 1973, 358–435, 426.

sinnvollen Argumentierens auszuweisen. So steht für K.-O. Apel am Anfang aller Ethik, d.h. der argumentativen Reflexion über moralische Geltungsansprüche, der »Nachweis, daß jeder mögliche Diskussionspartner (jeder also, der überhaupt die Frage nach einer möglichen Begründung der intersubjektiven Gültigkeit von Normen aufwerfen kann) die universalpragmatischen Normen der Ethik notwendigerweise (nämlich als Bedingungen der Möglichkeit seines sinnvollen Argumentierens) schon anerkannt hat«[59]. Einen derartigen Nachweis vermag für Apel nur eine transzendental-reflexive Selbstrekonstruktion des Subjekts und seiner Vernunft zu erbringen. Erst eine transzendentalpragmatische Reflexion auf die a priori intersubjektiv gültigen ethischen Normen, d.h. der Rückgang auf eine transzendentale Letztbegründung der für das Zustandekommen jeglicher Kommunikation notwendigen universal-ethischen Normen, vermag den Anspruch auf Anerkennung der kommunikativen Grundregeln zu begründen. Die Frage nach dem Grund des Sollens stellt sich also für die Kommunikationstheorie als die Frage nach dem Grund der Anerkennung der pragmatischen Universalien. Für Apel ist diese Anerkennung ein Vernunftprinzip, das als Grundnorm einer Ethik der unbegrenzten Kommunikationsgemeinschaft in allem Argumentieren impliziert ist. Es ist die nicht hintergehbare »Verpflichtung aller, die argumentieren, auf die Idee der ›diskursiven Einlösbarkeit‹ aller normativen Geltungsansprüche nach Maßgabe der intersubjektiven Universalisierbarkeit der durch sie vertretenen Interessen«[60]. Dieses Prinzip, das die freie Selbstverpflichtung der Subjekte auf Anerkennung aller Kommunikationspartner und auf rationale, argumentative Rechtfertigung eigener Ansprüche im Diskurs, also den Willen zur »Fortsetzung konsensuellen Handelns«[61], beinhaltet, hat für Apel »nicht den Charakter eines Humeschen ›Faktums‹, sondern den Charakter des kantischen ›Faktums der Vernunft‹«[62]. Da das Anerkennen der

[59] K.-O. Apel, Sprechakttheorie und transzendentale Sprachpragmatik zur Frage ethischer Normen, in: ders. (Hrsg.), Sprachpragmatik und Philosophie, a.a.O. 10–173, 122.

[60] Ebd. 126. »Man kann dieses Prinzip mit P. Lorenzen das der ›Transsubjektivität‹ nennen und darunter eine Rekonstruktion des ›kategorischen Imperativs‹ von Kant verstehen« (ebd. 126).

[61] Ebd. 124.

[62] Ders., Das Apriori der Kommunikationsgemeinschaft, a.a.O. 416f.

moralischen Grundnorm konstitutiv ist für die Sinndimension aller Kommunikation und damit des menschlichen Selbstverständnisses überhaupt, folgert Apel, »daß der Akzeptierung der moralischen Grundnorm selbst der modale Charakter des *Sollens* zukommt – unter der Bedingung allerdings, daß die Fragen der philosophischen Grundlagendiskussion – ja überhaupt irgendwelche Fragen – sinnvoll gestellt werden *sollen.* Diese Voraussetzung aber ist ... nicht die Bedingung eines hypothetischen Imperativs, denn sie kann gar nicht *sinnvoll* negiert werden, wenn nicht die Diskussion selbst aufgehoben werden soll.«[63] Wenn nun diese Akzeptierung der moralischen Grundnorm qua Faktum der Vernunft je schon gesollt ist, folgt daraus, daß zur Konstitution menschlicher Kommunikation das menschliche Subjekt *je schon* als ein beanspruchtes Wesen verstanden werden muß. Worin gründet nun dieses Sollen? Für Apel ist der letzte Grund ein Faktum der Vernunft. Es fragt sich aber, ob von dieser Basis her wirklich *intersubjektiv* zwingend für jeden Menschen diese moralische Grundnorm einsichtig gemacht werden kann. Für Apel steht sie selbst noch unter der Bedingung, daß Fragen sinnvoll gestellt werden sollen. Zweifellos ist dieses Voraussetzungsverhältnis nicht dasjenige hypothetischer Imperative, da es ja um die Möglichkeit von Sinn überhaupt geht. Doch bleibt nicht der Anspruch, sinnvoll fragen zu *sollen,* in seiner letzten Notwendigkeit unbegründet, wenn nicht positiv ein absoluter Sinn vorausgesetzt wird, der die Bedingung der Möglichkeit jeglicher Sinnkonstitution ist? Macht nicht die Selbstrekonstruktion der Vernunft die Annahme eines Absolutum notwendig, das der letzte Grund ihres Je-schon-Beanspruchtseins ist und zwingend die Anerkennung der moralischen Grundnorm zu begründen vermag? Ist es wirklich ein »metaphysischer Restdogmatismus«[64], wenn Fichte in seinem Versuch, über die »Tathandlung des Ich« eine Selbstrekonstruktion der Vernunft durchzuführen, zu jenem »absoluten Ich« Gottes gelangt, das als Absolutum sinnstiftender und zugleich verborgener Grund des menschlichen Ich ist? Darauf soll im nächsten Paragraphen die Antwort gesucht werden.

[63] Ebd. 416.
[64] Ebd. 420.

§ 5 Theologische Legitimation sittlicher Autonomie

Mit dem Anspruch auf Autonomie hat der neuzeitliche Mensch sich selbst zum Subjekt der Geschichte gemacht. Er weiß sich nicht mehr eingebettet in eine ruhende Ordnung der Welt. Er fühlt sich allein verantwortlich und ist bereit, sein geschichtliches und gesellschaftliches Schicksal selbst in die Hand zu nehmen. Wo bleibt in dieser »kopernikanischen Wende« noch Platz für Gott? Sicher gibt es keinen Platz mehr für eine Supermacht, die willkürlich und eigenmächtig in den Weltlauf eingreift. Hier ist auch kein Platz für eine oberste moralische Autorität als den Autor und Garanten des Sittengesetzes. Und doch beschäftigt der Gottesgedanke unablässig gerade jene Denker, die den Menschen zur Anerkennung seiner selbst als eines selbstbewußten Subjekts geführt haben. Sie kommen mit der endlichen Freiheit nicht zu Ende und erkennen, daß die Beanspruchung und der Vollzug dieser Freiheit nach einer Verankerung im Absoluten verlangt.
Doch der einmal geborene Drang nach uneingeschränkter Freiheit und Selbstgestaltung der Welt sah im religiösen Glauben bald nur noch ein Hemmnis. Gott erscheint als Relikt, auf das man bei einer humanistischen Weltgestaltung leicht glaubt verzichten zu können. Es ist nicht ausgeschlossen, daß eine solch kurzschlüssige Selbstbehauptung erheblich dazu beiträgt, daß nun andererseits der Autonomieanspruch als Mythos des bürgerlichen Zeitalters gesehen wird, der von der Aufklärung nicht überwunden wurde. Erweist sich vielleicht doch Gott als der Garant wahrhafter sittlicher Autonomie? Diese Frage soll in zwei Schritten geprüft werden. Zuerst fragen wir, *ob sich* aus philosophischer Sicht in Verbindung mit dem menschlichen Autonomieanspruch überhaupt *Gott denken lasse*. Welche Rolle spielt der Gottesglaube in der Transzendentalphilosophie? (A.) Dann ist zu prüfen, *ob sich* in Verbindung mit dem Gottesglauben eine umfassende *sittliche Autonomie denken lasse*. (B.)
Zur Zielsetzung dieses Paragraphen sei ausdrücklich bemerkt, daß wir hier keinen Gottesbeweis anstreben. Wir bewegen uns im Bereich des Denkens, d. h. des Versuchs, bestimmte Vorstellungen reflexiv als denkmöglich, nicht als »wirklich« zu erweisen. Wir fragen zunächst, ob mit dem Autonomieanspruch der Gottesglau-

be ausgeschlossen werden müsse oder ob er sinnvoll mit der Autonomie zu verbinden sei. Selbst wenn eine bestimmte Form von Autonomie ohne Gott nicht denkbar wäre, so wäre damit die Existenz Gottes noch nicht bewiesen; man könnte ja auch die Existenz solcher Art Autonomie in Frage stellen. Im zweiten Schritt gehen wir vom Gottesglauben aus. Wir supponieren den Standpunkt des Glaubens an den Schöpfergott und fragen, ob mit solchem Glauben die volle sittliche Autonomie des Menschen verbunden werden könne und was solche Autonomie dann konkret bedeute. Läßt sie sich tatsächlich mit dem Glauben verbinden, ja findet sie darin sogar eine vertiefte Begründung, so ist auch damit wiederum die Existenz Gottes nicht bewiesen. Es wäre dann nur aufgewiesen, daß sich Gottes*glaube* und sittliche Autonomie nicht widersprechen. Im Blick auf den der theologischen Ethik anhaftenden Heteronomieverdacht ist dies allerdings nicht wenig.

A. Der Gott der Philosophen

Dieser Titel darf nicht mißverstanden werden. Hier ist keine philosophische Gotteslehre beabsichtigt. Im Sinne der oben dargelegten Aufgabe soll jedoch eine gezielte Rückfrage an einige Philosophen gerichtet werden, deren Autonomieanspruch im letzten Paragraphen dargelegt worden ist. Der Überblick hat bereits große Unterschiede im Autonomieverständnis deutlich werden lassen, die sich auch in der Beziehung auf die Gottesvorstellung auswirken.

1. In der autonomen Praxis

Die Vertreter einer Autonomie der Praxis begnügen sich mit der Erörterung der Bedingungen eines repressionsfreien Dialogs. In der Argumentationsgemeinschaft nehmen die Teilnehmer die ihnen zukommende Autonomie wahr. Das Problem der Wertebegründung oder gar die Frage nach dem ultimativen Verpflichtungsgrund des Subjekts werden der Kulturgeschichte bzw. als wissenschaftlich unlösbar dem Bereich der Spekulation zugewiesen. Der positivistisch-kritische Rationalismus betrachtet sich dafür als inkompetent[1]. Er beschränkt die wissenschaftliche Kompetenz auf jenen Bereich der Wirklichkeit, der testbaren Hypothesen zugänglich ist. Damit erledigt sich auch die Gottesfrage.[2] Ob eine humane, eine sinnvolle Lebensführung auch nicht-hypothetische Zugänge zur Wirklichkeit voraussetzt, wird offengelassen. Tatsächlich müßte eine totale Hypothetisierung der Zivilisation, d.h. eine Verwandlung aller Überzeugungen in Hypothesen, zu einer Selbstauflösung der freien Gesellschaft führen. »Das Ziel einer totalen Hypothetisierung, d. h. Verwissenschaftlichung, des Daseins ist deshalb unsinnig, weil dabei nicht bedacht ist, daß das Subjekt der Wissenschaft unendlich, aber fiktiv ist, der wirkliche Mensch aber endlich.«[3] Wir können nicht alle denkbaren Hypothesen durchtesten. Verbindlichkeit und damit Selbstbestimmung der sittlichen Freiheit sind auf diesem Weg nicht zu gewinnen.

2. Im autonomen Prozeß

Im autonomen Prozeß zum Ausgleich und zur Befriedigung der Bedürfnisnatur bildet die Beschränkung auf die reine Diesseitigkeit eine Grundbedingung für den ungestörten Verlauf. »Die Aufhebung der Religion als des illusorischen Glücks des Volkes ist die Forderung seines *wirklichen* Glücks. Die Forderung, die Illusion über seinen Zustand aufzugeben, ist die *Forderung, einen Zustand aufzugeben, der der Illusionen bedarf.* Die Kritik der Religion ist also im *Keim* die *Kritik des Jammertales,* dessen *Heiligenschein* die Religion ist.«[4] Das Thema »Gott« ist für Marx mit der Destruktion des Gottesglaubens durch L. Feuerbach als Thema erledigt. Für Deutschland ist die Kritik der Religion im

[1] Darum hält auch K.-O. Apel – wie im § 4 dargelegt – den Rekurs auf eine transzendentale Analyse des Subjekts für unerläßlich.

[2] Diese immanente »Gottlosigkeit« des Positivismus findet eigentümlicherweise die schärfste Kritik von seiten des Neomarxismus. »Schon Lukács hatte ja in den zwanziger Jahren die Reduktion des Denkens auf die Anwendung naturwissenschaftlicher Kategorien als bürgerliche Ideologie bezeichnet, die blind sei gegen den Totalitätszusammenhang menschlicher Praxis, von welcher Wissenschaft selbst ein Derivat ist« (R. Spaemann, Gesichtspunkte der Philosophie, in: H.-J. Schultz [Hrsg.], Wer ist das eigentlich – Gott?, München 1969, 56–65, 60).

[3] R. Spaemann, Sinnstiftung in einer hypothetischen Zivilisation, in: NZZ, 10. 12. 1976, Fernausgabe, Nr. 289, 38.

[4] K. Marx, Kritik der Hegelschen Rechtsphilosophie, in: Werke, a. a. O. I, 489.

wesentlichen beendigt. Es ist jetzt vielmehr »*Aufgabe der Geschichte,* nachdem das *Jenseits der Wahrheit* verschwunden ist, die *Wahrheit des Diesseits* zu etablieren«[5]. Es gilt, radikal den Menschen in die Mitte des Denkens zu stellen. »Die Kritik der Religion endet mit der Lehre, daß der *Mensch das höchste Wesen für den Menschen* sei, also mit dem *kategorischen Imperativ,* alle Verhältnisse *umzuwerfen,* in denen der Mensch ein erniedrigtes, ein geknechtetes, ein verlassenes, ein verächtliches Wesen ist.«[6] Die Frage nach dem außermenschlichen, fremden Wesen ist geradezu unmöglich. Insofern hat auch der Atheismus für den sozialistischen Menschen keinen Sinn mehr, »denn der Atheismus ist eine Negation des Gottes und setzt durch diese Negation das *Dasein des Menschen;* aber der Sozialismus als Sozialismus bedarf einer solchen Vermittlung nicht mehr; er beginnt von dem *theoretisch und praktisch sinnlichen* Bewußtsein des Menschen und der Natur als des Wesens«[7]. Als illusorische Widerspiegelung nicht-seinsollender Basisstrukturen steht aber Religion für den Marxismus unter bleibendem Ideologieverdacht[8]. Die marxistische Religionskritik sieht Gott in einem unüberwindlichen Konkurrenzverhältnis. Eine Gegenkritik muß darum von dem dahinter stehenden, supponierten Gottesbild ausgehen und zeigen, wie Schöpfungsglaube und Weltgestaltung, Gottesgedanke und Freiheit zusammen gedacht werden können.

[5] Ebd. 489.
[6] Ebd. 497.
[7] Ders., Zur Kritik der Nationalökonomie. Ökonomisch-philosophische Manuskripte: III, Privateigentum und Arbeit, in: Werke I, 607.
[8] Vgl. W. Kern, Über den humanistischen Atheismus, in: K. Rahner (Hrsg.), Ist Gott noch gefragt?, Düsseldorf 1973, 9–55.
Wenn Marx den Atheismus als gewissermaßen sinnlos erklärt, könnte man meinen, er wäre nicht notwendig mit der Marxschen Gesellschaftstheorie verbunden. Seine Absage an den Gottesglauben wäre dann möglicherweise »aus der Erfahrung der von unerleuchtetem (pseudo-)christlichem Religionswesen geleisteten Sanktionierung der höchst veränderungsbedürftigen gesellschaftlichen Zustände zu erklären«, ohne daß damit eine grundsätzliche Verwerfung der Religion ausgesagt wäre. Der Marxismus könnte dann seine Haltung zur Religion mit der Änderung geschichtlicher Bedingungen überprüfen. Nach dem Ergebnis der Untersuchungen von J. Kadenbach, Das Religionsverständnis von Karl Marx, Paderborn 1970, und W. Post, Kritik der Religion bei Karl Marx, München 1969, bildet für Marx Religion prinzipiell einen Teil des »ideologischen Überbaus« (ebd. 28).

3. In der Philosophie der Subjektivität

Die Entdeckung autonomer Subjektivität stand von Anfang an im Zeichen der Auseinandersetzung mit dem Gottesbegriff der traditionellen Metaphysik. Diese hatte von der Erkenntnis von Naturgegenständen aufsteigend Gott zu denken versucht (via eminentiae). Durch die Extrapolation eines Begriffsinhaltes bis zu einem inhaltlichen und formalen Primum (primum movens, prima causa, finis ultimus, ens necessarium, summum ens, actus purus etc.) wird ein Begriff entwickelt, der nicht nur tatsächlich (wie »höchster Berg«), sondern in seiner begrifflichen Form prinzipiell (wie »erste Ursache«) unüberbietbar ist[9]. Mit der Hinkehr zum Menschen und der Kritik seiner Erkenntnis fand die neuzeitliche Philosophie im Ausgang von den Naturgegenständen keinen Weg mehr zu Gott. Die Gottesfrage war damit freilich nicht abgeschrieben; aber das Problem stellt sich anders. Mit der Entdeckung menschlicher Subjektivität fragt man, ob diese Subjektivität sich in der Macht des Denkens selbst zu begründen vermöge. Die Frage muß verneint werden; denn gerade das immer neue und vertiefte Durchdenken der Subjektivität führt zu einer vertieften Einsicht in die Endlichkeit. Die Reflexion auf die Subjektivität zeigt nämlich »eine doppelte Ausrichtung. Gegenüber dem welthaft Seienden ergreift sich die menschliche Subjektivität in ihrer ganzen Macht. Cusanus, Descartes und Kant haben die Subjektivität als die eigentliche Bedingung der Erkenntnis des welthaft Seienden, und zwar in verschärfender Weise, herausgestellt und damit der wissenschaftlichen Erforschung dieses Seienden neue Impulse gegeben. Aber gerade diese Denker erkannten auf Grund des Durchdenkens der menschlichen Subjektivität deren Ohnmacht im Bezug auf sich selbst, und darum setzten sie über die als endlich erkannte Subjektivität eine ganz und gar nicht ausdenkbare Macht als deren Wesensgrund.«[10] Damit erweitert sich das Problem durch die Frage, wie Selbstsein und Gottesbeziehung miteinander gedacht werden können. Wie kann freies Personsein trotz und in aller Selbstbegründung noch einmal begründet und angefordert sein?

[9] Vgl. H. Krings, Freiheit. Ein Versuch, Gott zu denken, in: PhJ 77 (1970) 225–237, 227: »Das logische Maximum eines ontologischen Begriffs zu konzipieren, ist das Charakteristische dieses Konzepts.«

[10] W. Schulz, Der Gott der neuzeitlichen Metaphysik, Pfullingen ^{5}1974, 27.

Kant denkt sowohl die transzendentale Begründung des Bewußtseins als Selbstbewußtsein wie auch die Freiheit und Autonomie als die notwendigen Voraussetzungen des Sittengesetzes ohne Rekurs auf Gott. »Die theoretische Erkenntnis schlägt in dem Versuch, ihn als erste Ursache und absolute Substanz zu erfassen, fehl. Auch als das Unbedingte zu allem Bedingten, als das allerrealste Wesen, omnitudo realitatis, wird Gott nicht erkannt, sondern nur gedacht.«[11] Im Gegensatz zur Erkenntnis Gottes ist demnach der Gottes*gedanke* aus seinem Denken nicht ausgeschlossen. *Im Bereich der theoretischen Vernunft* erscheint *Gott* als *transzendentale Idee,* als ein gedachtes, aber nicht objektiv erkennbares, regulatives Prinzip. Es ist die Aufgabe des reflektierenden Denkens, die Bedingungen der gegenständlichen Erkenntnis zu erheben. Nun liegt aber in der Tendenz dieses Denkens auch die Vorstellung einer absoluten Einheit »aller Gegenstände des Denkens überhaupt«. Es besteht sozusagen ein theoretisches Bedürfnis nach einer regulativen Idee, derzufolge alles Wirkliche und Mögliche so angesehen wird, als ob es aus einem durch sich selbst notwendigen Prinzip resultierte. Diese Idee, dieses Prinzip der Einheit bezeichnet Kant als »Ideal der reinen Vernunft«. Es ist die der endlichen Vernunft eigene transzendentale Vorstellung, eine Idee, die sich gegenständlicher Erkenntnis entzieht, weil ihr die Anschauung fehlt[12]. *Im Bereich der praktischen Vernunft* zeigt sich ein analoges Verlangen nach einem Zustand der Vollkommenheit, der darin besteht, daß der Mensch in seinem radikalen Sittlichsein (als Vernunftwesen) sein Glück (als Naturwesen) findet. Da nun die sittliche Vernunft über den Willen zwar alles, über die Natur aber nichts vermag, kann das endliche Vernunftwesen die Einheit von Sittlichkeit und Glückseligkeit nicht bewirken. Soll Sittlichkeit nicht sinnlos sein, so muß

[11] H.M. Baumgartner, Über das Gottesverständnis der Transzendentalphilosophie, in: PhJ 73, 1965/66, 303–321, 306.

[12] Hier scheint der Gott der Philosophen geschwunden, er ist nur noch Idee, Vernunftidee. Die Destruktion der philosophischen Gotteserkenntnis erscheint total. Andererseits ist nicht zu verkennen, daß die Vernunft auf Einheit hingeht und diese Einheit und das Einheitsstreben der Vernunft bejaht wird. »Jedenfalls gibt es im Kantischen Sinn einen Zusammenhang zwischen Vernunfteinheit und Gottesidee. Und weil die Gottesidee bejaht wird, ist ein Gottesglaube möglich« (J. Möller, Antworten des 19. Jahrhunderts, in: H.J. Schultz [Hrsg.], Wer ist das eigentlich – Gott?, a.a.O. 165–177, 166).

ein Prinzip gedacht werden, das die Beziehung der Natur auf sittliche Ordnung begründet. Dieses postulierte Prinzip, diese moralische Weltursache nennt Kant Gott. Es ist »die Idee einer solchen Intelligenz, in welcher der moralisch vollkommenste Wille, mit der höchsten Seligkeit verbunden, die Ursache aller Glückseligkeit in der Welt ist, sofern sie mit der Sittlichkeit (als der Würdigkeit, glücklich zu sein) in genauem Verhältnis steht«[13]. Die Annahme des Daseins Gottes als eines höchsten sittlichen Wesens und Urhebers der Welt ist demnach bei Kant nicht eine theoretische, sondern eine praktische Notwendigkeit[14].

Auf *Fichtes* Gottesverständnis wurde weiter oben (S. 57) bereits hingewiesen. Seine Gottesidee hat ihren Ort in der Vermittlung freiheitlich-interpersonalen und geschichtlichen Geschehens. Selbstsein und Begründetsein, Immanenz und Transzendenz, die Vernunft und das Absolute werden gegenseitig vermittelt. Und im Blick auf die Geschichte sieht auch er (wie Kant) die faktische Diskrepanz zwischen Sittlichkeit und Glück. Im Unterschied zu Kant ist es aber nun nicht ein postulierter Gott, der die Vermittlung des quasi-metaphysischen Gegensatzes von Vernunft und Natur, von Sittlichkeit und Glückseligkeit gewissermaßen »von außen« und »nachträglich« bewirkt. Gott in Fichtes Denken ist ordnende Ordnung des Ursprungs. Es geht dabei nicht um eine Vermittlung von Sittlichkeit und ihr angemessener Glückseligkeit. Die Ordnung des Ursprungs bezieht sich vielmehr – den Ansatz Kants radikalisierend – auf eine Einheit der Sittlichkeit mit ihr selbst[15]. Entsprechend werden nun auch Vernunft und Freiheit für die Aufhebung der Diskrepanz verantwortlich. Dieser Einsatz der

[13] KrV, a.a.O. 681 (A 810 B 838). »Absolutes Sein in sich und aus sich, schlechthinniges Sein-durch-Anderes, autonome Spontaneität und radikale Rezeptivität stellen die beiden Ideen dar, in denen endliche Vernunft sich an ihre Grenzen treibt. Übersteigen sie ihren Charakter als Relationsbegriffe, werden sie zu an sich seienden Substanzen hypostasiert, verlieren sie für menschliches Erkennen Sinn und Bedeutung und alterieren zu in sich widerspruchsvollen Begriffen (M. Forschner, a.a.O. 220).

[14] Vgl. H. Krings, Freiheit, a.a.O. 230: Kant gewinnt »einen realen Begriff von Gott nicht im Ausgang von der Erkenntnis der Naturgegenstände ..., sondern im Ausgang von der Erkenntnis des Menschen als eines sittlichen Wesens. Das Denken, in welchem Kant einen Begriff von Gott zu denken versucht, setzt nicht eine Denkreihe ontologischer Begriffe fort, um via eminentiae ein Primum zu denken, sondern es läßt die Reihe stehen, springt aus der Reihe heraus, um das zu denken, was diese Reihe sinnvoll zu denken allererst möglich macht.«

[15] Vgl. H. M. Baumgartner, a.a.O. 309.

Vernunft ist nun aber »nicht im Sinne einer Leistung durch menschlich individuelle Vernunft allein zu verstehen, sondern in eben jenem medialen Sinne von Vernunft, der eine (nicht gleichrangige) Wechselbeziehung zwischen der Vernunft als der Vernunft Gottes und der Vernunft der Menschen, der Freiheit Gottes und der Freiheit der Menschen bedeutet«[16].

Hegel mißtraut in seiner Kritik an Kant und Fichte (vgl. S. 58 f.) der Konzentration der Autonomie auf die reine Subjektivität. Er glaubt, die Autonomie endlicher Subjektivität nur zu retten, wenn sie in untrennbarer Einheit mit dem Unendlichen gesehen wird. Das Endliche ist wesentliches Moment des Unendlichen, und zwar in der Weise, daß das Unendliche sich selbst durch seine von ihm gesetzten Gegensätze vermittelt[17]. Diese Vermittlung hat sich zudem in den realen Bedingungen der Geschichte zu vollziehen. »Danach wird die Gottesfrage nicht mehr als Freiheits- und Vernunftsproblem unter idealen Voraussetzungen verstanden, sondern als Aufgabe, Vernunft und Freiheit, in und trotz ihrer Unbedingtheit zugleich unter den Bedingungen ihrer eigenen jeweiligen geschichtlichen Entzweiung zu denken.«[18]

Wir sind von der Frage ausgegangen, ob in Verbindung mit dem neuzeitlichen Autonomieverständnis Gott überhaupt noch sinnvoll zu denken sei. Mit Walter Schulz läßt sich dazu zusammenfassend antworten: »Auch die neuzeitliche Metaphysik begrenzt sich in Gott, aber dieser Gott ist nur für den da, der die Macht und die Ohnmacht des Denkens denkend erfahren hat. Solange Gott als bestimmtes und begreifbares Seiendes angesetzt wird, wird nämlich nur die Macht des Denkens erfahren, die Macht des Denkens, das sich als Denken auch des bestimmten göttlichen Seienden bemächtigt, weil es eben das Wesen des Denkens ist,

[16] E. Simons, Art. Gott (2.), in: HPhG III, 616–629, 625.

[17] Vgl. W. Schulz, Gott, a. a. O. 25. Schulz sieht in der Entwicklung der Gottesvorstellung von Kant zu Hegel einen typischen Schritt der neuzeitlichen Metaphysik zum Selbstbewußtsein. Dieser Weg verläuft nicht geradlinig; er ist vielmehr durch eine Linie zu zeichnen, die kontinuierlich zwischen zwei Polen oszilliert. Den einen bilden Denker, die die menschliche Subjektivität ins Zentrum setzen, sie aber durch eine höhere begrenzt sein lassen (Cusanus-Decartes – Kant – Schelling – Heidegger). Den andern Pol bilden Systematiker, die beides, die menschliche Subjektivität und die diese begrenzende Subjektivität in einem systematischen Ganzen zu vermitteln suchen (G. Bruno – Spinoza – Hegel – Nietzsche).

[18] E. Simons, a. a. O. 628.

über alles bestimmte und begreifbar Seiende denkend hinauszukommen. Nur wer die Macht des Denkens über dies Seiende bis zu Ende denkt, wird in den Stand gesetzt, die Ohnmacht des Denkens zu erfahren, die Ohnmacht, die darin besteht, daß das Denken selbst und als solches nicht sein könnte, wenn es nicht vom Sein selbst her bedingt und ermöglicht wäre. Wer diesen letzten Schritt wagt, der findet den Gott der Philosophen, der nicht mehr ins Denken auflösbar ist.«[19]

B. Der Gott des Glaubens

Auch dem Glaubenden bleibt der sich offenbarende Gott in der Verborgenheit seines Wesens verhüllt. Zwar bezeugt die Bibel von Anfang bis Ende den wirkmächtigen Gott, sie preist ihn als den Schöpfer der Welt und kündet die »Großtaten«, die er an seinem Volk vollbringt; und doch bleibt auch der biblische Gott der Namenlose, der Unbegreifliche, dessen bestimmende Wirklichkeit weder in Bildvorstellungen noch in Einbildungen festgelegt werden kann, weil er all unseren Bestimmungen vorausgeht. Dieser Geheimnischarakter bedingt darum auch die Hauptfrage jeder Theo-Logie, die Frage nach der rechten Rede von Gott. Wie soll der Namenlose angesprochen, wie der Unaussprechliche verkündet werden? Unsere Worte und Begriffe vermögen in ihrer Ausrichtung auf gegenständliche Erfahrung das Göttliche in seiner Unbegrenztheit und Ungegenständlichkeit nie zu fassen. Darum ist auch der Deus absconditus seit den griechischen Kirchenvätern über Augustinus, Meister Eckehart, Cusanus, Luther, Pascal und Newman stets ein Thema offenbarungsgemäßen Denkens von Gott geblieben. Um nun aber den verborgenen auch als den sich offenbarenden Gott zu bezeugen, versuchte man den ganz Anderen auch im Modus der unähnlichen Ähnlichkeit (Analogia) zu denken. Die Analogie als Form des Denkens und Redens von Gott geht von der Voraussetzung aus, daß menschliche Erkenntnis von vornherein auf das absolute Geheimnis ausgerichtet ist. Die Möglichkeit analoger Beziehung ruht in der Erschlossenheit unseres Denkens selbst. Gott ist unserem Denken als ungegenständliches geheimnisvolles Woraufhin aller geistigen

[19] W. Schulz, Gott, a. a. O. 55

Bewegung ursprünglich gegeben. Dieses ursprüngliche Verhältnis, in dem wir zu dem Ziel unserer Transzendenz stehen, »ist eben das, was wir Analogie nennen... Wir selber – so könnte man sagen – existieren analog durch unser Gründen im heiligen Geheimnis, das sich uns immer entzieht, indem es uns selber immer konstituiert durch sein Aufgehen und durch sein Uns-selber-Einweisen in die konkreten, uns begegnenden Einzelwirklichkeiten kategorialer Art innerhalb des Raumes unserer Erfahrung, die dann umgekehrt wiederum die Vermittlung, der Absprungspunkt für unser Wissen um Gott sind.«[20] Analoges Denken von Gott wird jedenfalls mißverstanden, wenn es als Bemächtigung Gottes durch gegenständliche menschliche Erkenntnis gedeutet wird. Jedes erkennende Aussein auf irgendein Seiendes setzt immer schon Gott als den unsichtbaren, ungegenständlichen Grund und Horizont allen Erkennens voraus. Selbst da, wo Gott als der Absolute in metaphysisch begrifflicher Reflexion genannt und objektiviert wird, ist er nicht Gegenstand, sondern Grund begreifenden Erkennens. Die Transzendenz ist demnach das Ursprünglichere gegenüber den univoken Einzelbegriffen. Sie bildet die Bedingung, den Horizont und den tragenden Grund, durch den wir einzelne Erfahrungsgegenstände miteinander vergleichen und einordnen[21]. Angerührt vom Unendlichen und in steter Ausrichtung darauf vermögen wir das Endliche in seiner Endlichkeit zu verstehen. Aus der gleichen transzendentalen Erfahrung gewinnen wir auch den Zugang zum rechten Verständnis der Geschöpflichkeit als einem fundamentalen offenbarungstheologischen Begriff. Was Kreatürlichkeit oder Geschaffensein meint, läßt sich nicht von dem empirischen Phänomen kausaler Zusammenhänge her verstehen. Wollte man Kreatürlichkeit als Extrapolation eines funktionalen Zusammenhangs zweier kategorialer Wirklichkeiten verstehen, als eine Art höchsten Anwendungsfalles davon, dann wäre das Verständnis schon im Ansatz verbaut. Kreatürlichkeit und Schöpfung der Welt und des Menschen meinen einen dauernden, immer aktuell bleibenden Vorgang: »ihr dauerndes Sich-selbst-zugeschickt-Werden aus der freien Setzung des personalen Gottes«[22]. Damit stehen wir vor der

[20] K. Rahner, Grundkurs des Glaubens, Freiburg i. Br. 1976, 81.
[21] Vgl. ebd. 80.
[22] Ebd. 86. Damit ist jeder dualistischen Interpretation des Schöpfungsgeschehens

für uns entscheidenden Frage, ob und wie sich auf dem Hintergrund dieser offenbarungsgemäßen Deutung von Schöpfung und Geschöpflichkeit die Autonomie des Menschen begründen lasse. Zwei Hinweise mögen dies zeigen.

1. Gott als Grund autonomer Freiheit

Das eben kurz entwickelte Schöpfungsverständnis der Theologie stellt Gott und Mensch nicht als Konkurrenten dar, die auf demselben Gebiet miteinander wetteifern. Gottes Schöpfertum umgreift transzendental die kategoriale Entwicklung der Welt. Welt und Mensch sind von der souveränen schöpferischen Freiheit Gottes getragen, und zwar so, daß Gott selbst in keiner Weise von der Welt abhängig ist. Umgekehrt kann die Welt schlechterdings nichts von ihm Unabhängiges an sich tragen; aber dies liegt gerade darin, daß er die Welt und den Menschen in ihrem Selbstsein und ihrer Eigentätigkeit begründet. Darin findet der Mensch als autonomes sittliches Vernunftwesen seine volle Bestätigung. Eine transzendentale Analyse der menschlichen Freiheit soll dies verdeutlichen[23].

Im Zusammenhang mit den Ausführungen über die Wahlfreiheit (S. 46) wurde darauf hingewiesen, daß Freiheit sich nicht in einer Wahl zwischen Objekten, sondern als Selbstvollzug des gegenständlich wählenden Menschen erfüllt. Die Freiheit zielt in ihrem Grundwesen auf das Subjekt als solches und ganzes, ohne sich in ihm zu verlieren. Subjektivität kann jedoch nicht als geschlossen begriffen werden, sondern nur in ihrer Offenheit für andere Subjekte. Sie ist grundsätzlich nicht in der Lage, »sich in sich selbst und durch sich selbst zu bestimmen. Der Zirkel, den die in sich konzentrierte Subjektivität darstellt, muß daher aufgehoben werden. Aber dies gelingt nur, indem die Subjektivität eine Eingrenzung erfährt, durch die sie gerade zu ihrer wahren

der Riegel vorgeschoben. Gott und Geschöpf stehen in keinem Konkurrenzverhältnis; Gottes Schöpfertum umgreift transzendental die kategoriale Entwicklung der Welt.

[23] Wir folgen hier dem »Abriß einer transzendentalen Freiheitslehre«, wie sie H. Krings in seinem Beitrag: Freiheit. Ein Versuch, Gott zu denken, in: PhJ 77 1970, 225–237, entwickelt hat (vgl. auch ders., Wissen und Freiheit, in: Die Frage nach dem Menschen, Festschrift f. M. Müller, Freiburg i. Br.–München 1966, 23–44; ders., Art. Freiheit, in: HPhG II, 493–510; ders. Art. Gott [3], in: HPhG III, 629–641).

Erfüllung kommt.«[24] Dies ist der tiefste Hintergrund auch für die Transformation der Subjektphilosophie in eine transzendental-pragmatische Theorie der Kommunikation. Es scheint, daß nur in diesem Kontext verständlich wird, daß der Vollzug transzendentaler Freiheit auch die Anerkennung *anderer* Freiheit beinhaltet. Auf diesem Hintergrund muß wohl die Analyse von H. Krings verstanden werden, wenn er in Weiterführung von Kant und Fichte vom Freiheitsvollzug als einem ursprünglichen Akt der Selbstbestimmung ausgeht. Dieser Akt besagt, daß der Wille sich selbst zu einem bestimmten Willen macht. Das kann aber nicht dadurch geschehen, daß der Wille nach noch nicht erfaßter Inhaltlichkeit sucht und sich diese dann gewissermaßen selbst eingibt. In transzendentaler Sicht ist der bestimmende Inhalt des Grundaktes der Selbstbestimmung kein empirisches Objekt des Willens, sondern das Materiale des Wollens, d. h. die Bezogenheit des Willens auf Inhaltlichkeit überhaupt. Und das Sichselbstgeben bedeutet kein »objektives Eingeben oder Hervorbringen, sondern ein ursprüngliches Sichöffnen für Gehalt, als primärer Entschluß des Willens zur eigenen Materialität«[25]. Freiheitsvollzug als ursprünglicher Akt der Selbstbestimmung besagt demnach ein Sicherschließen des Willens »zu sich selbst als materialem Wollen«[26]. Dieses ursprüngliche Sichöffnen, diese Selbstbejahung des ursprünglichen Wollens meinen wir mit dem Begriff der transzendentalen Freiheit. Sie begründet und trägt auch die empirische Freiheit (Wahlfreiheit); denn der transzendentale Entschluß bewahrt dem Willen den Charakter transzendentaler Selbstbestimmung, auch wenn er sich beim Wählen durch Objekte material bestimmen läßt.

Wenn so transzendentale Freiheit dem Wollen auch unterschiedliche Objekte erschließen kann, so muß doch und erst recht gefragt werden, welcher Inhalt der Dignität der Freiheit selbst entspricht. Der erfüllende Inhalt der Freiheit kann kein anderer sein als Freiheit. Nur dann steht der Inhalt an Dignität dem Sich-selbst-Wollen nicht nach. »Das aber bedeutet: Freiheit gibt sich letztlich und erstlich dadurch einen Inhalt, daß sie andere

[24] W. Schulz, Philosophie in der veränderten Welt, a. a. O. 330, im Anschluß an Fichte.

[25] H. Krings, Freiheit. Ein Versuch, Gott zu denken, a. a. O. 231.

[26] Ebd. 231.

Freiheit bejaht. Nur im Ent-schluß zu anderer Freiheit setzt sich Freiheit selbst ihrer vollen Form nach.«[27] Damit sind keine empirischen Entscheidungsfragen beantwortet; aber es ist ein Grundcharakter jeder Selbstbestimmung des Willens erwiesen: Selbstbestimmung ist damit der »Begriff der transzendentalen Affirmation anderer Freiheit«[28].

»Andere Freiheit« kann demnach als *adäquater* Gehalt transzendentaler Freiheit gelten; deren *erfüllender* Gehalt kann sie nicht sein. Sie vermag der Freiheit als dem transzendentalen Akt des Sich-Öffnens keine Grenzen zu setzen; sie vermag ihn nicht gleichsam zum Erliegen zu bringen. Um der Unbedingtheit des Sich-Öffnens willen, ist darum endliche Freiheit auf unbedingte Freiheit bezogen. Das soll und kann nicht heißen, daß sie unter der Forderung einer unendlichen und doch nie erreichbaren Annäherung an absolute Freiheit stehe. Es bedeutet vielmehr, daß der Vollzug der Freiheit als unbedingtes Sich-Öffnen unter einem unbedingten Anspruch steht. Transzendentale Freiheit greift damit, kraft eigener Form, auf unbedingte Freiheit vor[29]. Sie »verwirklicht ihren Unbedingtheitscharakter, der ihr formaliter zugehört, im ursprünglichen Sich-öffnen, d. h. in der Bejahung anderer Freiheit und im vorgreifenden Sich-öffnen auf unbedingt-vollkommene Freiheit hin... Menschliche Sittlichkeit, deren Wesen in der gehaltvollen Verwirklichung von Freiheit besteht, hat darum zur Bedingung ihrer Möglichkeit die Bejahung von anderer Freiheit und den Vorgriff auf vollkommene Freiheit.«[30]

[27] Ebd. 232.
[28] Ebd.
[29] »Der Ausdruck ›unbedingte Freiheit‹ bezeichnet ebensowenig wie der Ausdruck ›transzendentale Freiheit‹ ein Objekt oder ein Wesen. Er bezeichnet auch nicht einen transzendentalen Vollzug. Durch ihn ist vielmehr die Idee der Einheit von unbedingter Form des Sich-öffnens und unvermittelter Fülle der Inhaltlichkeit bezeichnet. Die Identität kann auch durch den Begriff der vollkommenen Freiheit gefaßt werden. Sofern empirische menschliche Freiheit durch transzendentale Freiheit begründet ist, enthält sie kraft ihrer Form das Moment des Vorgriffs auf vollkommene Freiheit« (ebd. 233). Dabei wird der Begriff der vollkommenen Freiheit nicht »via eminentiae« durch Aufsteigerung des Begriffs der endlichen Freiheit zur absoluten Freiheit gewonnen, sondern durch den Rückgang auf den formal unbedingten Charakter der endlichen Freiheit. Wenn das ursprüngliche Verhältnis, in dem wir zum Ziel unserer Transzendenz stehen, mit Analogie gemeint ist, so ist die transzendentale Freiheit ein Analogon, ein Vorgriff auf die absolute Freiheit.
[30] Ebd. 233.

Eine Analyse der Bedingungen endlicher Freiheit führte uns zum Denken vollkommener Freiheit als dem erfüllenden Gehalt transzendentaler Freiheit überhaupt. Vollkommene Freiheit ist das letzte Woraufhin des Eröffnetseins endlicher Freiheit. Sie ist nicht deren Grenze, sondern deren Erfüllung. Sie ist nicht ihre Konkurrenz, sondern die Bedingung ihrer Möglichkeit. Als Idee der Einheit von unbedingter Form des Sich-Öffnens und unvermittelter Fülle der Inhaltlichkeit bietet die vollkommene Freiheit eine Möglichkeit, Gott zu denken[31]. Gott erscheint dann als die »andere Freiheit« gewährende und zugleich als die unbedingte, durch nichts bedingte, unmittelbar erfüllte Freiheit. Solches Denken von Gott im Modell der Freiheit entspricht weitgehend dem Begriff von Gott, wie er in den Schriften des Alten und Neuen Bundes entfaltet wird. So läßt dann auch der Versuch, »einen Begriff von Gott im Kontext einer transzendentalen Philosophie der Freiheit zu denken, ... den Gegensatz zwischen dem Gott der Philosophen und dem Gott Abrahams, Isaaks und Jakobs, den Pascal beschwört, hinter sich«[32].

Endliche Freiheit läßt sich erst im Spannungsfeld zwischen vollkommener Freiheit und anderer Freiheit, zwischen Absolutheit und Begrenztheit richtig verstehen. Jene Spekulationen idealistischer Philosophen, die sich bei der Begründung reiner Subjektivität im Unendlichen verlieren, die mit der Konstitution des Ich aber immer wieder in die unabdingbare praktische Weltbindung zurückkehren, haben uns dies im Grunde bereits deutlich gemacht. Will man das Ich als unbedingt denken, dann bleibt es notwendig unbestimmt. Die Idee einer absoluten Selbstsetzung der Freiheit verliert sich in der Grenzenlosigkeit des Göttlichen[33] und stößt im Augenblick, wo das Ich sich darin fassen

[31] »Die Idee der vollkommenen Freiheit ist, sofern Freiheit sein soll – und das ist identisch mit sein ›will‹ –, ein notwendiger Gedanke. Die Vorstellung von Gott, gedacht im Begriff der die transzendentale Freiheit erfüllenden vollkommenen Freiheit, ist nicht ›objektiv‹; erst im Vollzug von Freiheit ›wird‹ diese Notwendigkeit. Sie ist keine Notwendigkeit des theoretischen, sondern des praktischen Denkens. Sofern innerhalb eines Denkens der Freiheit ein Begriff von Gott gedacht wird, ist dieser Begriff als ein notwendiges Moment der transzendentalen Struktur der Freiheit gedacht, und zwar als die Idee des erfüllenden Gehaltes für transzendentale Freiheit« (ebd. 234).

[32] Ebd. 236.

[33] Der Freiheit als dem Vermögen universaler Distanz, als der Möglichkeit absoluter Reflexion über alles und sich selbst eignet gewissermaßen eine

will, an die Grenze des Endlichen. Die tiefste Wurzel des Freiheitsproblems liegt in der Tat in der *Endlichkeit des Menschen.* Die Freiheit sprengt die Endlichkeit und wird doch gerade von der Endlichkeit umgriffen und umgrenzt. In seiner Freiheit steht der Mensch in Versuchung, sich selbst durch sich selbst zu begreifen: etwa durch die Absolutsetzung des Ich im Idealismus oder durch die Selbstwahl der Existenz im Existentialismus. Aber die Selbstfestsetzung durch die Erhebung des Ich zu einem absoluten Ich endet in der Unbestimmtheit, im Leeren. Als das Unbedingte ist das Ich das Unbestimmte, das nur negativ Bestimmte, das Nicht-Ding. Bestimmtheit und Begrenztheit gehören zusammen. Neben bitterer Welterfahrung war es nicht zuletzt diese Erkenntnis, welche die Existentialisten dazu geführt hat, die Begrenzung und Nichtung als entscheidendes Moment in die Selbstwahl miteinzuschließen. Menschliche Freiheit bedarf offenbar der Grenze, um sich zu sammeln und die Bestimmtheit zum Handeln zu erlangen.

Dem entspricht vollends die *geschöpfliche Freiheit.* Im Verständnis des Schöpfungsglaubens ist ja der unbedingte Sollensanspruch nichts anderes als die Abhängigkeit eines personal-freien Selbst, das in dieser seiner Freiheit total beansprucht ist, über sich in Freiheit zu verfügen. Das Dasein unter dem Sollensanspruch erweist sich theologisch als die notwendige Verfassung des Menschen, der sich nicht sich selbst verdankt, sondern sich als Kreatur konstituiert weiß. Der Ursprung selbst ist ihm vielleicht nur anonym gegenwärtig als »Pflicht« oder als Spruch des Gewissens. Nur in dem Maße, in dem er sich diesem Grundanspruch (es ist der Anspruch vollkommener Freiheit!) fügt, gewinnt er als sittliches Wesen sich selber in freier Selbstbestimmung. Jedes von uns selbst gesetzte endliche Ziel, dem wir uns mit Haut und Haar verschreiben, müßte unsere Freiheit einengen. Jedes verabsolutierte Ziel, mag es noch so wertvoll sein, zwingt uns, alles, was es sonst noch gibt, als Stufe oder Mittel zum Zweck zu verdinglichen. Nur die Bindung an die freimachende Freiheit selbst kann endliche Freiheit nicht einengen, sondern zu sich

potentielle Aseität. Fichte und Hegel weisen dem Ich aufgrund der Freiheit kreatorische Kraft zu. Für Schelling ist menschliche Freiheit in den Indifferenzpunkt zwischen Gott und Natur, Sein und Nichtsein gestellt (vgl. R. Spaemann, Art. Freiheit [IV], in: HWP II, 1088–1098, 1092f.).

selber bringen. »Allein die letztverbindliche Orientierung an dem unbedingt-unendlichen Gott erniedrigt oder beeinträchtigt niemanden, sie konkurriert mit nichts, sie schließt keinen Wert dieser Welt, keine gültige Lebensmöglichkeit, keine Weise und keinen Grad menschlicher Selbstverwirklichung aus. Sie läßt vielmehr Menschen und Dinge, Begebenheiten und Projekte in die gemäße Ordnung, an die ihnen zukommende Stelle einrücken; sie verleiht die richtige und gerechte Perspektive.«[34] Die theologische Reflexion nimmt bei ihrer Deutung des Menschen als Kreatur im Grunde doch »nur« die philosophische Einsicht in seine Endlichkeit mit auf. Sie bestätigt positiv die anthropologische Annahme, daß der Mensch sich selbst weder als Individuum noch als Kollektiv verabsolutieren darf. Im Rahmen dieser Kontingenzerfahrung hat er seinen Freiheitsvollzug zu verwirklichen. An der *Struktur* seiner sittlichen Vernunft ändert sich damit nichts. Darum ergibt sich aus der theologischen Legitimation des Sollens im ganzen keine Absolutsetzung kategorialer sittlicher Urteile[35]. Diese Aussage über die unbedingte Beanspruchung im Ganzen des sittlichen Lebens enthält vielmehr einen Vorbehalt gegen jede Verabsolutierung des Kategorialen. Selbstverständlich wirkt sich die Annahme der Kontingenz im gläubigen Bekenntnis menschlicher Kreatürlichkeit auch auf die Werturteile aus, doch sind dies eben Konsequenzen, die auch von der anthropologischen Kontingenzerfahrung her zumindest als sinnvoll erscheinen. Doch darüber wird im zweiten Teil noch ausführlich zu reden sein.

2. Autonome Gestaltung der Welt als Auftrag Gottes

Durch den Aufweis, daß der Schöpfungsglaube die persönliche Verantwortung des Menschen nicht aufhebe, sondern gerade begründe und herausfordere, ist das Problem sittlicher Autonomie aber noch nicht voll geklärt. Autonomie meint ja nicht nur die transzendentale Freiheit mit ihrer Möglichkeit zu einem ursprüng-

[34] W. Kern, Über den humanistischen Atheismus, in: K. Rahner (Hrsg.), Ist Gott noch gefragt?, a. a. O. 47f.

[35] Der unbedingte Anspruch, den der Mensch in seiner Freiheit erfährt, muß in kontingenten Einzelakten vollzogen werden. Die Absolutheit in der Beanspruchung kommt aber nicht aus der Einzelhandlung, sondern aus der Beanspruchung des kontingenten Menschen durch den absoluten Gott.

lichen Akt des Sich-Öffnens oder des Sich-Verschließens vor Gott. Erst der Mensch, der in Übereinstimmung steht mit Maximen des Handelns, *die er sich selbst gegeben* hat, ist der autonome Mensch. Ob er nun das Sittengesetz als ein gegebenes Faktum der Vernunft erkennt oder ob er intersubjektiv geltende Handlungsformen entwirft, ist dabei nicht entscheidend. Entscheidend ist allein, daß sie bei ihm selbst ihren Ursprung haben. Hieraus erhebt sich zwangsläufig der Heteronomieverdacht gegen jede Ethik, die Gott zum Urheber des Sittengesetzes erklärt. Nun soll die Entwicklung und Begründung sittlicher Normen und der dazu notwendigen Einsicht in Güter und Werte erst im zweiten Teil dieser Fundamentalmoral dargelegt werden. Dort wird im Blick auf die Bibel sowie auf die Naturrechtslehre ausführlich gezeigt werden, wie sich – bei aller selbstverständlichen gläubigen Rückbindung des Menschen an Gott – die Normbildung als ein eigenständiger kulturgeschichtlicher Prozeß vollzieht. Darauf nehmen auch die religiöse Erfahrung und die theologische Reflexion als wichtige Faktoren Einfluß; aber es ist ein – wie wir sehen werden – von der praktischen Vernunft des Menschen geprägter Einfluß.

In diesem Kapitel, in dem nach dem Grund und den Grenzen der Autonomie gefragt wird, soll grundsätzlich klargestellt werden, daß eine Unterstellung des Menschen unter den transzendenten Anspruch Gottes des Menschen gesetzgeberische Autonomie nicht aufhebt, sondern entsprechend der Schöpfungsrelation transzendental trägt. Um deutlich zu machen, daß diese Überlegungen nicht erst ein nachträglicher Versuch sind, das moderne Autonomiepostulat theologisch zu rechtfertigen, verweisen wir vornehmlich auf die *Grundlegung sittlicher Autonomie im Gesetzestraktat der Summa Theologiae des Thomas von Aquin*[36].

Thomas geht in seinem ethischen Denken – dem aristotelischen Modell entsprechend – von der Erfahrung aus. Wenn sich auch der äußere Aufbau des Lex-Traktates als Deduktion aus übergeordneten Prinzipien präsentiert, so führt die Denkbewegung selbst zunächst von der Erfahrung über die Reflexion hin zu den

[36] Wir stützen uns dabei auf die noch unveröffentlichte Dissertation von K.-W. Merks, Theologische Grundlegung der sittlichen Autonomie, Strukturmomente eines »autonomen« Normbegründungsverständnisses im Lex-Traktat der Summa Theologiae des Thomas v. Aquin, Diss. Bonn 1976.

Grundlagen und Gründen. Thomas verfährt nicht deduktiv, sondern induktiv-reflexiv[37]. So wird der Begriff des Gesetzes der Erfahrung entnommen. Das Gesetz hat seinen Ort in der Gemeinschaftsexistenz des Menschen. Es wird dort erfahren als Regel und Maß des Handelns. Es ist bestimmt durch das Verhältnis von Gesetzgeber und Gesetzesuntergebenen, darum hat es auch den Charakter eines »äußeren Prinzips«, durch das wir zum rechten Handeln »instruiert« werden. Den Allgemeinbegriff »Gesetz« verwendet Thomas in »analogem«, d.h. unterschiedliche Bereiche übersteigendem und zugleich innerlich verbindendem Sinn. So erscheinen die verschiedenen im Traktat abgehandelten Gesetze (lex aeterna, naturalis, humana, divina) nicht im eigentlichen Sinn als »Arten«, sondern als »Momente« in der Ausfaltung des *einen* Feldes gesetzlicher Handlungsregelung. Diese von Thomas entwickelte Zuordnung steht im Zusammenhang mit dem Versuch, dem gesamten Gesetzeskomplex auf reduktiv-reflexivem Weg eine Begründung zu geben[38]. Es wird vom Gegründeten zum Gründenden hin gedacht, und das Verhältnis der einzelnen Gesetzesarten ist ein solches der reduktiven Gründung. Das ist eine wichtige Voraussetzung zum Verständnis der verschiedenen leges und hilft »das gründend unbedingte, unbeliebige und zugleich dynamische Wesen des Normativen ... ansichtig zu machen«[39].

Schlüsselbegriff des ganzen Traktates und insbesondere der eben genannten Suche nach einer Letztbegründung der Normativität ist die ratio. Das Gesetz selbst wird »ordinatio rationis« (I-II 90,4c) genannt. Die ratio ist es, die der lex ihre Regelhaftigkeit gibt, denn sie ist die ordnende Instanz, weil sie das Handeln auf das Ziel (als sein erstes Prinzip) hinlenkt[40]. Menschliches Handeln ist nur

[37] Die verschiedenen leges werden nach der Idee einer abgestuften Teilhabe und Ableitung interpretiert, wobei aber zu beachten ist, »daß diese Interpretation den wohl quasi-deduktiv dargestellten, aber reduktiv-reflexiv gewonnenen Versuch einer Grundlegung des Faktischen, d.h. der konkret antreffbaren leges, bildet« (ebd. 120).

[38] In diesem Ansatz behält die sog. lex divina, das göttliche Offenbarungsgesetz, durchaus seine belehrende Funktion, verliert aber in der Begründung jeden verfremdenden Charakter (vgl. ebd. 336–360 in Verbindung mit 38–90).

[39] W. Korff, Norm und Sittlichkeit, Mainz 1973, 61.

[40] I–II 90, 1c: »ratio, quae est primum principium actuum humanorum ... rationis enim est ordinare ad finem, qui est primum principium in agendis.« Die von der ratio und der lex gleichermaßen ausgesagte Regelhaftigkeit gilt nicht in gleicher

durch diese seine Vernunftbestimmtheit menschlich. Es ist dadurch sich-selbst-bestimmendes Handeln, weil es sich selbst zum Ziel bestimmt, ja selbst das Ziel setzt[41]. Das letzte, das umfassende Ziel steht dabei allerdings nicht zur Disposition. Das Ziel ist gegeben – a natura, von Natur aus, bei Thomas selbstverständlich schöpfungstheologisch verstanden. Gegenstand der ratio sind die Mittel zum Ziel[42]. Nun darf man sich dabei das Handeln nicht instrumental und die Entscheidung nicht technisch-rationalistisch denken. Die Überlegung der ratio vermittelt das allgemeine Ziel mit der jeweiligen Lage und gibt ihm dadurch seine konkrete Gestalt. Im Anschluß an Aristoteles besagt »die Festlegung des Zieles ›a natura‹ auch für Thomas eine Weise der Rahmengebung, die zugleich die Findung der Mittel als auch die Findung der konkreten Ziele umfängt, ohne sie a priori festzulegen«[43]. Der Sinn von finis ist hierbei primär weniger eine inhaltliche als vielmehr eine formale Bestimmung. Das eigentliche Ziel des Willens ist das bonum universale, die Idee des Guten. Darauf ist er seinem Wesen nach (a natura) festgelegt[44]. In allen »Gütern« ist es eigentlich »das Gute«, das der Wille als solcher anstrebt. In seinem Kommentar zur Nikomachischen Ethik (I l.2,n.11) weist Thomas darauf hin, daß es eigentlich *Gott selbst ist*. Allerdings kann selbst ein »summum bonum«, wenn es – als an sich unendliches – gedacht wird, gegenständlichen Charakter annehmen. Das eigentliche Woraufhin des Willens als das unbedingt Gute übersteigt aber alles kategoriale Denken. Auf dieses letzte, umfassende und absolute Ziel hin erhalten daher alle »Güter« eine relativierende Einordnung, sie werden als Objekte des Willens dem Bestimmungsbereich der ordnenden ratio zugewie-

Weise, sondern muß als Stufung im Sinne von prinzipiell und abgeleitet gedacht werden (vgl. K. W. Merks, a. a. O. 126).

41 Zur Klärung der Bedeutung der ratio in der Gesetzesdefinition bietet Merks eine ausführliche Analyse, in die auch die Quaestiones de ultimo fine et de actibus humanis der Ia – IIae einbezogen werden.

42 Mit dieser Aussage folgt Thomas Aristoteles' Analyse der προαίρεσις. Die προαίρεσις ist nach den Worten des Aristoteles »strebende Vernunft« – oder »vernünftiges Streben«, und gerade in dieser Weise, d. h. kraft seiner προαίρεσις, ist der Mensch Ursprung seiner Taten.

43 K.-W. Merks, a. a. O. 139.

44 In EN VI l.2, n. 1131 »finis ... determinatus est homini a natura ... Ea autem quae sunt ad finem, non sunt nobis determinata a natura, sed per rationem investiganda.«

sen. Dieses Ordnen durch die ratio, von der Thomas in der lex-Definition wie in der menschlichen Aktanalyse spricht, darf nun »*nicht lediglich* als ein *Ordnungswahrnehmen* verstanden werden«[45]. Ordinare gewinnt den Charakter von imperare. Dies gilt sowohl individuell wie auch in der durch die Gemeinschaftsexistenz des Menschen bedingten Weise des Gesetzes. Thomas spricht in dezidiertem Sinn von der leitenden Funktion der ratio. Es ist die Vernunft als gesetzgeberische Anlage, die Thomas im Blick hat. Verbindliches Vorschreiben, wie es den Gesetzen zugrunde liegt, beruht »auf der Abhängigkeit von Vernunft als der Sinnzusammenhang ergründenden und, insoweit dieser sich freiem Verhalten verdankt, auch gründenden Instanz: die ratio wird zur regula et mensura der menschlichen Handlungen«[46]. Sie ist so maßgebende Instanz für die Moralität. Und es läßt sich zeigen, daß sich die Moralität der Handlung nicht auf eine wie immer geartete Vorgabe durch die Natur oder das Wesen des Menschen bezieht, »sondern auf die Vernunft als Aktprinzip und d. h. als das spezifische Vermögen, das zwar aus dem Wesen sich gründet, aber nicht mit diesem selbst identisch ist«[47]. Daß die ratio dabei nicht individueller Willkür folgen darf, ist für Thomas selbstverständlich. Ihre Befähigung zur Selbstorganisation des Handelns ist ja grundlegend bestimmt durch die Ausrichtung auf das Gute schlechthin; sie erfährt zudem in bestimmten, den Menschen »natürlich« erstrebenswerten Gütern eine entsprechende Disponierung. Sie hat aber die Güter im Blick auf eine letzte Sinngestaltung der Welt zu ordnen. Und der gesetzgeberischen Tätigkeit ist darüber hinaus in besonderer Weise das bonum commune zugeordnet, für das der Mensch als Sozialwesen zu sorgen hat.

Die Begründung im einzelnen steht hier nicht zur Diskussion. Wir werden im zweiten Teil (§ 20f.) auf die Genese von Werteinsichten ausführlich zu sprechen kommen – hier liegt dann auch die Bedeutung jener Disponierung durch die sogenannten »natürlichen Neigungen«. Für den unmittelbaren Zusammenhang ist aber die Feststellung entscheidend, daß nach Thomas die Einsicht sowohl in die gesetzgeberische Aufgabe als solche als auch in die

[45] K.-W. Merks, a. a. O. 157.
[46] Ebd. 161.
[47] Ebd. 165.

Bedeutung der Güter für ein geordnetes Zusammenleben der Menschen auf einer *aktiv-schöpferischen Tätigkeit der Vernunft* beruht. Der Mensch partizipiert in ebenbildlich-abbildhafter Weise an der göttlichen ratio.

Thomas übernimmt aus der von Platon über Cicero und Augustinus führenden Tradition den Gedanken der Teilhabe der menschlichen Vernunft an der göttlichen Vernunft; er hat aber diesen Gedanken *in ganz entscheidender Weise umgeformt.* Das entscheidend Neue liegt in der Betonung des Subjektseins des Menschen. Des Menschen einzigartige Würde liegt in seiner aktiven Teilnahme an der göttlichen Weltlenkung[48]. Er ist im Rahmen seiner kreatürlichen Vernunft sich selbst zugelastet. Er hat an der göttlichen Vorsehung Anteil, indem er dazu bestimmt ist (und diese seine Bestimmung auch erfaßt), daß er vernünftigerweise für sich und andere vorsorgen muß (I-II 91,2). Der Mensch wird nicht wie die vernunftlose Kreatur bloß durch natürliche Neigungen und Triebe zu seinen Zielen gelenkt; darin ist sich Thomas mit der Tradition einig. Im Gegensatz zu Augustinus kennt er aber auch keine unmittelbar-direkte Einstrahlung und Erleuchtung von göttlichen Ideen. Thomas spricht wohl von der »impressio« oder »irradiatio« des göttlichen Lichtes oder der Weisheit, aber diese »irradiatio« vollzieht sich »allein auf dem Weg über die Erkenntnis der Schöpfung als des ›effectus‹ der göttlichen Wirksamkeit, womit Thomas den neuplatonischen Begriff von der aristotelischen Erkenntnistheorie her umdeutet und damit erneut seinen Sinn für die irdischen Realitäten beweist«[49]. Das natürliche Sittengesetz liegt darum nach seiner Konzeption nicht in einer Lenkung der menschlichen Vernunft durch die göttliche Vernunft mittels eines *angeborenen* Prinzips. Selbst das erste sittliche Prinzip (bonum faciendum, malum vitandum) gewinnt der Mensch durch die Tätigkeit seiner Vernunft. Dabei ist die Erfahrung zwar nicht die Quelle des Prinzips, aber das Mittel für sein Erfassen. Wenn es einmal über die Erfahrung zum Bewußtsein gekommen ist, erweist es sich als unmittelbar einsichtig. Die

[48] Vgl. hierzu die Interpretation der lex aeterna (ebd. 184–217) in ihrer Verbindung mit der lex naturalis (229–240).

[49] U. Kühn, Via caritatis, Theologie des Gesetzes bei Thomas von Aquin, Kirche und Konfession IX, Göttingen 1965, 146, mit Hinweis auf I–II 93, 2 ad 1 und entsprechender kritischer Distanzierung von M. Wittmann.

Teilnahme des Menschen an der göttlichen Vorsehung (am ewigen Gesetz) liegt daher spezifisch in der natürlichen Neigung der praktischen Vernunft zu normsetzender Aktivität im Hinblick auf seine aufgegebene Vollendung und Erfüllung. Diese Art von Teilnahme und nur diese bezeichnet Thomas als natürliches Sittengesetz (vgl. I-II 91,2). Daß der Mensch ein sich selbst aufgegebenes sittliches Wesen ist, führt Thomas selbstverständlich auch auf Gott zurück. In diesem So-Sein der Vernunftnatur, das Thomas aber nur im uneigentlichen Sinn als Teilhabe an der Vorsehung bezeichnen würde[50], kommen die Bindung des Menschen und seine Selbstgesetzgebung in eins zusammen[51]. Der Gesetzescharakter des natürlichen Sittengesetzes liegt so in der natürlichen Aktivität der praktischen Vernunft (ordinatio rationis), mit der sie grundlegend erfaßt, daß das Gute das ist, was zu tun ist, das Böse das, was nicht sein soll[52]. Durch diese spekulative Rückführung der Stellung nehmenden (wertenden) Vernunft auf ihren letzten transzendenten Grund wird die Struktur solcher Vernunft selber nicht verändert. Wohl bekommt der Anspruch zur vernünftigen Selbstverwirklichung durch die Begründung in der lex aeterna einen unbedingten Charakter[53].

Mit der theonomen Legitimation des sittlichen Anspruchs wird der Widerspruch behoben, daß ein bedingtes Subjekt durch sich selbst oder durch andere bedingte Subjekte unbedingt beansprucht wird. Die Paradoxie endlicher Freiheit aber bleibt bestehen. Der Sollensanspruch wird als totale Abhängigkeit (Geschöpflichkeit) in der Unabhängigkeit der Selbstbestimmung (Personalität) verstanden. Die Freiheit besagt *einerseits* totale *Abhängigkeit,* insofern der Mensch die Möglichkeit zur Freiheitsentscheidung als Geschenk empfängt (Schöpfung als Gnade), *andererseits* aber auch *totale Unabhängigkeit,* insofern er sich der

[50] Vgl. I–II 90, 1. Ein Gesetz ist immer »aliquid constitutum« per rationem (ad 2), d.h. weder die ratio selbst noch der Verstandesakt, sondern das, was vom Gesetzgeber konstituiert wird, und zwar insofern es von ihm konstituiert wird: die ordinatio.

[51] Vgl. K.-W. Merks, a.a.O. 229–240, ferner insgesamt ebd. ff. die Analyse der ratio in der lex naturalis.

[52] Insofern ist es »aliquid per rationem constitutum« (I–II 94, 1).

[53] Im Verständnis des Schöpfungsglaubens ist der unbedingte Sollensanspruch nichts anderes als die Abhängigkeit eines personal freien Selbst, das in dieser seiner Freiheit total beansprucht ist, über sich in Freiheit zu verfügen.

einzigen Möglichkeit der Freiheit gegenüber in der Wahl befindet. Die Paradoxie endlicher Freiheit besteht also darin, daß der Mensch als selbstzentriertes Wesen dem absoluten Selbst gegenübersteht. Er gewinnt sich selbst nur in der Anheimgabe; er ist zu sich selbst ermächtigt nur, indem er sich überantwortet. Diese Antinomie ist kein Widerspruch, wenn man die göttliche und die menschliche Personalität nicht auf einer Stufe sieht[54]. Aber sie ist die Quelle radikaler Versuchung ebenso wie der Grund der Möglichkeit zur Selbstentfremdung, zum geschöpflichen Selbstwiderspruch, zur Sünde.

[54] Im Gnadenstreit wurden der anthropologische Aspekt (Freiheit als Selbstverfügung) und der theologische Aspekt (Freiheit als Gottverfügtheit) zu sehr als konkurrierende Größen nebeneinander gesehen. Auch noch so scharfsinnige Harmonisierungsversuche vermögen aber kaum zu überzeugen (vgl. H. Holz, Omnipotenz und Autonomie, in: NZSTh 16, 1974, 257–284.

Zweiter Abschnitt: Widerspruch

Die sittliche Autonomie des Menschen birgt Größe und Gefahr. Ihre Verabsolutierung führt zum Widerspruch. Es ist der Widerspruch, in den *jeder Mensch* gerät, wenn er, der Begrenzte, sich des Absoluten habhaft wähnt. Es ist nach der biblischen Offenbarungs- und Heilsgeschichte die Sünde, der jeder verfällt, der, statt Gott die Ehre zu geben, sich selbstgemachten Götzen zuwendet. Von der Möglichkeit und vielfältigen Gestalt dieses Widerspruchs soll in diesem Abschnitt die Rede sein. Eine Darstellung des Phänomens bildet dabei den Ausgangspunkt (1. Kap.), dem dann eine theologische Deutung folgen soll (2. Kap.).

1. KAPITEL: SCHULD ALS PHÄNOMEN

Die Frage nach dem Ursprung des Bösen bewegt jede Zeit neu. Verhaltensforschung, Psychologie und Gesellschaftstheorie haben das Thema intensiv aufgegriffen[1], und ihre Botschaft findet weitherum Gehör. Die Erfahrung zweier Weltkriege und die Bedrohung durch die modernen Massenvernichtungsmittel haben offensichtlich den Traum vom natürlichen guten Menschen ausgelöscht. Das Wissen, daß dem Menschen die größte Gefahr vom Menschen selbst droht, ist tief verwurzelt. Entsprechend wird

[1] Vgl. K. Lorenz, Das sogenannte Böse. Zur Naturgeschichte der Aggression, Wien [1]1963, [17–20]1966; A. Mitscherlich, Auf dem Weg zur vaterlosen Gesellschaft, München 1965; H. Marcuse, Kultur und Gesellschaft I und II, Frankfurt a. M. 1965; ders., Triebstruktur und Gesellschaft. Ein philosophischer Beitrag zu S. Freud, Frankfurt a. M. 1967; A. Plack, Die Gesellschaft und das Böse. Eine Kritik der herrschenden Moral, München 1967; E. Fromm, Anatomie der menschlichen Destruktivität, Stuttgart 1974. – Bezeichnend ist der Versuch, die individualpsychologischen Einsichten Freuds auf die Gesellschaftsstruktur zu übertragen. Zur Auseinandersetzung vgl.: W. Czapiewski/G. Scherer, Der Aggressionstrieb und das Böse, Essen 1967; M. Oraison, Was ist Sünde?, Frankfurt a. M. 1968.

auch das Böse im Zusammenhang mit einem menschlichen Verhalten gesehen, durch das die Grundlagen des Zusammenlebens gefährdet werden. Das Böse wird nicht anonymen Mächten zur Last gelegt, sondern dem Menschen selbst. Aber es ist nicht nur der einzelne in seinem individuellen Freiheitshandeln, der zur Rechenschaft zu ziehen ist. Die mannigfachen Bedingungszusammenhänge müssen aufgedeckt werden. Das menschliche Handeln darf nicht nur aus seinem Selbstvollzug reflektiert werden, es ist vielmehr aus der Fülle der ihm voraus- und zugrundeliegenden individuellen, sozialen und geschichtlichen Dispositions- und Prägefelder zu begreifen. Und gerade diese sind selbst bereits erbrachte und fortwirkende Objektivationen guten oder schlechten menschlichen Freiheitshandelns. So muß denn »Freiheitshandeln wider bessere Einsicht und Vernunft... als eine immer schon durchobjektivierte schlechte Freiheit, also durch effektiv gewordene Schuld und Sünde *Mitbestimmtes* begriffen werden«[2].
Die Phänomene des Bösen und der Schuld werden demnach heute keineswegs übersehen. Man spürt ihnen in den bewußten und unbewußten Tiefen der menschlichen Seele nach und versucht, die geheimen Tarnungen aufzudecken. Selten einmal ist der Mensch auf der Bühne mit sich selbst so scharf ins Gericht gegangen, wie dies im Moralismus moderner Theater-Stücke geschieht. Doch der gleiche Mensch, der sich von Dichtern und Psychologen den Spiegel seiner Misere vorhalten läßt, ist nicht bereit, sich vom Theologen im Namen Gottes auf seine Sünde hin ansprechen zu lassen. Das mag z.T. auch darin liegen, daß man die genuin christliche Sündenlehre nicht kennt. Man wittert vielmehr hinter unserem Sündenkatalog einen bestimmten Moralismus, den man ablehnt, den man gerade überwinden möchte. Man wirft der Moraltheologie einen rein äußerlich legalistischen Sündenbegriff vor. Und im Theologen selbst sieht man mit Vorliebe den Typus des Morallehrers, der mit viel Unterscheidungskunst selbst da ein moralisch einwandfreies Verhalten zu dozieren weiß, wo ein vertieftes Schuldigsein kaum geleugnet werden kann. Demgegenüber vertritt man die Ansicht, daß bloße Gesetzeserfüllung das Handeln noch nicht »rechtfertige« und daß andererseits eine

[2] W. Korff, Erfahrung von Schuld und Sünde in der Schulderfahrung des einzelnen und im Schuldigwerden der Gesellschaft, in: St. Rehrl (Hrsg.), Sünde–Schuld–Erlösung, Salzburg 1973, 18.

Gesetzesübertretung nicht immer schuldig machen müsse. Wer die christliche Sündenlehre wirklich kennt, wundert sich über soviel Mißverständnis; er muß sich aber auch fragen, was wir in Verkündigung und Praxis falsch gemacht haben, daß dieser fatale Eindruck entstehen konnte.
Um unsere Antwort auf die Frage nach dem Bösen nicht an den Problemen der Zeit vorbei zu entwickeln, suchen wir im Blick auf ein paar Beispiele zeitgenössischer Literatur herauszustellen, welche konkreten Erscheinungsformen des Bösen und der Schuld den heutigen Menschen beschäftigen (§ 6). Ein zweiter Blick auf die kulturgeschichtlichen Grundformen der Schulderfahrung (§ 7) soll uns dann unmittelbar zu unserer biblisch-theologischen Deutung hinführen.

§ 6 Reflektierte Schulderfahrung

Wenn Dichtung reflektierte und je nach Standort unterschiedlich gedeutete menschliche Erfahrung repräsentiert, dann bildet sie eine wichtige Quelle der Einsicht über die Schulderfahrung einer Epoche. Der Dichter wie der begabte Schriftsteller wollen betroffen machen; ihre Texte sollen beunruhigen und provozieren. Sie machen Konflikte spürbar, decken Widersprüche, Dissonanzen und unauflösbare Verflechtungen auf. Es gelingt ihnen möglicherweise, verborgene Schuld zu entlarven. So können sie dem Theologen eine neue Sensibilität für die »Wirklichkeit« vermitteln. Die philosophische und theologische Darstellung läuft stets Gefahr, durch Distinktionen die konkrete Wirklichkeit aufzulösen. Sie verarbeitet Gott und Welt zu einem System; damit werden nicht selten die Spannungen der Menschen aus der Welt geschafft, während die Literatur sie gerade aufzuzeigen und dramatisch darzustellen versucht.
Geschichtlich läßt sich eine Entwicklung erkennen, die deutlich macht, daß die Ursache des Bösen immer mehr in den gesellschaftlichen Verhältnissen gesehen wird. »Das klassisch-klassizistische Drama ... klagte vorab das Individuum oder eine bestimmte Anzahl von Individuen an. Die Gesellschaft kam als Ganze ungeschoren davon. Ihre ›Ordnung‹ wurde als Basis,

Sinnhorizont, richtendes Kriterium vorausgesetzt. Im Konfliktfall wurde der einzelne an anderen einzelnen oder an der Gesellschaft, aber nicht die Gesellschaft am einzelnen schuldig. Mit dem zunehmenden Realismus setzt im 19. Jahrhundert das Problem des Erkennens, der Wahrnehmung, der Unfreiheit des einzelnen gegenüber dem ›Es‹ in ihm und dem ›Milieu‹, den ›Verhältnissen‹ um ihn ein.«[3] (Vgl. etwa die Gestalt des Danton in Georg Büchners »Dantons Tod«.) »Seit der zweiten Hälfte des 19. Jahrhunderts begann von Flaubert, Dostojewski, bei Proust, Musil, Kafka, Joyce bis in die Gegenwart, die Einheit der Motivation des Subjekts sich aufzulösen... Der Zweifel an den bisherigen Moralvorstellungen, die Sinnfrage verschärft sich, die Ideologie der Herrschaft und die Verbrämung der Herrschaft mit ›Moral‹ wird erkannt, angegriffen.«[4]

A. Die Schuld und die Schuldigen

Wir greifen im folgenden auf einige Werke aus der Zeit nach 1945 zurück und fragen, welche Schuldvorwürfe darin besonders akzentuiert werden, wie sich die Schuldigen selbst verhalten und wie man ihnen gegenüber begegnet.

1. Die Vorwürfe

Die Vorwürfe zielen auf typische Erscheinungsformen des zwischenmenschlichen Verhaltens. Man hört hintergründig immer wieder die Frage, was denn der Mensch dem Menschen eigentlich bedeute. Die grauenvolle Mißachtung der Menschenwürde durch die Judenverfolgungen und die Kriegsverbrechen wirken nach. Sie verbieten den Aufbau von Feindbildern und Klischees. Was wir im großen verurteilen, vollzieht sich aber möglicherweise alltäglich und unbemerkt unter uns. Wenn es den Menschen verboten war, sich ein Bild von Gott zu machen, so gilt dieses Verbot wohl heute in noch ausgeprägterer Form vom Menschen. So schreibt Max Frisch schon 1946 ins Tagebuch:

[3] P. K. Kurz, Das Böse und die Schuld in der zeitgenössischen Literatur, in: StZ 190, 1972, 20–34,21.
[4] Ebd. 22.

»Du sollst dir kein Bildnis machen, heißt es, von Gott. Es dürfte auch in diesem Sinne gelten: Gott als das Lebendige in jedem Menschen, das, was nicht erfaßbar ist. Es ist eine Versündigung, die wir so, wie sie an uns begangen wird, fast ohne Unterlaß wieder begehen – ausgenommen wir lieben.«[5]

In »Andorra«[6] zeigt er dann, wie diese Sünde sich im bürgerlichen Alltag auswirkt. Die Andorraner haben Andri zum Juden gestempelt. Er selbst nimmt die Last des Andersseins an und bestärkt damit seinerseits das Vorurteil der Mitbürger. Und als man einen Schuldigen sucht, für einen Mord, ist man sich gleich einig, daß nur der Jude der Mörder sein kann. Ganz deutlich durchwirkt das Bilderverbot auch M. Frischs Roman »Stiller«[7]. Als Stiller zum letzten Mal seine Frau Julika in Davos besucht, hält sie ihm vor:

»Du hast Dir nun einmal ein Bildnis von mir gemacht, das merke ich schon, ein fertiges und endgültiges Bildnis, und damit Schluß ... nicht umsonst heißt es in den Geboten: du sollst Dir kein Bildnis machen! Jedes Bildnis ist eine Sünde ... Wenn man einen Menschen liebt, so läßt man ihm doch jede Möglichkeit offen und ist trotz aller Erinnerungen einfach bereit, zu staunen ... wie anders er ist, wie verschiedenartig und nicht einfach so, nicht ein fertiges Bildnis, wie Du es Dir da machst« (113f.).

Sybille, die Frau des Staatsanwaltes, macht Stiller einen ähnlichen Vorwurf, als sie in seinem Atelier eine vasenähnliche Skulptur entdeckt, von der Stiller sagt, daß sie seine Frau darstelle.

»Ist das denn nicht furchtbar für deine Frau? ... Immerhin ich fände es furchtbar, wenn Du mich so in Kunst verwandeln würdest« (195).

Stiller selbst schreibt über sich:

»Nach seinem Verhalten zu schließen, handelt es sich wirklich nur um eine schöne, seltsame, tote Vase, womit Stiller verheiratet war« (197).

Die Tendenz zur Vergegenständlichung Julikas äußert Stiller schon nach deren erstem Besuch im Gefängnis:

»Ich betrachte sie wie einen Gegenstand, plötzlich ganz nüchtern, ein Weib, ein fremdes, irgendein Weib ... (47).

Und auch der letzte Satz über die Tote: »Sie ist schön« (328), nimmt dem vorangegangenen Bekenntnis »Ich liebe sie« (325)

[5] M. Frisch, Tagebuch 1946–1949, Frankfurt a. M. 1971, 37.
[6] Ders., Andorra, Stück in zwölf Bildern, Frankfurt a. M. 1961.
[7] Ders., Stiller, Roman, Frankfurt a. M.–Hamburg 1971.

den persönlichen Bezug. Die Unterschiedlichkeit solcher Subjekt-Objekt-Relation spiegelt sich auch noch in der Erklärung, die Rolf für Stillers Ehe findet und entspricht überdies dem von ihm immer wieder beschworenen Verhältnis zwischen Gott und Mensch:

»Diese Frau hat dich nie zu ihrer Lebensaufgabe gemacht; nur du hast so etwas aus ihr gemacht, glaube ich, von allem Anfang an. Du als ihr Erlöser ... sie als dein Geschöpf« (317).

Andere Autoren zielen mit ihrem Vorwurf nicht unmittelbar auf den einzelnen. Sie klagen vielmehr das System oder die Leistungsgesellschaft an. Eine totale Welt des Geschäfts und der damit verbundene Leistungs- und Konkurrenzkampf macht den Menschen seinem Mitmenschen zum Wolf. »Wer nicht Wolf sein kann oder sich weigert, den Wölfen und ihrer Wolfsordnung zu dienen, zählt nicht in dieser Gesellschaft. Der Mensch wird hierzulande fast notwendig zum Wolf dressiert. Er verhält sich in konkreten Situationen wölfisch, ohne es zu merken.«[8] So wird Alfredo Traps in Dürrenmatts Hörspiel »Die Panne« des Mordes beschuldigt, weil er seinem Konkurrenten Gygax listig berechnend psychologisch »das Messer an den Hals setzt«. Traps tötet nicht aus teuflischem Vorsatz, sondern »weil es ihm das Natürlichste sei, jemanden an die Wand zu drücken, rücksichtslos vorzugehen, geschehe, was da wolle«. Oder bei Böll (Gruppenbild mit Dame) kommen sich die Baulenkungsmanager, die der höheren Rendite wegen Leni und ihre Gastarbeiter zwangsevakuieren, nicht unmoralisch vor. Sie nutzen nur »ihr gutbürgerliches Recht«. Entsprechend wird Schuld beschrieben als Schlafwandel, als Gleichgültigkeit und Mitläufertum. Das Individuum bleibt unerweckt gegenüber der Wirklichkeit, unfähig, sich kritisch zu verhalten. Der einzelne kann die Zusammenhänge nicht beurteilen und verfällt Schemavorstellungen (»Krieg ist Krieg«, »Geschäft ist Geschäft«). Man will einfach überleben und durchkommen und geht so in einer schlafwandlerischen Unberührtheit durch die Unmoralität hindurch. Eine Urgleichgültigkeit gegen das eigene Menschentum macht sich deutlich. Da es aber oft

[8] P. K. Kurz, a. a. O. 32.
Als Beispiele seien genannt: Friedrich Dürrenmatt, Die Panne; ders., Der Besuch der alten Dame; Heinar Kipphardt, Joel Brand. Die Geschichte eines Geschäfts; Peter Schneider, Brief an die herrschende Klasse in Deutschland; Heinrich Böll, Gruppenbild mit Dame.

weitgehend die gesellschaftlichen Verhältnisse sind, die den Menschen sozusagen zwangsläufig schuldig werden lassen:

»Wir wären gut – anstatt so roh. Doch die Verhältnisse, sie sind nicht so« (B. Brecht, »Dreigroschenoper«).

– machen sich die Zeitgenossen schuldig, wenn sie diese Verhältnisse[9] nicht energisch genug zu verändern trachten. Ein besonderer Schuldvorwurf trifft den Intellektuellen: er macht sich schuldig, indem er theoretisiert, anstatt sich zu engagieren. So läßt Günter Grass (»Die Plebejer proben den Aufstand«) den Berliner Theaterchef (B. Brecht?) über den Plebejeraufstand längst vergangener Zeiten reflektieren, derweilen derselbe Mann zögert, den Arbeitern bei der Formulierung einer Deklaration für den aktuellen Aufstand zu helfen. Analog weisen Dürrenmatts »Die Physiker« und Kipphardts »In der Sache J. Robert Oppenheimer« darauf hin, daß ein Wissenschaftler sich schuldig machen kann, wenn er die Verantwortung, die sich aus seinen Spezialerkenntnissen ergibt, nicht wahrnimmt.

2. Die Angeklagten

Das Verhalten der »Schuldigen« gegenüber ihrer Schuld wird sehr unterschiedlich charakterisiert. J. Kopperschmidt überschreibt seine Analyse[10] mit dem Titel »Schuldhafte Schuldlosigkeit« und trifft damit den Kern der Sache. Einerseits gibt es keine Schuldigen mehr, weil gewissermaßen alle schuldig geworden sind oder sich für die ihnen zur Last gelegte Schuld zu entschuldigen wissen. Die Andorraner treten allesamt vor die Schranken des Publikums und erklären stereotyp: »Ich bin nicht schuld, daß es dann so gekommen ist.« Und F. Dürrenmatt erklärt in seiner Rede über Theaterprobleme[11] programmatisch:

[9] »Die Verhältnisse« als bekannte Vokabel der marxistischen Gesellschaftskritik »meint zunächst die Produktionsverhältnisse, dann die Gesellschaftsverhältnisse überhaupt, sozusagen die Verleiblichung und Zementierung des Bösen in der kapitalistischen Gesellschaft« (P. K. Kurz, a. a. O. 28).

[10] J. Kopperschmidt, Schuldhafte Schuldlosigkeit. Das Thema »Schuld« in der modernen Literatur, in: J. Blank (Hrsg.), Der Mensch am Ende der Moral, Düsseldorf 1971, 35–61.

[11] F. Dürrenmatt, Theaterprobleme, Zürich 1955, 47f.

»In der Wurstelei unseres Jahrhunderts, in diesem Kehraus der weißen Rasse, gibt es keine Schuldigen und auch keine Verantwortlichen mehr. Alle können nichts dafür und haben es nicht gewollt. Es geht wirlich ohne jeden...
Wir sind zu kollektiv schuldig, zu kollektiv gebettet in die Sünde unserer Väter und Vorväter. Wir sind nur noch Kindeskinder. Das ist unser Pech, nicht unsere Schuld.«

Aber diese allgemeine Schuldlosigkeit wird nun eben keineswegs einfach entschuldigt, sie wird vielmehr entlarvt und verklagt. Wenn Siegfried Lenz seinem ersten Drama den Titel gibt »Zeit der Schuldlosen«, so will er sagen: »Schuldlosigkeit als ›Beruf‹, als Präsentation des reinen Gewissens aus Mangel an Gewissen, meint selbstverschuldete, genauer: schuldhafte Schuldlosigkeit.«[12] In Martin Walsers Stück »Der Schwarze Schwan« ritualisiert der KZ-Arzt Dr. F. sein Schuldbekenntnis und integriert es so in sein Leben, daß es ihn nicht dabei stört, aus den medizinischen Versuchen, die er an KZ-Häftlingen gemacht hatte, nach 1945 wirtschaftlichen Nutzen zu ziehen[13]. Wo aber Schuld eingestanden wird, geschieht dies meist nicht in der Öffentlichkeit. Der Pater in »Andorra« klagt sich im Gebet an, nicht vor dem Publikum. Noch zugespitzter wird dies in »Der Schwarze Schwan« an Prof. Liberé dargestellt. Als ehemaliger KZ-Arzt lebt und arbeitet er nach 1945 in einer abgelegenen Nervenheilanstalt. Freiwillig gibt er seinem Leben Züge eines Gefangenendaseins. Er schläft in einem zellenähnlichen Raum, ißt aus dem Blechnapf, biegt als Sträflingsarbeit Sahnebesen zusammen. Im Garten hat er einen siebenstämmigen Lebensbaum stehen. Auch hat er ein geistig behindertes Kind adoptiert. Er will seine Schuld nicht vergessen, kann sich aber nicht zu einem öffentlichen Geständnis entschließen, weil nach seiner Meinung Richter und Zuschauer, die von Schuld keine Ahnung haben, sich bei jedem Geständnis gütlich tun und sich ihrer »Anständigkeit« freuen[14]. Deshalb lebt er unter falschem Namen und hat für seine Tochter eine Vergangenheit in Indien erfunden.

[12] J. Kopperschmidt, a. a. O. 35. Ähnlich entwickelt H. Broch die Schuldthematik in: Die Schuldlosen, Zürich 1950.
[13] Vgl. M. Walser, Gesammelte Stücke, st 6 Frankfurt a. M. 1971, 215–246.
[14] Ebd. 220.

Oft und deutlich wird die unauflösbare Verflechtung des Schuldphänomens dargestellt. Als Beispiel sei nochmals auf M. Frischs Roman »Stiller« verwiesen[15]. Einerseits fühlt sich Stiller seiner Frau Julika gegenüber schuldig:

»Es gibt keine Flucht. Ich bin geflohen, um nicht zu morden, und habe erfahren, daß gerade mein Versuch zu fliehen der Mord ist. Es gibt nur noch eins: dieses Wissen auf mich zu nehmen, auch wenn dieses Wissen, daß ich ein Leben lang gemordet habe, niemand mit mir teilt« (47).

Diese Schuldgefühle begleiten fast alle Mitteilungen über Stillers Verhältnis zu Julika:

»Natürlich ist es nicht deine Schuld, Julika, daß du jetzt ins Sanatorium gehen mußt ... natürlich ist es meine Schuld ... Alles ist meine Schuld« (75).

Stillers Schuldgefühle, die sich in der Einbildung verdichten, Mörder zu sein, verhüllen eher die Anklagen gegen Julika; allgemeine Überlegungen Stillers über Mord lassen deutlicher erkennen, daß auch er sich als Julikas Opfer gefühlt hat.

»Es gibt allerlei Arten, einen Menschen zu morden oder wenigstens seine Seele, das merkt keine Polizei der Welt. Dazu genügt ein Wort, eine Offenheit im rechten Augenblick ... Alle diese Morde, versteht sich, vollziehen sich langsam. Haben Sie sich nie überlegt, warum die allermeisten Leute so viel Interesse haben an einem richtigen Mord ... Das ist doch ganz klar: weil wir für gewöhnlich unsere täglichen Morde nicht sehen. Da ist es doch eine Erleichterung, wenn es einmal knallt, wenn Blut rinnt oder wenn einer an richtigem Gift verendet, nicht bloß am Schweigen seiner Frau« (96).

So weiß Stiller am Ende überhaupt nicht mehr, was seine Schuld ist; er fragt den Staatsanwalt:

»Was ist meine Schuld? Sagt's mir. Ich weiß es nicht. Was habe ich getan?« (318).

[15] Entsprechend divergieren auch die Aussagen der Literaturkritik. So ist die Rede davon, daß Stiller »seine Schuld ausklammert«, eine Haltung, die »der blinde Punkt im Auge des Ich-Menschen Stiller« genannt wird (K. L. Tauh, Schuld: ein Weg zur Wirklichkeit Stiller – ein Roman, in: Sonntagsblatt, 16. 1. 1955). Oder es heißt, daß Stiller seine Selbstrechenschaft nicht zu echtem Schuldgefühl zu verarbeiten vermöge (W. Kohlschmidt, Selbstrechenschaft und Schuldbewußtsein im Menschenbild der Gegenwartsdichtung, in: A. Schaefer [Hrsg.], Das Menschenbild in der Dichtung, München 1965, 184). M. Wintsch-Spieß dagegen ist der Meinung: »Die Schuld aus Versäumnis ist Teil seiner Geschichte, ein wesentlicher, unentbehrlicher Teil« (Zum Problem der Identität im Werk Max Frischs, Zürich 1965, 91).

Darauf verweist ihn der Staatsanwalt auf den tieferen Hintergrund des Schuldphänomens:

»Schuld als eine Summe von eigenen Fehlern, die man hätte vermeiden können, meinst du es so? Ich glaube allerdings, die Schuld ist etwas anderes. Die Schuld sind wir selbst« (319).

Nicht weniger komplex sieht Albert Camus das Schuldphänomen. Im Roman »La chute« (Der Fall)[16] führt er dem Leser gewissermaßen die Hölle, die Ausweglosigkeit vor Augen, in der sich der Mensch befindet. Standort des Erzählers ist Amsterdam, dahin sollen wir ihm folgen:

»Finden Sie nicht, daß die konzentrischen Kanäle von Amsterdam den Kreisen der Hölle gleichen? Der bürgerlichen, von Alpträumen bevölkerten Hölle natürlich. Je mehr Kreise man von außen kommend durchschreitet, desto undurchdringlicher, desto finsterer wird das Leben und mit ihm seine Verbrechen. Hier stehen wir im letzten Kreis. Dem Kreis der... Ach! Das wissen Sie?... Auf jeden Fall können die Hurer und Zeitungsleser hier nicht weiter« (17f.).

Kern des Romans ist das Schlüsselerlebnis (66f.), das der angesehene Pariser Rechtsanwalt Jean-Baptiste Clamence durchsteht, als er eines Nachts an der Seine Zeuge des Selbstmordes einer jungen Frau wird. Er hört ihre Schreie, aber er läßt sich nicht »aufrufen« und leistet keinerlei Hilfe. Er entfernt sich. Er benachrichtigt niemand. Aber das Ereignis wirkt nach; es macht ihm »das Standbild in seiner ganzen Blöße sichtbar« (66).

»Von dem Abend an, da ich aufgerufen wurde – denn ich wurde wirklich aufgerufen –, müßte ich antworten oder zumindest nach der Antwort suchen. Es war nicht leicht, und ich bin lange Zeit in die Irre gegangen« (80).

Nun aber hat er wohl das »tiefgründige Doppelwesen des Menschen entdeckt«. So wird der ganze Roman zu einer »atemberaubenden Beichte« – abgelegt vor einem anonymen Gast der Hafenkneipe »Mexico-City« in dem eben genannten Amsterdam – mit dem Ziel, letztlich uns alle zur Erkenntnis unserer Schuld zu bringen; denn »der öffentlichen Beichte zu obliegen« ist zum freigewählten, allein nützlichen Beruf von Clamence geworden. Er hat die Rolle eines Propheten in der Wüste übernommen, im Bewußtsein freilich, »ein hohler Prophet

[16] A. Camus, Der Fall, Roman, übers. v. Guido G. Meister, Frankfurt a. M. 1965.

für klägliche Zeiten, ein Elias ohne Messias« zu sein (110). So übt er den Beruf eines Buß-Richters (juge-pénitent) aus und predigt, sooft sich Gelegenheit bietet, in seiner Kirche, dem Mexico-City:

»Da es unmöglich war, die anderen zu verurteilen, ohne sich selbst allsogleich mitzurichten, mußte man sich selber mit Anklagen überhäufen, um das Recht zu erlangen, die anderen zu richten. Da jeder Richter eines Tages zum Büßer wird, mußte man einfach den umgekehrten Weg einschlagen und den Beruf des Büßers ergreifen, um eines Tages zum Richter werden zu können« (129).

Dabei bemüht er sich, »den Mann von heute«, wie er in ihm selbst und in den andern »sein Unwesen treibt«, herauszustellen. So breit und bunt nun aber die Palette der Verfehlungen auch sein mag, entscheidend ist ein einziges Verbrechen, das diesen Namen nicht einmal verdient, weil es als pures Negativum, als Ausfall die Möglichkeit von Verbrechen überhaupt in Frage stellt und letztlich so auch Moral unmöglich macht. Es ist die unschuldig-schuldige Unentschiedenheit, die geistige Trägheit. Dies ist die Kernerfahrung aus dem Schlüsselerlebnis. »Es handelt sich um den geradezu klassischen Fall einer ›Unterlassungssünde‹, im Unterschied zur ›Tatsünde‹, dem ausgeführten Verbrechen ... der wahre Sündenfall (chute) besteht in der Unterlassung, in diesem zufälligen, fast beiläufigen, von Dritten völlig unbemerkten, durch keine Rechtsordnung zu erzwingenden und von keinem Gericht zu bestrafenden Vorbeigehen.«[17] Eine Gleichgültigkeit, die sich nicht ansprechen läßt, die nie bereit ist, über das gesellschaftlich Gebotene hinauszugehen, ist die eigentliche Sünde, die sich noch im Kleide der Moral verbirgt. Durch die Schilderung der Vergangenheit von Clamence wird deutlich, »daß die unmittelbare gesellschaftlich übernommene oder zugewachsene Rolle durchaus beherrscht und vollendet gespielt werden kann, selbst noch im Sinn eines traditionell christlich überhöhten Sittenkodex, ohne daß man dabei innerlich beteiligt sein müßte«[18]. Der Vorderseite seiner Tugenden entsprach »eine weniger erbauliche Kehrseite«.

»So lebte ich also unter den Menschen, ohne ihre Interessen zu teilen, und brachte es infolgedessen nicht fertig, an die Verpflichtungen zu glauben,

[17] J. Blank, »Am Rande des Kontinents« oder »Die spätbürgerliche Hölle«, Zur Interpretation von A. Camus' »Der Fall«, in: ders. (Hrsg.), Der Mensch am Ende der Moral, a. a. O. 9–33, 24f.
[18] Ebd. 25.

die ich einging. Ich war höflich und auch träge genug, um den Erwartungen, die in meinem Beruf, meiner Familie oder meinem Bürgerleben in mich gesetzt wurden, zu entsprechen; aber ich tat es mit einer Art Zerstreutheit, die zu guter Letzt alles verdarb. Mein ganzes Leben habe ich unter einem Doppelzeichen gestanden, und oft war ich gerade in meinen folgenschwersten Handlungen innerlich am wenigsten beteiligt« (83f.).

Nun führt allerdings die Bußpredigt nicht aus der »Hölle« heraus. Clamence ruft in der Wüste, weigert sich aber, sie zu verlassen. Er tut nur Buße, um richten zu können.

»Ich habe kein neues Leben angefangen, ich fahre fort, mich zu lieben und mich der anderen zu bedienen. Der einzige Unterschied besteht darin, daß die Beichte meines Fehlers mir erlaubt, mich ihnen unbekümmerter wieder zu überlassen und des doppelten Genusses teilhaftig zu werden, den mir mein eigenes Wesen und der Reiz der Reue verschafften« (132f.).

Seitdem überläßt er sich bedenkenlos allem, was sich bietet, den »Frauen, der Hoffart, dem Überdruß, dem Groll und sogar dem Fieber«. Er ist zutiefst überzeugt, daß sich an der Situation ohnehin nichts ändert. Selbst wenn ihm ein zweites Mal die Gelegenheit geboten würde zur Entscheidung wie damals an der Seine-Brücke in Paris, er würde auch jetzt das Leben nicht aufs Spiel setzen. So endet der Roman mit den Worten:

»Ein zweites Mal, ha! Welch ein Leichtsinn! Stellen Sie sich doch vor, lieber Herr Kollege, man nähme uns beim Wort! Dann müßten wir ja springen! Brr, das Wasser ist so kalt! Aber keine Bange! Jetzt ist es zu spät, es wird immer zu spät sein. Zum Glück!« (138).

B. Offene Fragen

Es versteht sich von selbst, daß die wenigen Hinweise auf das Schuldphänomen in der Gegenwartsliteratur nur einen sporadischen Ausschnitt bieten können. Trotzdem lassen sich daraus ein paar Fragen an den Theologen erkennen.

1. Die persönliche Entscheidung

Niemand wird bestreiten, daß die traditionelle Moral bemüht ist, Sünden beim Namen zu nennen. Ihr Moralkodex ist klar und detailliert genug. Seine Basis sind die Zehn Gebote; und diese sind gewiß nicht überholt. Die Kritik der Literatur richtet sich denn auch nicht gegen den Moralkodex als solchen; sondern gegen das, was man aus ihm macht, wie man ihn gebraucht, um ein moralisches Leben zu sichern. Unablässig wird darauf hingewiesen, wie leicht man sich hinter einem konventionell eingespielten, angepaßten Verhalten verschanzen kann, ohne sich sittlich zu engagieren. Und der Theologie wird vorgeworfen, ihre Sündenlehre konzentriere sich zu sehr auf eine gesetzlich-kasuistische Beschreibung möglicher Delikte. Der Mensch begegne in einem solchen System weder Gott noch den Mitmenschen in persönlicher Verantwortung. Eine repressive Moral führe zu einem rein negativen Abwehrkampf gegen mögliche Verluste sozialer und individueller Integrität. Das Ich als vermittelnde Instanz zwischen den vitalen Antriebskräften und der notwendigen Anpassung an die Außenwelt werde dadurch überlagert und unterdrückt vom Über-Ich als der verinnerlichten Repräsentanz der konkreten moralischen Verhaltensnormen. Die daraus entstehende Verklagungssituation[19] verwehre es dem Menschen, sich selbst und den andern wirklich anzunehmen und zu verantworten. Sie hindere ihn daran, Liebe, Gemeinschaft und Geborgenheit zu schenken. Und manche glauben, daß nicht zuletzt die kirchliche Moralverkündigung ein gutes Stück Verantwortung für diesen »protoethischen Mechanismus« trage. Demgegenüber wird zu zeigen sein, daß nach der neutestamentlichen Ethik der Mensch weder »unter dem Gesetz« noch »durch das Gesetz« in die ihm mögliche Gestalt seines sittlichen Wesens gelangt. Entsprechend ist auch der biblische Sündenbegriff primär auf den Grund-oder Lebensentscheid des Menschen gerichtet[20]. Es ist genau die Antwort auf den

[19] Das Über-Ich ist Ankläger und Richter über das Ich. In dieser eigenartigen Situation des Klägerverhältnisses reagiert das verklagende Ich als schlechtes Gewissen. Das schlechte Gewissen gilt so als der zurückgedrängte, zu sich selbst gewandte, noch nicht entladene Instinkt der Freiheit. Dieser so unterdrückte und zu sich selbst gewandte Instinkt schafft sich in Aggressionen Luft. Die Aggression als Angstabwehr erzeugt aber wieder neue Schuldgefühle und diese wiederum Angst. Dieser circulus vitiosus von Schuld-Angst-Aggression wird als »protoethischer Mechanismus« bezeichnet.

[20] K. Demmer zeigt dies in einer bestechenden Analyse. Vgl. K. Demmer, Entscheidung und Verhängnis, Die moraltheologische Lehre von der Sünde im Licht christologischer Anthropologie, Konfessionskundliche Studien XXXVIII, Paderborn 1976.

persönlichen Anruf, das Ja oder Nein zur Berufung, das entscheidet. Diese Antwort bestimmt die konkreten Taten. Aus ihr entspringen die »Früchte des Geistes« oder die »Werke des Fleisches«. Unser Bemühen hat also nicht mit dem Kampf gegen normwidrige Taten (»Sünden«) einzusetzen, sondern sich auf die Berufung aus der Knechtschaft in die Freiheit zu richten.

2. Die Übermacht des Bösen

Unüberhörbar geht durch die Literatur die Frage nach der gesellschaftlichen Verflechtung des Bösen. »Von Ibsen und Strindberg, über Wedekind, Sternheim, Musil, Brecht zu Böll, Dürrenmatt, Frisch, Grass, Enzensberger, M. Walser, S. Lenz, P. Handke u. a. läuft eine literarische Linie, die bei großer Verschiedenheit der Aussage, Form und Tendenz etwas kritisch Gemeinsames hat, nämlich ›Entlarvung‹. Entlarvt wird der einzelne, entlarvt wird die Gesellschaft, wird der einzelne als Repräsentant der Gesellschaft. Entlarvt wird am Ende des 19. Jahrhunderts das idealistische Weltbild und dann zunehmend die christliche und die bürgerliche Ideologie.«[21] »Ideologie« ist nun gewiß ein gefährliches Schlagwort, gemeint aber ist hier eine bestimmte Verwaltung von Macht und Einfluß und dementsprechend die Passivität der »Untertanen«. In der Ideologie steckt das Kollektive, im Kollektiven das Anonyme, »die Masse als Versteck, als Nicht-Faßbarkeit der Person und in allem die Nicht-Verantwortung«[22]. Man wird ständig an die biblische Erzählung vom Sündenfall erinnert. Des öftern ist die Rede vom »Schuldigwerden der Gesellschaft«. Dabei meint Gesellschaft mehr als ein bloß sporadisches Beziehungsgeflecht von selbständig miteinander agierenden Individuen. Gesellschaft besagt wesenhaft eine institutionell verfaßte Vielheit von einzelnen. Entsprechend kann die Verantwortung für viele Erscheinungsformen des Bösen nicht ohne kritische Prüfung der Normen und Institutionen der Gesellschaft geklärt werden. Schuld ist nicht einfach ein individuell-moralisches, sondern ein kollektiv-politisches Problem. Sie liegt in den Widersprüchen, in die sich Menschen sehenden Auges im Sozialisierungs-, Technisie-

[21] P. K. Kurz, a. a. O. 29f.
[22] Ebd. 30.

rungs- und Herrschaftsprozeß hineinbegeben. Es wird daher unsere Aufgabe sein, dem sozialen Aspekt der Sünde spezielle Aufmerksamkeit zu schenken. Die Bibel spricht von der Macht der Sünde, der alle in geheimnisvoller Verflechtung unterworfen sind. Ihr muß im Kampf gegen das konkrete Böse die gebührende Beachtung zukommen.

3. Die Erlösung

Das moderne Wort für Freiheit heißt Befreiung. Der verborgene Hintergrund dieser leidenschaftlichen Suche nach Befreiung liegt offenbar in einer tiefgreifenden Unfreiheitserfahrung. Darum werden auch die Erscheinungsformen, die Ursachen und Zusammenhänge innerer wie äußerer Zwänge analysiert und entsprechende Theorien und Strategien zu ihrer Überwindung entwickelt. Seit der Aufklärung ist die Rede von einem »falschen Bewußtsein« (Ideologien, Vorurteile, Täuschungen über die wahre Lage), in das hinein sich die Menschen verirren und das sie an der Entfaltung der Humanität hindert. Glaubte man zuerst, im Vertrauen auf die Kraft der Vernunft die Menschen zu Einsicht und autonomer Freiheit zu führen, setzte man schon bald auf den Veränderungswillen revolutionärer Praxis. In der schon erwähnten Entlarvungsliteratur begegnen wir beiden Ansätzen. Nicht selten aber stoßen wir auch auf tiefe Resignation. Wenn es keinen Gott, keine Vergebung und keine Gnade gibt, bleibt die Rechtfertigung des schuldig gewordenen Daseins beim Menschen. Clamence geht den erfolglosen Weg des Bußrichters und erkennt, daß Knechtschaft unser Schicksal ist. Camus stellt uns vor die Frage, wie sich unter der Voraussetzung des Atheismus, ohne Vergebung und Absolution, der schuldige Mensch rechtfertigen lasse. Das ist das eigentlich Erregende an »La chute«, »daß sich die alte paulinische und reformatorische Rechtfertigungsproblematik unter völlig neuen Aspekten, in einer neuen Situation als Grundfrage des modernen Menschen präsentiert. Ihre tiefe menschliche Bedeutung wird damit von neuem unter Beweis gestellt. Nicht als akademische Frage, sondern als die ernst gemeinte Frage nach der Rechtfertigung schuldig gewordenen Daseins, nach der Wiedergewinnung der ›Unschuld‹ stellt sich Camus das Problem. Und in diesem Zusammenhang bricht die Frage nach dem Absoluten notwendig auf.«[23] Für den Christen bleibt das Geheimnis der Sünde immer vom zuvorkommenden Angebot der Erlösung umfangen.

§ 7 Symbolik und Begriff

Ein Blick auf die reflektierte Erfahrung des Bösen in der Gegenwartsliteratur hat deutlich gemacht, wie unmittelbar der Mensch vom Erlebnis der Schuld betroffen ist. In vielfältigen Bildern und Vergleichen spricht er davon. Er entwickelt eine eigene mythologische Sprache (»die spätbürgerliche Hölle«, »am Rande des Kontinents«), er hat das Bedürfnis zu bekennen, um urteilen und richten zu können. Das Bekenntnis entspricht offensichtlich einem tiefen menschlichen Verlangen. *Vom Bösen* wird ursprünglich und spontan *gesprochen, indem man es bekennt.* In der ursprünglichen und spontanen Weise des Sündenbekenntnisses hat die Schulderfahrung in den mythologischen Erzählungen der Kulturvölker ihren Ausdruck gefunden. Der Weg führt vom Mythos zum Logos, vom spontanen Ausdruck zum reflektierten Begriff. Wir wenden uns zunächst einer Analyse mythologischer Texte zu, um auf diesem Hintergrund die reflektierten Begriffe der Bibel darzulegen.

A. Symbolik des Bösen[1]

Das Phänomen der Verfehlung läßt sich zwar empirisch darstellen, aber das zentrale Problem des Übergangs von der Unschuld zur Schuld widersteht der empirischen Methode. Paul Ricœur versucht, durch die Erforschung alter Mythen dieses Problem des Übergangs zu erhellen[2]. Darin finden sich eine Reihe von

[23] J. Blank, a. a. O. 26f.

[1] Vgl. P. Ricœur, Symbolik des Bösen. Phänomenologie der Schuld II, Freiburg i. Br. 1971, zit. Symbolik; ders., Schuld, Ethik und Religion, in: Concilium 6, 1970, 384–393, zit. Schuld; ders., Hermeneutik der Symbole und philosophisches Denken, in: Kerygma und Mythos VI-1, 1963, 44–68, zit. Hermeneutik.

[2] Die Untersuchung steht im Zusammenhang mit seiner Philosophie des Willens (Philosophie de la volonté. Le volontaire et l'involontaire, Paris 1950). Es zeigt

Bekenntnistexten, in denen gläubige Gemeinschaften das Eingeständnis ihrer Sündhaftigkeit zum Ausdruck gebracht haben. Ricœur glaubt, daß der Philosoph durch Sympathie und Vorstellungskraft aus den Texten etwas über die Motivierungen des bekennenden Bewußtseins erfahren könne. Im Hintergrund der Bekenntnistexte stößt man vielfach auf mythische Deutungen der Wirklichkeit. Sie bilden sozusagen den tragenden Grund für die Sprache ritueller Handlungen. Sie liefern der Sprache den Symbolgehalt. Im sprachlichen Ausdruck des Bekennens wird »eine mit Emotion, Furcht und Angst geladene Erfahrung zum Licht gedanklicher Durchdringung«[3] erhoben. Diesen Symbolgehalt gilt es nun zu beachten, und zwar in zweifacher Richtung: einerseits ermöglicht die symbolische Sprache den Zugang zur Schulderfahrung, und andererseits ist diese symbolische Sprache, von der Schulderfahrung aus gesehen, diejenige Sprache, in der allein diese Erfahrung ursprünglich und spontan einen Ausdruck finden kann.

1. Bilder der Bekenntnissprache

Die Bekenntnissprache enthält eine Reihe immer wiederkehrender typischer Bilder: da findet sich das Bild des Makels oder Fleckens, da trifft man das Bild der Abirrung, des krummen

sich, daß mit einer phänomenologischen und eidetischen Methode nur das »Eidos«, das »Wesen« des Wollens in den Blick kommt und daß alles, was nicht zu diesem Wesen des Wollens gehört, außer Betracht gesetzt wird. Dazu gehört auch das Phänomen der Verfehlung (la faute). Diesem Phänomen meint nun Ricœur mit Hilfe einer empirischen Methode beizukommen. Diese empirische Methode ihrerseits kann aber dasjenige Problem nicht lösen, das sich für Ricœur als das zentrale Problem der ganzen Philosophie des Willens entpuppt: das Problem des Übergangs von der »Unschuld« oder »Fehllosigkeit« (innocence) zur Verfehlung (la faute). Dieses Problem hofft er mit einer »konkreten Mythik« in den Griff zu bekommen, um dann von dieser aus die »Empirie des Willens« in Angriff nehmen zu können (vgl. J. Rütsche, Rez. v. P. Ricœur, Phänomenologie der Schuld I u. II, in: PhJ 80, 1973, 415–422, 415f.).

[3] P. Ricœur, Schuld, 385. Vgl. ders., Symbolik, 13f.: »Die Erfahrung, die der Bußfertige eingesteht, ist eine blinde Erfahrung; sie liegt zugeschüttet unter der Emotion, der Furcht, der Angst; eben diese emotionale Note verlangt nach Objektivierung in diskursiver Rede: das Bekenntnis drückt die Emotion aus, drängt sie nach außen, die sich sonst über sich zuschlösse als ein Eindruck der Seele; die Sprache ist das Licht der Emotion; durch das Bekenntnis wird das Schuldbewußtsein in das Licht des Wortes gehoben; durch das Bekenntnis bleibt der Mensch Wort bis in die Erfahrung seiner Absurdheit, seines Leidens, seiner Angst.«

Weges, der Übertretung oder des Umherirrens, aber auch das Bild einer Last oder eines schweren Druckes gehört dazu[4]. Schon eine erste semantische Analyse macht unterschiedliche Bedeutungen sichtbar und erlaubt eine entsprechende Schematisierung. Das *Bild des Makels* oder des Fleckens läßt sich unter das *Schema der Exteriorität oder der äußeren Berührung bringen, d. h., es bedeutet primär etwas Materielles, welches äußerlich verunreinigt. Die Bilder der Abirrung,* des krummen Weges, der Übertretung und des Umherirrens können im *Schema der Abschweifung* gefaßt werden, d. h., sie bedeuten primär eine Realität, die nicht in Ordnung ist, ein Verhältnis, das verletzt ist. Die *Bilder des Druckes* oder der Last gehören *zum Schema der Interiorität,* d. h., sie bedeuten primär etwas, das subjektiv erfahren bzw. erlebt wird. Betrachtet man nun diese Bilder als Symbole der Schulderfahrung, so läßt sich bald erkennen, daß ihnen eine komplexe Erfahrungswelt zugrunde liegt und daß offensichtlich verschiedene Erfahrungsschichten in den einzelnen Schemata ihren spezifischen Ausdruck finden. Subjektive Schuldgefühle werden durch die Bilder von der Last oder vom Druck verdeutlicht. Bilder, die zum Schema der Abschweifung gehören, bringen dagegen weniger dieses Schuldempfinden zum Ausdruck als vielmehr »eine tieferliegende Erfahrung«, nämlich »die der ›Sünde‹, die *alle* Menschen umschlingt und die *wirkliche* Situation des Menschen vor Gott bezeichnet, ob der Mensch es weiß oder nicht«[5]. In den Bildern der Exteriorität schließlich wird die Erfahrung des Bösen verdeutlicht, das »wie« etwas Materielles empfunden wird, das den Menschen überrumpelt und von außen her verunreinigt.

2. Der Zusammenhang

Die Phänomenologie bleibt nicht bei der schematisierenden Analyse der Bedeutungen symbolischer Ausdrücke stehen. Die verschiedenen Symbole müssen als Elemente der Einheit »Bekenntnissprache« betrachtet werden, wie auch die Erfahrungsschichten der Schuld, der Sünde und des Makels nur als die Schichten der einen Erfahrung zu betrachten sind. Wenn diese

[4] Vgl. ders., Hermeneutik, 46.
[5] Ders., Symbolik, 14.

Einheit im Auge behalten wird, kann man mit Ricœur zwischen den Symbolen des Makels, der Sünde und der Schuld und zwischen den entsprechenden Erfahrungsschichten bestimmte Relationen feststellen. Dieser Zusammenhang ist nicht oder zumindest nicht nur im Sinn einer historischen Entwicklung zu sehen; sondern »der Mythos befindet sich auf dem Wege zum Logos«[6]. Je mehr sich der sprachliche Ausdruck als symbolisch erkennt, desto mehr gewinnt er die Kraft zum Überleben. So leben die verschiedenen Symbole unter mehr oder weniger allegorischer Form bis heute weiter.

Zunächst läßt sich eine *Bewegung von der Exteriorität* zur *Interiorität* beobachten. Diese Bewegung ist begleitet von einem sich wandelnden religiösen Erfahrungshorizont. Das Symbol des Makels gehört ursprünglich in den *archaischen* religiösen *Erfahrungshorizont* der Magie und des Tabus. Die Schulderfahrung knüpft hier an der Außenseite an, bleibt aber nicht dabei haften. Flecken ist nicht ein bestimmter Punkt, Unreinheit ist nicht buchstäblich Schmutz. Die Begriffe liegen vielmehr »im ›Helldunkel‹ einer quasi-physikalischen Infektion, einer quasi-moralischen Unwürdigkeit«[7]. Diese archaische Erfahrungsweise wird abgelöst von der *Erfahrung der Sünde*. Anstelle des Bildes der unreinen Berührung tritt dasjenige eines verletzten Verhältnisses. In diesen Zusammenhang gehören die Symbole des verpaßten Zieles, das mit dem Beschreiten des falschen Weges zusammenhängt. Oder noch personenbezogener erscheinen die Bilder von der Starrköpfigkeit und der Untreue (Ehebruch) oder der Taubheit. Dabei können die Bilder auf ein gestörtes Verhältnis zwischen Gott und Mensch oder zwischen Mensch und Mensch wie auch zwischen dem Menschen und seinem eigenen Selbst bezogen sein. Diese stark personbezogene Symbolik steht allerdings auf dem Hintergrund »eine(r) neue(n) Kategorie religiöser Erfahrung, der Erfahrung des ›Vor Gott‹, welche durch die jüdische berit – den Bund – bezeugt wird«[8]. Diese religiöse Erfahrungsweise wird ihrerseits durch die ethische Erfahrungsweise der *Schuld im engeren Sinn* abgelöst, eine Erfahrungsweise, die vollkommen subjektiv und verinnerlicht erscheint. Metaphern

[6] Ders., Schuld, 385.
[7] Ebd. 385.
[8] Ders., Hermeneutik, 48; vgl. ders., Symbolik, 60ff.

wie die der »Last« oder des »Beißens« (Gewissensbisse) drücken das Vordringen auf die existentielle Ebene aus. Es ist die Erfahrung, die der Mensch macht, wenn er ganz bei sich selbst über seine Verfehlungen nachdenkt. Darum wird auch das Bild vom Gericht zur bezeichnenden Symbolik von Schuld.

Weiter aber gilt dann nach Ricœur die Festellung, daß *mit dieser Bewegung* von der Exteriorität zur Interiorität *eine Art »Bildersturm« verbunden sei.* Ein Bild zerstört das andere: das religiöse Symbol der Sünde zerstört das magische Symbol des Makels. Und das ethische Symbol der Schuld zerstört das religiöse Symbol der Sünde. Diese »bilderstürmerische Bewegung geht ... aus dem Symbolismus selbst hervor«[9]. Doch die Symbolzerstörung, die mit dem Abbau des zugeordneten religiösen Erfahrungshorizontes einhergeht, hat nicht nur eine negative Wirkung. Das Symbol, welches ein anderes zerstört, transformiert gleichzeitig die Symbolik des von ihm zerstörten Symbols und nimmt sie in seine eigene auf. So zerstört das Symbol der Sünde kraft seines in dem spezifischen religiösen Erfahrungshorizont des Bundes gründenden Symbolismus die archaische und magische Auffassung des Bösen als Makel oder Flecken. Gleichzeitig nimmt aber das Symbol der Sünde die Symbolik des Makels, also das Schema der Exteriorität, in sich auf. Dieses bleibt in dem Schema der Abschweifung in transformierter Weise erhalten. Doch in diesem Schema der Abschweifung erscheint das Böse nicht mehr als etwas Materielles, das von außen den Menschen verunreinigt, sondern als »ein zerbrochenes Verhältnis«, also als »ein Nichts«. Die Transformation des Schemas der Exteriorität in die Symbolik der Sünde ist beim Schema der Abschweifung daran erkennbar, daß in diesem das Böse als eine reale Positivität enthalten ist, die z. B. an den Bildern der Macht und der Gefangenschaft zum Ausdruck kommt[10]. Das Symbol der Sünde wird seinerseits durch das ethische Symbol der Schuld zerstört. Das Schema der Interiorität tritt an die Stelle des Bildes der Abschweifung und der Abirrung. Aber selbst in diesem Schema der Interiorität ist das der Exteriorität enthalten, und zwar in einer nochmaligen Transformation des Bildes der Gefangenschaft, welches seinerseits ja

[9] Ders., Hermeneutik, 48.
[10] Vgl. ebd. 48.

schon eine Transformation des Schemas der Exteriorität in das der Abschweifung ist. »Das Gewissen, das durch das Gesetz, das es nie wird erfüllen können, erdrückt ist, weiß, daß es in seiner Ungerechtigkeit selbst und, schlimmer noch, in der Lüge seines Selbstgerechtigkeitsanspruchs gefangen ist.«[11]

B. Sündenbegriff im Alten Testament[12]

Das Alte Testament kennt eine Vielzahl von Sündenbegriffen[13], von denen drei als fundamental für eine alttestamentliche Hamartiologie bezeichnet werden können: ḥaṭṭā'ṯ (ḥṭ'), pæša' (pš') und 'āwōn ('wh). Diese Termini sind z. T. austauschbar, d. h. als Pseudonyme (nicht Synonyme) verwendbar. Ihr Verhältnis zueinander ist weniger bedingt durch semasiologische Unterschiedlichkeit, sondern vielmehr durch ihr zeitliches Auftreten, den Ort ihrer Herkunft und ihre jeweilige Stellung in Kontext und Geschichtsverständnis.

1) Die Wurzel ḥṭ' (»fehlgehen«, »verfehlen«, »sich vergehen«) wird für den Begriff »Sünde« am häufigsten verwendet[14]. Sie stammt zwar aus dem Profanbereich und ist stets ein Begriff der Allgemeinsprache geblieben, findet aber – besonders was das Nomen ḥaṭṭā'ṯ betrifft – größtenteils im theologischen Bereich Verwendung.

Als Grundbedeutung bezeichnet ḥṭ' eine konkrete Tat: »Verfehlung«, und zwar objektiv als zielgerichtetes Tun, das ein bestehendes Gemeinschaftsverhältnis erkennen läßt[15]. Besonders deutlich wird diese Zielgerichtetheit des Handelns 1 Sam 2,25: »Versündigt sich ein Mensch gegen einen Menschen, so ist Gott Schiedsrichter. Versündigt sich aber ein Mensch gegen Jahwe, wer kann

[11] Ebd. 49.

[12] Die folgende Darlegung stützt sich im wesentlichen auf Rolf Knierim, Die Hauptbegriffe für Sünde im Alten Testament, Gütersloh 1965; ders., Art. חטא ḥṭ' sich verfehlen, in THAT I (1973) 541–549; ders., Art. פֶּשַׁע *pæša'* Verbrechen, in: THAT II (1976) 488–495; ders., Art. עָוֹן 'āwōn Verkehrtheit, in: THAT II, 243–249.

[13] Vgl. Knierim, Hauptbegriffe, 13, Anm. 1.

[14] 237mal als Verb, 358mal als Nomen; vgl. THAT I, 542.

[15] Vgl. Gen 40,1; 42,22; Ex 5,16; Ri 11,27; 1 Sam 24,12; 26,21.

da Richter über ihn sein?« – Gerade die Existenz eines Gemeinschaftsverhältnisses macht ein Verfehlen möglich, und diese Beziehung besteht nicht nur zwischen Menschen, sondern auch zwischen Gott und Mensch. »Die Grundbedeutung von ḥṭ' meint also das Verfehlen eines Zieles oder das Vergehen an diesem Ziel aufgrund einer zwischen dem Handelnden und dem Ziel seines Handelns bestehenden Beziehung.«[16]

ḥṭ' ist ein Formalbegriff ohne inhaltliche Bestimmung, der sich nicht auf konkrete, bestimmte Verfehlungen eingrenzen läßt, sondern als Generalterminus verstanden werden muß. Es ist ein Hauptbegriff, »der jedes Vergehen als Vergehen gegen Jahwes Gebot vom theologischen Standpunkt aus und damit als Sünde disqualifiziert... Die Wurzel ist nicht nur ein alle Inhalte eines Vergehens formal umfassender Oberbegriff, sondern in Verbindung damit ein diese Inhalte kritisch bewertender disqualifizierender Begriff.«[17] Das bedeutet: ḥṭ' nennt nicht die Tat selbst, sondern bewertet sie.

Das offizielle Sündenbekenntnis (ḥāṭā'ti »ich habe verfehlt«; ḥāṭā'nû »wir haben verfehlt«) des einzelnen oder des Volkes hat seinen Sitz im sakralrechtlichen Akt und ist verbunden mit der Bitte um Vergebung, prophetischer Strafansage, Sühnung, abermaligem Bekenntnis, Unterbrechung der Heimsuchung, Altargründung und Opfer[18]. Das Sündenbekenntnis des Volkes (ḥāṭā'nû) entspringt in allen Fällen der Situation einer bedrängenden Notlage. Die Wendung »bildet den unerläßlichen *Wort*teil des Bußbegängnisses, in dem das Volk sich unter das Offenbargewordensein seiner Sünde in der Not stellt und um die Herbeiführung der Wende durch Jahwe betet«[19]. – Beide Formeln bilden als die Tataussagen disqualifizierende Formalwendungen den eigentlichen und konstitutiven Bestandteil des Sündenbekenntnisses in Israel.

Obwohl inhaltlich nicht eingrenzbar, ist ḥṭ' kein Abstraktbegriff, sondern stets auf konkretes Handeln bezogen: »... ḥṭ' sagt ...:

[16] Knierim, Hauptbegriffe, 58.
[17] Ebd. 59.
[18] Ebd. 23; vgl. 2 Sam 12,1ff.; während die singularische Form auch häufig im Profanbereich vertreten ist, findet sich die pluralische (24mal) ausschließlich im Zusammenhang mit kultischen oder sakralrechtlichen Vorgängen.
[19] Knierim, Hauptbegriffe, 33.

Diese Tat ist Verfehlung und – diese Verfehlung ist Tat.«[20] »Sich vergehen« ist unvermeidliche Realität: »Wenn ein Mann oder eine Frau irgendeine von all den Sünden begehen, wie Menschen sie tun...« (Num 5,6). Diese Stelle verweist auf die Verknüpfung »objektiver Verfehlung« und »subjektiver Verantwortung«, die dem Begriff zu eigen sind. ḥṭ' wird zu jeder Zeit für bewußte und unbewußte Verfehlungen verwendet, obwohl der Aspekt der subjektiven Verschuldung überwiegt[21]. Dabei ist jedoch zu beachten, daß keinesfalls die Begriffe »Schuld« und »Verfehlung« voneinander zu trennen sind, sondern dieselbe Sache meinen. Schuld ist die »kraft einer Verfehlung objektiv auflebende und auf dem Täter bleibende Wirklichkeit dieser Verfehlung, ihre Tatsphäre«[22]. Das bedeutet, daß ein Mensch subjektiv auch für ein unwissentlich begangenes Vergehen zur Verantwortung gezogen wird. Hierin zeigt sich eine die Kontrollfähigkeit der Taten transzendierende Belastung mit persönlicher Verantwortung, wie sie radikaler nicht sein kann[23], ohne Beachtung der verschiedenen menschlichen Haltungen, die wissentlichen bzw. unwissentlichen Vergehen zugrunde liegen.
Erst in späterer Zeit trat aufgrund anthropologischer und psychologischer Bedingungen das subjektive Verschuldensprinzip – ohne Aufgabe des objektiven – in den Vordergrund.
2) Die Wurzel pš' begegnet im Alten Testament 41mal als Verb, 93mal als Nomen. Im Unterschied zu ḥṭ' stammt der Begriff aus der Rechtsterminologie, speziell als »Verbrechen« an einem Gemeinschaftsverhältnis. Die von L. Köhler[24] eingeführte und fast allgemein aufgegriffene Übersetzung »Protest«, »Bestreitung«, »Rebellion« läßt sich nicht halten[25]. Eher verwendbar ist die Deutung als »Freveltat«, womit eine konkret aufzeigbare Tat gemeint ist, nicht aber eine psychische Haltung. pæša' kann

[20] Ebd. 60.
[21] Die Stellen, die die unbewußte objektive Verfehlung zum Ausdruck bringen, entstammen älteren Traditionen, die noch das dynamistische Verständnis aufweisen (ebd. 68).
[22] W. Eichrodt, Theologie des Alten Testaments III, Göttingen 1974, 266.
[23] Knierim, Hauptbegriffe, 70.
[24] Zu Ex 22,8. Ein Beitrag zur Kenntnis des hebräischen Rechts, in: ZAW 46, 1928, 213–218.
[25] Vgl. Knierim, Hauptbegriffe, 143ff.; Art.: פֶּשַׁע, 489; diesen Übersetzungen widerspricht auch die Verwendung des Plurals im Völkergedicht des Amos (1,3–2,16).

Oberbegriff für Eigentumsdelikte wie Raub, Diebstahl oder für Körperverletzung sowie für Wegnahme fremden Lebens sein (Gen 50,12; Am 1,3–2,16). Damit ist eine Verletzung des Gemeinschaftsverhältnisses festgestellt, wobei pæšaʿ immer als bewußte, gewollte Tat verstanden wird. Der Täter ist »persönlich ganzheitlich, gesamtmenschlich mit seinem Tun identisch«[26]. Mit diesen Aspekten wird aber nur die psychische und soziale Seite von pæšaʿ sichtbar, nicht aber sein Inhalt. Ebenso wie bei ḥṭʾ handelt es sich um einen qualifizierenden Formalbegriff, bei dem es immer um das Wegnehmen, das Loslösen von jemand geht. Fahlgren[27] übersetzt deshalb das Verb zu Recht mit »brechen mit«. Grundbedeutung der Wurzel pšʿ ist »das Wegbrechen einer Sache oder Person von einem Besitzer, das Sich-Selbst-Wegbrechen aus einer Gemeinschaft«[28].

Auf den theologischen Sektor übertragen, bedeutet das eine Konkretisierung und Radikalisierung der dem Begriff zugrunde liegenden Tat: pæšaʿ begehen heißt mit Gott brechen, sich ihm völlig entziehen. Das Verhältnis zwischen Israel und Jahwe ist in rechtlichen Kategorien festgelegt. Da Jahwe Herr des Rechtes ist, ist ein pæšaʿ *immer auch gegen Jahwe* gerichtet. Deshalb ist der pæšaʿ als der *profilierteste und schwerste Begriff für Sünde* zu betrachten[29]. In diesem Sinne ist pæšaʿ radikaler als ḥṭʾ: während ḥṭʾ ein Verfehlen gegen eine vorausgesetzte Gemeinschaftsordnung meint, ohne sie als ganze anzutasten, bewirkt pæšaʿ einen *totalen Bruch mit einer Gemeinschaft.*

3) Das Verb ʿwh (»beugen«, »krümmen«, »verdrehen«) ist im Alten Testament 17mal belegt, das Nomen ʿāwōn 231mal[30]. Während das Verb weitgehend durch ḥṭʾ ersetzt wird, hat das Substantiv seinen Sitz in Bekenntnistexten, bei Unschuldsbeteuerungen, Diskussion, Be- und Entschuldigung, Bitte um Vergebung, Selbstprädikation Gottes.

Ursprünglich ein profaner Begriff, wird der Terminus in den jüngeren Texten weitgehend theologisiert und bezeichnet dann

[26] Knierim, Hauptbegriffe, 177.

[27] K. H. Fahlgren, Ṣᵉdāḳā nahestehende und entgegengesetzte Begriffe im Alten Testament, Uppsala 1932, 19.

[28] Knierim, Hauptbegriffe, 178.

[29] Ebd. 182.

[30] Ders., Art.: עָוֹן, 243.

stets ein Mißverhältnis zwischen Gott und Menschen. In diesem theologischen Bereich erscheint der Begriff »Abweichung«, »Verkehrung«, »Verdrehtheit«, »Krümmung« in metaphorischer Anwendung zur Disqualifizierung meist theologischer Sachverhalte. Dabei wird das Gewicht eines ʿāwōn wesentlich durch die Bedeutung des wissentlichen subjektiven oder des unwissentlichen Vergehens bestimmt, d. h., ʿāwōn wird an dem Grad der Absicht gemessen, weiterhin aber auch an der Bedeutung der durch ihn bewirkten Folge. Es geht hier um den Tat-Folge-Zusammenhang: Tat besteht nicht nur in sich selbst, sondern löst einen Prozeß aus, der zu einem der Tat entsprechenden Ende führt und für das Gemeinschaftsverhältnis bestimmend ist. »Der ʿāwōn einzelner wirkt sich auf die Gesamtheit aus (Lev 22,16), und der ʿāwōn einer Gesamtheit wird von einem einzelnen getragen (Lev 16,22; Ez 4,4 ff.; Jes 53,5).«[31] Unter dem Aspekt des Tat-Folge-Denkens muß der Begriff ʿāwōn in ganzheitlicher Wirklichkeitserfassung als Einheit von »Vergehen« – »Schuld« – »Strafe« betrachtet werden[32]. Dabei ist ʿāwōn nicht als Beschreibung eines Geschehensablaufes zu verstehen, sondern umfaßt in jedem Punkt das Ganze.

Als Begriff der theologischen Sprache dient er »zur Bezeichnung des menschlichen Verhaltens gegenüber Gott im Rahmen eines jeweils bestimmten Gemeinschaftsverhältnisses zwischen Gott und Mensch«[33]. Dabei wird weder über Art und Inhalt des jeweiligen Verhältnisses noch über den Inhalt des Vergehens etwas konkret ausgesagt. Wesentlich ist, daß das *Bewußtsein von der Realität des* ʿāwōn *eng verknüpft ist mit dem Bewußtsein von der Gegenwart des lebendigen Jahwe.* Wo der Mensch sich mit Jahwe konfrontiert weiß, erfährt er die erdrückende Last des ʿāwōn, der als Urteil Jahwes Offenbarungscharakter besitzt[34].

Rückblickend läßt sich feststellen, daß die drei Termini für Sünde keinesfalls untereinander eine Steigerung hinsichtlich ihres theologischen Gewichtes aufweisen, wie es in den meisten hamartiologischen Konzeptionen dargestellt wird. »Die Begriffe bestimmen ... speziell nicht so sehr Gewicht und Qualität als vielmehr das

[31] Ders., Hauptbegriffe, 251.
[32] Ebd. 252.
[33] Ebd. 255.
[34] Ebd. 256.

Aussehen einer Sünde[35] ... als Urteil im Munde Jahwes haben sie alle gleiches Gewicht; denn Jahwes Reagieren und Gericht ist gleich und dasselbe ...«[36]

C. Aussagen über die Sünde im Neuen Testament[37]

Jesus hat den Seinen keine Lehre von der Sünde gegeben, ja er hat sich nicht einmal darüber ausgesprochen, was er unter »Sünde« verstehe. Doch er hat um die Wirklichkeit gewußt und dementsprechend gehandelt[38]: Die Sünde zu überwinden war sein Lebenseinsatz (Mk 2,17 par; Lk 19,10; Mt 26,28; vgl. auch 1 Tim 1,15; Kol 1,14; Eph 1,7 u. ö.). Diese Wirklichkeit der Sünde wird in zahlreichen Formulierungen ausgesprochen. Die *Synoptiker* sprechen durchweg von Sünden und setzen dabei den *traditionellen,* zu ihrer Zeit gemeingültigen *Sinn des Wortes* voraus: Sünde als Übertretung eines göttlichen Gebotes. Überall da, wo z. B. vom Bekennen oder Vergeben der Sünden die Rede ist (Mt 3,6; Mk 1,5; 3,28; 11,25; Lk 11,4 u. ö.), aber auch da, wo ganz einfach von »Zöllnern und Sündern« gesprochen wird, steht dieser Begriff von Sünde im Hintergrund. Die synoptischen Berichte lassen aber darüber hinaus schon erkennen, wie Jesus seine Zeitgenossen von einem nur juridisch-äußerlichen Sündenverständnis lösen und zu einer Verinnerlichung, zur Erkenntnis der Bedeutung des »Herzens« hinführen möchte. Vom Herzen her ist der Mensch eigentlich »rein oder unrein«, vor Gott gültig oder ungültig (vgl. die Bergpredigt oder die Streitreden mit den Pharisäern, z. B. Mt 23). Auf dem Hintergrund des im Radikalismus Jesu liegenden Angebots, sich von der Liebe, die er vorlebt, ergreifen und führen zu lassen, erscheint gerade die Flucht in den Legalismus als Sünde. So erscheint bereits in der theologischen Aussage der Synoptiker hinter dem gemeinverständlichen moralischen Sündenbegriff der *Unglaube* als die *eigentliche Sünde.* In diesem Sinne erfährt dann der *Sündenbegriff bei Paulus und Johannes* eine vertiefte theologi-

[35] Ebd. 248.
[36] Ebd. 250.
[37] Vgl. u. a. W. Grundmann, Art. ἁμαρτάνω (F. Die Sünde im NT), in: ThWNT I, 305–320; K. H. Rengstorf, Art. ἁμαρτωλός, in: ThWNT I, 320–337.
[38] Vgl. W. Grundmann, a. a. O. 305; K. H. Rengstorf, a. a. O. 333.

sche Ausprägung. Beide Apostel sprechen bezeichnenderweise bereits häufiger nicht mehr von Sünden (Plural), sondern von Sünde (Singular), und zwar von Sünde als Haltung, die sich in den einzelnen Sündentaten verobjektiviert.
Paulus sieht Gott, Mensch und Welt in der Perspektive des in Jesus angebrochenen Heils. Um so dunkler erscheint der Mensch ohne Christus (Eph 2,12) und vor Christus. Paulus schildert diese Situation besonders deutlich im Römerbrief (1,28–3,20). »Juden wie Heiden sind alle unter die Sünde geraten« (3,9). Das Schriftwort ist erfüllt: »Keiner ist gerecht, nicht ein einziger ... keiner, der Gott sucht. Alle sind vom rechten Weg abgewichen!« (3,10–11). Wohl mußte dies nicht so sein: Man kann nicht sagen, sie könnten allesamt nichts dafür. Den Heiden wird ja das unsichtbare Wesen Gottes nach wie vor durch die Schöpfung Gottes geoffenbart: Die Schöpfung kann von ihnen denkend wahrgenommen werden, »so daß sie keine Entschuldigung haben« (1,20). Hier wird einerseits deutlich Bezug genommen auf eine grundsätzliche Berufung des Menschen zur Erkenntnis Gottes und auf die entsprechende sittliche Verantwortung im Gewissen (2,15f.)[39]. Andererseits wird aber ebenso klar gesagt, daß ausnahmslos alle gescheitert sind. Hinter diesem Scheitern verbirgt sich eine verhängnisvolle Unheilssituation, der auch die Juden trotz Offenbarung und Gesetz zum Opfer gefallen sind. »Hinter der düsteren Kulisse der relativ leicht konstatierbaren einzelnen Tatsünden aller Menschen, der Heiden wie der Juden, entdeckt Paulus also – von Jesus Christus her argumentierend – die Verfallenheit aller Menschen an die Sündenmacht: Die mannigfaltigen sündigen Taten führen als Symptome einer tiefer sitzenden Krankheit auf die fundamentale Sündigkeit des Menschen hin, die als ein – menschlicher Kraft unzugänglicher – Herd der Bosheit in immer neuen Tatsünden ausbricht.«[40] Dieses Aufeinanderbezogensein von Sünde als Tat und Sünde als Verhängnis, als inneres Bestimmtsein, wird von Paulus an vielen Stellen verdeutlicht (z.B. Röm 8,2; 7,14.17 u.ö.)[41]. Dabei konkurrieren immer zwei Gedanken miteinander: einerseits die

[39] Vgl. R. Schnackenburg, Die sittliche Botschaft des Neuen Testamentes, Handbuch der Moraltheologie, hrsg. v. M. Reding, VI, München ²1962, 233ff.
[40] Vgl. O. Kuss, Der Römerbrief, 1. Lfg., Regensburg 1957, 246.
[41] Vgl. ebd. 246.

Überzeugung, daß der Mensch Herr seiner Entscheidung ist, für die er darum verantwortlich ist und zur Rechenschaft gezogen wird, und andererseits die Tatsache, daß die Tatsünden Ausdruck einer Unterlegenheit unter die Sündenmacht sind, wobei eine geheimnisvolle Solidarität der Sünder, ein Schuldzusammenhang, erahnbar wird.

Auch bei *Johannes* sind diese tieferen Zusammenhänge zu erkennen. Er sieht hinter den einzelnen Tatsünden eine geheimnisvolle, gottwidrige, versklavende Macht, von der uns nur der sündenlose Gottessohn befreien kann (Joh 3,5; 8,46; vgl. Röm 7,14–25). Hinter der Sünde, die sich Christus, dem Licht, verschließt, steht der »Fürst dieser Welt« (Joh 12,31). Diese Sünde erweist sich gleichsam als Urwahl des Menschen gegen Gott, sie ist der Unglaube (Joh 8,21.40 u. ö.) und wird durch den Heiligen Geist bloßgestellt (16,9)[42].

So kennt das Neue Testament einen doppelten Begriff der Sünde: Es spricht von der Sünde als der Ablehnung Gottes, die als unheimliche Macht den Menschen beherrscht und ihn im Unglauben zum Sünder werden läßt; es weiß aber auch um die vielen Sünden, d. h. um die Taten, in denen sich die Sünde im ersten Sinne offenbart und auszeugt.

Die Unterscheidung von Sünde und Sünden ermöglicht auch ein Verständnis der Sünde, die zum Tode führt, die nicht nachgelassen werden kann, die gegen den Heiligen Geist ist (Mt 12,31; 1 Joh 5,16 b). Es gibt die Sünde als Gegenhaltung gegen Gott, in der der Mensch total über sich verfügt, so daß der Mensch durch sein gewolltes Getrenntsein von Gott sich selbst darin den Tod zufügt. Es ist dies die Sünde der »Verhärtung«, der »Verstockung«, das Im-Unglauben-bleiben-Wollen, in dem der Mensch sich nicht als Geschöpf und deshalb als abhängig verstehen und annehmen, sondern allein für sich zuständig, sein eigener Erlöser sein will.

So erbringt der biblische Befund eine ganze Reihe wichtiger Aspekte zum Phänomen von Sünde und Schuld. Was die Sünde ihrem allgemeinen Wesen nach sei, darüber stellen aber weder Jesus noch die Urgemeinde Erörterungen an. So gilt von der ganzen Heiligen Schrift, was G. v. Rad vom Alten Testament sagt: »Schon eine kurze Durchsicht der Schriften des AT zeigt, daß sehr

[42] Vgl. A. Vögtle, Art. Sünde (IV. Im NT), in: LTHK² IX, 1174–1177, 1176f.

selten theoretisch-theologisch von ›der‹ Sünde die Rede ist. Sie sind übervoll von Hinweisen auf Sünden, die irgendwo, irgendwann von irgendwem begangen wurden, aber eine theologische Reflexion über ›die‹ Sünde als ein religiöses Phänomen von größter Kompliziertheit findet sich selten. Es gibt zwar in den Psalmen einige Aussagen, die nach einer gewissen Allgemeingültigkeit hin tendieren, aber auch sie gehen jeweils von einem meist persönlichen Geschehen aus, dessen sich der Redende anklagt. Das Alte Testament bevorzugt also diejenige Aussageform, die dem Phänomen der Sünde am angemessensten ist, nämlich die des Bekenntnisses.«[43]

2. KAPITEL: SCHULD UND SÜNDE IN THEOLOGISCHER REFLEXION

Wenn es tatsächlich schwierig ist, in der Bibel eine allen Ansprüchen genügende Definition der Sünde zu finden, so darf dies niemanden verwundern. Bei allen Unterschieden im literarischen Genus, die sich von Buch zu Buch finden, ist die Bibel in keinem Teil ein theologisches Handbuch. Sie ist Bekenntnis, Zeugnis und von daher Erfahrungsbericht von Gottes Handeln am Menschen in der Geschichte des Volkes Israel und – was die neutestamentlichen Schriften betrifft – insbesondere in und durch Jesus von Nazaret. Von *Sünde* wird darum – wie eben dargelegt wurde – *in Bekenntnistexten* gesprochen. Eine theologische Reflexion und der mit ihr verbundene Versuch einer begrifflichen Klärung und Systematisierung wird dies beachten müssen. Im Bekenntnis offenbart sich eine ganzheitliche Wirklichkeitserfahrung, hier wird ein Bewußtsein in das Licht des Wortes erhoben, auf das wohl reflektiert werden kann, das aber nie gespalten werden darf. Wenn darum im folgenden *drei Aspekte von Schuld und Sünde* herausgehoben werden, so müssen wir uns stets bewußt sein, daß es sich im Grunde um *Elemente eines umfassenden Phänomens* handelt, die nur im Zusammenhang mit dem Ganzen

[43] G. v. Rad, Theologie des Alten Testamentes I, München ^{6}1969, 167.

ihren vollen Sinn haben. In der Sünde verbirgt sich immer ein Entscheid, eine Tat (§ 8), es offenbart sich eine geheimnisvolle Macht (§ 9), und gerade so bleibt die Tat ein Zeichen für eine personale Wirklichkeit (§ 10).

§ 8 Sünde als Tat

Zur Rechtfertigung seiner »Delikte« beruft sich der Mensch gern auf seine Konstitution oder auf das Milieu. Adam berief sich auf sein Weib, und dieses wiederum gab der Schlange die Schuld. In der Sünde aber findet sich der Mensch zunächst ganz *allein* (ego sum, qui feci) vor seinem *Gott* (coram te domine peccavi).

A. Tat der Freiheit

Sünde ist nur unter der Bedingung von Freiheit möglich. In seiner Freiheit ist der Mensch sich selbst zur Aufgabe gestellt (vgl. § 3 D.). Er ist nicht einfach vorhanden, er hat vielmehr »zu sein«. Aus der Distanz zu sich selbst muß er eine neue Nähe zu sich selbst gewinnen, muß er die konkrete Gestalt seiner selbst sich selbst geben. Als endlicher Geist ist er in jenes Sein entlassen, das seinerseits das Selbst bejahen und die Bewegung des gewährenden Seinlassens aktiv mitvollziehen kann. Tragender Grund und letztes Ziel seiner freien Selbstfindung ist die vollkommene Freiheit, das Gute schlechthin, Gott. Daraufhin ist der Mensch wesentlich ausgerichtet und unterwegs, so daß er selbst da, wo er Böses tut, es subjektiv nur kann aus seiner Unruhe nach dem letztlich Guten, das er unter der Maske eines Pseudo-Guten, eines nur vorläufig Guten anzielt. Das heißt: In seiner wesentlichen Ausgerichtetheit auf das Gute schlechthin ist der Mensch gebunden: seine Freiheit ist immer schon innerlich qualifiziert. Insofern nun aber der Mensch in dem ihm möglichen Freiheitsraum seine Freiheitsentscheidung an nur Endliches und Vorläufiges, an Dinge, »Vorhandenes«, Leidenschaften und Triebhaltungen vergibt, darin seine Freiheit voll und *ganz* verausgabt und somit aus seiner Ausgerichtetheit auf das letzte, ihn transzendierende Gute und Sein ausbricht, sündigt er. Der Fehlentscheid liegt dann in der Unwahrhaftigkeit verfrühter Synthesen und gewaltsamer Totalisationen. Durch ein solches Verhalten gerät der Mensch in Widerspruch zu sich selbst, zu seinem eigentlichen Wesen; er ist nicht mehr der, der er sein soll. Er sollte nämlich der sein, der in seinem aktuellen Vollzug auf dem Weg dorthin ist, wohin sein Wesen zielt. Solange der Mensch mit seinem transzendenten Grund (und Ziel) noch nicht völlig eins ist in Erkennen, Lieben und Lebensvollzug, so lange kann er sich immer wieder falsch (gleichsam aus sich ausbrechend) entscheiden, von seinem Wesensgrund lossagen. Er kann im aktuellen Vollzug aufhören, zu wollen, was er im Wesensvollzug zu wollen nie aufhört[1].

Mit diesem Hinweis auf die Eigenart kreatürlicher Freiheit als der Voraussetzung für die Möglichkeit zum sündigen Selbstwiderspruch des Menschen[2] ist selbstverständlich das Geheimnis der Bosheit noch nicht gelichtet; es ist damit nur *eine* grundlegende Bedingung im Subjekt benannt. Auf die geschichtlichen und gesellschaftlichen Voraussetzungen des Bösen wird noch hinzuweisen sein. Zunächst verbleiben wir mit unserer Reflexion beim subjektiven Geschehen. Mit dem Hinweis auf die fundamentale Voraussetzung ist ja zur Sünde als Tat der Freiheit noch wenig gesagt. Mehr vermag uns das *Bekenntnis,* das Eingeständnis der Sünde darüber zu sagen. Das liegt offensichtlich daran, daß das *Bekenntnis performativen Charakter hat.* Wenn einer – wie der Psalmist – bekennt: »iniquitatem meam ego agnosco«, »ich erkenne meine Missetat«, dann verbindet er gewissermaßen Vergangenheit und Zukunft in dem entscheidenden Augenblick seiner Gegenwart. Er übernimmt die Verantwortung und die Konsequenzen.

1. Übernahme der Verantwortung

Das sittlich Böse hat die Eigenart der Bosheit, weil es Werk der eigenen Freiheit ist und soweit es Werk der Freiheit ist[3]. *Im Akt*

[1] Vgl. B. Welte, Über das Böse, QD 6, Freiburg i. Br. 1958; K. Hemmerle, Art. Das Böse, in: SM I, 617–624.

[2] Die traditionelle Lehre spricht in diesem Zusammenhang von der Widerspruchsfreiheit (libertas contrarietatis) im Unterschied zur Wahlfreiheit, d. h. der Freiheit, zu handeln oder nicht zu handeln bzw. so oder anders zu handeln.

[3] Vgl. P. Ricœur, Schuld, Ethik und Religion, a. a. O. 387.

des Bekennens spricht sich der Mensch tatsächlich diese *Freiheit zu*. Er kann ja das Bekenntnis nur sinnvoll ablegen, wenn er sich in der Rückbesinnung auf sein Handeln sagen muß, er hätte anders handeln müssen und er hätte auch anders handeln können. Er kann sich möglicherweise bei dieser Beurteilung seines damaligen Zustandes irren. Dies ist aber hier gerade nicht entscheidend. Darüber mögen sich Richter und Anwälte Gedanken machen. Das persönliche Bekenntnis und die darin sich aussprechende Überzeugung sind in diesem Sinne nicht Gegenstand der Fremdbetrachtung. Das Bekenntnis hat performativen Charakter: der Bekennende erklärt sich als der, der hätte anders handeln können. Er sucht kein Alibi, sondern nimmt den Entscheid und die Tat in seine volle Verantwortung. Damit soll die Bedeutung der objektiv beschreibbaren sittenwidrigen Tat nicht abgewertet werden. Sie ist in deskriptiven Sätzen erfaßbar; ihre Beurteilung gehört zum wesentlichen Bereich normativer Ethik. *Sünde ist* aber *entscheidend mehr als ein normwidriges Verhalten*. Die Einsicht und in gewissem Sinn auch das Eingeständnis gehören mit dazu. Sünde wird eigentlich erst im Eingeständnis zum vollen Bewußtsein und so in ihre volle Realität gebracht; denn erst mit dem Bekenntnis wird Schuld existentiell angenommen. Es gibt aber keine Sünde ohne Schuld. Sünde und Schuld gehören im biblischen Zeugnis unlösbar zusammen, und gerade deshalb bevorzugt die Bibel zur Darstellung der Sünde die Bekenntnisform. So kann sie die Sünde als eine umfassende personale Wirklichkeit zum Ausdruck bringen. Die traditionelle Lehre der Moraltheologie hat dem gerecht zu werden versucht, indem sie immer erklärte, zur Sünde gehören auch das notwendige Wissen und das Wollen. Aber tatsächlich hat man diese beiden Elemente normalerweise als gegeben vorausgesetzt. So wurde die Sünde dem normwidrigen Tatbestand praktisch gleichgesetzt und entsprechend deskriptiv gefaßt. Sünde wurde zum Delikt, Sünden zu beschreibbaren Tatbeständen. Aber genau das, was die Sünde vom moralischen Tatbestand unterscheidet, die *Sünde* als *existentieller Vollzug*, das läßt sich nur schwer beschreiben. Das kann eigentlich nur der Täter selbst in der Auseinandersetzung mit seiner Erfahrung, mit seinem Glauben und Unglauben in der Form eines Bekenntnisses aussprechen. »Ein Verständnis von Sünde, das ausschließlich ethischen oder gar gesetzlichen Denkkategorien verhaftet bleibt, geht an der geschichtlichen Wirklichkeit vorbei, denn es lotet nicht die metaethische Tiefe jenes Entscheidungsgrundes aus, der das Handeln des Christen (auch Abrahams! der Verf.) aus sich heraus entläßt.«[4] Die Darstellungsform der Sünde ist das Bekenntnis. Dazu kommt noch ein zweiter Aspekt.

2. Übernahme der Konsequenzen

Der Bekennende erklärt sich im Augenblick seines Bekennens bereit zur Umkehr, d.h., er wendet seinen Blick von der Vergangenheit in die Zukunft. Im Bekenntnis wird die Sünde durch die Annahme der Schuld nicht nur in ihre Vollendung gebracht, es wird zugleich die Voraussetzung zu ihrer Überwindung geschaffen. In geradezu klassischer Form bringt dies das Bekenntnis Davids vor Natan zum Ausdruck: »Ich habe gegen Jahwe gesündigt.« Und Natan antwortet David: »So hat dir auch Jahwe deine Sünde vergeben; du wirst nicht sterben« (2 Sam 12,13). Im hebräischen Denken der Bibel wird diese Einheit des moralischen Subjektes von Vergangenheit, Gegenwart und Zukunft, von Tat und Tatfolge immer wieder deutlich[5]. Besonders die Weisheitsliteratur und viele Psalmen sehen Sünde und Sündenfolge als ein zusammenhängendes, einheitliches Geschehen. Streng genommen gibt es gar keine Stadien, keine Tat und Tatfolge, sondern nur das Geschehen, das Ganze, die Einheit. Der Hebräer sieht aufgrund seiner dynamischen Geschichtsvorstellung jedes Geschehen in seiner dynamischen Wirksamkeit und Entfaltung. Das bedeutungslos starre Sein ist dem Hebräer ein Nichts[6]. Daher wirft jedes gegenwärtige Leiden die Frage nach dem ganzen, im Leid sichtbar gewordenen unheilvollen Prozeß des Leidens auf, und der Blick des das Leid gewahrenden Menschen wandert am Unheilsgeschehen entlang bis zu seinen Anfängen (»synthetische Lebensauffassung«). Damit wird auch Front bezogen gegen ein extrinsezistisches Vergeltungsdenken, bei dem Strafe und Lohn dem Wesen des Täters wie seiner Tat selbst fremd sind.

[4] K. Demmer, a.a.O. (§ 6) 25.
[5] Vgl. H. Goeke, Das Menschenbild der individuellen Klagelieder. Ein Beitrag zur alttestamentlichen Anthropologie, Diss. Bonn 1971, 91f.
[6] Vgl. Th. Boman, Das hebräische Denken im Vergleich mit dem griechischen, Göttingen [5]1968.

Die Tatsache, daß in der Bibel die Sünden vornehmlich in der Form von Bekenntnistexten zur Sprache kommen, bedeutet im übrigen eine klare *Absage an jede Form von Dualismus.* Der Mensch erklärt sich selbst als Urheber des Bösen. Er verzichtet auf jeden Versuch, das Böse nach Art einer Substanz zu erklären, das den gleichen Status hat wie Dinge, die von einem außenstehenden Beschauer beobachtet werden können. Solche Vorstellungen findet man »nicht allein in metaphysischen Phantasien wie denen, gegen die Augustinus angegangen ist, dem Manichäismus und allen Arten von Ontologien, die das Böse als Sein verstehen; diese Behauptung kann in Gestalt psychologischer oder soziologischer Determinismen eine positive oder gar eine wissenschaftliche Form annehmen. Den Ursprung des Bösen in die eigene Verantwortung nehmen bedeutet, die Behauptung, das Böse sei ›etwas‹, d. h. ein Effekt in einer Welt feststellbarer Dinge – mögen es physische, psychische oder soziale Wirklichkeiten sein –, als Schwäche abtun. Ich erkläre: ego sum qui feci – ich bin es, der es getan hat! Es gibt kein Böse-Sein, es gibt nur ein Böse-von-mir-Getan.«[7] Die persönliche Entscheidung und das persönliche Eintreten sind aber nur die eine Seite im Bekenntnisakt. Das Sündenbekenntnis hat seine volle Wirklichkeit erst als Bekenntnis »coram Deo«.

B. Coram Deo

Sünde ist nicht einfach menschliche Schuld; Sünde ist Schuld *vor Gott.* Wo es keinen Gottesglauben gibt, da gibt es folgerichtig auch keine Sünde mehr. Da wird jeder vor jedem schuldig. Da gibt es möglicherweise überhaupt »keine Schuldigen und auch keine Verantwortlichen mehr. Alle können nichts dafür und haben es nicht gewollt.«[8] Die Analyse der biblischen Begriffe für das Phänomen der Sünde (§ 7 B) hat unmißverständlich gezeigt, daß die Sünde im Bewußtsein des biblischen Menschen wesentlich eine religiöse Dimension hat. Das bedeutet ein Doppeltes:

[7] P. Ricœur, Schuld, Ethik und Religion, a. a. O. 387.
[8] F. Dürrenmatt, Theaterprobleme, Zürich 1955, 47.

1. Abkehr von Gott als Selbstentfremdung

In der Vergötzung seiner selbst und in der damit vollzogenen Abkehr von Gott erfährt der Mensch seine eigentliche Entfremdung. Sünde ist immer Destruktion des Gottesbundes und damit Gemeinschaft und Selbst zerstörende Tat, mag diese kultischer, rechtlicher oder ethischer Art sein[9]. Als paradigmatisch dafür erscheint die jahwistische Erzählung vom Sündenfall. Vordergründig handelt es sich um den Verstoß gegen ein kultisches Gebot bzw. Verbot. In der Tiefendimension ist es der Beginn einer selbstproduzierten Geschichte, die keine den endlichen Wesen gesetzte Grenze mehr respektiert. »Es handelt sich in dem jahwistischen Hauptfaden von Gen 2–3 nicht um den Einbruch der Sterblichkeit in das menschliche Leben, wird doch nach Gen 3,19a diese Sterblichkeit einfachhin vorausgesetzt, als das gewöhnliche Ende des Lebens dargestellt ... Gen 3,19b ist also nicht als ein eigentliches Strafwort zu fassen, dem eine konkrete Wirksamkeit eignet; die Strafe über den Menschen besteht vielmehr grundlegend in der Vertreibung aus dem Garten als dem Ort der Gemeinschaft ... mit Gott (Gen 3,23f.). In diesem Ausschluß von der Gemeinschaft mit Gott wird dem Menschen seine Todverfallenheit erst recht bewußt, denn hier ist ihm eine wesentliche Grundlage seiner Existenzerfüllung entzogen; hier erfährt er daher zum ersten Male den Einbruch einer lebensfeindlichen Wirklichkeit, die dem Menschen des AT immer Ausdruck des Todes ist.«[10] Die Konsequenzen daraus sind umfassend: Entfremdung zwischen Mensch und Mitmensch, deutlich gemacht durch die Scham und den Generationenkonflikt; die Entfremdung zwischen dem Menschen und der physischen Konstitution (Schwere und Mühe der Arbeit); die Entfremdung zwischen dem Menschen und der ihn umgebenden Natur (Feindschaft mit den Tieren, Unfruchtbarkeit des Ackers), ferner die Zerrüttung des mitmenschlichen Verhältnisses durch den Brudermord, die zunehmende Arbeitsteilung (Gen 4,20), die Vermischung mit den götterartigen Elohimwesen, Rausch und Schamlosigkeit, titanischer Turmbau, Verwirrung der Sprachen. Dies alles sind die

[9] Vgl. F. J. Stendebach, Theologische Anthropologie des Jahwisten, Diss. Bonn 1970, 218f.
[10] Ebd. 221f.

immanenten Folgen einer Geschichte, in der der Mensch sich selbst produzieren will und seine endliche Grenze nicht respektiert. Und der Grund dafür ist kein anderer, als daß er selbst Gott sein will, daß er die Grenzen seiner geschöpflichen Autonomie nicht anerkennt.

Im Neuen Testament vollzieht sich der Bruch mit Gott in der *Verweigerung des Glaubens*. Der »Aufgerufene« weicht unter geheimer Angst »der eigentümlich umfassenden Herausforderung personaler Begegnung aus, wie sie paradigmatisch in Jesus Christus vonstatten geht«[11]. Er flieht in die Festung gesetzlichen Denkens und vollzieht damit »eine Umkehrung der Grundstrukturen neutestamentlicher Heilsökonomie und mithin Anthropologie, die in ihrem Horizont entworfen wird«[12]. *Johanneisch* ist es die Ablehnung des Logos. »Er kam in seine Schöpfung, aber seine eigenen Geschöpfe wiesen ihn ab« (Joh 1,11). Sie genügen sich offenbar selbst. Sie weigern sich, dem Licht und Leben Gottes sich zu öffnen. Sie brauchen keine Offenbarung der Wahrheit. Was ist denn schon Wahrheit? Wenn sie zu finden ist, dann ist sie bei ihnen selbst zu suchen. Sie fühlen sich autark. Bei *Paulus* bedeutet die Hamartia als Akt ebenfalls die Glaubensverweigerung. Im Zusammenhang mit seiner Rechtfertigungslehre hat diese Verweigerung den Charakter der καύχησις, des Selbstruhms. Und das heißt, daß der Mensch seine eigenen Leistungen anzubieten hat. Er braucht keinen Erlöser, er rühmt sich seiner Werke. In übertragenem Sinn ist es der Glaube an eine *grenzenlose* eigene *Machbarkeit* des Menschen. Es ist die utopische Überzeugung, die Entfremdung in eigener Macht zu bezwingen und das Böse in der Welt aus eigener Kraft allein zu überwinden. Wo man Gott in solcher Weise ablehnt, wird die Geschichtlichkeit der eigenen Existenz nicht mehr angenommen im gläubigen Vertrauen auf Gottes die Zukunft durchdringenden Heilswillen, sondern Zukunft wird vorweggenommen in einem Alleingang nach Eigenbestimmung, d. h. aber: hier offenbart sich der Unglaube als Glaube allein an sich (aversio a Deo quia conversio ad se solum). Es ist die zur Autarkie verkehrte Autonomie.

[11] K. Demmer, a. a. O. 28.
[12] Ebd. 28.

2. Zeichen der Hoffnung

So radikal die Schrift auch die Konsequenzen aus der Ablehnung Gottes schildert, es geschieht nie ohne Hoffnung. Das Bekenntnis ist dafür die unerläßliche Voraussetzung. Wo die Sünde vor Gott eingestanden wird, ist sie im Kern bereits aufgehoben. Da kann Natan zu David sagen: »Jahwe hat vergeben. Du wirst nicht sterben!« Vor Gott hingestellt, steht die Sünde wieder in der Bewegung der Verheißung; die Anrufung ist bereits die Erneuerung eines Bandes, der Anfang einer neuen Schöpfung. Im Blick auf Gott ergreift »die Leidenschaft für das Mögliche« (das, was in seiner Verheißung möglich ist) bereits Besitz vom Bekenntnis des Bösen: es ist möglich, anders zu werden. So ist das Böse, das im »moralischen Bewußtsein« wesentlich als Übertretung des Gesetzes erscheint, in dem Augenblick, wo es vor Gott hingestellt als Sünde erkannt wird, bereits qualitativ gewandelt. In einer Paraphrase zu Röm 5,20 schreibt P. Ricœur: »Wo immer das Böse ›in Fülle‹ vorhanden ist, ist die Hoffnung ›in Überfülle‹ vorhanden. Wir müssen daher den Mut haben, das Böse in das Epos der Hoffnung einzufügen. Auf eine Weise, die wir nicht kennen, wirkt das Böse selbst mit zum Wachstum des Gottesreiches. So sieht der Glaube das Böse. Diese Sicht ist nicht die des Moralisten; der Moralist stellt das *Prädikat* ›böse‹ in Gegensatz zu dem Prädikat ›gut‹; er verurteilt das Böse, er lastet es der Freiheit an; und schließlich macht er halt an der Grenze zum Unerforschlichen; denn wir wissen nicht, wie es möglich ist, daß die Freiheit versklavt werden kann. Der Glaube blickt in eine andere Richtung; der Ursprung des Bösen ist nicht sein Problem; sein Problem ist das Ende des Bösen. Mit den Propheten ordnet der Glaube dieses Ende in die Ordnung der Verheißung ein, mit Jesus in die Verkündigung des kommenden Gottes und mit Paulus in das Gesetz der superabundantia.«[13]

Die Gemeinsame Synode der Bistümer in der Bundesrepublik Deutschland sieht im *Bekenntnis zur Sündenvergebung ein entscheidendes Hoffnungselement* für unsere Zeit. »Christentum widersteht mit seiner Rede von Sünde und Schuld jenem heimlichen Unschuldswahn, der sich in unserer Gesellschaft ausbreitet und mit dem wir Schuld und Versagen, wenn überhaupt,

[13] P. Ricœur, Schuld, Ethik und Religion, a. a. O. 392.

immer nur bei ›den andern‹ suchen, bei den Feinden und Gegnern, bei der Vergangenheit, bei der Natur, bei Veranlagung und Milieu. Die Geschichte unserer Freiheit scheint zwiespältig, sie wirkt wie halbiert. Ein unheimlicher Entschuldigungsmechanismus ist in ihr wirksam: die Erfolge, das Gelingen und die Siege unseres Tuns schlagen wir uns selbst zu; im übrigen aber kultivieren wir die Kunst der Verdrängung, der Verleugnung unserer Zuständigkeit, und wir sind auf der Suche nach immer neuen Alibis angesichts der Nachtseite, der Katastrophenseite, angesichts der Unglücksseite der von uns selbst betriebenen und geschriebenen Geschichte.«[14]
J.B. Metz weist in seinem Kommentar zu diesem Text auf den Zusammenhang hin[15]. Seit der Aufklärung versucht man in der modernen Geistesgeschichte das Theodizeeproblem mit der Leugnung der Existenz Gottes *radikal* zu lösen. Gott wird zumindest als Subjekt und Herr der Geschichte entthront. Er wird aus der Mitte unserer Geschichte abberufen. Wo nun aber der Mensch als der definiert wird, der sein geschichtliches und gesellschaftliches Schicksal selbst in die Hand nimmt, sieht er sich in völlig neuer Perspektive mit der Leidensgeschichte der Menschheit konfrontiert. Denn diese Geschichte menschlichen Leids ist ja als anklagende Instanz keineswegs verschwunden. »Da Gott als Zurechnungssubjekt nicht mehr zur Verfügung steht, scheint nun alle Schuld ... auf den Menschen selbst als Geschichtstäter zurückzufallen.«[16] In dieser Situation entsteht aus der *Theodizee* (Rechtfertigung Gottes angesichts des Leids der Welt) eine *Anthropodizee,* ein Versuch zur Rechtfertigung des Menschen. Dabei werden Versuche angestellt, welche »die Widersprüche und Zwiespältigkeiten einer nachtheologischen Theorie von Geschichte und Gesellschaft kaum verbergen«[17]. Der Mensch als Zurechnungssubjekt wird gewissermaßen halbiert. Bald erscheint er als quasi-transzendentales Subjekt der Geschichte, bald gilt er als zwangsläufig eingespannt in den gesellschaftlichen Prozeß, oder man hält gar die Rede vom Menschen in Freiheit und

[14] Beschlüsse der Vollversammlung. Offizielle Gesamtausgabe I, Freiburg i. Br. 1976, 93.
[15] J.B. Metz, Vergebung der Sünden. Theologische Überlegungen zu einem Abschnitt aus dem Synodendokument »Unsere Hoffnung«, in: StZ 195, 1977, 119–128.
[16] Ebd. 120.
[17] Ebd. 121.

Verantwortung für einen Anthropomorphismus; seine Freiheit sei ja nicht viel weiter entwickelt als beim anpassungsschlauen Tier. Ein irrationaler Wille zur Unschuld wird kultiviert. Es scheint, als ob sich in den Entschuldigungstheorien die unerledigte Theodizeefrage erneut melde. Wird Gott vielleicht heute deshalb für undenkbar gehalten, weil wir dem Abgrund unserer Schulderfahrung und der Forderung nach Abkehr nicht standhalten? Gott fordert ja die Umkehr nicht nur als Anwendung und Folge, sondern diese Umkehr, diese *Metanoia gehört* geradezu *zu seiner Denkbarkeit.* So erklärt denn die Synode: »Der ›Gott unserer Hoffnung‹ ist uns nahe über dem Abgrund unserer redlich erkannten und anerkannten Schuld als der unsere Entscheidungen Richtende und als der unsere Schuld Vergebende zugleich. Und so führt uns unsere christliche Hoffnung nicht an unserer Schulderfahrung vorbei; sie gebietet uns vielmehr, realistisch an unserem Schuldbewußtsein festzuhalten – auch und gerade in einer Gesellschaft, die zu Recht um mehr Freiheit und Mündigkeit für alle kämpft und deshalb in besonderem Maße empfindlich ist für den Mißbrauch, der mit der Rede von Schuld getrieben werden kann und in der Geschichte des Christentums auch getrieben worden ist.«[18]

Ein Blick zurück in die Geschichte, etwa auf den *Traktat De vitiis et peccatis* in (I–II 71–89) *der STh des Aquinaten*[19], läßt zunächst den Eindruck gewinnen, daß hier ein radikales und existentielles Sündenverständnis im eben dargelegten Sinn unmöglich sei. Es hat den Anschein, als ob hier gar kein genuin theologisches Sündenverständnis entfaltet werde, »sondern das einer philosophischen Ethik, in deren vorgegebenen Entwurf nachträglich die Offenbarungsdaten eingetragen worden seien«[20]. Gewiß übernimmt Thomas Begriffe und Denkmodelle aristotelischer Philosophie; doch diese werden vom theologischen Gehalt her umgeprägt. Eine genauere Lektüre zeigt, daß die Theozentrik des Sündentraktates ebenso unverkennbar ist wie die des Lextraktates[21]. Thomas wendet seinen Blick zunächst auf die Sünden als moralisch böse Taten, wie sie sich in der Alltagserfahrung präsentieren. In diesem Sinn wird die Sünde verstanden als »actus humanus malus« (71, 6c). Aber

[18] Beschlüsse, a. a. O. 94.

[19] Vgl. O. H. Pesch, Theologie der Rechtfertigung bei Martin Luther und Thomas von Aquin, Walberberger Studien. Theol. Reihe IV, Mainz 1967, 468–516.

[20] Ebd. 468.

[21] »A theologis consideratur peccatum praecique secundum quod est offensa contra Deum: a philosopho autem morali, secundum quod contrariatur rationi« (71,6 ad 5).

gleich bei der Analyse dieser Definition stößt er zum Kern der Sache vor. Der Akt ist schlecht, weil er zunächst der Vernunft widerspricht. Aber der Vernunftwiderspruch ist nicht wie bei Aristoteles einfach ein Widerspruch gegen die menschliche Natur, gegen die Mitte und das Maß der Tugend, sondern der Widerspruch der Vernunft ist Widerspruch gegen die »*lex aeterna*«, in der Gottes schöpferischer Anspruch an den Menschen zum Ausdruck kommt[22]. Die Sünde ist Selbstwiderspruch, aber Selbstwiderspruch nur deswegen, weil sie die Verweigerung des Schöpfungsanspruches ist. In verschiedenen Zusammenhängen »spricht Thomas im Verlauf des Sündentraktates immer wieder aus, daß das Entscheidende der Sünde im Widerstand gegen Gott besteht«[23]. Sie richtet sich gegen Gott als Ziel der Liebe (78, 1 c), sie ist Verachtung Gottes aus ungeordneter Selbstliebe (73,2.3.4.5; 77,6 ad 1). Dabei richtet sich der Stolz gegen Gottes Herrschaftsrecht, der Haß gegen Gottes Liebe. So bezeichnet Thomas die »*aversio a Deo*« (77,8 c) als das eigentliche Wesen der Sünde. Diese Abkehr von Gott vollzieht sich aber nicht in einer reinen Negation; die *aversio* ist vielmehr die innere Folge einer *conversio* zu einem Ersatz-Endziel, zu einem Ersatz-Gott. »Daß die aversio immer mit der conversio zusammengeht, ist für Thomas in dem metaphysischen Gesetz begründet, wonach alles Übel und folglich auch das Böse in einem Gut als in ihrer Materialursache fundiert sind, sofern sie nur *an* diesem, als Defekt nämlich, existent und offenbar werden.«[24] In dieser Deutung des Bösen folgt er Augustinus, dessen bekannte Definition (»Peccatum est factum vel dictum vel concupitum aliquid contra legem aeternam«, c. Faustum 22,37) er auch aufnimmt. Mit Hilfe des aristotelischen Materie-Form-Schemas unterscheidet er dann die zwei konstitutiven Elemente[25]:
das quasi-materiale Element: es ist der menschliche Akt. Er ist direkt (per se) verursacht durch den menschlichen Willen. Als positiver Akt wird er transzendental von Gott mitgetragen.
das quasi-formale Element: es ist der dem Akt anhangende Defekt, die Privation des rechten Zielbezuges (debita carentia boni). Der Wille ist dafür »causa deficiens«, und unter diesem Aspekt bedarf er keines transzendentalen Grundes.

[22] »Habet autem actus humanus quod sit malus, ex eo quod caret debita commensuratione. Omnis autem commensuratio cuiuscumque rei attenditur per comparationem ad aliquam regulam, a qua si divertat, incommensurata erit. Regula autem voluntatis est duplex: una propinqua et homogenea, scilicet ipsa *ratio humana,* alia vero est prima regula, scilicet *lex aeterna,* quae est quasi ratio Dei« (71,6).
[23] O. H. Pesch, a. a. O. 470.
[24] Ebd. 473.
[25] Et ideo Augustinus in definitione peccati posuit duo: unum quod pertinet ad substantiam actus humani, quod est quasi materiale in peccato, cum dixit, dictum vel factum vel concupitum; aliud autem quod pertinet ad rationem mali, quod est quasi formale in peccato, cum dixit, contra legem aeternam« (71,6 c).

Was die Sünde zur Sünde macht, ist gerade die abgebrochene Beziehung zu Gott.
Überblickt man die ganze Gedankenführung bei Thomas, dann zeigt sich: »Es gibt in der thomanischen Lehre von der Sünde eine der Sache entspringende Rückfrage von ›den Sünden‹ nach ›der Sünde‹. Die ›Sünden im Plural‹ sind theologisch nur verständlich, wenn auf das zurückgegangen wird, was sie überhaupt zur Sünde macht, auf ›die Sünde im Singular‹: Abkehr von dem wahren Gott, Verweigerung der Unterwerfung unter ihn als Endziel, als alles beherrschende Ausrichtung des Lebens, und statt dessen die Erhebung der eigenen geschaffenen Person auf den Thron Gottes, als Endziel ihrer selbst und letzter Maßstab ihres Handelns.«[26]

§ 9 Sünde als Macht

Sünde wurzelt in der personalen Tiefenschicht des Menschen. Sie ist nicht einfach normwidrigem Tun gleichzusetzen. Solches Tun ist eine mögliche Äußerung der Sünde. Sünde ist personale Tat. Doch der Mensch ist weder in seiner geschichtlichen noch in seiner gesellschaftlichen Existenz ein isoliert einzelner. Er trägt die Last seines Ursprungs und ist hineinverwickelt in die Schuld- und Leidensgeschichte der Menschheit. Wenn auch die Gestaltung der Zukunft eine unvollendbare Aufgabe bleibt, so darf der Christ nicht der passiven Resignation verfallen. Er ist zum Kampf gegen das Böse in der Welt herausgefordert.

A. Der Mensch im Widerspruch

Die Heilsgeschichte beginnt nicht mit der Sünde, sondern mit der Schöpfung und Erwählung des Menschen. Die Priesterschrift zeigt den Menschen nicht als Gegenspieler Gottes wie die prometheischen Mythen, sondern als Ebenbild und Sachwalter an seiner Seite. Sünde bedeutet demgegenüber Bruch mit dem von Gott Gesetzten und Gewollten. Überall, wo die Propheten dem alttestamentlichen Bundesvolk seine Sünden vorhalten, werfen sie ihm vor, ihr seid abgefallen, ihr seid abgewichen vom Weg, ihr

[26] O. H. Pesch, a. a. O. 479.

seid untreu geworden, ihr habt Gott verlassen, ihr habt den Bund gebrochen, ihr seid weggegangen zu fremden Göttern. In der großen Hamartiologie von Gen 3–11 schildert der Jahwist den Einbruch der Sünde und ihr lawinenartiges Anwachsen bis zur Flut und zum Turmbau. Wir dürfen in dieser Ursprungsgeschichte den Niederschlag der Vorstellungen sehen, die Israel aus seinen Glaubenserfahrungen mit Jahwe entwickelt hat. Israel hat als Nomadenvolk seinen Gott an geschichtlichen Ereignissen erkannt: an der Befreiung aus der Knechtschaft, an der Führung durch die Wüste und dem Eintritt in das verheißene Land. Diese Rettungstaten Jahwes geben in der Folgezeit den heilsgeschichtlichen Hintergrund, auf dem Sünde zur Untreue und zur Rebellion wird. Der Bruch mit dem Ursprünglichen besagt demnach Bruch mit Gottes Erwählung und Gottes Heilsabsicht. Was dies bedeutet, wird zunächst erfahren an den negativen Folgen, die Ungehorsam und Untreue gegenüber der Thora mit sich bringen. Positiv spricht sich »das Eigentliche«, »das Verheißene« aus in den Hoffnungsgütern: in dem, was man erhofft. Diese Hoffnung des alttestamentlichen Menschen richtete sich lange Zeit auf ein freudiges, erfülltes Leben. Erst allmählich entfaltet sich aus den Bundesverheißungen Jahwes die Hoffnung auf den Heilbringer und die Heilszeit, auf die Auferweckung und ein neues, anderes Leben. Diese Hoffnung geht einher mit einer Vertiefung des Sündenbewußtseins, das die Erneuerung der Herzen allein von Gott erwartet (Jer 31): Gott macht den neuen Menschen zum Gehorsam fähig. Die eigentliche heilsgeschichtliche Klärung des Hoffnungsgutes, der Verheißung und damit auch der Sünde – als Bruch der Verheißung – bringt jedoch erst das Neue Testament.

Das neutestamentliche Zeugnis eröffnet die Fülle der Verheißung und zeigt damit den vollen Hintergrund für das heilsgeschichtliche Verständnis der Sünde. Jesus spricht mit seiner Verkündigung des Gottesreiches (vgl. § 16) seine Zeitgenossen an. Er geht nicht von einem abstrakten Menschenbild aus, sondern von den geschichtlich existierenden Menschen. Sie *alle* ruft er zur Umkehr, der sie offenbar *alle* bedürfen. Gottes in die Entscheidung rufende Forderung erreicht und richtet den Menschen aus dem konkreten Ausspruch, der hier und jetzt vom Nächsten aus an ihn ergeht. Eine radikale *Verschärfung* in der Deutung der *sündigen Existenz des Menschen* erfolgt erst in der Urkirche im gläubigen Rückblick auf den Tod und die Auferweckung Jesu. Aus dieser Perspektive sind die Aussagen des Römerbriefes zu verstehen, auf die wir schon weiter oben (vgl. § 7 C.) hingewiesen haben. *Paulus* argumentiert vom Christusereignis aus und stellt fest, daß alle Menschen, Juden wie Heiden, der erlösenden, der befreienden Liebe Gottes bedürftig seien, wie sie für alle im Glauben an den Gekreuzigten erschlossen wird. Blickt er auf den Menschen, so sieht er ihn in einen großen geschichtlichen Schuldzusammenhang verwickelt, den der Mensch aus seiner Kraft nicht aufzuheben vermag. Die mannigfaltigen Verirrungen weisen als Symptome einer tiefer sitzenden Krankheit auf die fundamentale Sündigkeit des Menschen hin, welche als ein Herd der Bosheit in immer neue Tatsünden ausbricht. Die letzten Hintergründe dieses Verhängnisses werden nicht gelichtet. Nur soviel wird gesagt, daß die durch die Hamartia gekennzeichnete Unheilssituation durch den Menschen selbst entstanden ist. Einerseits betont Paulus nachdrücklich, daß der Mensch Herr seiner Entscheidungen ist und darum auch für sie verantwortlich bleibt; andererseits sieht er sowohl die Tatsünde des einzelnen Menschen wie auch das sündige Tun der vielen in einem geheimnisvollen solidarischen Zusammenhang. Die Gottesferne ist einerseits dem einzelnen Menschen schon als Last vorgegeben, sie wird aber andererseits durch jede neue Sündentat aufgenommen und bekräftigt. So wie die Sünde im persönlichen Leben einen Zustand schafft, der meist weitere Sünden bedingt, so schafft die Sünde auch in der Menschheitsgeschichte eine Atmospähre, einen Raum, in dem Sünde einfach gedeihen muß. Es ist die gnadenlose, unerlöste Situation, in der sich die Menschheit befindet. Ein Zustand, der es dem Menschen schon vor jeder persönlichen Sünde unmöglich macht, jene Liebe zu verwirklichen, nach der es ihn im Grunde zutiefst verlangt. Gehen wir fehl, wenn wir glauben, daß die Zeugnisse der Literatur, die wir angeführt haben, zum großen Teil eine bestechende Illustration für diesen Zustand geben? Der von Camus stilisierte »Aufruf« ist immer da, aber es ist für unseren Egoismus »immer zu spät« zum Springen. Camus fügt resignierend bei: »Zum Glück!«; wir meinen, es sei und bleibe unsere große Not.

Die Erbsündenlehre ist ein theologischer Versuch, diese Tatsache in einer Ätiologie zu klären. In letzter Zeit sind viele Versuche unternommen worden, diese Lehre neu zu interpretieren. Am bekanntesten ist wohl der

Versuch von P. Schoonenberg[1]. Er deutet »Erbsünde« als »Sünde der Welt«, d. h., sie ist zu verstehen als »Summe« aller aktuellen Sünden inklusive der Sünde des Anfangs, mit dem die Geschichte begann. »Summe« versteht sich natürlich nicht als bloß äußere Zusammenfügung. Die Bibel stellt im Adam-Typos die *Gemeinsamkeit* aller in der *Berufung* wie auch im *Versagen* gegenüber dieser Berufung dar. Vom Standpunkt der göttlichen Berufung aus fließen Vergangenheit, Gegenwart und Zukunft gleichsam in ein einziges Moment zusammen. Der Mensch will von Anfang an sich selbst entscheiden, selbst Gott sein. Dem logisch ersten, der Berufung, folgt als logisch zweites der Bruch dieser Berufung durch den Menschen und als Konsequenz daraus der gebrochene, sündige Mensch. Die eigenartige geschichtliche Verbundenheit aller Menschen in der Sünde, ihre Solidarität in der Schuld, wird in der Bibel typologisiert: Im zeitgerafften Verständnis ist die Sünde Adams die Summe aller aktuellen Sünden und so Ursache der Unheilssituation. Der Mensch ist nicht nur äußerlich in die Gemeinsamkeit des sündigen Versagens gestellt; zur Situation der Solidarität in der Sünde kommt ein existentiell gebrochenes Verhältnis des Menschen zu Gott. Dies eben zeigt sich dann in der oben erwähnten Unfähigkeit zum Glauben und Lieben.
Die Interpretation Schoonenbergs scheint den wesentlichen Aussagen paulinischer Theologie zu entsprechen. Ob sie auch der Festsetzung des Trienter Konzils (DS 1510–1516) genügt, das zu beurteilen ist nicht unsere Aufgabe[2]. Die Erbsündenlehre ist letztlich eine »Kurzformel für die grundlegende Einsicht einer Theologie der Geschichte, daß die von der Schuld mitbestimmte Situation des Todes, der Begierlichkeit, des Gesetzes, der Vergeblichkeit, einer durch die Konkupiszenz für uns gegebenen, empirischen Unscheidbarkeit von Gut und Böse in der Geschichte unaufhebbar ist«[3]. Kurz: die von der Schuld mitbestimmte geschichtliche Situation des Menschen ist von ihm aus gesehen nicht aufhebbar. Sie gehört bleibend zu den Konstitutionen der Geschichte. Diese Situation als ganze hat ihre geschichtliche Ursache im Zusammenhang mit der freien menschlichen Entscheidung. Welche Entscheidung im einzelnen es war, läßt sich nicht sagen. Noch viel weniger wissen wir, warum es zu dieser Entscheidung kam. Wir wissen aber im Glauben, daß die gebrochene Situation des Menschen dialektisch überlagert ist durch den infralapsarisch wirksamen *Heilswillen Gottes*. Das Angebot der Endgültigkeit besteht von Christus her trotz der Gebrochenheit weiter. Die Heilssituation des Menschen ist im voraus zur persönlichen Entscheidung dialektisch mitbestimmt durch den »Fall« und eine den »Fall«

[1] Vgl. P. Schoonenberg, Theologie der Sünde, Einsiedeln 1966; dazu: P. Lengsfeld, Adam und Christus, Essen 1965; H. Haag, Biblische Schöpfungslehre und kirchliche Erbsündenlehre, Stuttgart 1966; ferner die kritische Auseinandersetzung mit verschiedenen Ansätzen: L. Scheffczyk, Versuche zur Neuaussprache der Erbschuld-Wahrheit, in: MThZ 17, 1966, 253–260.
[2] Vgl. M. Seybold, Erbsünde und Sünde der Welt, in: MThZ 18, 1967, 56–60.
[3] K. Rahner, Art. Erbsünde, in: SM I, 1104–1117, 1115.

übersteigende Berufung. Wir sind darum immer neu aufgerufen »zu springen«! Zum Glück!

Der Erfahrung des Bösen gegenüber ist der Christ nicht zur passiven Resignation verurteilt, weder individuell noch kollektiv. »Denn einerseits ist die eschatologisch auf leid- und todüberwindende Kraft der Gnade schon überall wirksam, und andererseits muß der Christ durch seine tätige Planung und Gestaltung der Zukunft in Gerechtigkeit und Liebe für diese Gegenwart der Gnade eine konkrete geschichtliche Erscheinung und ein Zeugnis herstellen. Die Lehre von der Erbsünde ist eine Mahnung zur Pflicht und zur innerweltlichen Unvollendbarkeit dieser Aufgabe.«[4]

B. Der Mensch im Kampf gegen das Böse

Resignation oder Hoffnung gegen alle Hoffnung, das scheinen die alternativen Haltungen zu sein, in denen der Mensch auf die Macht des Bösen in der Welt reagieren kann. Die Erscheinungsformen der Selbstentfremdung des Menschen sind in unserer Gesellschaft allerdings vielschichtig und in ihrer Mehrdeutigkeit oft nur schwer zu fassen. Es sei nochmals an die entsprechenden Zeugnisse der Literatur erinnert. Doch kann kein wacher Zeitgenosse um eine Auseinandersetzung mit den vielfältigen inneren und äußeren Zwängen herumkommen, die den Menschen zu versklaven drohen. Die Art und Weise freilich, wie man dagegen angeht, hängt nicht unwesentlich davon ab, wie man die Ursachen und Zusammenhänge des Bösen deutet. »Manche Theoreme zur Erklärung des Negativen und Bösen aus der theologischen und philosophischen Tradition Europas, auch der klassischen deutschen Philosophie, können nicht mehr überzeugen, weil sie Phänomene des Negativen und Bösen unterschätzen und verharmlosen.«[5] Die Versuche zur Neuinterpretation der Erbsündenlehre basieren auf der gleichen Einsicht. Auf die Verbindung von ursächlicher Deutung des Bösen und der entsprechenden

[4] Ebd. 1115.
[5] W. Oelmüller, Probleme des neuzeitlichen Freiheits- u. Aufklärungsprozesses, in: J. B. Metz/J. Moltmann/W. Oelmüller (Hrsg.), Kirche im Prozeß der Aufklärung, München–Mainz 1970, 91–143, 131.

Strategie im Kampf dagegen soll darum hier noch kurz und nur in grundsätzlicher Form eingegangen werden. Konkretere Hinweise werden im nächsten Abschnitt und bei der Frage nach den Norminhalten folgen.

1. Die ausschließliche Begründung im Subjekt

Die Philosophie der Subjektivität sieht das Böse ausschließlich im Subjekt begründet. Kant wendet sich gegen die Erbsündentheorie, weil es für das Böse keinen geschichtlichen, keinen »Zeitursprung«, sondern nur einen »Vernunftursprung« gibt. »Eine jede böse Handlung muß, wenn man den Vernunftursprung derselben sucht, so betrachtet werden, als ob der Mensch unmittelbar aus dem Stande der Unschuld in sie geraten wäre. Denn: wie auch sein vorheriges Verhalten gewesen sein mag, und welcherlei auch die auf ihn einfließenden Naturursachen sein mögen, imgleichen ob sie in oder außer ihm anzutreffen seien: so ist seine Handlung doch frei, und durch keine dieser Ursachen bestimmt, kann also und muß immer als ein *ursprünglicher* Gebrauch seiner Willkür beurteilt werden.«[6] Es gibt keinen begreiflichen Grund, woher das moralisch Böse in uns zuerst gekommen ist. Die Bestimmung zu dem, was der Mensch im moralischen Sinn ist, gut oder böse, muß er sich selbst geben. Jeder Einfluß von außen bleibt ausgeschlossen. Selbst »übernatürliche Mitwirkung« (Gnade also) bleibt darauf angewiesen, daß der Mensch sich vorher dafür würdig macht[7]. Wenn das moralische Gesetz Besserung fordert, dann müssen wir es auch können, dann gilt eben, »du kannst, denn du sollst!«. Gewiß werden die moralischen Subjekte zum Sieg des Guten in der Welt beitragen. Doch Kants Hypothese zur Erklärung des Bösen vermag »auf Grund der auf dem transzendental-philosophischen Standpunkt entwickelten Unterscheidung zwischen dem intelligiblen und empirischen Charakter des Menschen den Zusammenhang zwischen der intelligiblen Tat und den in der Zeit und in der Geschichte gemachten Erfahrungen des Bösen nicht einsichtig zu machen«[8]. Das Subjekt bleibt letztlich

[6] I. Kant, Die Religion innerhalb der Grenzen der bloßen Vernunft, in: Werke, hrsg. v. W. Weischedel, Darmstadt 1968, VII, 690 (B 43/A 39).
[7] Vgl. ebd. 694 f. (B 49/A 45).
[8] W. Oelmüller, Die unbefriedigte Aufklärung, Frankfurt a. M. 1969, 236.

jenseits »von Geschichte, Wissenschaftsentwicklung und Gesellschaft«[9].

2. Das Böse im gesellschaftlichen Prozeß

Im Gegensatz zu Kant sieht *Marx* den Ursprung des Bösen wesentlich in der Geschichte, näherhin im gesellschaftlichen Prozeß verankert. Und gegenüber Hegels abstraktem Geschichtssubjekt kann er nur im wirklichen Menschen das wirkliche Subjekt der Geschichte sehen (vgl. § 4 B.). Durch die Aufhebung der Spaltung von bewußtem und unbewußtem Geschehen verlegt er die Widersprüche und Differenzen in den empirischen Menschen. Die Versöhnung durch Vermittlung der Gegensätze darf daher nicht nur in Gedanken geschehen; sie muß sich mitten durch die Geschichte, d.h. konkret durch die Gesellschaft, vollziehen. Die Geschichte ist zu verstehen als der Raum konkret-allgemeiner Veränderungen zwischenmenschlicher Beziehungen durch den Menschen selbst; sie ist der Weg zur Selbstbefreiung. Die Basis des geschichtlichen Prozesses sieht Marx im Stand der Produktivkräfte. Die geforderte Auseinandersetzung ist darum wesentlich ökonomischer Natur. Das eigentliche Geschichtssubjekt ist die Klasse des Proletariats; sie ist durch den Verkauf der Arbeitskraft sich selbst total entfremdet. Sie muß durch Rückgewinnung des Selbstbewußtseins befreit werden. Gelingt ihr die Aufhebung der Entfremdung, dann hört die Einteilung in Klassen auf und die Entfremdung ist im entscheidenden Punkt in der klassenlosen Gesellschaft aufgehoben.
Kaum eine andere Befreiungs- und Erlösungslehre der Neuzeit hat unsere Geschichte entscheidender geprägt. Sie wirkt nicht nur in den verschiedenen politischen Systemen des Marxismus-Leninismus; vielmehr sind nun sowohl der sich selbst entfremdete Mensch als auch Geschichte und Gesellschaft als Ort der menschlichen Selbstbefreiung entdeckt. Diese Einsichten werden nicht selten mit Elementen der psychoanalytischen Trieblehre Sigmund Freuds verbunden und kehren dann in allen Variationen in den verschiedenen Kultur- und Gesellschaftstheorien wieder. Die Grundthese der Entfremdung wird ins Allgemein-Mensch-

[9] W. Post, Philosophische Theorien über das Böse, in: Concilium 6, 1970, 430–434, 432.

liche umgeformt. Entfremdung ist nicht mehr ein Phänomen der ökonomischen Basis wie bei Marx, sondern durch die Strukturen der Gesellschaft als ganzer bestimmt[10]. Darum wird in der negativen Dialektik die Grundforderung der Destruktion des Bestehenden erhoben[11]. Positiv wird das Gute verstanden als Interesse am Maß der Emanzipation, soweit sie historisch unter den gegebenen wie unter den manipulierbaren Bedingungen objektiv möglich ist[12]. Eine eigene Linie verfolgen die sexualökonomischen Theorien von Wilhelm Reich, Herbert Marcuse und in Variation von Arno Plack. Die Wurzel des Bösen liegt hiernach in der Unterdrückung primärer Triebwünsche. Nur die Befreiung von sexuellen Repressionen gibt dem Menschen Freiheit. Die humane Entfaltung und Erfüllung seiner natürlichen Triebstruktur verlangt eine gesellschaftlich-ökonomische Revolution; sie muß die uneingeschränkte sexuelle Betätigung für alle Klassen und Altersstufen ermöglichen.

3. Der Kampf gegen das geschichtlich konkrete Böse

Die Deutung der Ursachen und Zusammenhänge des Bösen bestimmt nicht nur die Struktur der Bekämpfung, sondern auch die Aussichten auf den Erfolg. Liegt die Wurzel des Bösen im »Risiko des Seiend-Seins« selbst (Heidegger), so klingt der Gedanke an eine möglische Abschaffbarkeit absurd. Sieht man dagegen die Ursache in bestimmten ökonomischen Strukturen oder Triebrepressionen, dann wirkt der Aufruf zur individuellen Bekehrung als glatter Zynismus. Es bleibt nur der revolutionäre Kampf; und dieser fordert den Glauben an den unbedingten Erfolg. Wir meinen, der Kampf gegen das konkrete Böse müsse von ideologischen Einseitigkeiten freigehalten werden. Im Anschluß an das »Hoffnungspapier« der Synode wurde bereits darauf hingewiesen, daß der Mensch im Schatten solcher Theorien nur allzu gern die eigene Schuld zu verbergen suche. Subjektive und objektive Freiheitsverfehlungen können nicht getrennt werden. Der Kampf gegen das Böse fordert entsprechend die persönliche Umkehr und die Übernahme der Verantwortung in

[10] Vgl. H. Marcuse, Triebstruktur und Gesellschaft, Frankfurt a. M. 1969.
[11] Vgl. Th. W. Adorno, Negative Dialektik, Frankfurt a. M. 1965.
[12] Vgl. J. Habermas, Erkenntnis und Interesse, Frankfurt a. M. 1968.

geschichtlicher und gesellschaftlicher Perspektive. Dabei gilt prinzipiell:

– *Jedes Tun* des einzelnen, mag es noch so unscheinbar sein, *hat soziale Konsequenzen.* Ungerechtigkeit, Unterdrückung, Ausbeutung und Gewalt, diese konkreten Gestalten des Bösen, können gewiß nicht einfach der Verantwortung eines einzelnen angelastet werden. Und doch wachsen sie zusammen aus einzelnen inhumanen Verhaltensweisen, die vielleicht je für sich harmlos erscheinen und »menschlich« verständlich sind. Erst ihre Verkettung schafft den inhumanen Trend, der die Zukunft der Menschen aufs Spiel setzt und die Hoffnung auf einen letzten Sinn zerstört. Gerade in dieser Hinsicht sollten wir uns den warnenden Zeugnissen zeitgenössischer Literatur nicht verschließen. Bloße Sensationslust, Gedankenlosigkeit oder Trägheit bergen stets das Risiko, daß weit Schlimmeres daraus entstehen kann.

– Das spezifisch *gesellschaftliche Handeln verlangt besondere Beachtung.* Es gibt kein kollektives Handlungsobjekt und dementsprechend auch keine Kollektivschuld. Aber man spricht heute zu Recht vom »Schuldigwerden der Gesellschaft« und meint damit die Mitverantwortung für die Institutionen, Ordnungen, Sitten, und »kollektiven Überzeugungen«, die unser Zusammenleben regeln und damit auch das Verhalten des einzelnen prägen. Wenn wir ernsthaft zur Kenntnis nehmen, daß diese gesellschaftlichen Institutionen unsere eigenen Schöpfungen sind, und nicht einfachhin unhinterfragbare Explikationen einer vorgegebenen Wesensordnung, dann erkennen wir unsere Verantwortung. Wir erkennen aber damit auch den ambivalenten Charakter dieser Gebilde, die Möglichkeit, daß sie sich mit einem falschen Bewußtsein verbinden und dieses sich zu einer besonders gefährlichen Macht des Bösen entwickeln kann. Stichworte wie »Unterentwicklung«, »soziale Wirtschaftsordnung« oder »Strafrechts- und Strafvollzugsreform« deuten exemplarisch an, was damit konkret gemeint sein kann.

Diese Hinweise sollen nicht den Eindruck erwecken, als ob wir Sündenbewußtsein und falsches gesellschaftliches Bewußtsein einander gleichsetzen wollten. Christliche Theologie, welche die Schuld vor Gott ideologiekritisch überwinden und Buße mit Entwicklungshilfe gleichsetzen wollte, geht sicher in die Irre. Es gibt keine vom Menschen selbst produzierbare Vollendung des

Menschen. Das Phänomen der Sünde wirft den Menschen vielmehr immer wieder zurück auf seine Endlichkeit, d.h. auf seine Differenz zu Gott. »Das Bewußtsein dieser Differenz aber könnte dem neuzeitlichen Menschen, der zur Produktion seiner Geschichte und zur Entlarvung der Zwiespältigkeiten dieser Produktion gezwungen ist, bewußtmachen, daß das ›falsche Bewußtsein‹ nicht durch Korrekturen oder Gewalt ausräumbar, daß Geschichte nicht durch den Menschen vollendbar ist. Solange es Reflexion über Schuld vor Gott und ihre Aufhebung gibt, ist jedenfalls die Bekehrung zu einem ›wahren Bewußtsein‹ nicht in die Hände fehlsamer und endlicher Menschen gelegt.«[13]

§ 10 Sünde als Zeichen

Unsere bisherige Reflexion auf das Phänomen von Sünde und Schuld ergibt, daß Sünde nicht aufgeht in einzelnen normwidrigen Handlungen. Sünde ist nicht gleich Verfehlung, Sünde ist nicht einfach ein gesetzwidriges Tun. Mit der Sünde wird der Mensch selbst ins Spiel gebracht. Mit dem Bekenntnis wird offenbar, daß das Eigentliche der Sünde an die Wurzel der Existenz geht, daß sie den Menschen berührt in seinem Verlangen nach letzter Erfüllung, in seinem Verhältnis zu Gott. Das Bekenntnis weist aber auch hin auf den Entscheidungscharakter der sündigen Tat: der Bekennende bekennt sich zu seiner *eigenen* Entscheidung. Andererseits steht keine Entscheidung isoliert da. Mit seiner Sünde sieht sich der Mensch verwoben in eine universale Geschichte von Heil und Unheil, von Freiheit und Knechtschaft, von Selbstsein und Selbstentfremdung. Wie der Glaube getragen und geborgen ist von der Gemeinschaft der Glaubenden, so gedeiht die Sünde in der solidarischen Verbindung der Sünder. Neben dieser »Querverbindung« gilt es nun noch einen weiteren Aspekt der Entscheidung zu beachten. Als menschliche Entscheidung entfaltet sich die Sünde in einer leib-seelischen Einheit; sie hat ihre Außen- und ihre Innenseite und sie steht in einer individual-geschichtlichen Entwicklung.

[13] W.-D. Marsch, Sündenbewußtsein als »falsches Bewußtsein«?, in: Concilium 6, 1970, 393–400, 400.

A. Zeichen einer Grundoption

Einer transzendentalen Analyse erschließt sich der Vollzug menschlicher Freiheit als ein Akt ursprünglicher Selbstbestimmung (vgl. § 5 B.). *Wir nannten diesen Vollzug,* dieses ursprüngliche Sicherschließen des Willens zu sich selbst als Wollen, *transzendentale Freiheit.* Und wir sagten weiter: erfüllender Gehalt transzendentaler Freiheit könne kein anderer als Freiheit selbst sein, und zwar könne dies, um der Unbedingtheit des Sich-Öffnens willen nur ein Bezug auf unbedingte Freiheit sein. Transzendentale Freiheit greift damit, kraft eigener Form, auf unbedingte Freiheit vor. Ja, sie ist als endliche Freiheit nur aus diesem Spannungsfeld zwischen begrenzter und unbegrenzter Freiheit zu verstehen. Sie kann im Selbstvollzug ihre eigene Offenheit auf die unbedingte Freiheit hin bejahen, sie kann sich ihr auch verschließen. Öffnet sie sich ihr, so gewinnt sie sich selbst; verschließt sie sich, so gerät sie in einen fundamentalen Selbstwiderspruch. Dieser empirisch nicht unmittelbar greifbare Vorgang eines Selbstwiderspruchs bildet das Kerngeschehen der Sünde.

Nun ist aber der Mensch ein leibhaftiges Wesen. Er ist Person nur in und mit seinem Leib. So vollzieht er auch seine Freiheit nicht anders als in seiner leiblichen Existenz. Er muß welthaft sein, um personal sein zu können, er muß »ausgehen«, um in sich eingehen zu können. Dieses personale Geschehen ist niemals teilbar; aber es lassen sich doch einzelne Momente unterscheiden und einander zuordnen, um das Ganze besser zu verstehen. So differenziert Karl Rahner beim Menschen zwischen der »Person« und ihrer »Natur«. »Person« meint das Ich, insofern es über sich selbst verfügen kann. Unter »Natur« dagegen versteht Rahner »alles am Menschen, was und insofern es dieser Verfügung über sich selbst als ihr Gegenstand und Bedingung ihrer Möglichkeit vorgegeben sein muß«[1]. Konkret meint er damit die beseelte Leiblichkeit mitsamt

[1] K. Rahner, Zum theologischen Begriff der Konkupiszenz, in: ders., Schriften I, 377–414, 393, Anm. 1; vgl. ferner ders., Würde und Freiheit des Menschen, in: Schriften II, 247–277; ders., Schuld und Schuldvergebung als Grenzgebiete zwischen Theologie und Psychotherapie, in: Schriften II, 279–297; F. Böckle, Bestrebungen in der Moraltheologie, in: J. Feiner/J. Trütsch/F. Böckle (Hrsg.), Fragen der Theologie heute, Einsiedeln 1957, 425–446; H. Reiners, Grundintention und sittliches Tun, QD 30, Freiburg i. Br. 1966; H. Kramer, Die sittliche Vorentscheidung, Würzburg 1970; K. Demmer, Entscheidung und Verhängnis, Paderborn 1976.

ihren Beziehungen und Bindungen an die Umwelt. Entsprechend der Zuordnung von Person und Natur lassen sich nun auch beim Freiheitsvollzug zwei Aspekte unterscheiden und zuordnen: *einmal* die ursprüngliche *intelligible Freiheitstat* des Menschen als solche (das, was wir eben transzendentale Freiheit genannt haben) und *dann* deren notwendige Verleiblichung in und durch die »Natur« in den menschlichen Akten[2]. Diese beiden Aspekte des Freiheitsvollzugs dürfen weder getrennt noch einfach gleichgesetzt werden. Die ursprüngliche Freiheitstat als solche, d.h. das ursprüngliche Sich-Öffnen transzendentaler Freiheit, ist unserer Erfahrung unmittelbar gar nicht zugänglich. Sie erschließt sich nur – wie oben gesagt wurde – einer transzendentalen Reflexion. Diese allerdings erweist sie als den Grund empirischer Freiheit; denn nur im dynamischen Auslangen nach dem Guten schlechthin ist der Mensch in der Wahl der Güter frei. Andererseits muß er unter den Bedingungen seiner Natur gerade durch diese Wahl hindurch immer wieder seine Offenheit für das Gute bejahen. Theologisch läßt sich der grundlegende Dynamismus des Menschen auf Gott hin, wie er in der Ausrichtung auf das Gute zum Ausdruck kommt, mit Karl Rahner als ein »übernatürliches Existential« verstehen. Der »wollende Wille« ist Signum ursprünglicher Berufung und bleibender Anknüpfungspunkt unserer Gottbeziehung; entsprechend kann das freie Sich-Öffnen des Willens auf diese Dynamik hin, d.h. der Vollzug transzendentaler Freiheit, als eine *Grundoption* gesehen werden[3]. Sie liegt auf einer tieferen Ebene als die Willensfreiheit. »Der Begriff ›Grundoption‹ wird mißverstanden, wenn man sie als voll bewußten, begrenzten Akt neben den Einzelakten unseres Lebens versteht. Sie meint vielmehr eine radikale dynamische Ausrichtung unseres Lebens, die *durch und in* den einzelnen Akten, in denen sie sich realisiert,

[2] Wobei zu beachten bleibt, daß diese Unterscheidung von ursprünglicher Freiheitstat als solcher und deren Verleiblichung nicht etwa zusammenfällt mit der scholastischen Distinktion von Akt (actus internus) und Handlung (actus externus); sie liegt dieser vielmehr voraus, der actus internus ist bereits als eine Verleiblichung des Wollens anzusehen (vgl. W. Brugger, Die Verleiblichung des Wollens, in: Schol. 25, 1950, 248–253).

[3] Vgl. P. Fransen, Zur Psychologie der göttlichen Gnade, in: Die Kirche in der Welt 11, 1960, 143–150 und 265–274; ders., Das neue Sein des Menschen in Christus, in: MS IV/2, 921–984, 954ff. Fransen versteht die Grundoption als eine neue Möglichkeit, von der heiligmachenden Gnade zu sprechen (vgl. u.a. MS IV/2 956).

frei bejaht wird. Sie liegt somit nicht neben unseren Einzelakten oder parallel zu ihnen, sondern beseelt sie von innen heraus.«[4] Sie kann sich nur in den einzelnen Taten äußern. Sie verwirklicht sich frei. Sie ist *unsere* Antwort auf *gegebene* Freiheit; aber so ist und bleibt sie auch in unserem Vollzug durch und durch von der Anziehungskraft und der Präsenz Gottes inspiriert und getragen. »Je mehr sie wächst, desto mehr werden unsere Kräfte integriert und desto mehr wird die Vielfalt unseres Tuns von innen her vereinfacht.«[5] Sie kann allerdings »auch erlahmen, absterben und einer entgegengesetzten, ichbezogenen Option Platz machen, einer radikal sündhaften Option«[6]. Diese Negativoption ist nichts anderes als der »Zustand«, besser die Grundhaltung des Sünders. Ihren Ursprung hat sie in einer Tat, in der wir die positive Option aufheben, indem wir uns in unser Ich einkapseln und die Liebe Gottes zurückweisen. Sünde ist demnach die Verkehrung der Grundoption; aber auch hier wäre es falsch, die verkehrte Grundoption einfach mit den einzelnen Taten, also mit den »Sünden« gleichzusetzen. Sie ist vielmehr eine Konsequenz von Einzelsünden und prägt solche wiederum. Die Einzeltaten müssen darum als »konstitutive Zeichen« der Grundoption im positiven wie negativen Sinn verstanden werden: sie sind Zeichen, d. h., sie sind Ausdruck einer vertieften Haltung; und sie sind konstitutiv, d. h., sie bestimmen und beeinflussen die Haltung im Sinne ihrer Bejahung oder Verneinung.

B. Die Unterscheidung der Zeichen

Aus dem Gesagten ergibt sich, daß der Mensch sich durch »Sünden« zum »Sünder« konstituiert. Man darf darum weder die Einzelentscheidungen isolieren und verobjektivieren, noch darf man das Sündigen reduzieren auf die bloße Grundentscheidung selbst. Welche Tat aber zerstört nun die Grundoption? *Welches Zeichen* ist nun *tatsächlich* als *konstitutiv* für die Verkehrung anzusehen? Diese Frage ist identisch mit der Frage nach der

[4] Ders., MS IV/2, 955.
[5] Ebd. 955.
[6] Ebd. 957.

Unterscheidung von läßlicher und schwerer Sünde. Darauf gibt es eine relativ leichte theoretische und eine viel schwierigere praktische Antwort.

1. Theoretische Unterscheidung

Nach Thomas besteht das Wesen der Sünde in der »aversio a Deo«. Nun gibt es aber zwischen dem »conversus ad Deum« und dem »aversus a Deo« kein tertium; der Gegensatz ist kontradiktorisch! Der Mensch als aversus ist Sünder, der Mensch als conversus ist gerecht. Es gibt hier keine Halbheit. Der formelle Begriff der Sünde kommt darum nur der aversio a Deo zu, d. h. also dem, was wir »schwere Sünde« nennen (I–II 88,1 ad 1). Die sogenannte »läßliche Sünde« ist *nur in analogem Sinn* Sünde zu nennen.

Damit steht für ihre Wesensbestimmung zunächst negativ fest: sie ist »*non aversio*« sie ist »Nicht-Sünde« (im eigentlichen Sinn). Weniger einheitlich ist demgegenüber die positive Bestimmung. Thomas und seine Schule versucht es mit der Bestimmung einer »actio praeter legem« (nicht contra legem) oder als »inordinatio circa media, non circa finem«, als »deordinatio citra aversionem a Deo« (I–II 72,5), wobei es in der weiterführenden Erklärung mehr um die Ergründung geht, wann und weshalb es denn de facto nicht zur aversio komme. Thomas antwortet, das könne *nur da sein, wo durch eine Handlung das Lebensprinzip der Liebe nicht zerstört werde,* was wiederum entweder seitens des Subjektes (aus Unwissenheit und Schwäche) oder seitens der Sache bedingt sein könne[7].

Dementsprechend erscheint die läßliche Sünde als Haltung und Tat, in der zwar die Liebe, die Gottesfreundschaft nicht aufgekündigt wird, der Mensch aber nur mit *geteiltem* Herzen dabei ist, Gottes Anspruch zu vernehmen und zu tun. Die Gründe liegen in seiner Leiblichkeit und Geschichtlichkeit.

a) *Als Leibwesen steht der Mensch im Raum.* Sein Wollen ist verleiblichtes Wollen. Die ursprüngliche Freiheitstat selbst steht auch unter den Bedingungen der Leiblichkeit. In ihrer Tendenz zum Guten prägt sie den ganzen Menschen. So ist es die auf das

[7] Vgl. A. Landgraf, Das Wesen der läßlichen Sünde in der Scholastik bei Thomas von Aquin, Bamberg 1923, 135.

Gute ausgerichtete »Natur«, die unter Umständen verhindert, daß ein konkretes Freiheitshandeln (actus humanus) jene Intensität erhält, die für eine aversio a Deo notwendig wäre. Die »Unvollkommenheit« der »bloß läßlichen« Sünde liegt dann in der raumzeitlichen Vermittlung menschlichen Erkennens und Wollens begründet. Mit anderen Worten: Der Akt hat, sofern er dem Personzentrum entspringt, die Tendenz zur Totalität; sofern er sich in der Materialität der Natur vollzieht, unterliegt er aber einer Verunvollkommnung.

Diese Verunvollkommnung kann *direkt durch das Subjekt bedingt* sein: Im Medium der Leiblichkeit steht der Mensch in der Interferenz von Ich und Welt, Personeigenem und Personfremdem. Diese Verunvollkommnung kann aber auch *vom Gegenstand her, von der Sache her, bedingt* sein: Es kann Entscheidungen geben, die in ihrer sachlichen Bedeutung, in ihrem Wert oder Unwert, den Menschen *normalerweise* nicht total zu engagieren vermögen. Das ermöglicht dann in einem gewissen Umfang eine objektiv-abstrakte moraltheologische Bewertung, die aber nur *Indizcharakter* besitzt. Das bedeutet: Ich kann in bestimmten Fällen ganz allgemein, aber eben auch *nur allgemein* sagen, wer dieses tut (wir nennen es materia gravis), der setzt seine Beziehung zu Gott aufs Spiel. Ob es jedoch im Einzelfall zur Verkehrung der Grundoption kommt, das bleibt bei der prinzipiellen Nichtintelligibilität der Gnade durch das natürliche Erkenntnisvermögen unerkennbar.

b) *Als Leibwesen steht der Mensch in der Zeit.* Nicht nur die Vermittlung durch die Materialität leiblich-welthaften Seins begrenzt die ursprüngliche Freiheit des Menschen: die Totalität seines Entscheides wird auch gemindert durch sein Leben in der Zeit. In die Zeit gestellt, kann der Mensch nur Teilentscheidungen fällen, die er so lange bereuen und widerrufen kann, als er in der Zeit steht. Er kann sich durch eine einzelne Entscheidung weder als Ganzer einholen noch als Ganzer verfehlen. Trotzdem stehen die einzelnen Entscheidungen nicht beziehungslos in einem gleichförmigen χρόνος. Im καιρός der aufgetragenen Gegenwart hat er die Vergangenheit zu bewältigen und die Zukunft zu gestalten. Die Entscheidungen sind so Teil einer echten Lebensgeschichte, einer Kontinuität, die von der handelnden Person durchgehalten wird. Jede Entscheidung wirkt notwendig auf ihre folgenden

Entscheidungen ein und bestimmt so die endgültige Entscheidung. Darin liegt eine wichtige Erkenntnis begründet. *Alle zeitlichen Entscheidungen sind revidierbar.* Darin liegt der fundamentale Ansatzpunkt für die Bekehrung. Total im Sinne einer Unrevidierbarkeit ist also nur die letzte Entscheidung. Hier erhält das Wort Todsünde erst seine volle Bedeutung. Das will aber nicht besagen, daß es nicht auch in der Zeit eine »relative« Totalität der Abkehr von Gott durch die selbstherrliche Vergötzung und Autonomieerklärung des Menschen gebe.

2. Praktische Unterscheidung

In der Theologie der Gegenwart wird diese Frage auch nicht konkret gelöst. Es wird vielmehr betont, daß sie durch die Festlegung auf bestimmte moralische Delikte gar nicht gelöst werden könne. Da der Mensch Gott nicht unmittelbar begegnet, sondern vermittelt durch die Welt und den Bruder, hat die Moraltheologie vornehmlich versucht, vom »Gewicht« dieser vermittelnden »Objekte« her den Unterschied festzulegen. Sie ordnete und bewertete das Material der pluralen Wertwelt und fällte dann das praktische Urteil: eine bestimmte (diese oder jene) ordnungswidrige Hinkehr zur Kreatur widerspreche dem Willen Gottes und sei dazu angetan, vom Menschen einen existentiell radikalen Entscheid gegen Gott herauszufordern. *Ob sie diesen Totalentscheid tatsächlich auslöst,* das konnte natürlich nie allgemein festgelegt werden. Diese Aussagen hatten und haben auch heute nicht mehr als »Indiziencharakter«.

Der Sinn solch objektivierender Unterscheidung wird heute nicht einfach bestritten. Es wird aber betont, daß sie nur im Blick auf die Struktur des personalen Aktes richtig verstanden werden könne. Der Mensch kann Gott den glaubenden Gehorsam verweigern, indem er sich nicht auf das Heil von Gott angewiesen wissen will. Er kann dies aber auch tun, indem er sich in egoistischer Selbstgenügsamkeit dem Anspruch Gottes im Bruder verschließt. Er muß die Abkehr also nicht in einer formellen Leugnung materieller Glaubenswahrheit vollziehen. Insofern braucht die aversio a Deo den Glauben nicht radikal zu zerstören, wohl aber wird in der aversio a Deo die Liebe zerstört, die allerdings die Form des Heilsglaubens ist.

Es wird aber auch noch ein zweites sichtbar: die Beziehung jeder einzelnen Entscheidung zur *Gesamtstruktur unseres sittlichen Verhaltens, zu unserer religiösen Grundbefindlichkeit.* Der Mensch setzt ja seine einzelnen Akte nicht auf dem Untergrund einer Substantialität rein objektiver Art, als reihe er gleichsam auf dem Faden der äußeren Zeit (echte oder falsche) Perlen zu einer Kette aneinander[8]. Der eine und ganze Mensch lebt vielmehr immer aus einer Grundhaltung, die entweder auf Gott hin gerichtet oder von Gott abgekehrt ist. Diese letzte entscheidende, alles durchprägende Grundhaltung ist für den Menschen freilich nicht leicht reflektierbar. Wir können wohl einzelne Taten unseres Lebens anschauen, aber wir können keinen unmittelbaren Blick tun auf diese letzte Quelle unserer Taten in unserem Herzen.
Damit gewinnt aber auch die Frage nach den läßlichen Sünden einen ganz anderen Ernst. So könnte etwa eine in sich betrachtet harmlose Lieblosigkeit gegen den Nächsten das ferne Echo eines Grundegoismus sein, der tödlich wirkt. Eine solche Haltung des Egoismus, die sich vielleicht gar nicht in gräßlich-häßlichen Taten eines bürgerlichen Moralkodex äußert, könnte genau das sein, was wir mit Todsünde meinen. Andererseits könnte aber auch ein äußerlich gravierender Fehler nur ein Ausdruck falsch verstandener Liebe sein, die bei weitem keine Abkehr von Gott einschließen würde. Damit soll keinem falschen Relativismus Vorschub geleistet werden; aber wir müssen die einzelnen sittlichen Akte sehr wohl von der Tiefe unserer menschlichen Grundhaltung her beurteilen. Sie sind deren »konstitutives Zeichen«, d. h., sie zeigen unsere Grundhaltung nicht nur an, sondern bestimmten sie auch selbst wieder. So ist das ganze Leben eine in vielen Entscheidungen vollzogene gläubige oder ungläubige Selbstbestimmung, aus der einst unser letzter, in voller geistiger Bewußtheit vollzogener Entscheid hervorgehen und uns dann für immer coram Deo bestimmen wird.

[8] Vgl. K. Rahner, Schriften VI, 271.

Dritter Abschnitt: Erfüllung

Im ersten Abschnitt war die Rede vom sittlichen *Grundanspruch*, von dem der Mensch betroffen wird. Die Theologie sieht den Menschen als Geschöpf, sie kann ihn im Lichte des biblischen Schöpfungsglaubens nur von seinem einzigartigen Gott-Mensch-Verhältnis her verstehen. Als geschaffene Person ist der Mensch in der Mitte seines Personseins von Gott in Anspruch genommen. Im Verständnis des Schöpfungsglaubens ist das Sittengesetz als Faktum der Vernunft nichts anderes, als die Abhängigkeit eines personal freien Menschen, der in dieser seiner Freiheit total beansprucht ist, über sich zu verfügen. Das Dasein unter dem Sollensanspruch erweist sich theologisch als die notwendige Verfassung des Menschen, der sich nicht sich selbst verdankt, sondern sich als Kreatur konstituiert weiß. Schöpfung erscheint als ein Akt freilassender und darin beanspruchender Freiheit Gottes. Der zweite Abschnitt konfrontierte uns mit der Tatsache, daß der Mensch diesem Anspruch nicht entspricht und in einem geheimnisvollen Sinn auch nicht entsprechen kann. Diese Unfähigkeit hat ihren Grund nicht im geschöpflichen Sein als solchem – dann wären Verantwortung und Schuld unmöglich – sie liegt vielmehr in der gebrochenen Existenz des Menschen als Folge des freien Widerspruchs gegen den Anspruch. Der Übergang von der Möglichkeit der Sünde zur Wirklichkeit bleibt ein Geheimnis. Nur soviel läßt sich sagen: »Die Freiheit als das potentielle Hinaussein über alles in der Möglichkeit, die Freiheit als Möglichkeit der Möglichkeit (Kierkegaard), das menschliche Selbst als das potentielle Weltzentrum, die Freiheit als potentielle Aseität: eben das ist die Voraussetzung für die Lossagung von Gott, für den Abbruch, den Abfall der Kreatur.«[1] In der Freiheit schlummert die verführerische Möglichkeit zur hybriden Selbstvergötzung, zum Glauben an eine absolute Autonomie des Menschen und an eine totale Machbarkeit von allem durch den Menschen. Sie ist so

[1] K. Niederwimmer, Der Begriff der Freiheit im Neuen Testament, Berlin 1966, 106.

groß, daß nach den Aussagen des Römerbriefes alle – ohne Ausnahme – daran gescheitert sind und sich die mögliche Freiheitsgeschichte der Menschheit faktisch als eine Geschichte der Knechtschaft darbietet, in der alle der Befreiung zur Freiheit bedürfen.

§ 11 Die freimachende Freiheit

»Freiheit« und »Befreiung« sind zu zentralen Motiven der christlichen Theologie geworden. Angesichts der verschiedenen religiösen und säkularen Befreiungsbotschaften scheint es daher wichtig, speziell auf die Bedeutung des christlichen Glaubens für die *Befreiung des Menschen* hinzuweisen. Es ist allerdings »eine schwierigere Aufgabe, den christlichen Glauben im Begriff der Freiheit neu auszudrücken, als diesen Aspekt der Erlösung bloß deswegen zu betonen, um zu zeigen, daß auch die Kirche für die Freiheit ist«[2]. Christlicher Glaube ist keine Weisheitslehre, die dem Menschen in sokratischer Weise erklären würde, wie er den Kerker der Endlichkeit durchbrechen könne. Der Glaube entwikkelt auch keine praktische Strategie zur Überwindung der Ängste und Zwänge sowie der durch Rassen- und Klassengegensätze bedingten Repressionen. Und doch bezeugt der christliche Glaube, daß dem Leben und Sterben Jesu von Nazaret für die menschliche Freiheitsgeschichte eine universale Bedeutung zukommt. Ein Bekenntnis, das zu vielen Mißverständnissen Anlaß gibt, weil ihm der Geruch eines Monopols der Christen in der Förderung der Freiheit anhaftet[3]. Dabei erscheint vielen gerade der Aufbruch zum religionsfreien säkularen Humanismus als der endgültige Exodus ins Land der Freiheit. Fragen wir darum im Rahmen unserer ethischen Problemstellung, welches der echte, unreduzierbare Beitrag Jesu von Nazaret zur Befreiung des Menschen, seine freimachende Freiheit, sei.

[2] L. Keck, Der Sohn als Schöpfer der Freiheit, in: Concilium 10, 1974, 189–195, 189.

[3] Vgl. J. Neuner, Kein Monopol in der Förderung der Freiheit, in: Concilium 10, 1974, 170–175.

A. Jesu befreiendes Wirken

Der die christliche Tradition beherrschende Freiheitsbegriff wurde vor allem von Paulus und Johannes geprägt. Beide haben je auf ihre Weise aus der Erinnerung an die befreiende Kraft, die sie selbst aus der Begegnung mit Jesus und seiner Tradition erfahren haben, die Freiheit als Konsequenz des in Jesus erschlossenen Heils gesehen. Dabei prägt nicht so sehr das Beispiel Jesu, sein Verhalten im einzelnen, ihr Freiheitsverständnis, sondern das Christusereignis als ganzes. Von den Umständen in ihren Gemeinden werden sie gefordert, den Grund und das Ziel der Freiheit klarzustellen und ihren christologischen Charakter zu verteidigen. Ohne die Bedeutung dieser apostolischen Interpretation zu schmälern, versucht man heute den Hintergrund der neutestamentlichen Freiheitsbotschaft in der Jesus-Tradition selbst stärker herauszustellen. »Die Darstellung dessen, was im Neuen Testament positiv Freiheit ist, darf nicht erst bei der paulinischen Theologie einsetzen. Wenn auch das ›griechische‹ Wort ἐλεύθερος und seine Derivate innerhalb der synoptischen Überlieferung einzig in Matthäus 17,26 zu finden sind, so ist doch die ›Sache‹, oder besser: die neue Wirklichkeit der Freiheit, der von Johannes dann so genannten ›wahren‹ Freiheit bereits aus der synoptischen Tradition zu erkennen. Paulus und Johannes haben nicht die christliche Freiheit begründet, sondern sie haben sie als Wirklichkeit vorgefunden und versucht, diese Wirklichkeit in Begriffe zu fassen. Die christliche Freiheit ist nicht erst bei dem Übergang des Christentums in die hellenistische Welt geschaffen worden, sondern sie hat von Anfang an das neue Leben bestimmt, das Christus den Seinen eröffnete.«[4] Grund genug, nach dem Ursprung der christlichen Freiheit in Jesus selbst zu fragen.

[4] K. Niederwimmer, Der Begriff der Freiheit im Neuen Testament, a. a. O. 150. Vgl. D. Lührman, Jesus: Geschichte und Erinnerung, in: Concilium 10, 1974, 173–181, 179f.: »Eine Schicht urchristlicher Überlieferung, die ausdrücklich um des Heils willen Jesu Wort und Taten tradiert, *muß* befragt werden darauf, wie sich ihre Überlieferung verhält zu ihrem Ausgangspunkt, den Worten und Taten *Jesu*. Nur so kann man erkennen, was ›Ostern‹ für diese Schichten bedeutete, woher sie die Legitimität ableiten, eine Kontinuität zu Jesus zu behaupten. Andererseits ist auch die Frage dringend, welchen Anhaltspunkt eine solche Theologie in Jesus selbst hat: gibt es einen Weg von dem Kreis, den Jesus als seine Jünger berufen hat, zu der Gemeinde Jesu, die sich auf ihn beruft?«

Dieser Ursprung wird von den Autoren übereinstimmend in dem einzigartigen *Gottesverhältnis* gesehen, das Jesu Person und Wirken gleicherweise prägt[5]. Gottes Herrschaft und Reich ist das unbestritten authentische Thema seiner Verkündigung. Wir werden im Zusammenhang mit der sittlichen Botschaft Jesu ausführlich darauf eingehen. Der Grundton dieser Verkündigung ist auf die Befreiung des Menschen gestimmt. *Wo Gott herrscht, da verlieren die Mächte ihre Herrschaft. Die Berichte über Dämonenaustreibungen und Wunderheilungen zeigen deutlich, wie helfend und befreiend das Wirken Jesu verstanden wurde. »Indem die Blinden sehen, die Lahmen gehen, die Aussätzigen rein werden, die Tauben hören und die Toten auferstehen (Matthäus 11,5f.) zeigt sich, daß die Zeit der Satans- und Dämonenherrschaft auf Erden wenigstens im Prinzip vorbei ist. Der Mensch wird – vorerst freilich nur zeichenhaft – frei von Krankheit und Tod. ›Freiheit‹ ist hier überall nichts weiter als befreit sein von den dämonischen* Mächten.«[6] Das Gottesverhältnis bestimmt *Jesu Stellung zur Thora* und ihrer Auslegung durch die Rabbinen. Über dem geschriebenen Gesetz steht der lebendige Wille Gottes. Es geht Jesu nicht um die Unzulänglichkeit einzelner Gesetzesvorschriften, sondern um den befreienden Gehorsam gegenüber dem Willen Gottes. »Jesu autonom bevollmächtigtes ›Ich aber sage euch‹ durchbricht die Heteronomie der herrschenden Religion und befreit den Menschen von den Projektionen seiner Ängste zu einem Leben in Gottes Reich. Jesus bindet seine Hörer an die Freiheit der Liebe, damit an Gott und den Nächsten. Jesus lehrt den Menschen frei gut zu handeln – etsi deus non daretur (Matthäus 25,31–46); er macht Gott als Bedürfnis des Menschen überflüssig, wahrt damit die hoheitliche Freiheit Gottes und stiftet Freiheit des Menschen.«[7] Diese von Jesus souverän verkündete und praktizierte *Botschaft* läßt sich *nicht trennen von seiner Person.* Die befreiende Macht Gottes wurde zuerst in ihm selbst sichtbar. Es ist nach seiner eigenen Interpretation die *Macht des Geistes Gottes,* die ihn bevollmächtigt (Mt 12,28 par. Lk 11,20; vgl. Mk 3,29f.). Seine Freiheit ist ἐξουσία; sie verleiht ihm gerade

[5] Vgl. R. Pesch, Jesus, ein freier Mann, in: Concilium 10, 1974, 182–188, 185 und 187; K. Niederwimmer, D. Lührmann, L. Keck, alle a. a. O.
[6] K. Niederwimmer, a. a. O. 152.
[7] R. Pesch, a. a. O. 185.

im Gegensatz zu den Rabbinen, die sich auf eine bestimmte Tradition berufen, ursprüngliche und innere Autorität[8]. »Die Freiheit Jesu kann nur ausgelegt werden als die durch den Geist Gottes befreite Freiheit dieses Menschen (als Gottes Freiheit für die Menschen). Die Inanspruchnahme des Geistes Gottes durch Jesus ist Ausdruck seines Glaubens, seines Gottesverhältnisses, seiner durch Gottes Geist konstituierten und engagierten Freiheit.«[9] Gerade so ist Jesus »ein freier Mann« (R. Pesch); ja er erscheint freier als andere Menschen, weil er seinen Willen ganz an den himmlischen Vater gebunden hat, der die Freiheit der Menschen will. Neben der Berufung auf den Geist, ist es vor allem dieses einmalige *Verhältnis zum Vater,* das die Freiheit Jesu bestimmt. Er hat die Freiheit, Gott seinen Vater zu nennen, und ebenso die anderen Menschen zu lehren, ein Gleiches zu tun. Er lebt und verkündet die Botschaft von der suchenden Liebe Gottes, jenes Gottes, der sich als Vater mit seinem Sohn eint. Es sind die Begriffe Liebe, Sohnschaft, Einigung, die die Beziehung von Gott und Mensch in der neuen Gottesherrschaft kennzeichnen. »Nicht der Mensch sucht Gott, sondern Gott sucht den Menschen; Gott selbst stellt die zerstörte Gemeinschaft wieder her ... die Verwirklichung der Gemeinschaft vollzieht sich in der Jüngernachfolge ... Jesu Jüngerschaft ist die wahrhafte ›κοινωνία τῶν ἐλευθέρων‹. In ihr vollzieht sich die Freiheit vom Gesetz und die Freiheit von der Welt.«[10]

Diese Begriffe der Sohnschaft und Jüngerschaft erfahren bei Johannes und Paulus eine entscheidende christologische Vertiefung. Jesus ist nicht bloß Künder und Lehrer der Freiheit; er ist ihr Vermittler. »Wenn der Sohn euch freierklärt, dann seid ihr wirklich frei« (Joh 8,36; vgl. Gal 4,4–7). In der Auferweckung Jesu durch den Vater wurde sein Leben und Wirken bestätigt. Er gehört so zu Gott, daß er sein einziger Sohn genannt werden darf. Damit wird auch seine Freiheitsansage bestätigt und die den Menschen befreiende Freiheit ermöglicht und begründet. »Paulus entdeckt diese Dimension der Befreiung, weil er das Kreuz und die Auferstehung Jesu als den Durchbruch in das neue Zeitalter

[8] Vgl. K. Niederwimmer, a. a. O. 166f. mit Berufung auf Foerster, ThWNT II, 566, 20ff.
[9] R. Pesch, a. a. O. 185.
[10] K. Niederwimmer, a. a. O. 165.

sieht, in dem Freiheit für die ganze Schöpfung verwirklicht werden wird. Da sich andererseits die Eschatologie des Johannes auf die Gegenwart konzentriert, ist für ihn Befreiung nicht etwas bloß Vorläufiges. Er kann sie vielmehr im Werk Jesu selbst schon vor seinem Tod begründet sehen, denn für Johannes hängt alles von der Anerkennung Jesu ab.«[11] Für beide aber ist Freiheit nur denkbar als durch den erhöhten Christus vermittelte und geschenkte Freiheit. Sie ist Sohnschaft, nicht nur durch Nachahmung von Jesu befreiendem Tun, sondern durch die Aufnahme in seine Gemeinschaft mit dem Vater, die er als Sohn immer schon hatte.

B. Christliche Freiheit als Angebot

Die den Menschen in Jesus Christus erschlossene Möglichkeit der Befreiung hat durch Paulus und Johannes eine entscheidende theologische Ausformung und Konkretisierung erfahren. Dabei haben neben der jüdischen Tradition eine ganze Reihe von geschichtlichen Einflüssen prägend mitgewirkt. Es ist nicht unsere Aufgabe, hier eine paulinische oder johanneische Freiheitslehre zu entwickeln. Wir möchten aber auf drei Gesichtspunkte hinweisen, die uns in unserem Zusammenhang besonders wichtig erscheinen.

1. Der Herrschaftswechsel

Paulus und Johannes zeichnen das Angebot der Freiheit auf dem düsteren Hintergrund der traurigen Feststellung, daß die Menschheit insgesamt in einem Zustand radikaler Unfreiheit lebt. Die Menschen sind an ihrer geschöpflichen Freiheit gescheitert. »Versteht die stoische Freiheitslehre unter Freiheit die Verfügung des Menschen über das ihn bedrohende fremde Dasein in der Weise bewußter und willentlicher Beherrschung der Seele, so weiß das NT – ganz allgemein gesprochen –, daß der Mensch auch und gerade wenn er sich im Rückzug auf die Innerlichkeit in der Hand hat, nicht frei ist. Denn für das NT ist deutlich, daß ›Freiheit‹ im

[11] L. Keck, a. a. O. 191.

Dasein nicht deshalb fehlt, weil dieses in einer nicht genügenden Weise über sich verfügt, sondern deshalb, *weil* es überhaupt über sich verfügt, und soweit es über sich verfügt.«[12] Diese paradoxe Formulierung verdeutlicht den Konflikt der endlichen Freiheit, auf den wir weiter oben bereits hingewiesen haben. Nicht das Frei- resp. das Selbst-sein-Wollen als solches ist böse; aber der Mensch in seiner Endlichkeit sucht und verlangt nach einer von Gott unabhängigen Autonomie. Gerade in diesem autonomen, die *Kreatürlichkeit verleugnenden Selbstverfügen* sieht das Neue Testament *des Menschen Unfreiheit,* die er in seiner Verblendung nicht sieht. Dieser »Widerspruch im menschlichen Dasein ist die apriorische Struktur, in die hinein sich der neutestamentliche Freiheitsbegriff bildet«[13]. Das Freiheitsangebot will diesen Widerspruch aufheben, in den sich der Mensch selbst immerfort hineinbringt und aus dem er sich ganz offensichtlich selbst nicht zu befreien vermag. Wohl gibt es Versuche, den Weg zur Freiheit zu finden. Paulus kennt sie, und seine Freiheitsbotschaft kann in ihrer konkreten Ausformung auch nicht ohne den Bezug zu diesen »zeitgenössischen«, im Grunde aber nie veralteten Versuchen ausgelegt werden[14]. Es war zu seiner Zeit einerseits der gesetzliche Weg, d. h. der Versuch, durch die Erfüllung von Gesetzesvorschriften Rechtfertigung und Freiheit vor Gott zu erlangen. Aber das Gesetz vermag den Widerspruch der Existenz auch nicht aufzuheben. Dieser Widerspruch geht tiefer als die Dimension des Gesetzes. Gerade weil und soweit es als Mittel der Selbstrechtfertigung benützt wird, muß das Gesetz den Dienst versagen[15]. Andererseits kämpft Paulus nicht weniger entschieden gegen den *libertinistischen Antinomismus,* der unter gnostischem Einfluß

[12] H. Schlier, Art. ἐλεύθερος, in: ThWNT II, 484–500, 492.

[13] K. Niederwimmer, a. a. O. 79.

[14] »Freiheit ist im NT ein *polemischer Begriff.* Er hat seinen ›Ort‹ innerhalb der Polemik gegen das Mißverständnis des Evangeliums, er hat seinen ›Sitz im Leben‹ in der Auseinandersetzung mit dem Legalismus und Libertinismus« (ebd. 84).

[15] In diesem Sinn hat die paulinische Aussage grundsätzlichen Charakter. Im klassischen Griechenland war Freiheit zuerst ein politischer Begriff. Die Gesetze erscheinen als Garant der Freiheit. Doch wußte »der griechische Mensch darum, daß das Gesetz ihn in die Aporie seiner Existenz führen kann, aber er deutet das als den inneren Widerspruch im Gesetz selbst, als die Tatsache, daß Gesetz gegen Gesetz steht. Die daraus resultierende Unerfüllbarkeit des Gesetzes wird in die Gottheit selbst projiziert und als *tragische,* nicht als schuldhafte Situation empfunden« (ebd. 118f.); vgl. die Antigone des Sophokles.

seine Christen bedroht. Gnostische Freiheit entsteht aus der Sinnlosigkeit des Selbst-Welt-Bezuges. Die unberechenbare Welt hat auch kein Recht, den Menschen zu beanspruchen. Schuld wird auf die Außenwelt, auf die Materie und den Kosmos abgeschoben. Der Leib wird als Nicht-Ich abgelöst. Der so zum Ding gewordene Mensch wird durch die Physis regiert. Ein ethischer Anspruch hat für ihn keinen Sinn mehr. Demgegenüber verkündet Paulus eine befreiende Freiheit, die sich in gleicher Weise gegen Nomismus wie Antinomismus wendet. Freiheit im Glauben kommt nicht durch eine Synthese von Autorität und Freiheit zustande, sondern durch die Sohnschaft, die in Jesus Christus Wirklichkeit geworden ist. Der Dualismus von Autonomie und Heteronomie ist erst dort wahrhaft überwunden, wo die Heteronomie selbst die Autonomie gewährt, wo Gottes Geist den Menschen beansprucht und ihm selbst Freiheit gewährt: in einer theonomen Autonomie des Menschen[16].

Dieser grundlegende Tausch, diese Wandlung von der Knechtschaft zur Freiheit der Söhne Gottes kommt in der paulinischen Tauftheologie besonders deutlich zum Ausdruck.

Paulinisch verstanden ist nämlich die Taufe »Heilsgeschehen als Anteilgabe am eschatologischen Heilshandeln Gottes in Christus. Dieses ist gleicherweise ein die Menschen *befreiendes* wie existentiell *in Dienst nehmendes* Handeln. Beide Momente sind unlöslich miteinander verbunden.«[17] Man kann von einem »Herrschaftswechsel« sprechen. Der Täufling wird »mittels der Taufe von Gott Christus, dem Gekreuzigten und Erweckten, d.i. dem Herrn, zugeeignet«[18] (vgl. 1 Kor 1,12f.; Gal 3,27.29; Röm 6,3; 7,4; Kol 1,13). Unmittelbar damit zusammen muß jene andere, oft mißverständlich als »mystisch« bezeichnete Seite gesehen wer-

[16] »Das In-Sein in Christus bzw. im Geist ist das In-Sein in der Freiheit, ... Der Konflikt besteht darin, daß der Mensch zugleich völlig zentriertes Selbst und zugleich Creatura ist, daß er sein eigenes unabhängiges Subjekt und zugleich Gottes Objekt ist. Im Geist ist dieser Konflikt zum Stillstand gekommen. Im Geist steht der Mensch ganz unter der Verfügung Gottes und doch zugleich – nicht als Einschränkung dieser Verfügung, sondern als die paradoxe andere Seite dieses Verhältnisses – in der Selbstverfügung. Im Geist verfügt Gott über den Menschen und ebendarin der Mensch über sich selbst« (ebd. 183).

[17] H. Halter, Taufe und Ethos. Eine Untersuchung zu den paulinischen Gemeindebriefen im Rahmen der moraltheologischen Propriumsdiskussion, Diss. Bonn 1975, 279.

[18] Ebd. 279.

den, »welche die Taufe als sakramentale Initiation der *Christusgemeinschaft,* einer Seins- und Schicksalsgemeinschaft, sieht, die freilich nicht in einer persönlichen Christusbeziehung aufgeht«[19]. Die Aufrichtung der Gottesherrschaft ist Stiftung neuer Gemeinschaft: primär zwischen Gott und den Menschen und darin gründend auch unter den Menschen (Röm 5,1f. 6–11; 2 Kor 5,14–21). Darum versteht die theologische Reflexion ihn als das Sakrament schlechthin. Durch die Präsenz des erhöhten Christus in seiner Kirche als seinem Leib ist auch die Kirche als ganze Sakrament für die Welt; und konsequent müssen wir sagen, daß auch der Christ in seinem christlichen Existenzvollzug Sakrament wird für seine Mitmenschen. Durch die Eingliederung in der Taufe wird er dazu existentiell bestimmt. Die in der Taufe eröffnete *theologisch-christologisch geprägte Existenz* des Getauften läßt ihn teilhaben an der durch Tod und Auferstehung gewonnenen *eschatologischen* Freiheit. Wenn diese auch Kennzeichen der Endzeit (Röm 8,2.18–23; Gal 4,1–17.21–31) ist, so ist sie doch jetzt schon greifbar, denn der künftige Äon ist mit Christus angebrochen. Der Christ ist hineingestellt in das Schon und das Noch-nicht der Erlösung. Dieses eschatologische Heilswirken Gottes wird stete Gegenwart im *Geist.* In der Kraft des Geistes hat der Christ teil am Tod und an der Auferstehung Jesu. Im Geist wird deutlich, daß christlicher Existenzvollzug zu verstehen ist als Teilnahme an einer umgreifenden Heilsbewegung, welche Gott durch Christus zum Heile der Welt ins Werk gesetzt hat. Im Geist wird deutlich, daß es keine von Gott und seinem Christus losgelösten Heilsgaben gibt, die den Menschen naturhaft verändern. Die eschatologische Heilsgabe ist eben der Geist selbst, und der Geist ist die Weise der Gegenwart Christi in uns. Die verschiedenen Interpretationen des eschatologischen Heilsgeschehens als Vergebung, Versöhnung, Rechtfertigung, Befreiung, neues Leben, neue Schöpfung, sind keine statischen Qualifikationen der menschlichen Seele, sie sind schon eher die staunende Deutung der eschatologischen Wirklichkeit, daß Gott selbst durch Christus mit uns und für uns ist.

[19] Ebd. 279. »Beide Momente sind in der Formel βαπτίζεσθαι εἰς Χριστόν (Ἰησοῦν) enthalten (Gal 3,27, Röm 6,3; vgl. 1 Kor 10,2; 1 Kor 12,13). Sie sind für das Verständnis der Taufe so wesentlich, daß sie fast in allen Taufaussagen in irgendeiner Form anklingen« (ebd. 279).

»In diesem Verständnis der Taufe als Herrschaftswechsel, als Befreiung zum (fruchtbaren) Leben und als Indienstnahme wird nun auch das von Paulus und der vor- und außerpaulinischen Gemeinde übernommene Verständnis der Taufe als Aufnahme in die Gemeinde bzw. Kirche, als Sündenvergebung durch Abwaschung (= Reinigung), als Heiligung, Rechtfertigung und Geistbegabung integriert und entsprechend neu interpretiert.«[20] Durch die Eingliederung in den »Leib-Christi« (1 Kor 12,13) ist die neue Existenz der Getauften zugleich *Existenz im Raum der Kirche.* Als von Gott durch Christus im Geist versammelte Gemeinde ist die Ekklesia die in der Endlichkeit der Schöpfung Gestalt gewordene, geschichtliche und der Vollendung entgegenharrende Existenzform der zur Christusgemeinschaft (κοινωνία τοῦ υἱοῦ 1 Kor 1,9) berufenen Gläubigen. Ekklesiale Existenz ist daher auch »die Antwort der Gemeinde als ganzer und des einzelnen in ihr auf das versammelnde koinonia-stiftende Handeln Gottes durch und in Christus in der Welt (und auch für sie)«[21]. Die mittels der Taufe theologisch-christologisch begründete und geprägte Existenz ist als solche darum immer auch eschatologisch, pneumatologisch und ekklesial bestimmt.

2. Freiheit für den ganzen Menschen

Christliche Freiheit erfaßt den ganzen Menschen. In scharfer Antithese zu den gnostischen Irrlehren bezieht Paulus ausdrücklich den Leib in die Befreiung mit ein. »Leib« steht für den ganzen Menschen. Er ist sozusagen das empirische Selbst, das für die Freiheit vom Tod durch Umwandlung in der Parusie bestimmt ist. Paulus begründet damit eine Aussage, daß der Leib für den Herrn da ist und der Herr für den Leib (1 Kor 6,13f.). L. Keck sieht in diesem paulinischen Axiom geradezu die Grundlage einer christlichen Existenz der Freiheit[22]. Zumindest wird uns daraus deutlich, daß die paulinische Freiheitslehre nicht spiritualisiert werden darf. Auch wenn Paulus beispielsweise nicht ausdrücklich über die wirtschaftliche und soziale Befreiung des Menschen in seiner Zeit spricht, so enthält seine Botschaft von der allen Menschen

[20] Ebd. 283.
[21] Ebd. 453.
[22] L. Keck, a. a. O. 191.

angebotenen Freiheit in der Gemeinschaft des Leibes Christi doch eine Sprengkraft, die an das Fundament egoistischer Eigeninteressen und parteiischer Spaltungen greift. Das können wir hier nicht weiter verfolgen. Im Zusammenhang mit der sozialen Befreiung wird aber ein anderer Gesichtspunkt bedeutsam: es ist die Frage nach dem »*Monopolanspruch*« der christlichen Freiheitsbotschaft. Die erste und fundamentale Antwort darauf haben wir bereits gegeben, indem wir auf die christologische Vertiefung der paulinischen wie johanneischen Freiheitslehre hingewiesen haben. Christus ist *der* Weg zum Vater. J. Neuner macht nun aber zu Recht darauf aufmerksam, daß wir Jesus Christus nicht aus der religiösen und profanen Geschichte der Menschheit herauslösen dürfen. Nach dem Schöpfungs- und Erlösungsplan Gottes sind alle Menschen in die gleiche Geschichte von Sünde und Gnade, von Knechtschaft und Befreiung eingeschlossen. In Jesus Christus hat Gott ein für allemal gezeigt, was der Mensch und was menschliche Freiheit bedeutet. Die historische und kulturelle Situation des irdischen Jesus darf aber nicht absolut gesetzt werden. »Vielmehr bedeutet Jesus Christus die Anerkennung, Befreiung und Erfüllung alles dessen, was wahrhaft menschlich ist.«[23] Die Einzigartigkeit Christi ist darum *inklusiv und nicht exklusiv* zu verstehen. Sie bedeutet die Berufung der ganzen Menschheit zur Freiheit. Das Ringen um diese Freiheit ist durch die ganze Menschheit hin ausgebreitet. Der Christ begrüßt all diese positiven Bemühungen, »er soll aber ein feines Gespür haben, ob diese Botschaften genuin sind, ob sie nicht die wahre Freiheit verkürzen und entstellen, ob sie nicht eine Flucht vor den harten Wirklichkeiten des Daseins sind, eine Dienstverweigerung, ein Rückzug in Oasen illusorischer Freiheit, die sich aus dem Drama der Geschichte ausklammert«[24]. Die Freiheit, die er zu verkünden hat, kennt keine Ausweichstellen, weder eine Flucht in den Ursprung noch in die Zukunft, noch in die Innerlichkeit, weil sie Teilnahme an der Freiheit Christi ist, der unser ganzes Menschsein auf sich genommen und befreit hat.

[23] J. Neuner, Kein Monopol in der Förderung der Freiheit, a. a. O. 174.
[24] Ebd. 175.

3. Freiheit der Schöpfung

Auch die Schöpfung soll teilhaben an der Freiheit der Söhne Gottes (Röm 8,19–23). Ohne auf Einzelheiten dieses eschatologischen Textes einzugehen, steht fest: Die Heilsgeschichte erlaubt keine isolierte Betrachtung von Welt und Mensch. Das Schicksal der Welt hängt eng zusammen mit dem Schicksal des Menschen, mit seiner Knechtschaft und seiner Befreiung. Im Verhältnis des Menschen zu seiner Umwelt sind in jüngster Zeit grobe Vorwürfe an die Adresse des Christentums und der Kirche laut geworden. C. Amery spricht von den »gnadenlosen Folgen des Christentums«[25]. Die Zerstörung der Umwelt durch die technologische Zivilisation des Abendlandes liegt nach seiner Überzeugung ganz in der Konsequenz der jüdisch-christlichen Tradition. Aus dem Schöpfungsbericht (Gen 1,26–28) wird eine totale Herrschaft des Menschen über die Schöpfung herausgelesen. Dieser Herrschaftsauftrag soll angeblich durch eine Reihe geschichtlicher Zwischenschritte (mönchische Ethik, Calvinismus, neukatholische Leistungsmoral) bis zur ausbeutenden Praxis der Gegenwart vermittelt worden sein. Amery greift damit die Vorwürfe auf, die bereits der amerikanische Historiker Lynn White sowie der Theologe J. B. Cobb erhoben haben[26]. Es ist wohl unbestritten, daß der biblische Schöpfungsglaube entscheidend zur Entzauberung des Kosmos und zur Entgöttlichung dieser Welt beigetragen hat[27]. Die Säkularisierung der Welt hat geschichtlich das technische Denken mit vorbereitet. Die ausbeuterischen Tendenzen durch eine

[25] C. Amery, Das Ende der Vorsehung. Die gnadenlosen Folgen des Christentums, Hamburg 1972.

[26] J. B. Cobb, Der Preis des Fortschritts. Umweltschutz als Problem der Sozialethik, München 1972. Vgl. G. Altner, Schöpfung am Abgrund, Grenzgespräche V, Neukirchen-Vluyn 1974, 11f.

[27] »Im Lichte der biblischen Botschaft ist die Welt nicht das hoheitsvoll Umgreifende, in dessen prästabilierte Ordnungen der Mensch eingeschlossen ist, sondern sie ist das dem Menschen Zuhandene, gleichsam das Material seiner geschichtlichen Mensch-Werdung vor Gott und von dessen huldvoller Zuwendung in Jesus-Christus« (J. B. Metz, Die Zukunft des Glaubens in einer hominisierten Welt, in: J. B. Metz [Hrsg.], Weltverständnis im Glauben, Mainz 1965, 45–62, 53). Zur sogenannten Säkularisierungsthese vgl. F. Gogarten, Verhängnis und Hoffnung der Neuzeit. Die Säkularisation als theologisches Problem, Stuttgart 1953; A. Auer, Gestaltwandel des christlichen Weltverständnisses, in: Gott in Welt I, Freiburg i. Br. 1964, 333–365; J. B. Metz, Zur Theologie der Welt, Mainz–München 1968.

gnadenlose Naturbeherrschung liegen aber weder auf der Linie der alttestamentlichen Priesterschrift noch im Kontext der neutestamentlichen Verheißung (Röm 8,19–23). Die Aussage über das dominium terrae bei P in Gen 1,26b.28b muß von ihrer Vorgeschichte bei J her verstanden werden. »Die jahwistische Urgeschichte des Alten Testaments entsakralisiert die Errungenschaften und macht sie zu menschlichen Errungenschaften, deren Ambivalenz darin besteht, daß sie einerseits das Dasein des Menschen ermöglichen, andererseits den Menschen in Schuld verstricken. Trotz ihrer Ambivalenz sind sie aber eine Wirkung des Segens Gottes.«[28] Auf diesem Hintergrund erklärt die Priesterschrift: »Die Errungenschaften der menschlichen Kultur entsprechen nicht nur dem Willen des Schöpfers, sondern sie gehen auf das Gebot des Schöpfers zurück.«[29] Die Berücksichtigung des Stellenwertes der P-Formel bewahrt uns davor, »die Ambivalenz der Errungenschaften zu unterschlagen und die Formel als Totalermächtigung zu jeder Art von Vergewaltigung der Erde durch den Menschen mißzuverstehen«[30]. Der Auftrag steht im Zusammenhang mit der Gottebenbildlichkeit wie mit der Schuld des Menschen. Dies gilt ganz deutlich auch nach dem neutestamentlichen Zeugnis des Römerbriefes. Nachdem man das Christentum lange Zeit als Hemmschuh des wissenschaftlich-technischen Fortschritts betrachtet hat, erscheinen nun die plötzlichen Vorwürfe der fortschrittsgläubigen Ausbeuterei der Natur an die Adresse der Christen wie Schuldprojektionen. Das soll uns aber nicht hindern, unsere Verantwortung gegenüber der Schöpfung immer neu zu bedenken. Der Schöpfungsauftrag ruft den Menschen nicht zu ausbeuterischer Herrschaft, sondern zur Verwaltung der Welt als Ebenbild Gottes; »die Menschheit kann in eine neue Epoche eintreten, wenn sie analog ihr Verhältnis zur Umwelt von Ausbeutung in Kooperation verwandelt«[31].

Diese drei Dimensionen zum Angebot christlicher Freiheit wollen und können nicht mehr sein als Hinweise auf die Fülle, auf den

[28] G. Liedke, Von der Ausbeutung zur Kooperation. Theologisch-philosophische Überlegungen zum Problem des Umweltschutzes, in: E. v. Weizsäcker (Hrsg.), Humanökologie und Umweltschutz, München 1972, 36–65, 42.

[29] C. Westermann, Genesis BK I/1, Neukirchen-Vluyn [2]1974, 84.

[30] G. Liedke, a. a. O. 44.

[31] Ebd. 56.

Raum, den das Christusereignis eröffnet. Die Befreiung, die von Christus ausgeht, besagt, »daß es eine Alternative für den Menschen gibt. Aber man muß sich ihr selber in einer grundlegenden Option aus Freiheit zuwenden. Der Raum ist eröffnet, betreten muß ihn ein jeder in eigener Entscheidung.«[32] Das Angebot, die Verheißung des Evangeliums, wird auch zur inhaltlichen Forderung. Ihr müssen wir bei der Frage nach der materialen Normbegründung weiter nachgehen.

[32] W. Beinert, Freiheit durch Jesus Christus, in: StZ 193, 1975, 467–481, 481.

Zweiter Teil
Grundfragen der Normbegründung

Erster Abschnitt: Das biblische Fundament

Im Rahmen einer moraltheologischen Prinzipienlehre kann es sich nicht darum handeln, bibeltheologische Themen gewissermaßen um ihrer selbst willen zu entfalten. Der Systematiker stellt an die Bibelwissenschaft einzelne gezielte Fragen, die ihm helfen sollen, die Bedeutung des biblischen Fundamentes für die Eigenart und die Geltung sittlicher Normen besser zu erkennen.

1. KAPITEL: SITTLICHE NORMEN IM ALTEN BUND

Nach talmudischer Zählung enthält der alttestamentliche Pentateuch, die Thora, 613 Gebote und Verbote[1], und zwar kulturbezogener, religiöser, sozialer, ethischer Art. Sie finden sich vor allem in größeren Gesetzeskorpora: so im Bundesbuch (Ex 20,22–23,33) mit dem voraufgehenden Dekalog, im Heiligkeitsgesetz (Lev 17–26), im Priesterkodex, verteilt in den Büchern Exodus, Leviticus und Numeri, und im Deuteronomischen Gesetz (Dtn 12–26). Diese Gesetzesbücher weisen eine lange Überlieferungsgeschichte auf, die – wie etwa bei Teilen des Bundesbuches – bis ins 12./11. Jahrhundert vor Christus zurückzudatieren ist.
Ein Vergleich der alttestamentlichen Normen mit denen ihrer altorientalischen Umwelt enthüllt nicht nur sprachliche, sondern frappante inhaltliche Parallelen und Ähnlichkeiten zu mesopotamischen und hethitischen Rechts- und Vertragstexten[2]. Diese

[1] Makkoth 23b.

[2] Z.B. das Gesetz des Bilalama von Ešnunna aus Baylonien: 20. Jh. v. Chr.; Codex Lipit-Ištar: Mitte des 19. Jh. v. Chr.; Codex Hammurabi: 17. Jh. v. Chr. Vgl. V. Korošec, Zakonik mesta Ešnunne in Lipit-Ištarjev zakonik (Slovenska akademija znanosti in umetnosti, Razprave II, (Slovenska akademija znanosti in umetnosti, Razprave II, Ljubljana 1953); A. Falkenstein/M. San Nicolò, Das Gesetzbuch Lipit-Ištars von Isin, in: Orientalia 19, 1950, 103ff.; J. B. Pritchard, ANET II, Princeton 1955.

machen deutlich, daß der Pentateuch kein genuin israelitisches Recht darbietet, sondern – orientiert an altorientalischer Umwelt und Kultur – in den alttestamentlichen Gesetzeskorpora das Ethos einer je bestimmten Sozietät thematisiert. Neben dem Gewohnheitsrecht, das quasi als richterliche Grundlage galt, hatten solche Sammlungen den Zweck, »die Auffassungen der Gemeinschaft von Recht und Gerechtigkeit auszudrücken. Es lag ihnen eine literarische und besonders eine erzieherische Absicht zugrunde, nicht eine richterliche.«[3]

Abgesehen von derselben Zielgerichtetheit lassen sich jedoch auch wesentliche Unterschiede zwischen dem mesopotamischen und dem israelitischen Normbestand nachweisen. Es wird daher im folgenden Aufgabe sein, die alttestamentlichen Rechtstexte auf ihre spezifischen Eigenarten hin zu prüfen und die ethosformenden Faktoren herauszuarbeiten. Dazu gehört zunächst notwendig die Darstellung der Normen in ihren verschiedenen formalen Ausprägungen, vor allem in Kasuistik und Apodiktik, sowie die Aufdeckung von Herkunft und Sitz im Leben.

§ 12 Die verschiedenen Normarten und ihr Sitz im Leben

A. Das kasuistische Recht

Neben den umfangreichen priesterlich-kultischen Anweisungen nehmen die sogenannten *kasuistischen Rechtssätze,* deren Stil[4] gemeinorientalisch ist, einen sehr breiten Raum ein. Es handelt sich dabei um weltliches Recht, das wohl bei der Gerichtsbarkeit im Tore Anwendung fand[5]. Diese unpersönlich formulierten Rechtssätze treten besonders häufig im Bundesbuch auf. Ihre Thematik umfaßt »Sklavenrecht, Blutrecht, Eherecht, Körper-

[3] G. Cornfeld/G. J. Botterweck, Die Bibel und ihre Welt I, Bergisch Gladbach 1969, 574.

[4] Konditionale Satzkonstruktionen in der 3. Pers. sing. mit Darlegung des Rechtsfalles in der Protasis und Rechtsfolgebestimmung in der Apodosis: »Gesetzt den Fall, daß ..., dann soll er/sie ...« (vgl. Ex 22,15f.).

[5] Vgl. E. Nielsen, Die Zehn Gebote. Eine traditionsgeschichtliche Skizze, Acta Theologica Danica 8, Kopenhagen 1965, 50: »Jurisprudenz im eigentlichen Sinne«.

verletzung, Sachenrecht«[6] usw., also Fälle des täglichen Miteinanderlebens, eine Sammlung von Präzedenzfällen. Zum großen Teil wurden sie im Zuge der Landnahme von der kanaanäischen Bevölkerung übernommen, soweit sie nicht bereits im Sippenethos der Halbnomaden generell verwurzelt waren. »Von besonderem Interesse sind darin jene Gesetze, in denen unter Einfluß des Jahweglaubens kasuistisches Recht umgeformt ist.«[7] Vielleicht in Anlehnung an die Kasuistik wurden Formeln (in partizipalen Konstruktionen) geschaffen, die sich auf fluch- oder todeswürdige Verbrechen beziehen, denen aber die Ausführungsbestimmungen der Strafandrohung fehlen. Es wird sich dabei also nicht um praktisch anwendbare Gesetze gehandelt haben, sondern eher um kultisch-magische Bannformeln oder direkte Exkommunikationsformeln, so bei der *Karet-Strafe* (Ausrottung), die zum Schutz ganz bestimmter Tabus diente und den Verstoß dagegen mit Ausschluß des Delinquenten aus der Volksgemeinschaft ahndete (vgl. Lev 17,3 ff.; Ez 14,6–11; Dtn 27,11 ff.; Jos 24,25 ff. u. ö.)[8].

B. Apodiktik – Gottesrede – Bund

Hatte Albrecht Alt[9] das »*apodiktische Recht*« noch als genuin israelitisch proklamiert, so ist man spätestens seit E. Gerstenberger[10] eines Besseren belehrt, nicht nur was die Herkunft, sondern auch was den Terminus »Recht« betrifft.

[6] G. J. Botterweck, Form- und überlieferungsgeschichtliche Studie zum Dekalog, in: Concilium 1, 1965, 392–401, 392.

[7] H. Schüngel-Straumann, Der Dekalog – Gottes Gebot?, SBS 67, Stuttgart 1973, 19.

[8] Vgl. E. Nielsen, a. a. O. 51. In den Fluch- und Segensformeln, die mit Geboten und Verboten verbunden sind, sollte man keine menschliche Rechtsprechung sehen. Bezieht sich die Karet-Strafe direkt auf den Delinquenten, so die biʿārtā-*Formel* auf das wegzuschaffende Böse wie Mord, Menschenraub, ungeziemendes Verhalten gegen die Eltern usw. (vgl. Dtn 13,2–6; 17,2–7; 19,11–13 u. ö.). Die toʿēbā- oder *Greuel-Formel* (»denn dies ist Jahwe, deinem Gott, ein Greuel«) ist im Zusammenhang mit dem Gebot der Völkerausrottung wohl als antikanaanäisch ausgerichtet zu betrachten (vgl. Dtn 16,21–17,1; 22,5).

[9] A. Alt, Die Ursprünge des israelitischen Rechtes, in: ders., Kleine Schriften zur Geschichte des Volkes Israel I, München 1953, 278–332.

[10] Wesen und Herkunft des »Apodiktischen Rechts«, WMANT 20, Neukirchen 1965.

Formal betrachtet ist ein apodiktischer Satz als Prohibitiv oder Vetitiv konstruiert, und zwar gewöhnlich in der 2. Person sing. Bei Formulierungen in der 3. Person sing. oder im Plural handelt es sich nach Gerstenberger um Amtsspiegel, priesterliche Kataloge von kirchenrechtlichem Charakter, die entscheiden sollen, wer aus der Gemeinschaft bzw. Gemeinde ausgeschlossen werden soll, und in ihrer Verlängerung um Tugendkataloge, die ein Bild des Gerechten zeichnen[11]. Oft handelt es sich um Gesamtreihen (Ex 20; Dtn 5) oder um Sonderreihen wie den »Richterspiegel« (Ex 23,6–9). Häufig wird auch dekalogisch oder dodekalogisch ein bestimmtes Ethos eingegrenzt umschrieben und zusammengefaßt. Ohne »wenn« und »aber« bringen solche Sentenzen in der kategorischen Form »du sollst« bzw. »du sollst nicht« Moralmaximen zum Ausdruck. Darin erscheint »die Urform menschlicher Anordnung«[12]; sie »taucht überall da auf, wo Belehrung und Lebensregeln aufgestellt werden«[13].
Mit Recht spricht deshalb G. Fohrer[14] von »Lebens- und Verhaltensregeln in apodiktischer Form«. Die Weitergabe dieser religiösen und sozialen Vorschriften war in frühester Zeit Aufgabe der Sippenältesten. Mit Gerstenberger ist deshalb der Ursprung

[11] Vgl. bei E. Nielsen, a. a. O. 61.
[12] H. Schüngel-Straumann, a. a. O. 20. Man denke auch an die ägyptischen Moralmaximen unter Ramses II., 2 Zehnerreihen in der Formulierung: »Tu nicht...«, »du mögest nicht tun...« Es geht dabei um Grenzsteinverschiebung, falsche Meßschnur, falsches Gewicht, Gier nach Besitz der Armen u. ä. Diese negativ formulierten »Beichtkataloge« stellen die Rede des Toten vor dem Jenseitsgericht dar. Hier liegt der Ausdruck einer ethischen Ordnung vor, die den ganzen Bereich des menschlichen Lebens umspannt. Der Negativkatalog hat den Wert von Weisungen und Ermahnungen. Eine sog. negative Beichte setzt voraus, daß es eine apodiktische Gebots- und Verbotsreihe gibt, denn nur so ist es sinnvoll, zu sagen: »Ich habe nicht...« Im ägyptischen Bereich gibt es die Idealbiographie, die Ausprägung der Ordnung für eine bestimmte Lebenssphäre (Beamter), auf der anderen Seite das Ideal der Gerechtigkeit und ethischen Ordnung mit allgemein menschlicher Gültigkeit unter Verzicht auf ein bestimmtes Standesethos.
Die Verbreitung eines weisheitlich formulierten Ethos im ganzen Alten Orient zeigt, daß es schon in frühester Zeit ein augesprägtes Ethos gegeben hat, das sich in Kurzsentenzen in Form von Moralmaximen seinen eigenen Ausdruck geprägt hat. Man hat vielfach eine Ableitung aus Kult, Bundesformular oder Sippenethos versucht.
[13] H. Schüngel-Straumann, a. a. O. 20; – Nielsen, a. a. O. 22 erwähnt als Sitz im Leben des Dekalogs eine »Haustafel«, eine Belehrung im Kreise der Familie.
[14] Das sogenannte apodiktisch formulierte Recht und der Dekalog, in: Kerygma und Dogma 11, 1965, 49–74.

des Prohibitivrechts in der Sippenordnung des vorstaatlichen Sippenverbandes zu suchen[15]. Gerstenberger weist eine enge Verwandtschaft der apodiktischen Sätze zur Spruchweisheit nach. Diese Verbindung mit der weisheitlichen Tradition ermöglicht es ihm, den *Ursprung der Apodiktik in der überlieferten Sippen- und Familienweisheit* zu sehen. Dabei ist mit Nielsen (61) zu beachten, daß die Prohibitive sich in höherem Grade mit kultischen und religiösen Angelegenheiten beschäftigen und die schweren Gewaltverbrechen in der Weisheitsliteratur kein zentrales Thema bilden.

Was die Apodiktik außerhalb der Rechtsprechung stellt, ist die Tatsache, daß ihre Sentenzen ohne nähere Strafangabe und absolut kategorisch alle im Prohibitiv oder Vetitiv genannten Möglichkeiten meinen und damit das Ziel der Rechtsprechung in den Hintergrund drängen; denn diese verlangt – wie die Kasuistik zeigt –, daß die Rechtsfolge deutlich formuliert wird. Im apodiktischen Satz wird somit das *sittliche und religiöse Moment* stärker hervorgehoben. Weder in die Kategorie Recht noch Gesetz gehörend, setzt er in Gebot, Verbot oder Mahnung für immer gültig fest, was nach Ansicht des autoritativen Sprechers für die Gemeinschaft – nie für den einzelnen – als Unrecht zu gelten hat. Der wesentliche Unterschied israelitischer Rechtstexte zu denen ihrer Umwelt liegt aber nun gerade in der Person dieses autoritativen Sprechers.

Der Dekalog im Rahmen des Sinaiereignisses

Wohl durch die Autorität des heiligen Augustinus ist dem ethischen Dekalog – als Paradebeispiel für apodiktische Sprache – in der kirchlichen Moralverkündigung eine Sonderstellung zugewachsen[16], die bis heute katholische Katechismen und Schulbibeln prägt (Ex 20,2–17; Dtn 5,6–22)[17]. Bei Anwendung der exegetischen Methoden zeigt sich, daß der Dekalog nicht ursprünglich Bestandteil der Sinaiperikope war, ja, daß er nicht einmal selbst aus einem Guß ist, sondern mehrere Redaktionsstufen erkennen läßt. In einer jüngeren Phase der Redaktion ist er

[15] Vgl. die rechabitischen Regeln Jer 35,6f.

[16] Vgl. H. Schüngel-Straumann, a. a. O. 7.

[17] Vgl. den »kultischen« Dekalog Ex 34,10–28, bei dem es sich um ein kultisch-liturgisches Fragment mit Parainese und Gesetzespromulgation handelt.

mit Bedacht an die Spitze der von Jahwe am Gottesberg proklamierten Gebote gestellt worden[18]. Durch diese »Textmanipulation« wird nicht nur für den Dekalog allein, sondern für das Bundesbuch und das Sinaigeschehen insgesamt die Präambel Ex 20,2 bedeutsam, die Jahwe als Sprecher, als das eigentliche Ich der Rechtsgebung verkündet[19]. Damit werden die *Normen theonom legitimiert.*

In dieser Weise ist die Fülle der Einzelvorschriften, Gebots- und Verbotsreihen, Rechtssätze, liturgischen Anweisungen und Opfergesetze insgesamt dem Ich der Rechtsprechung Jahwes, seinem Namen (Ex 20,2) zugeordnet. »Alle ›Verantwortung‹ in Israel, so will es dieses herausgerückte Ich zu Beginn der Gottesmitteilung sagen, soll ›Antwort‹ an diesen Einen, an dessen Rettungstat vom Anfang in der Selbstvorstellung Jahwes erinnert wird, sein.«[20]

Die Selbstvorstellung von Ex 20,2, in der sich *Jahwes Erbarmen* erweist, wird gefolgt von einer zweiten Selbstaussage 20,5b.6 (vgl. Dtn 5,9b.10), die seinen *Ausschließlichkeitsanspruch* betont: »Denn ich, Jahwe, dein Gott, bin ein eifernder Gott, der die Schuld der Väter ahndet an den Kindern, Enkeln und Urenkeln derer, die mich hassen, der aber Huld erweist bis ins tausendste Glied an denen, die mich lieben und meine Gebote halten.«[21] »In

[18] Vgl. W. Zimmerli, Grundriß der alttestamentlichen Theologie, Stuttgart 1972, 95.

[19] Die Funktion des Dekalogs als Zusammenfassung des Gotteswillens in Kultfeiern wird besonders aus Ps 50 und 81 deutlich. In Verbindung mit dem Fremdgötterverbot ist die Selbstvorstellung Jahwes auch als »Huldformel« zu verstehen. Die Hauptbelege der Formel finden sich im Heiligkeitsgesetz. Jeweils an den markantesten Stellen werden Schwerpunkte gesetzt durch die Begründung, daß er, Jahwe, Israels Gott ist; vgl. dazu W. Zimmerli, Ich bin Jahwe, in: Geschichte und Altes Testament, Festschrift f. A. Alt, Beitr. zur Histor. Theol. 16, Tübingen 1953, 179–209. Bei Ezechiel ist die Formel in die Vorausschau gestellt: Man wird Jahwe erkennen, wenn man bereits an ihn glaubt. Die Selbstvorstellung ist somit Erkenntniskriterium, das zum Objekt unseres menschlichen Verhaltens wird. – Den Sitz im Leben verdeutlichen Ex 6 und Ez 20: der Name Jahwes ist in der Geschichte die eigentliche Wirkkraft. Damit verbunden ist die Forderung an das Volk, sich von jeder anderen Gottbeziehung fernzuhalten.

[20] W. Zimmerli, Theologie, 95.

[21] F.M. Cross, Art. אל, in: ThWAT I, Stuttgart 1973, 259–279, 275; vgl. G. v. Rad, Theologie des AT I, München [6]1969, 221: »Es gibt offenbar im kanaanäischen Polytheismus keine Parallelen zum exklusiven Loyalitätsanspruch JHWHs im Bund. Dieses Epitheton könnte sehr früh im israelitischen Kult entstanden sein, nach den Typen der lebendigen liturgischen Sprache der Zeit gebildet.«

der Gebundenheit an den Einzigen, Jahwe, der aus der Knechtschaft befreit hat und der zugleich um seine Einzigkeit eifert, liegt die fundamentale Bestimmtheit des alttestamentlichen Glaubens.«[22] Die Präambel, die den Dekalog und das Bundesbuch als unmittelbare Promulgation des Gotteswillens hinstellt, läßt erkennen, daß der alttestamentliche Glaube sich in ganz besonderer Weise von dem Gott, der sich Israel in seiner Befreiungstat am Anfang geoffenbart hat, zum Gehorsam gerufen weiß. Indem im Deuteronomium die Gesetzgebung vom Anfang der Wüstenwanderung an deren Ende, in die Zeit der Landnahme, verlegt wurde, wird das göttliche Gebot eng mit den Gedanken von Erwählung und Verheißungserfüllung verbunden. »Landsässigkeit ist Ruhe nach der langen Wanderungszeit (12,9f.), sie ist Segnung, Leben. An der Schwelle zu diesem Leben wird das Gesetz laut. Es werden in diesem Zusammenhang die beiden Aspekte erkennbar: Das Gesetz mit seinen guten und weisen Satzungen ist Teil der großen Segnung, die Jahwe mit seinem Volke vorhat (vgl. 4,7f.). Zugleich ist dieses Gesetz aber auch Aufforderung zur rechten Entscheidung (vgl. 30,19).«[23]
Die Selbstvorstellung Jahwes bildet somit einen *Rahmen,* ist eindeutig sekundär, wie auch der Wechsel der Person Ex 20,7 beweist. Es ist damit zu rechnen, daß die meisten apodiktischen Sätze sekundär mit der Gottesrede zusammenhängen und ihre göttliche Autorität erst in einem späteren Stadium einer theologischen Reflexion ausgeprägt wurde, so daß das *ursprüngliche Ethos* also seinen *Sitz in Familie, Sippe, Stamm* gehabt hat. Die ethischen Formulierungen sind in einer späteren Schicht von einem späteren Redaktor einer legitimierenden und schützenden Ordnung Jahwes, dem Bund, unterstellt worden. In der bewußt weit ausgreifenden Gebotsreihe schließen die Gebote vom Umgang mit den Mitmenschen und mit Gütern fast nahtlos an die vier im engeren Sinne religiös-gottesdienstlichen Gebote an. Jahwe hat so sein erwähltes Volk nicht nur durch kultische Zeichen aus seiner Umwelt ausgegrenzt, sondern sein ganzes Leben – und dies wird besonders deutlich im Bundesbuch – auch in seinen zwischenmenschlichen Beziehungen und im Umgang mit seinen Gütern seinem Willen unterstellt.

[22] W. Zimmerli, Theologie, 100.
[23] Ebd. 97.

In der uns vorliegenden Form will die Sinaiperikope, ebenso wie Ex 34, 10–28, die *Darstellung eines Bundes* (b^e^rît; vgl. Ex 24,7) *zwischen Jahwe und seinem erwählten Volk* sein. Dabei ist im Dekalog vielleicht eine Grundkonzeption der J-Quelle zu sehen, etwa eine Urkunde für eine Gemeinde, die sich als b^e^rît betrachtet, um sich für eine eigene ethische Substanz abzusichern und einer kanaanäischen Beeinflussung entgegenzutreten. Wenn man vom Gottesbund mit Israel spricht, ist es angebracht, die ursprüngliche Bedeutung des hebr. b^e^rît zu beachten: es handelt sich – so M. Weinfeld – dabei nicht um einen Vertrag oder eine Vereinbarung zwischen zwei Parteien. B^e^rît enthält vor allem die Idee des Auferlegens oder der Verpflichtung; eine b^e^rît wird befohlen und ist mit Gesetz und Gebot gleichbedeutend (z. B. Dtn 4,13; 33,9; Jes 24,5; Ps 50,16; 103,18). Der Sinaibund in Ex 24 ist vor allem ein Auferlegen von Gesetzen und Verpflichtungen für das Volk (VV.3–8)[24]. Im allgemeinen bezeichnet b^e^rît ein Verhältnis zwischen zwei ungleichen Partnern, wobei der Mächtige dem Schwächeren das Bundesverhältnis gewährt. Man hat deshalb seit G. E. Mendenhall[25] an eine Verwandtschaft des Dekalogs bzw. des Deuteronomiums insgesamt mit hethitischen Staatsverträgen gedacht und von einem Bundesformular gesprochen[26]. Der Vergleich ist jedoch fragmentarisch. Der literarische Zusammenhang, Ton, Ethos und Schwerpunkt sind ganz anderer Art. Ex 19–24 liegt der Schwerpunkt im Machterweis und in der Herrlichkeit Jahwes, wobei 24,1 f. mit dem *Gemeinschafts*mahl die Mitte bildet[27]. Gerade dieser Ritus des Bundesmahles aber fehlt in den hethitischen Verträgen. Zudem sind die hethitischen Formeln auf einen bestimmten Menschen bezogen; die Reihenbildung fehlt meist[28].

[24] Vgl. M. Weinfeld, Art. ברית, in: ThWAT I, Stuttgart 1973, 781–808, 784.

[25] Recht und Bund in Israel und dem Alten Vorderen Orient, ThSt 64, Zürich 1960; vgl. dazu D. J. McCarthy, Der Gottesbund im Alten Testament, SBS 13, Stuttgart 1966, 31 ff., 51 ff.

[26] Weiter entwickelt wurde der Gedanke von K. Baltzer, Das Bundesformular, WMANT 4, Neukirchen ²1964; W. Beyerlin, Herkunft und Geschichte der ältesten Sinaitradition, Tübingen 1961; anders D. J. McCarthy, a. a. O.; E. Nielsen, a. a. O.

[27] Vgl. dazu D. J. McCarthy, a. a.O. 52 f.

[28] Während Wellhausen im Bund zwischen Israel und Jahwe noch die Form des Totemismus sehen wollte, entfaltete nach D. J. McCarthy die Bewegung des »ethischen Monotheismus« ein Bundesverhältnis, dem das Bewußtsein zugrunde-

Deutliche Parallelen zu den apodiktischen Sätzen des Pentateuchs finden sich dagegen in unpersönlich-objektiv formulierten Sentenzen und Mahnsprüchen der altorientalischen und alttestamentlichen Weisheitsliteratur[29].
Mit der Übernahme solcher gereihten Warnungen und Mahnungen in die Gottesrede und die Sinaiereignisse wechselt zwangsläufig auch die Autorität des Mahnenden, Warnenden und Weisenden. Gleichzeitig werden in diesem Stadium die verschiedenen Verpflichtungsgrade geändert, überhöht durch die göttliche Autorität, so daß das Absolute der Weisungen eine neue Gültigkeit und Verbindlichkeit erhält.

C. Theonomie und Bund als die konstitutiven Elemente des genuin israelitischen Ethos

Die angeführten Beobachtungen zum Dekalog insbesondere und zur Apodiktik im allgemeinen, aber auch die literarische Form der Kasuistik in theonomem Rahmen deuten das *Genuin-Israelitische* an: a) Gesetz und Recht insgesamt werden dem Gott Israels, Jahwe, unterstellt, wie seine Selbstprädikation zeigt, b) das Fremdgötterverbot[30], c) die Verbindung des Alleinanspruchs mit den sozialethischen Vorschriften. In der Erfahrung dessen, was Israel die Errettung aus Ägypten und den Bundesschluß am Sinai/Horeb nennt, weiß sich das Volk in allen Tiefen seiner Existenz in solcher Weise beansprucht, daß es »sein Ethos und sein mitmenschliches Ordnungsgefüge nicht mehr anders als vor Jahwe bestimmen und regeln« kann[31]. Anstelle der Autoritätspersonen

liegt, »die Einheit mit Gott sei weder eine Sache naturhafter Verwandtschaft noch eines magischen Ritus, sondern vielmehr ein moralisches Geschehen, Israel ist der bevorzugte Freund, der Bundespartner Gottes, weil und solange es dessen Gesetz beobachtet« (a. a. O. 18). Nach W. Eichrodt enthält der Bund notwendig die Willens- und Wunscherklärung des höherstehenden Partners, Jahwes. Indem Israel so zur Kenntnis des göttlichen Willens gelangt sei, habe es ein Recht bekommen, das es in seinem Tun lenkte und ihm in einer Umwelt, die das Göttliche gewöhnlich als willkürlich und schrecklich erlebte, die Empfindung des Vertrauens gab (vgl. McCarthy, 22).

[29] Vgl. Spr 22,22 mit Lev 19,13; 22,28 mit Dtn 19,4; 23,10 mit Ex 22,21.

[30] Etwas Ähnliches ist allerdings auch in den hetitischen Verträgen vorhanden.

[31] G. J. Botterweck, Form- und überlieferungsgeschichtliche Studie zum Dekalog, 398.

der Sippe verpflichtet Jahwe nun selbst als der einzige Gesetzgeber und Richter[32]. Die theonome Legitimierung der Normen ist nicht ursprünglich, sondern Ergebnis theologischer Reflexion der zentralen Offenbarungsereignisse. Diese Reflexion stützt sich auf die Vorstellung, daß Israel das von Gott zu seinem Eigentum erwählte Volk ist. Fremdgötter- und Bilderverbot sind als die ersten Bedingungen dieses neuen Verhältnisses bezeugt.

D. Folgerungen

Für unsere fundamentalethische Fragestellung ergibt sich, daß der inhaltliche Kern der sittlichen Grundordnung des Alten Bundes aus einem kulturgeschichtlichen Prozeß erwachsen, in diesem Sinne also nicht als ein ursprüngliches ius divinum zu verstehen ist. Das im Jahweglauben erstarkende Volk hat das überkommene Sippenethos der legitimierenden Autorität Gottes unterstellt. Und gerade diese Unterstellung des sittlichen Lebens unter den Willen Gottes in der Form einer Gottesrede als Huldprädikation ist bedeutungsvoll: weil Israels Gott in der Vergangenheit befreiend für die Seinen gehandelt hat, wird Israel für alle Zukunft auf ein bestimmtes Verhalten verpflichtet. Dabei ist der verantwortliche, sich entscheidende und entscheidungsfähige Mensch angesprochen. Er ist aufgefordert, auf das Bundesangebot Gottes zu antworten, wobei die Antwort nur »ja« oder »nein« heißen kann, ohne Mittelweg. Das Halten der Gebote ist nicht Leistung, sondern Ermöglichung durch Gottes gnädiges Angebot[33].
Der Sitz im Leben des Volkes, im Kult (nicht der ursprüngliche Sitz im Leben), gibt dem Dekalog den Charakter eines *ethischen Credos.* Die Aussagen sind *parainetisch,* d. h sie enthalten Trost und Mahnung. Es werden sittliche Grundwerte verkündet und Grundansprüche gestellt, deren Einsicht und Geltung bei den Hörern bereits vorausgesetzt werden kann. »Als Ethos liegen sie (sc. die apodiktischen Sätze) der Ausbildung des kasuistischen Rechts zeitlich voraus. Von der Moral aus entscheidet das Jus, daß eine Handlung ein Verbrechen ist, das mit der einen oder anderen

[32] Vgl. Ps 147,19f.: »Er verkündet Jakob sein Wort, Israel seine Satzungen und Rechte. Dergleichen hat er keinem Volke getan: seine Rechte kennen sie nicht.«
[33] Vgl. H. Schüngel-Straumann, a. a. O. 101.

Strafe belegt wird.«[34] Wenn es etwa heißt: »Du sollst nicht durch Gewalttat Blutschuld auf dich bringen! Du sollst nicht ehebrechen! Du sollst nicht Menschenraub betreiben!«, dann ergeht damit ein Appell an den Hörer, über den gemeinsames Einverständnis herrscht und der in dieser Form auch ausnahmslos gilt. »Indem zunächst Israel und der Einzelne ... in seinem konkreten, leibhaften Leben im Zusammenhang des Jahwevolkes angeredet ist, läßt sich das Gebot auch nicht auf eine Ethik der Innerlichkeit reduzieren, in der allein schon der gute Wille des Einzelnen genügte und die Gesinnung das allein Entscheidende wäre, wie immer auch die Tat aussehen mag. Jahwes Forderung meint ... die im konkreten Zusammenleben Israels sich bewährende Tat.«[35] Das Problem, wann Tötung »gewalttätig«, widerrechtlich geschieht, ist nur durch die Kasuistik zu lösen. Beim Ausbau dieser Rechts- und Sittlichkeitsordnung konkreter Art kommt dem Glauben eine bedeutende Funktion zu. Dies ist im nächsten Paragraphen zu prüfen.

§ 13 Der Einfluß des Jahweglaubens auf die Entfaltung und Formung des Ethos

In der schöpferischen Auseinandersetzung mit dem eigenen Traditionsgut und der kanaanäischen Kultur wird der Bundesglaube zum entscheidenden Kriterium. Das israelitische Ethos ist damit gekennzeichnet durch eine je neu zu vollziehende Entscheidung für Jahwe und als Abgrenzung gegen alles, was dieses Verhältnis gefährdet.

A. Die Entscheidung für Jahwe als einendes Prinzip

Das Gebot Jahwes richtete sich an Israel als Volk. »Es geht nicht vom Einzelnen aus, sondern von der Gemeinschaft, die durch Jahwes Ruf betroffen ist ... So suchen wir im Alten Testament vergeblich nach einer Ethik der Selbstvervollkommnung des Ein-

[34] E. Nielsen, a. a. O. 61; vgl. auch B. Schüller, Die Begründung sittlicher Urteile, Düsseldorf 1973, 11ff., bes. 16f.
[35] W. Zimmerli, Theologie, 121.

zelnen oder einer Tugendlehre, die vom Individuum als dem primären Element in der Geschichte Jahwes ausgeht.«[1] Dies zeigt sich besonders im Zusammenhang mit den politischen und sozialen Voraussetzungen. Die politische Grenzlage Israels und die daraus erwachsenden ständigen Gefährdungen und Krisensituationen erschwerten den Weg einer eigenen direkten Existenzsicherung. Nur die Entscheidung für Jahwe als dem tragenden Grund der Einheit vermochte in einer Art indirekter Lebenssicherung Entstehung und Bestand des *Bundesvolkes* zu garantieren. Ohne die Kräfte des verbindenden Glaubens hätten sich die heterogenen Stämme niemals zu einem relativ festen Stämmeverband auf theopolitischem Hintergrund konsolidieren können. Den Mittelpunkt bilden dabei der zum »Jahwekrieg« aufgerufene Heerbann, dem jeder Stamm Folge leisten muß, und das gemeinsame Heiligtum. Ohne die einende Kraft des Glaubens wäre Israel kaum in die Geschichte eingegangen. Dies war nur möglich, wenn man sich der hinlänglichen und zuverlässigen Übermittlung der Offenbarung des göttlichen Willens und seiner Erfüllbarkeit sicher war (vgl. Dtn 27f.). Die Gewißheit des geschichtlichen Heils, die geschichtliche Heilszuversicht, gründet in der Verheißungserfüllung, in der Landgabe, die den Vätern zugeschworen war. Im Deuteronomium liegt gerade darin das Wesentliche und die Begründung der Gehorsamsforderung Jahwes an sein Volk. Mit der Landgabe an die Stämme Israels übte Jahwe zugleich an den Vorbewohnern dieses Landes und an ihren Götzen ein hartes Strafgericht aus. »*Gerechtigkeit*« erscheint hier mit einem ganz bestimmt geprägten Begriffsinhalt. Ṣ^{e}dāḳāh ist gewissermaßen forensisch, vom Gottesgericht vollzogene und vor seinem Gericht bestehende Gerechtigkeit[2]. In einer Wechselwir-

[1] W. Zimmerli, Theologie, 120; – Auch in den Psalmen lassen sich nach Zimmerli (121) das Ich des einzelnen und die Gemeinschaft des Gottesvolkes nicht prinzipiell trennen. Es gibt keine Individualethik, die sich aus der Verantwortung in der und für die Gemeinschaft heraulösen konnte.

[2] Zu ṣ^{e}dāḳāh vgl. K.H. Fahlgren, Ṣ^{e}dāḳā, nahestehende und entgegengesetzte Begriffe im Alten Testament, Uppsala 1932, 79: »Der Stamm sdḳ gibt das Gleichgewichts- und Gemeinschaftsverhältnis in der Welt an. Die Substantiva Ṣ^{e}dāḳā und Ṣaedaeḳ drücken dessen Norm aus und was mit ihr übereinstimmt, das Adjektivum ṣaddīḳ bezeichnet den (oder das), welcher (oder was) die rechte Stellung im Verhältnis zu den Menschen wie zu Gott einnimmt, und das Verbum ṣādaḳ bedeutet ›das rechte Maß nach dem Gesichtspunkt der Zusammengehörigkeit halten‹.«; vgl. E. Nielsen, a.a.O. 26.

kung von sozialgeschichtlicher Situation und der Geschichte des israelitischen Gottesglaubens wird der Begriff weiterentwickelt. »Ṣ^{e}dāḳā oder ṣaedaeḳ als die Norm, nach welcher Jahwe immer handelt und die Menschen immer handeln sollten, ist selbstverständlich der oberste, um nicht zu sagen einzige, Regulator des öffentlichen sowie des privaten Lebens. Nach ihr wird alles Geschehen, alles Tun und Lassen gewertet.«[3] Aus der Erfahrung der Gerechtigkeit Gottes als Bundestreue und Huld[4] wird der Begriff der Ṣ^{e}dāḳāh Jahwes über das forensische Verständnis weit hinaus entwickelt, übernimmt neben Begriffen wie ḥaesaed oder ṭûḇ/ṭôḇāh den Gehalt von Barmherzigkeit, Verzeihung und konzentriert sich schließlich in dem umfassenden Gebot: »Liebe deinen Nächsten[5] wie dich selbst, ich bin Jahwe« (Lev 19,18). Gerecht ist, wer dieses Gebot hält. In enger Beziehung zu ṣ^{e}dāḳāh steht der Begriff des mišpāṭ, das gleichbedeutend ist mit dem oder den Prinzipien, auf denen die Gemeinschaft zwischen den Menschen und Gott beruht. Mišpāṭ wird zum Prinzip des Gemeinschaftsverhältnisses.[6]

B. Der Jahweglaube als selektives Prinzip

Das Bewußtsein der Erwählung und die Qualifizierung der Lebenshaltung als Heiligung (»seid heilig, wie Jahwe, euer Gott, heilig ist«) förderte nicht nur das Bundesbewußtsein der Stämme untereinander, sondern erwirkte auch eine deutliche *Abgrenzung* gegen alles, was diesem Bund entgegenstand. Diese Abgrenzung bestimmte sich zunächst hinsichtlich der Person des angebeteten Gottes und der Art der Verehrung. Sie dokumentiert sich in fundamentaler Weise im *Verbot, fremde Götter zu verehren.* Die Vorstellung der absoluten Weltüberlegenheit Jahwes schließt jede mögliche Form der Beeinflussung oder Manipulation dieses Gottes aus. Dies wird besonders manifest in der kultischen Abgrenzung, d. h. in der Ablehnung der Tempelprostitution (vgl. Dtn 23,17f.;

[3] K.H. Fahlgren, a.a.O. 83.
[4] Vgl. z.B. Ps 116,5.
[5] Mit dem Begriff des »Nächsten« ist im AT immer nur der Volksgenosse, nicht der Fremde gemeint. Eine universale Ausweitung zeigt sich erst im NT.
[6] Vgl. Fahlgren, a.a.O. 128.

Hos 4,13f.; 2 Kön 23,7). Der Jahweglaube widersetzt sich diesen genuin mythischen Elementen der Theologie. Israels Gott ist nicht dem Zyklus des Naturgeschehens unterworfen. Überhaupt sind Entmythifizierung und Profanisierung der Wirklichkeit ein Wesensmerkmal des alttestamentlichen Ethos. Dies erweist sich in der *Einstellung zur Sexualität,* deren magisch-sakrale Bedeutung für die heidnischen Kulturen geradezu typisch ist. »In allen Fällen geschah der Gebrauch der Zeugungskräfte unter der Obhut weltimmanenter Kräfte.«[7] Mit imitativen Praktiken suchte man die Fruchtbarkeit von Menschen, Tieren und Land zu sichern. Dies aber widerspricht dem innersten Wesen des Jahwismus. »Die Offenbarung begründet den sakralen Charakter von Ehe und Fruchtbarkeit von einer anderen Grundlage aus: Sie verbindet beides mit dem Schöpfungsplan Gottes.«[8] Die Kraft, Leben zu zeugen, ist deutlich von der Ebenbildlichkeit Gottes abgesetzt (vgl. Gen 1,27).

Die Abgrenzung erstreckt sich auch auf den *politischen* Bereich. Mit der Assimilation kanaanäisch-orientalischen Lebens übernahmen die Israeliten auch die staatlich-königliche Führung. Mit dieser Institution war in der Herkunftskultur ein religiöses Moment verbunden: die Göttlichkeit des Königs. Im Alten Orient war der König als der eigentliche Priester der Gottheit mit besonderen Lebens- und Heilskräften versehen. Er war nicht nur oberster Diener der Gottheit, sondern deren irdische Verkörperung, d. h. die Gottheit selbst oder ihr Sohn. Schon früh erscheint er als Heilsbringergestalt. Diese naturalistisch-magische Sicht wird in Israel durch qualitative Merkmale, die nicht unbedingt auf sittlicher Einschätzung beruhen müssen, ersetzt. Nur der Beste und Tüchtigste soll zum König gewählt werden (vgl. 2 Kön 10,3). Zunächst einmal liegt etwa Sauls Vorzug einzig in seiner alles Volk überragenden körperlichen Größe (1 Sam 9,2). Mit dieser Gestalt konnte er wohl als König imponierend wirken. David tut sich hervor durch Lebendigkeit und vielfältige Befähigung; er ist ein Mann, »der sich auf Saitenspiel versteht, ein tapferer Mann und streitbar, der Rede mächtig und schön von Gestalt, und der Herr ist mit ihm« (1 Sam 16,12.18).

[7] P. Grelot, Die Entwicklung der Ehe als Institution im Alten Testament, in: Concilium 6, 1970, 320–325, 322.
[8] Ebd. 322.

Die Tüchtigkeit des Königs bezieht sich aber nicht nur auf die politischen Herrscherfähigkeiten. Nach 1 Sam 15,28 wird Saul das Königtum entrissen, damit es einem anderen, der besser als er ist, gegeben werde. Saul hat das Wort des Herrn verworfen und Bundesbruch begangen; deshalb hat nun auch Jahwe ihn seinerseits verworfen (15,26). Die Folge davon ist der Entzug des Königtums. Besser dazu geeignet ist also jemand, der den Bund Jahwes hält, sein Gesetz erfüllt und ihm gehorsam ist – ein Hinweis auf die Stellung des Königs in der Verknüpfung von Glaubensgeschichte und politischer Geschichte Israels.
Die Beschaffenheit eines Königs kommt besonders deutlich zum Ausdruck in dem Spruch Koh 4,13: »Besser ist ein armer Jüngling, wenn er weise ist, als ein alter König, wenn er töricht ist, einer, der sich nicht mehr warnen läßt.« In der spezifisch israelitischen Sicht ist der König ein Mensch, der in besonderer Weise dem Gotteswillen untergeordnet ist. Dabei ist das Königtum Jahwes exklusiv gegenüber aller menschlichen Führerschaft (vgl. Sam und Jes).
Die Abgrenzung gegen Magie verhinderte es jedoch nicht, auch weiterhin Tabugebote und magische Überbleibsel als Mittel der Unterscheidung anzuwenden, z. B. der Gedanke der objektiven Schuld, der magischen Befleckung und der rituellen Sühne. Auch diese wurden auf dem Wege der Historisierung theonom legitimiert und damit auch sukzessive abgebaut. So erscheint im Dtn (z. B. 20,16 ff.) die Forderung des Beutebanns als Jahweforderung. Die besiegten Feinde mußten getötet, das Beutegut vernichtet werden. Der Bann ist Weihemittel und Dank für die Hilfe der Gottheit im Kampf. Der Krieg gegen Fremdvölker oder Bundesbrüchige gilt als heilig und gerecht[9].
Selbst kriegerische Unternehmungen einzelner Stämme und Blutrachefehden dieser oder jener Sippe werden als Jahwekrieg geführt. In der Königszeit verblaßt der Gedanke vom »heiligen Krieg« fast parallel mit dem Verschwinden des Heerbanns. Doch trotz aller kultgeschichtlichen Gebundenheit ist der »Prozeß der Neu- und Umbildung von Recht und Sitte unter der Einwirkung eines lebendigen Gottesbewußtseins«[10], die *Durchformung des Ethos durch die Theonomie* unverkennbar.

[9] Vgl. G. v. Rad, Der Heilige Krieg im alten Israel, Göttingen ^{4}1965.
[10] W. Eichrodt, Theologie des Alten Testamentes II, Göttingen ^{6}1974, 224.

C. Der Jahweglaube als ethossystematisierendes Prinzip

Der Bundesglaube wirkt aber nicht nur als selektives, sondern auch als ethossystematisierendes Prinzip. Die Reduktion auf die »›sittlichen‹ Forderungen unter starker Voranstellung der Karität«[11] als des einzigen Gotteswillens ist vor allem dem Wirken der Propheten zuzuschreiben (z. B. Mich 6,8). Auch im israelitischen Priestertum suchte man die wichtigsten Bestimmungen auszuwählen und katechismusartig zusammenzustellen. Diese Texte, zu denen der Dekalog gehört, finden dann Verwendung als Einzugsliturgien und Beichtspiegel (vgl. auch Ps 15 und 24). Schließlich geschieht die Konzentration durch Rückführung auf ein letztes Prinzip. Sie ist inhaltlich bereits in der Weisheit vorbereitet (z. B. Spr 20,22: »Sage nicht: ich will das Böse heimzahlen! Vertraue auf Jahwe, und er wird dich schadlos halten«). Die Forderung der Gottes- und Nächstenliebe findet sich bei Dtn 6,4 f.: »Höre Israel! Jahwe unser Gott ist der einzige Jahwe! Und du sollst den Herrn, deinen Gott, lieben von ganzem Herzen, von ganzer Seele und mit all deiner Kraft.« Und Lev 19,18: »Du sollst dich nicht rächen, auch nicht deinem Volksgenossen etwas nachtragen, sondern du sollst deinen Nächsten lieben wie dich selbst; ich bin Jahwe.« – Der spezifische Charakter Jahwes und »seine spezifische Funktion als Bundesgott, die die innere Einheit des Volkes als des Bundesvolkes zu ihrem Korrelat hat«[12], sind die entscheidenden Faktoren. »Das Bleiben im Bund ist eine grundsätzliche Qualität des richtigen Handelns.«[13]

Exkurs: Der Einfluß des Gottesglaubens auf das Eigentumsrecht

Das Alte Testament kennt keinen abstrakten Begriff von Eigentum, sondern bestimmt ihn jeweils in bezug auf das Objekt. Die Darstellung beschränkt sich hier auf das Eigentum an Grund und Boden. Kulturgeschichtlich ist die Rechtsbildung gekennzeichnet durch die Landnahme, durch die innerisraelitische Entwicklung zum Frühkapitalismus und

[11] J. Hempel, Das Ethos des Alten Testamentes, Berlin ^{2}1964, 193.
[12] Ebd. 193.
[13] H. v. Oyen, Ethik des Alten Testamentes, Geschichte der Ethik II, hrsg. v. H. v. Oyen/H. Reiner, Güterloh 1967, 97.

durch die Eingliederung Israels in die imperialen Reiche des Alten Orients. Das ursprüngliche und vorherrschende Eigentumsverständnis war profanrechtlicher Art. Als Grundform des Eigentums ist im Bundesbuch das bäuerliche Privateigentum anerkannt. Dabei gab es zwei Arten von Grunderwerb und Landbesitz: Zunächst das Land, das durch Vermessung und Verlosung an die Sippe oder Familie gekommen ist und als Erbbesitz weitertradiert wurde. Die freie Veräußerung war nur im persönlichen Notfall und unter Berücksichtigung des Sippeninteresses möglich. Herrenlos gewordener Besitz fiel an die Sippe zurück. Daneben kannte man die »Inbesitznahme auf Grund von erloschenen oder auch zum Erlöschen gebrachten Eigentumsrechten«[1]. Erwerbsberechtigt war bis zum Ende der israelitischen Eigenstaatlichkeit nur der »freie, wehrfähige und kultberechtigte männliche Sippen- bzw. Volksgenosse«[2]. Diese und andere Bestimmungen, wie z. B. das Verbot der Grenzsteinverrückung (Dtn 19,14; Hos 5,10), kennzeichnen das Grundeigentum als Privateigentum. Das Bodeneigentum steht, sofern es rechtlich erworben ist und zur Lebenssicherung benötigt wird, unter dem Schutz der Gottheit. Die Entwicklung des israelitischen Frühkapitalismus aber ließ bald Großgrundbesitz und Stadtpatriziat als Kapitalmacht aufkommen und führte zur »Verelendung der breiten bäuerlichen Massen durch zunehmende Verschuldung, Steuerdruck, Rechtsbedrückung und politische Entrechtung«[3]. Gegen solchen Mißbrauch des Eigentumsrechtes wirkte der Bundesglaube korrigierend auf das Rechtsdenken ein, indem er das Privateigentum relativierte. Dies geschah zunächst durch Aufnahme alter, kultisch gebundener Institutionen, welche »gegebenenfalls auch einer inzwischen veränderten Lage« angepaßt werden und »auf jeden Fall eine sozialkaritative Abzweckung«[4] erhalten. Wie der Sabbat in der Woche, so war jedes siebte Jahr besonders herausgehoben. Dies geschah ursprünglich durch eine allgemeine Brache, nach Kutsch ein Brauch aus der Zeit vor der Landnahme, der nicht bodenwirtschaftlich, sondern kultisch bedingt war. Später kam der Erlaß von Bürgschaften (šᵉmiṭṭāh) innerhalb des Bundes dazu. Er hat unter dem Einfluß der städtischen Verhältnisse möglicherweise die Brache ganz ersetzt. Im Exil wird für das Siebentjahr erneut die Brache gefordert. Später wird auch der Erlaß von Schuldforderungen (Jobeljahr) wieder mit dem Erlaßjahr kombiniert. Die Institution des Sabbatjahres ist mindestens in direkter Verwandtschaft in anderen Kulturen nicht nachzuweisen. Es wird in Israel dadurch begründet, daß Gott der eigentliche Grundbesitzer sei (Lev 25,23b: »Mein ist das Land, denn Schutzbürger und Beisassen seid ihr in meinem

[1] F. Horst, Das Eigentum nach dem Alten Testament, in: ders., Gottes Recht. Ges. Studien zum Recht im Alten Testament, Theologische Bücherei 12, München 1961, 203–221, 209.
[2] Ebd. 210.
[3] Ebd. 213.
[4] Ebd.

Bereich«). Jahwe steht auch in Verbindung mit dem erwählten Land; Kanaan ist Jahwe-Land und nicht mehr das Land der baʿalîm.
Das Eigentum wird im Alten Testament anerkannt, es ist darin begründet, »daß Gott den Treudienst freier Menschen haben und sichern will«[5]. Es wird jedoch da eingegrenzt, wo »die Ausnützung der Eigentumsrechte die soziale Karität verletzt und hemmungslos menschliches Machtstreben die Pflicht des brüderlichen Mit- und Füreinanderseins mißachtet«[6]. Soziale Integrität ist die Voraussetzung zur Verinnerlichung der Gottesgemeinschaft und der Lebensgestaltung als Heiligung. Materiale Normen werden in ihrer Funktionalität auf dieses Ziel hin kritisch durchleuchtet. Versagen sie, werden sie korrigiert oder durch neue ergänzt. Mag zwar die tatsächliche Effektivität gering gewesen sein, so sind sie dennoch qualifizierter Ausdruck einer »typischen« Haltung eines Volkes, dessen Verstehenshorizont durch ein epochales, transzendental nicht ableitbares Ereignis in einer Weise bestimmt ist, die innerhalb der gesamten orientalischen Welt ohne Parallelen ist.

§ 14 Die Bedeutung der Propheten

Bei der Frage nach dem Zusammenhang von Glaube und Ethos kann man im Alten Testament an den Propheten nicht vorbeisehen. Sie spielen für die religiöse Entwicklung Israels eine entscheidende Rolle; denn sie haben nicht nur das Volk auf dem Weg des wahren Jahweglaubens gehalten, sondern waren auch die Hauptträger des Offenbarungsfortschritts.

A. Die vorklassische Prophetie der Geschichtsbücher

Der Begriff »Prophet« umgreift ein vielgestaltiges Phänomen. Unter der Sammelbezeichnung »Gottesmann« kannte die ältere Zeit den »Seher« (roʾāeh oder ḥōzāeh) sowie den nābīʾ (vgl. 1 Sam 9,9). Sie waren nicht nur passiv »Berufene«, sondern auch aktiv »Rufende«. Neben Einzelgestalten wie Mose (vgl. Dtn 18,15.18; 34,10–12) oder Samuel (1 Sam 9) gab es Prophetengruppen (1 Sam 10,5.10), die häufig mit Heiligtümern verbunden waren. Die Erscheinungsform der Propheten ist nicht auf Israel beschränkt: man denke nur an den Seher Bileam (Num 22–24)

[5] Ebd. 221.
[6] Ebd. 213

oder an die Baʿalspropheten, denen Elija entgegentritt (1 Kön 18).
Das Prophetenamt ist nicht wie das des Priesters oder Leviten vererbbar; Prophet kann man nur durch Berufung werden. Dies kann zwar auch durch menschliches Handeln geschehen (vgl. 1 Kön 19,19f.), der eigentlich Berufende aber bleibt stets Jahwe selbst (vgl. 1 Kön 19,16; 2 Kön 2,9f.; 1 Sam 3). Wie die Geschichte des Propheten Jona oder die Worte des Amos u. a. zeigen, kann der Betroffene sich dem Ruf Jahwes in keiner Weise entziehen.
Es gibt zahlreiche Anzeichen dafür, daß die Propheten Israels auf eine Weise anklagten, die der Bundestradition entsprach, immer dann, wenn das Volk den Jahwebund gebrochen hatte. Bei den *vorklassischen Propheten* ist dabei die Anklage gegen den König, nicht gegen das ganze Volk gerichtet. Sie erheben Anklage und übermitteln das göttliche Urteil. So erhebt Elija – orientiert an einem alten Rechtssatz des Bundesbuches, Ex 21,12 – die Stimme gegen Ahab, der Nabot um seines Weingartens willen beseitigt hatte (1 Kön 21,19). Es handelt sich stets um Fälle, in denen niemand gegen den Schuldigen einschreitet. Richter ist Jahwe; der Prophet ist sein Bote und besitzt selbst keine Vollzugsgewalt. Er tritt auf als Hüter der rechtlichen und sittlichen Ordnung. Von besonderer Bedeutung ist z. B. die Stellung Natans zur Daviddynastie. Die Prophetie erfährt immer mehr politische Ausweitung; Motiv dafür ist die uneingeschränkte Herrschaft, das absolute Königtum Jahwes.

B. Schriftpropheten

Ähnliche Anklagen wie in der früheren Zeit lassen sich auch bei den *Schriftpropheten* aufweisen, jetzt jedoch fällt nicht mehr nur der einzelne, sondern das ganze Bundesvolk unter das angekündigte Gericht.
Durch politische und religiöse Einflüsse war den Zeitgenossen der Propheten die Erfahrung des Rettergottes z. T. fremd geworden. Abgesehen von den spezifisch religiösen Veranstaltungen, hatte das Staatsgebilde Israels seine sozialen und politischen Angelegenheiten in eigene Hände genommen. »In einer Zeit fortschrei-

tender Aushöhlung und Zersetzung war es dem Jahweglauben möglich, sich noch einmal geradezu eruptiv in einer ganz neuen Gestalt auf den Plan zu stellen, nämlich in der Verkündigung der Propheten.«[1] Das Auftreten der Schriftpropheten seit der Mitte des 8. Jh. v. Chr. ist bedingt durch vier Gegebenheiten: a. Verwilderung des Jahweglaubens durch Religionsmischung; b. »die durch die Staatenbildung zum System gewordene Emanzipation von Jahwe und dem Angebot seines Schutzes«[2], bedingt durch die politische Autonomie Israels; c. die wirtschaftlich-soziale Entwicklung in Israel und Juda. Seit der Zeit Salomos mit dem Aufbau eines umfangreichen Beamten- und Abgabewesens hatte die alte Sozialordnung des Stämmeverbandes begonnen, sich aufzulösen. Von der Agrarwirtschaft weg verlagerte sich der wirtschaftliche Schwerpunkt in die Städte. Unter der Landbevölkerung kam es zu gravierenden sozialen Mißständen durch Unterdrückung der bereits stadtansässigen Großgrundbesitzer (vgl. Jes 5,8; Mich 2,1 f.); d. der Machtzuwachs der Assyrer und die Bedrohung Palästinas von außen seit dem 8. Jh. v. Chr.
Wesentliche Themen der Prophetie sind in dieser Zeit: bei Amos (um 750 v. Chr.) soziale Ungerechtigkeit; bei Hosea (um 730 v. Chr.) Abfall zur kanaanäischen Naturreligion, Synkretismus; bei Jesaja (um 730) falsches Vertrauen auf Militärbündnisse statt auf den Schutz Jahwes (vgl. bes. Jes 7).
Nun greifen die Propheten zwar auf die alte Jahwe-Überlieferung zurück, geben ihr jedoch – indem sie sie für die Gegenwart aktualisieren – z. T. eine andere Gestalt. Zentrale Aussage aller ist die Darstellung Jahwes als des einzigen Gottes, des Herrn der Schöpfung, der den Lauf der Geschichte bestimmt. Als Bundespartner Israels ist er zunächst dessen Gott. Aber in der Prophetie tritt in Drohworten und Heilssprüchen immer deutlicher die *Universalität* dieses Gottes für alle Völker in den Vordergrund. Konsequenz daraus ist der verstärkte Kampf gegen den Synkretismus, besonders bei Hosea (2,7 ff. u. ö.; vgl. Jer 2,5). Der transzendente Gott ist heilig (qādôš). In seiner Herrlichkeit und Macht (kabôd) wendet er sich dem Menschen zu. Diese Thematik wird besonders nachdrücklich bei Jesaja vertreten (vgl. Jes 6), aber auch bei Hosea (z. B. 11,9), Jeremia und Haggai (vgl. 11,9).

[1] G. v. Rad, Die Botschaft der Propheten, München [2]1970, 7.
[2] Ebd. 7.

Er ist »Gott und nicht Mensch«. Gerade deshalb ist sein Gerichtsentscheid nicht unabwendbar, sondern kann durch Jahwes Güte und Barmherzigkeit aufgehoben werden. Hosea, Jeremia, Ezechiel verwenden für die dem Menschen zugewandte Liebe Gottes gern das Bild vom Ehebund.

C. Heilsgeschichte und Zukunftserwartung

Die Botschaft der Propheten ist nur auf dem Hintergrund der israelitischen Traditionen zu sehen. Sie waren nicht Vertreter eines selbständigen Gesetzes oder Ethos. Indem sie dem Gottesrecht zum Durchbruch verhalfen, standen sie im Dienste des Bundes und damit des Gotteswillens. Sie bezeugten dem Jahwevolk den erwählenden und geschichtlich handelnden Gott. Ihre Verkündigung proklamierte die Aufhebung der früheren Erwählung[3].
Die in die Zukunft gerichteten Prophetenworte sind gebunden an die heilsgeschichtlichen Ereignisse von Vergangenheit und Gegenwart. Sie lassen sich nicht aus der Verwurzelung in der Geschichte lösen (vgl. Ez 20). Die Heilsverheißungen für die Zukunft sind immer an das Vorstellungsmaterial der alten Tradition angeknüpft[4]. Als Novum lassen sich mitten im Vollzug der Gerichtsbotschaft schon die Ansätze einer ganz neuen Heilszuwendung erkennen[5]. »An die Stelle des alten Auszuges aus Ägypten tritt ein neuer Exodus, an die Stelle des Alten Bundes tritt ein neuer Bund.«[6]
Schon Amos hat zumindest andeutungsweise den Gedanken eines neuen Heilshandelns anklingen lassen in seinem Mahnwort: »Suchet das Gute und nicht das Böse, damit ihr möglicherweise lebt und es so sei: Jahwe, der Herr der Heerscharen, sei mit euch ...«[7] Das Gute, um das es Amos geht, liegt nicht im Kultbereich, »ist nicht Gilgal, nicht Bethel« (V.5). Der einzige

[3] Vgl. dazu Ernst Jenni, Die alttestamentliche Prophetie, Theol. Studien 67, Zürich 1962.
[4] Vgl. ebd. 18.
[5] Vgl. G. v. Rad, Die Botschaft der Propheten, 10.
[6] E. Jenni, a. a. O. 18.
[7] Am 5,14 in Anlehnung an das Gotteswort 5,4; vgl. 5,6; Ex 15,26; Dtn 6,18–12,28; 12,25; 13,19; 21,9; 1 Kön 11,33.38; 2 Chr 14,1; 19,3.11; Esr 8,22; Ps 4,7; 34,15; 37,3.27; Jes 1,17; Mich 6,8.

Weg, der zu Jahwe noch führen kann, besteht in der Rückkehr zu seiner allzeit gültigen Ordnung. Das Gute (d. h. Jahwe) suchen heißt, das Recht (mišpāṭ) zu lieben und ihm Geltung zu verschaffen, das Böse dagegen – falsche Aussage, Ungerechtigkeit, Bosheit und abgestumpfte Kultpraxis – zu hassen[8]. Die Wahrung des Rechtes im Tor (V.15) ist für Amos »elementare Gehorsamsforderung«[9], Grundlage seiner theologischen und sozialkritischen Aussageabsicht[10]. Die Identität von ṭôḇ (gut) und mišpāṭ (Recht) beruht auf den Zusammengehörigkeitsforderungen der Gemeinschaft. »Wie das Böse in Israel immer böse ist, weil es gegen den Gemeinschaftsgedanken verstößt, so ist auch das Gute nur wegen seiner Übereinstimmung mit dem Gemeinschaftsprinzip gut.«[11] Ez 20,25 bezeichnen ungute Satzungen und Gebote die Verkehrung vom Weg zum Leben in den zum Tod. In den göttlichen Rechtssprüchen, den mišpāṭîm (Ps 119,39), manifestiert sich das wirksame Gerichtswalten Gottes, das der Beschaffenheit eines jeden Menschen entspricht[12]. Ebenso wie im Deuteronomium erweist sich hier die Thora als höchstes Gut über alle irdischen Besitztümer hinaus (Ps 119,72).

Am 5 zeigt deutlich, daß sich angesichts der Bedrohung Israels von außen und der wachsenden sozialen Mißstände im Lande die Kritik nach innen verstärkt. Sie umfaßt vor allem das Amt (Königtum, Oberschicht, Machtapparat) und den Kult[13]. »Es ist etwas wie eine ›Nullpunktsituation‹, auf die Israel mit all seinem religiösen Besitzstand zurückgeworfen wird, ein Vakuum, das die Propheten durch ihre Gerichtspredigt und durch ihr Hinwegfegen aller falschen Sicherheiten erst schaffen ...«[14] Das Schwergewicht der prophetischen Verkündigung liegt jedoch nicht in ihren moralischen oder sozialen, politischen oder religiösen Vorwürfen. Zumindest die Propheten des 8. Jh. sind nicht als Bußprediger aufzufassen, deren Drohwort mit einem »wenn« eingeleitet wird. Sie rufen zwar auf zur Umkehr, aber dieser Ruf steht nicht in

[8] Am 5,15; vgl. Ps 34,11.14f.; 36,4; 37,3; 52,5; Spr 11,27; Mich 3,2; Est 10,3; 2 Chr 30,18.
[9] Reinhard Fey, Amos und Jesaja, WMANT 12, Neukirchen-Vluyn 1963, 36.
[10] Vgl. auch Neh 9,13; Ps 119,39.122; Spr 20,23; 24,23.25; Mich 2,1f.; Am 2,6f.
[11] K. H. Fahlgren, a. a. O. 156.
[12] Vgl. Dtn 30,11–14.
[13] Vgl. dazu Wolfgang Richter, Recht und Ethos, München 1966, 157f.
[14] G. v. Rad, Theologie des AT II, München [5]1968, 129.

direkter Verbindung mit der Gerichtsankündigung[15]. Umkehr wird nicht formuliert als Bedingung für Heil. Die prophetische Unheilsaussage appelliert an die Entscheidungsmächtigkeit des Menschen ohne Beziehung zu einer dahinterstehenden Alternative. Nur so ist freie Entscheidung zur Umkehr möglich[16]. Es geht wesentlich um die Verinnerlichung, um die Wiederbelebung der verschütteten Vorstellungen vom Bund, um die heilsgeschichtliche Perspektive. Das Ethos der Propheten ist »Auslegung des Gottesanspruchs; darum hat es Vermittlungs-, Gerichts-, Friedens- und Erbarmungscharakter«[17]. Es bildet Religionskritik aus religiösen Gründen. Kulmination findet es in der Ankündigung von neuem Heil und Frieden, von einem neuen Bunde, nicht nur für Israel, sondern für alle Völker[18].

§ 15 Der Beitrag der Weisheitsliteratur

Wenn ein Prophet seine Strafverkündigung aus dem vom Menschen selbst in Bewegung gebrachten Bösen erhebt, dann bringt er keine »geheimen Erfahrungen« ins Spiel, sondern praktiziert »ein ganz elementares Wissen, das ihm, das aber im Grunde jedem, der einige Erfahrung von der Welt und dem Leben hat, vorgegeben ist, nämlich ein Wissen um göttliche Grundordnungen, denen das Leben der Menschen unterworfen ist. Hier ist der Ort, wo sich Prophetie und Weisheit eng und lebendig berühren.«[1] Als weisheitliche Schriften des Alten Testaments nennt man die Psalmen, Ijob, Proverbien, Kohelet, das Hohelied. In diesen Büchern besonders – aber auch sonst vielfach über das gesamte Alte Testament verstreut – erfuhr altes Erfahrungswissen, das Bemühen, die Geschehnisse und Gesetzmäßigkeiten der Welt zu ordnen, »literarische Kultivierung« vor allem in Gestalt von sentenzartig geformten Sprüchen[2]. »Es handelt sich ... um eine der elementarsten Betätigungen des menschlichen Geistes über-

[15] Vgl. E. Jenni, a. a. O. 12.
[16] Vgl. Martin Buber, Der Glaube der Propheten, Zürich 1950, 149.
[17] A. Auer, Autonome Moral und christlicher Glaube, Düsseldorf 1971, 69.
[18] Vgl. Jes 2,2–5; 4,2–6; 9,1–6; 11; 35; 43; 65,17–25; Jer 30,1–31,40; 33; Ez 20; 36; 37 u. ö.
[1] G. v. Rad, Theologie II, 87.
[2] G. v. Rad, Weisheit in Israel, Neukirchen 1970, 14; H. H. Schmid, Wesen und

haupt, mit der praktischen Abzweckung, Schaden und Lebensminderung vom Menschen fernzuhalten ...«[3] Dies gilt für alle anderen antiken Völker in gleicher Weise. Bedeutsam für Israel ist jedoch, daß sich vor seinem spezifischen religiös-geistigen Verstehenshorizont elementarste Erfahrungen in anderer Form als in den übrigen Kulturen ausgeprägt haben[4].
Ihrem Inhalt entsprechend sind die weisheitlichen Sentenzen auch zeitlich weiträumig zu datieren, etwa von der vorexilischen Königszeit (Spr 10–29) bis in die späte nachexilische Zeit hinein. Beginn der schriftlichen Fixierung war das »Aufkommen einer Schulweisheit in der frühen Königszeit«[5], die vielfach als Zeit der Aufklärung bezeichnet wird. Gemser (3) sieht einen Zusammenhang mit der Schaffung eines nötig werdenden Beamtenstandes. Aus den verschiedenen Problemkreisen der Weisheitsliteratur geht hervor, daß sie jedoch nicht dort, sondern eher im Kreise einer bürgerlich-großbäuerlichen Schicht ihren Sitz im Leben hatten. Der Begriffsinhalt des Wortes »Weisheit« ist sehr umfassend. Er umgreift eine Fülle von Einzelphänomenen.
In der älteren Sentenzenweisheit findet sich noch keine theologische Erkenntnisbegründung. Der Erkenntnisbereich umfaßt hier Gegenstände weltlicher Art, Fragen des Alltagslebens. Erwerb der Weisheit ist dabei Sache des Menschen[6]. »Die Formulierungen zeigen übereinstimmend den anthropologischen Ort der Fragestellung ... Um den Menschen geht es, des Menschen Möglichkeiten sollen festgestellt werden.«[7] »Wie die Weisheit Gottes (Prv 21,30; Jer 8,9; Jes 31,2; Da 2,20–23) in engem Zusammenhang steht mit seiner Schöpfungsmacht (Prv 3,19; Jes 40,13f.; Jer

Geschichte der Weisheit, in: BZAW 101, 1966, 159; U. Skladny, Die ältesten Spruchsammlungen in Israel, Göttingen 1962, 8; W. Zimmerli, Theologie, 136f.

[3] G. v. Rad, Weisheit, 14f.

[4] Vgl. ebd. 16; vgl. die Weisheitsbücher aus Ägypten vom 3. Jahrtausend v. Chr. bis in die Spätzeit; anders als G. v. Rad (ebd. 21) widerlegt W. Richter (Recht und Ethos) wohl zu Recht die These, Spr 22,17–23,11 seien fast wörtlich aus dem Weisheitsbuch des Amen-em-ope übernommen.

[5] G. v. Rad, Weisheit, 24; vgl. ders., Theologie I, 427: »... sobald mit Salomo der israelitische Staat nach dem Muster der altorientalischen Groß- und Kleinkönigsreiche organisiert wurde, war auch die Weisheitspflege da« (B. Gemser, Sprüche Salomos, HAT 16, Tübingen ^{2}1963, 2); vgl. A. Alt, Die Weisheit Salomos, in: ThLZ 76 (1951) 139–144 = Kl. Schriften II, München 1953, 90–99.

[6] Vgl. G. v. Rad, Weisheit, 81.

[7] W. Zimmerli, Zur Struktur der alttestamentlichen Weisheit, in: ZAW 51, 1933, 177–204, 178.

10,12; 51,15; Hi 9,4; 12,12–16; Ps 104,24), so gibt die den Menschen von Gott verliehene Weisheit (1 R 5,9.26; Ps 51,8; 90,12) ihnen die Macht, ihr Leben zu einem glücklichen, wohlgelungenen zu gestalten.«[8] In diesem Sinne bedeutet »Weisheit« zunächst »Sachverständnis«, »Fertigkeit«, »Fachkenntnis« (vgl. Ex 28,3; 31,6 u. ö.) und ist vorwiegend nüchtern-praktischer Natur, wenn sie auch auf magische Bereiche, Traumdeutung (Gen 41,8.38 f.) oder Zauberei und Schlangenbeschwörung (Ex 7,11; Ps 58,6) angewandt wird. Der Begriff liegt ursprünglich außerhalb einer ethischen Wertordnung (vgl. 2 Sam 13,3), ist wertneutral. »Weisheit ist ... Menschenkenntnis, gesunder Verstand, Lebensklugheit, bisweilen ohne ethischen Inhalt.«[9]

Später jedoch sind »Weisheit und Sittlichkeit, Erkenntnis und Tugend zwei Seiten derselben Sache«[10]. »Der ATliche Mensch erkennt sich sogleich, wenn er die anthropologische Frage stellt, als Glied des Jahwe verbundenen Bundesvolkes Israel, und die Frage wird sich darum ohne weiteres in anderer Formulierung stellen: Wie habe ich als Glied des Bundesvolkes, als Glied dieser mir übergeordneten Setzung, die mich verpflichtet, in der ich mich vorfinde, mein Leben zu gestalten?«[11] Diese Fragestellung bezieht sich dabei auf den autonomen Menschen, der von sich aus frei gestalten und die Welt berechnen will. Stets aber wird »Weisheit« – in welcher Form auch immer, als einfache Aussage oder als Mahnspruch – als Gabe Gottes betrachtet[12]. Die Obersten des Volkes werden damit ausgestattet, um in ihrer

[8] B. Gemser, a. a. O. 1; vgl. W. Zimmerli, Theologie, 137 f.: »In ihren verschiedenen Formen des Parallelismus der Glieder zeigen die Spruchformulierungen hinter dem kunstvoll Spielerischen origineller Formgebung, die vor allem in den Bildvergleichen gar nicht zu übersehen ist, die Absicht der Erkenntnis bestimmter Ordnungen in Natur- und Menschenleben. Dabei wird das eine immer wieder einmal in eine Beziehung zum anderen gebracht, vgl. etwa die Zusammenreihung von durch Fleiß und Ordnung in der Natur auffallenden Phänomenen in Spr. 30,24–28. Die Erkenntnis dieser Ordnungen geschieht aber nicht absichtslos, bloß verspielt, sondern in der Absicht, in der Erkenntnis der verborgenen Ordnungen sich die Regel für das eigene Verhalten zu klären und so im rechten Verhalten das ›Leben‹ zu gewinnen.«

[9] Ebd. 1.

[10] Ebd. 1.

[11] W. Zimmerli, Struktur, 178 f.

[12] Ders., Theologie, 138: »Der at. Glaube kann in den nüchtern erkannten Ordnungen seines täglichen Lebens nur den Einen wissen, der auch in seinem Schreiben und seinem Rühmen die einzige Adresse war, Jahwe.«

Amtsführung zwischen Gut und Böse, Wahrheit und Lüge, Nutzen und Schaden unterscheiden zu können (vgl. 2 Sam 14; 1 Kön 3; Dtn 1,13; 34,9; Jes 29,14; Jer 9,22; 18,18; 50,35; 51,57). Die Vorstellung vom »Weisen« als einem gelehrten Lehrer tritt erst später, wesentlich in nachexilischer Zeit deutlicher hervor. Unter Einwirkung des Jahweglaubens und der Prophetenverkündigung erhält der Weisheitsbegriff neben dem ethischen dann auch einen stark religiösen Aspekt und tritt in enge Korrelation mit Gottesfurcht und Gerechtigkeit (vgl. Hos 4,6; Jes 11,2; Jer 8,9; Ps 19,8; 37,30f.; 107,43; 119).

Einmal gesammelt und formuliert, wurden die weisheitlichen Lehren im Unterricht der Jugend gebraucht. Sie haben jedoch nicht generell didaktischen Stellenwert, sind nicht imperativisch aufzufassen, sondern stellen thesenhafte Behauptungen auf. »Sie wollen auf ihre Weise und in ihrem Bereich etwas einfach Feststehendes und unzweifelbar Gültiges festlegen.«[13]

Bemerkenswert ist die Nähe der Weisheitslehrer zu denjenigen, die sich mit der Abfassung des Gesetzes befaßten (vgl. Jer 2,8 mit 8,8f.; Jes 10,1). Es läßt sich ein enger Zusammenhang von Rechtspraxis und Spruchbildung in Israel nachweisen[14]. Bedeutsam ist, daß die Weisheitsmahnung als solche mehrfach als Thora bezeichnet wird (Spr 1,8; 3,1; 13,14; 28,4.7 u.ö.), genauso wie das Gesetz, die autoritative Mahnung[15]. Auch die Gesetzestexte des Pentateuchs (vgl. Lev 19) sind voll von m^{e}šālîm, weisheitlich formulierten Sprüchen[16]. Ebenso erinnert der Ijob-Dialog an die Art und Weise, in der die israelitische Rechtsgemeinde im Tore unlösbare Rechtsfragen diskutierte[17]. Fichtner[18] u.a. haben auch die inhaltliche Übereinstimmung von Weisheit und Gesetz hervorgehoben[19].

[13] G. v. Rad, Weisheit, 48.

[14] Vgl. O. Eißfeldt, Einleitung in das Alte Testament, Tübingen ^{3}1964, 92–94; – B. Gemser, The Importance of the Motive Clause in the Old Testament Law, in: VTS 1, 1953, 50–66, bes. 64–66.

[15] Vgl. W. Zimmerli, Struktur, 181.

[16] Vgl. G. Boström, Paranomasie i den äldere Hebreiska Maschallitteraturen med särskild Hänsyn till Proverbia, LUÅ, N. F., Adv. 1, XXIII, 8, Lund 1928, 38, Anm. 2.

[17] Vgl. J. Hempel, Die althebräische Literatur, Potsdam 1934, 177; L. Köhler, Der hebräische Mensch, Tübingen 1953, 82ff., 143ff.

[18] J. Fichtner, Die altorientalische Weisheit in ihrer israelitisch-jüdischen Ausprägung, in: BZAW 62, 1933, 27f., 34.

[19] Z. B. Spr 11,1; 20,10.23 mit Dtn 25,13–16.

Im wesentlichen lassen sich inhaltlich zwei Kategorien von Weisheitssprüchen unterscheiden: die erste bezieht sich auf Fälle, bei denen es um eine vom Menschen gesetzte, an dessen Neigung orientierte Normierung von gut und böse bzw. nützlich und nutzlos, unzweckmäßig geht, die deshalb keinen Absolutheitsanspruch hat, sondern aus zweckethischem Denken resultiert (vgl. 2 Kön 10,3). In dieser Sphäre läßt sich von einer Wertskala innerhalb der Weisheitslehre sprechen[20]. Die Weisheitsregel wird oft als »Rat« bezeichnet, ist also diskutabel. Bei aller Einschärfung des Hörens ist somit nicht Gehorsam die Tugend der Weisen, sondern Erkenntnis und Einsicht als Fähigkeit des Abwägens, der Gewandtheit der Überlegung[21].

Anders verhält es sich, wenn die Aussage auf dem Gegensatz von Gehorsam – Ungehorsam beruht und damit in den ethisch-theologischen Bereich hineinragt, der keine Relativierung oder Zwischenwerte erlaubt, sondern den Menschen unabdingbar verpflichtet (vgl. 1 Sam 15,22; Ps 69,32; Spr 17,1). Betrachtet man die weisheitlichen Sprüche, die »im Stile einer gratulierenden Sentenz«[22] etwas feststellend als ṭôḇ benennen (»wie gut ist es, wenn ...«), so spiegelt sich in ihnen das in ṣ^{e}dāḳāh und mišpāṭ verwurzelte Leben wider (Ps 112,5; 133,1; Jes 3,10; Klgl 3,20), ebenso auch das auf Harmonie abgestellte Gemeinschaftsleben (Gen 2,18; 2 Kön 2,19), denn der einzelne steht nie für sich allein, sondern stets pars pro toto für die ganze Gemeinschaft, so daß er durch sein Handeln ihr Geschick bestimmen kann. Das oftmals in den Sprüchen auftretende lo᾽– ṭôḇ (nicht gut) erhält so im Rechtsbereich die Bedeutung »ungerecht«, wenn die Buße auf einen Unschuldigen fällt (Spr 17,26; vgl. 18,5; 24,23; 28,21). In für die Weisheitsliteratur bezeichnender Weise werden Betrachtungen darüber angestellt, was nun eigentlich für den Menschen ṭôḇ ist (Spr 24,13; 25,27; Koh 2,3.24; 5,17; 6,12; 11,7; Klgl 3,26f. u.ö.). Eines der Hauptthemen der sehr häufigen ṭôḇ-min-Sprüche (»besser als ...«; bzw. »gut ist ... und nicht ...«) ist die Beurteilung von Armut und Reichtum (Ps 37,16; Spr 15,16; 16,8.19; 19,1.22; 28,6; vgl. Koh 6,9). In der Behandlung dieser Frage schlägt sich häufig der Gegensatz von »gerecht« – »frevle-

20 Dies gilt für komparativisch formulierte Sprüche: »Besser als ...«

21 Vgl. W. Zimmerli, Struktur, 183.

22 H.-J. Kraus, Psalmen, BK XV/2, Neukirchen ^{4}1972, 773, zu Ps 112,5.

risch« als gleichbedeutend zu »arm« – »reich« nieder. Dabei wird an den genannten Stellen der Reichtum als solcher nicht generell verurteilt, sondern nur der unrechtmäßig erworbene Besitz der Gottlosen. Es handelt sich also um gezielte Sozialkritik, wie etwa bei Amos. Das Streben nach dem diesseitig-irdischen Gut der Sättigung und Freude des Menschen erhält seine besondere Ausprägung bei Kohelet (2,24; 3,12.22; 5,17; 8,15). Ellermeier spricht hier von ṭôḇ (gut) im spezifischen Gebrauch Kohelets treffend als vom »Topos vom unreflektierten Leben«[23]. Der oder die Verfasser dieses Übergangswerkes sehen den Sinn des irdischen Lebens im vollzogenen Genuß der vom Menschen verliehenen Güter, und zwar angesichts der Tatsache der Diskrepanz zwischen Gerechtigkeit und Wohlergehen, Frevel und Unglück unter dem Aspekt der Tat-Ergehen-Folge (Koh 2,1; 3,13; 4,8; 5,17; 6,3.6; 8,12.13.15). Es wird jedoch sehr deutlich, daß Kohelet bei aller Profanität seiner Aussagen die weltlichen Güter als Geschenke der göttlichen Gnade ansieht.

Unter ethisch-moralischem Aspekt sind die Mahnungen der »Weisheit« zu Demut und Güte (Hilfeleistungen) gegenüber Erniedrigten (Spr 3,27; 16,19) und zur Selbstbeherrschung anstelle skrupelloser Ausnutzung einer Machtposition (Spr 14,17; 16,32; 24,5f.; 25,28; Koh 7,8) zu werten.

Sicherung von Leben und Glück über alle materiellen Güter und Machtpositionen hinaus bietet der Besitz von Weisheit und Einsicht in der ganzen Breite ihrer praktischen und ethischen Bedeutungsvielfalt (vgl Spr 3,14; 8,10f.19; 16,16; 19,8; Koh 4,13; 7,5.11; 9,16.18; Spr 15,2). Als Gabe Gottes für den, der ihm wohlgefällt (Koh 2,26), stehen Weisheit und Einsicht als höchstes Gut neben Gottesfurcht und Gottvertrauen, in denen sich die Gültigkeit des Bundesverhältnisses äußert und die sich in Bekenntnisaussagen mehrfach kundtun (Ps 63,4; 84,11; 118,8.9; 119,72; vgl. Spr 16,20; Ps 111,10; Spr 3,4). Die Verbindung zwischen Weisheit, Gottesfurcht und Lohn für gottgemäßes Handeln wird deutlich aus Ps 111,10 (exilisch-nachexilisch):

> »Anfang der Weisheit ist *Furcht* Jahwes,
> *Lohn* des *Guten* allen, die ›danach‹ tun,
> sein Ruhm besteht für immer.«[24]

[23] F. Ellermeier, Qohelet, I. 1, Herzberg 1967, 87.

Weisheit wird also in einem engen Verhältnis zur Gottesfurcht gesehen, und Gottesfurcht ist aller Weisheit vorgeordnet, sie ist der Ausgangspunkt der Weisheit. Die Bindung an Gott hat »eine eminent wichtige Funktion für das menschliche Erkennen«[25], erst sie befähigt zur sachgemäßen Erfassung der Wirklichkeit (vgl. Spr 28,5). Es ist aber nicht allein die Unterscheidung des Rechten vom Ungerechten, die vom Glauben getragen wird. Der Glaube setzt vielmehr das Erkennen in seine Eigenständigkeit – in seine Autonomie –, ermöglicht erst die volle Betätigung und Entfaltung der Vernunft. Der Satz von der Furcht Gottes als dem Anfang der Erkenntnis fügt aber dem Buch der Sprüche nichts grundsätzlich Neues hinzu, sondern führt in konzentrierter Form nur aus, was in den Einzelsentenzen praktiziert wurde. Es ist jedoch bemerkenswert, »daß die Frage nach den Voraussetzungen rechter Erkenntnis auch in der älteren Weisheit gestellt und grundsätzlich beantwortet wurde. Während die jüngere Weisheit die Frage nach der Voraussetzung des Gewinns von Weisheit theologisch beantwortete (Weisheit kommt von Gott), ist hier die Antwort eine anthropologische. Weisheit steht und fällt mit der rechten Einstellung des Menschen zu Gott.«[26] Gerade jener Gottesglaube und jenes daraus resultierende umfassende Wirklichkeitsverständnis, in dem Lebens- und Naturweisheit nicht getrennt sind[27], machen das Spezifische der Weisheit Israels im Vergleich etwa zu der Altägyptens aus. Während die Ägypter in der Weltordnung eine objektive, sichere Größe sahen, ist Israels Wirklichkeitsverständnis um die Dimension des Geheimnisses von Gottes Handeln in der Welt bereichert.
Die »Dialektik ... von Jahwes Gegenwart und der Eigengesetzlichkeit innerweltlicher Wirklichkeit«[28] bestimmt auch die Eigenart, in der die Weisheit die Normen des Handelns zu ermitteln und zu begründen sucht. Das menschliche Verhalten wird überwie-

[24] Zur Übersetzung vgl. M. Dahood, Psalms III, The Anchor Bible 17a, Garden City – New York 1970, 125 z. St. mit Zusatz.
Es ist einer der charakteristischsten Sätze des ganzen Spruchbuches, der wie kein anderer fünfmal in der didaktischen Literatur vorkommt (außer Ps 111,10: Spr 1,7; 9,10; 15,33; Ijob 28,28); vgl. dazu G. v. Rad, Weisheit, 91ff.

[25] G. v. Rad, Weisheit, 94.

[26] Ebd. 96.

[27] Vgl. ebd. 99.

[28] Ebd. 125.

gend nicht von allgemeinen ethischen Grundsätzen geregelt wie etwa vom Dekalog her, sondern »von der Erfahrung ganz immanenter Gesetzmäßigkeiten«[29], von den sozialen Ordnungen her, die als gegeben, unveränderlich und für alle gültig betrachtet werden. Wenn nun Normen des Handelns vorwiegend von der Schöpfungswirklichkeit her gefunden und begründet werden, erhebt sich sofort die Frage: ist das Ethos der Weisheit dann noch als theonom zu bezeichnen? Eine Antwort darauf läßt sich gewinnen, betrachtet man die Besonderheit von Israels Wirklichkeitsverständnis. Denn »nach der Überzeugung der Weisen hat Jahwe der Schöpfung offenbar so viel Wahrheit delegiert, ja, er war selbst in ihr derart gegenwärtig, daß der Mensch auf einen soliden ethischen Grund kommt, wenn er in diesen Ordnungen lesen lernt und sein Verhalten auf die gewonnenen Erfahrungen einstellt«[30]. Die in allem waltende Ordnung wird charakteristischerweise nirgends als solche definiert, sondern lediglich an einer Fülle von Einzelfällen in ihrer Wirksamkeit oder Wirkmächtigkeit sichtbar gemacht. Die Wirklichkeit bewegt sich unablässig auf den Menschen zu, fordert ihn zum Handeln heraus und läßt ihn erst in einem längeren Erkenntnisprozeß an den Früchten seines Tuns (vgl. den Tun-Ergehen-Zusammenhang) verstehen, was gut, was schlecht ist. Diese Bewegungen lassen also »auch Ordnungen erkennen, aus denen der Mensch Normen für sein Verhalten ablesen kann. In diesen Bewegungen der Wirklichkeit war Jahwe ordnend und richtend am Werk«[31]. Dieses Grundvertrauen in Jahwes Wirken in der Schöpfungswirklichkeit ist es, was die Sentenzen der Weisheit zusammenhält. So läßt sich zusammenfassend sagen: das Ethos der Weisheit ist ohne Zweifel »ein theonomes, wenn auch auf eine eigentümlich distanziert-dialektische Art«[32].

[29] Ebd. 122.
[30] Ebd. 125.
[31] Ebd. 129.
[32] Ebd. 126.

2. KAPITEL: DIE SITTLICHE BOTSCHAFT JESU

Das im Neuen Testament verkündete und gelebte Ethos ist weitgehend durch das gläubige Bekenntnis zu Jesus, dem Christus, und die entsprechende Katechese der frühen christlichen Gemeinden bestimmt. So wird etwa die paulinische Freiheitslehre entscheidend im Glauben an den erlösenden Tod und an die Auferweckung des Herrn begründet. Und doch zeigt die Traditionsgeschichte, daß dieser befreiende Glaube seine Wurzeln in Jesu eigener Verkündigung hat[1]. Die urchristliche Tradition, die sich in der Heilsbotschaft wie in ihren sittlichen Anforderungen immer wieder auf Worte und Taten Jesu beruft, muß darum zunächst auf diese ihre geschichtliche Wurzel befragt werden. Dabei gilt im Rahmen unserer allgemeinen Zielsetzung auch hier: Wir stellen als Systematiker gezielte Fragen. Der Forderungscharakter der neutestamentlichen Botschaft ist unbestritten. Die theologisch-ethische Diskussion dreht sich um die *Eigenart des Anspruchs* sowie um den *Verbindlichkeitscharakter der sittlichen Weisungen* im Neuen Testament. Unser leitendes Interesse ist auf die Klärung dieser Fragen gerichtet.

§ 16 Verkündigung der Basileia Gottes

Kern und Mitte der Botschaft Jesu ist die Verkündigung der Basileia Gottes. Der reich gefüllte Begriff weist hin auf Gottes gegenwärtige *Herrschaft* wie auch auf das Ziel der Geschichte: Gottes *Reich*. In Gottes Herrschaft und Reich verbinden sich Gegenwart und Zukunft. Gottes Basileia ist der Inbegriff für Gottes geschichtliches Handeln am Menschen und durch den Menschen, und er weist zugleich hin auf den in Gottes Hand allein liegenden Endzustand, wo der bösen, von Unheilsmächten beherrschten Welt ein Ende gesetzt ist und die neue Welt, in der

[1] Vgl. K. Niederwimmer, Der Begriff der Freiheit im Neuen Testament, Berlin 1966, 150.

Gott ganz zu seinem Recht kommt, beginnt. Die sittliche Botschaft Jesu ist Teil dieser Reich-Gottes-Verkündigung; ihr Anspruch ist dadurch wesentlich geprägt.

A. Die Untrennbarkeit der sittlichen Botschaft Jesu von seiner Person und seinem Wirken

Nach dem Markus-Evangelium beginnt Jesus seine öffentliche Tätigkeit mit einem eschatologischen Erfüllungsruf. Markus faßt Jesu Predigt auf zwei Sätze im Stil prophetischer Heroldsrufe zusammen: »Erfüllt ist die Zeit! und: Genaht ist die Herrschaft Gottes! Kehrt um! und: Glaubt an das Evangelium!«[2] *Heilsankündigung* und *Umkehrforderung* bilden den Inhalt seiner Botschaft. Dabei ist die Reihenfolge nicht unbedeutend: »Die Bewegung der Umkehr entspricht für Jesus der zuvorkommenden Bewegung Gottes (Lk 15,11–32).«[3]
Grundlage des Heils ist das Angekommensein der Gottesherrschaft (ἤγγικεν ἡ βασιλεία τοῦ θεοῦ), d. h. im Blick auf die gesamte Verkündigung Jesu: »Gottes befreiendes Recht der Liebe«[4]. Es ist jener neue Anfang, jene Erfüllung der Gerechtigkeit, die Gott allein als Herr der Geschichte geben kann. Der Begriff Gottes Herrschaft meint »Gottes Gott sein und Herr sein, das zugleich die Menschlichkeit des Menschseins und das Heil der Welt bedeutet, weil es Befreiung von den schöpfungsfeindlichen Mächten des Bösen und Versöhnung in der heillosen Zerstrittenheit der Wirklichkeit bedeutet«[5]. Diese *Heilsverkündigung* und nicht – wie etwa noch beim Täufer – die Gerichtsdrohung ist das entscheidende Motiv der Umkehrforderung.

[2] R. Pesch, Das Markusevangelium, HThK II/1, Freiburg i. Br. 1976, 100f. »Der erste Satz, ein ›prophetisch-apokalyptischer Heroldruf‹, kann durchaus als ein authentisches Wort Jesu angesehen werden, wofür die formalen, gattungsmäßigen atl. Parallelen sprechen (vgl. Jes 56,1; Ez 7,3.12; 9,1; Klgl 4,18b)« (ebd. 101f.).
[3] Ebd. 102f. »Die Umkehrforderung, die aus der Heilsverkündigung von der Nähe der Gottesherrschaft resultiert, kann zur authentischen Verkündigung Jesu gehören« (ebd. 102).
[4] Vgl. P. Stuhlmacher, Gerechtigkeit Gottes bei Paulus, Göttingen ²1966, 255. Stuhlmacher zeigt, daß »mit Jesu Begriff der βασιλεία und der paulinischen Rede von der δικαιοσύνη θεοῦ dasselbe Phänomen angegangen wird: Gottes befreiendes Recht der Liebe« (ebd. 255).
[5] W. Kasper, Jesus der Christus, Mainz ⁴1975, 85.

Die Proklamation dieser Gottesherrschaft hat Jesus unlösbar mit seiner Person verbunden[6]. Lukas läßt an die Stelle des von Markus berichteten Summariums die Nazaretperikope treten (Lk 4,16–30). Jesus liest aus der Schriftrolle des Jesaja die bekannte Stelle 61,1–2 a und mit Nachdruck wird betont, daß die Erfüllung dieser Verheißung mit Jesu Kommen gegeben sei[7]. Dem entspricht auch ein wohl authentisches Stück seiner Eröffnungspredigt in der Öffentlichkeit (Lk 6,20 f.), wo Jesus mit Bezug auf das gleiche Prophetenwort den Armen die Basileia zuspricht. Hier wird nicht bloß prophetischer Zuspruch gegeben, hier wird vielmehr der »Anbruch der Erfüllungszeit (vgl. Mk 1,15 a) ... in Gang gesetzt. In diesem auf Jes 61,1 rückbezogenen, eschatologischen Erfüllungsruf hören wir wohl die Basileiaverkündigung Jesu unmittelbar in ihrer Urform.«[8] Darum sind die Augen- und Ohrenzeugen selig zu preisen (Lk 10,23 f.; Mt 13,16 f.). Es ist ja Gottes Macht selbst, die in seinem Handeln sich auswirkt. Wenn er Dämonen austreibt, dann realisiert sich in seinen Taten die Basileia Gottes (Lk 11,20; Mt 12,28). Er verkündet Gottes Herrschaft und macht sie durch seine Praxis zugleich präsent. Ein präsentisch-eschatologischer und ein religiös-eschatologischer Aspekt durchdringen gegenseitig sein Wirken. Das Eschaton, die Heilszeit, ist der Welt mit seinem Gekommen-Sein und seinem Da-Sein gegeben. Die Gegenwart ist der Ort der Zukunft, und sie ist es nur, weil es sich um die Gegenwart des Heilswirkens Gottes und der damit zu erwartenden universalen Herrschaft Gottes handelt[9]. Man kann zu Recht eine nachösterliche Bekenntnisformel vorwegnehmend – sagen, Jesus ist *das große Heilswerk Gottes* in dieser Welt[10]. So läßt sich sein Sprechen, Tun und Lassen aus dem Lebensganzen heraus verstehen.

[6] Vgl. P. Stuhlmacher, a. a. O. 254.

[7] Vgl. H. Schürmann, Das Lukasevangelium, HThK III/1, Freiburg i. Br. 1969, 231. Diese selbststoffenbarende Verkündigung in Nazaret ist für Lk »unverkennbar ... das eigentliche feierliche ›Anfangserlebnis‹« (ebd. 227).

[8] Ebd. 332.

[9] Vgl. H. Schürmann, Das hermeneutische Hauptproblem der Verkündigung Jesu. Eschato-logie und Theo-logie im gegenseitigen Verhältnis, in: ders., Traditionsgeschichtliche Untersuchungen zu den synoptischen Evangelien, Düsseldorf 1968, 13–35 = Gott in Welt I, 33, Freiburg i. Br., 579–607.

[10] Vgl. E. Schillebeeckx, Jesus. Die Geschichte von einem Lebenden, Freiburg i. Br. 1975, 229. »Das ist ein Sprechen über Jesus aus dem identifizierenden Verstehen seines Lebensganzen heraus« (ebd.).

Das Proprium der Reich-Gottes-Verkündigung Jesu liegt demnach in der einzigartigen Verbindung von Eschatologie und Theologie: »Weil Jesus von dem Gott weiß, der da transzendent ›ist‹ und der begnadigend und richtend ›kommt‹, gibt es die beiden Aussagereihen in der Botschaft Jesu, Gottes-Offenbarung und Basileia-Kunde – und zwar beides im Mit- und Ineinander.«[11] Der gesuchte Einheitspunkt, der die beiden Aussagen zusammenhält, liegt im *Sohn-Bewußtsein* Jesu[12]. Jesu Botschaft und Lebenspraxis, wie auch sein prophetisches Selbstverständnis weisen auf die Besonderheiten dieses Bewußtseins hin, das in den urchristlichen Gemeinden im Hoheitstitel »Sohn Gottes« den entsprechenden Ausdruck gefunden hat[13]. Die Christologie bietet in diesem

[11] H. Schürmann, Das hermeneutische Hauptproblem, 33.

[12] Vgl. ebd. 34: »Der Problemstellung wie deren Lösung leuchtet von außen – ohne konstitutives exegetisches Erkenntnisprinzip zu werden – die Idee des Sohn-Seins Jesu voran. Ist doch das Verhältnis von eschatologischer Kunde und Gottesoffenbarung ... überhaupt durch ein Hören auf das Schriftwort allein kaum richtig zu bestimmen. Die Schrift interpretiert sich selbst nur für den, der das Pneuma hat. Es ist aber keine bibelfremde und unvernünftige Voraussetzung, wenn einer das Pneuma nicht sich allein zuspricht, sondern wenn er im Raum der Kirche Jesu Christi zu hören und zu deuten versucht. Hier aber hat es von Anfang an nur immer ein Schriftverständnis gegeben: vom Sohn-Sein Jesu her.«

[13] Vgl. W. Kasper, a. a. O. 122ff., bes. 128–131: »Die ganze Tiefe des Selbstanspruchs Jesu und das ganze Geheimnis seiner Person erschließen sich uns erst, wenn wir uns der Hoheitsbezeichnung zuwenden, die in der späteren neutestamentlichen und altkirchlichen Bekenntnisentwicklung die größte Rolle gespielt und sich als die angemessenste und fruchtbarste Bezeichnung Jesu erwiesen hat: Sohn bzw. Sohn Gottes« (128). Im AT ist der Gedanke der Gottessohnschaft niemals in einer physischen Abstammung begründet, sondern ausschließlich in der Erwählung und Sendung durch Gott. Auf dem Hintergrund dieses Erwählungsglaubens ist auch die Gottessohnschaft Jesu zu verstehen. Explizit bezeichnet sich Jesus nach den synoptischen Evangelien nie als Sohn Gottes, d. h., die Gottessohnaussage ist »eindeutig als Glaubensbekenntnis der Kirche ausgewiesen« (129). Auch die Inanspruchnahme des Titels »Sohn« in der absoluten Form geht möglicherweise nicht auf Jesus selbst zurück. Jedoch lassen jene Redeweise: »mein Vater« (Mk 14,36 par; Mt 11,25 par) – »euer Vater« (Lk 6,36; 12,30.32), die konsequent durch alle ntl. Schichten bis zu Joh 20,17 »mein und euer Vater« durchgehalten wird, sowie Mt 11,27 (bzw. Lk 10,22) annehmen, daß »Jesus von sich in einer einmaligen Weise als Sohn gesprochen hat« (130). Als der »Glaubende« (vgl. Mk 9,23) ist »Jesus in seinem radikalen Gehorsam radikale Herkünftigkeit von Gott und radikales Übereignetsein an Gott ... Dabei setzt die Hinwendung Jesu zum Vater selbstverständlich die Zuwendung und Mitteilung des Vaters an Jesus voraus. Die spätere Sohnes-Christologie ist nichts anderes als die Auslegung und Übersetzung dessen, was im Sohnesgehorsam und in der Sohneshingabe Jesu verborgen ist. Was Jesus vor Ostern ontisch lebte, wurde nach Ostern ontologisch ausgedrückt« (130).

Zusammenhang das hermeneutische Prinzip, das den Blick für das Problem des Neben- und Miteinander von Eschatologie und Theologie richtig freigibt. Von diesem Grundverhältnis ist auch die *Ethik Jesu* geprägt. Sie ist, wie die gesamte Verkündigung, nicht zu trennen von seiner Person. Selbst wenn die einzelnen Forderungen, nur nach ihrem materialen Gehalt betrachtet, die Grenzen alttestamentlich-jüdischer Ethik nicht übersteigen, die Neuheit seiner Ethik hat anderen Grund und anderes Gewicht. »Nur als eschatologische Botschaft aus messianischem Auftrag gewinnt Jesu Ethik ihr eigentliches Ansehen.«[14]

B. Das Spezifikum der Forderungen Jesu in ihrem radikalen Bezug auf das Kommen der Basileia

Mit Jesus ist – so wurde eben dargelegt – das Eschaton, »die Erfüllung der Zeit« angebrochen; die Vollverwirklichung der Gottesherrschaft aber steht noch aus, sie ist im Kommen. Mit diesem Kommen ist im biblischen Zeit- und Geschichtsverständnis nicht bloß ein zukünftiges Ereignis gemeint. Zeit ist nicht eine rein quantitative, sondern eine qualitative Größe. Es ist die »rechte Zeit« (καιρός), die nicht zu verpassende Gelegenheit. In diesem Sinn hat die Zukunft schon begonnen. Jetzt sind die notwendigen Entscheidungen fällig. Dies wird noch bestärkt, indem Jesus zwar die in der apokalyptischen Tradition liegende Hoffnung aufgreift, sie aber mit dem weisheitlich geprägten Schöpfungsglauben interpretiert. »Dadurch gelingt es ihm, die schöpferische Kraft der apokalyptischen Utopie an die jeweilige Gegenwart zu binden, ohne der apokalyptischen Versuchung der Flucht aus der Gegenwart zu erliegen.«[15] Damit ist eine beacht-

Zugleich aber ist der in einem einzigartigen Verhältnis zu Gott Stehende auch der von Gott Gesandte, dem Vollmacht übergeben ist, dem alles vom Vater übergeben ist (Mt 11,27), der »Gottes Dasein für die andern« (131) ist. »Als ›der‹ Sohn schlechthin ist Jesus die persongewordene Herrschaft Gottes in der sich selbst mitteilenden Liebe; als ›der‹ Sohn ist er ›der‹ Freie. In ihm entscheidet sich auch unsere Freiheit« (131). Erst im Tod am Kreuz aber wird deutlich, »was diese Freiheit konkret bedeutet ... Erst hier wird auch der tiefste Sinn seiner Sohnschaft deutlich« (131).

[14] R. Schnackenburg, Bibl. Ethik II, in: SM I, 546–552, 546.

[15] P. Hoffmann, Die Basileia-Verkündigung Jesu: unaufgebbare Voraussetzung einer christlichen Moral, in: P. Hoffmann/V. Eid, Jesus von Nazareth und eine christliche Moral, Freiburg i. Br. 1975, 27–58, 51 (vgl. bes 50ff.).

liche Differenz zur täuferischen wie zur allgemeinen Apokalyptik gegeben. Bei Jesus fehlt sowohl der enthusiastisch-esoterische als auch der gesetzlich-rigoristische Zug. Statt sich mit ein paar Anhängern abzusondern, zieht er durch das ganze Land, um allen die Botschaft zu bringen. Er droht nicht mit einem unmittelbar bevorstehenden Gericht, sondern verkündet die freudige Kunde von der universalen Menschenliebe Gottes. Diese Liebe öffnet sich jedem, der das Jetzt als Gegenwart Gottes und als Stunde des Heils ergreift. Die Verheißung der kommenden Gottesherrschaft wird allerdings zum Gericht für den, »der das Heute Gottes nicht annimmt und an seine eigene Gegenwart, an seine eigene Vergangenheit und auch an die eigenen Träume der Zukunft sich klammert«[16]. Der Metanoia-Ruf Jesu ist von diesem Angebot und diesem Anspruch erfüllt; er fordert:
die gläubige Annahme von Gottes Angebot.
Grundforderung der Basileia ist der Glaube. Die Weckung eines rückhaltlosen Gottesglaubens gehört zum Kern der Sendung des irdischen Jesus. Dem Aufruf zum Glauben dienen auch seine Bewunderung erregenden Machttaten. Die Berichte darüber in den Evangelien weisen immer wieder auf diesen von Jesus geforderten Glauben hin. *Der Inhalt des Glaubens* aber *ist* nichts anderes als eben *diese Basileia Gottes:* die Offenbarung von Gottes befreiendem Recht in der Liebe. Sie ist das große Thema der Gleichnisse, in denen Jesus das Gottsein Gottes als Herrschaft der Liebe in immer neuen Bildern zeichnet. Und es ist dabei vor allem die Art, wie er von Gott als dem Vater spricht[17]. Der Vatername im Munde Jesu ist Ausdruck von Gottes »souveräner Freiheit zur Liebe und zum Verzeihen«[18]. Es ist die Liebe, die den verlorenen (toten) Sohn wieder lebendig macht und dem daheim gebliebenen, gesetzestreuen Sohn zu verstehen gibt, daß er als der immer schon Beschenkte keine Lohnansprüche stellen darf (Lk 15,31f.). Gottes befreiendes Recht entzieht sich jeder menschlichen Berechnung. Das Kommen der Gottesherrschaft läßt sich weder planen noch organisieren. Sie ist auch »keine Funktion menschlichen Heils in dem Sinn, daß Gott für das Heil der Menschen nützlich ist. Jesus ist es um die Sache Gottes zu tun; und

[16] G. Bornkamm, Jesus von Nazareth, Stuttgart [9]1971, 85.
[17] Vgl. W. Kasper, a. a. O. 94.
[18] Ebd. 95.

die Sache des Menschen, das humanum, ist die Gott-Suche ›um Gottes willen‹. Mit anderen Worten, die Gottesherrschaft hat Sinn in und aus sich selbst; das Übrige wird zugeworfen.«[19] Sie wird darum gefunden wie ein Schatz (Mt 13,44) oder eine kostbare Perle (Mt 13,45–46). Sie wird anvertraut wie ein Talent (Mt 25,14–30 par. Lk 19,22–27); sie wird aber gerade so zur Anforderung, die eine völlige Umkehr – Metanoia – verlangt, d. h., so ganzheitlich sie den Menschen erfassen muß und so folgenreich sie für die Lebenspraxis sein kann, sie bedeutet primär weder Askese noch Leistung. Sie ist fundamental zu vollziehen im Glauben[20]. Und auch dieser Glaube ist keine religiöse Leistung, mit der man Gott zu gefallen sucht. Der Glaube bedeutet gerade Verzicht auf eigene Leistung, ein Geständnis der eigenen Ohnmacht, Anerkenntnis, daß der Mensch sich nicht in sich und aus sich selbst helfen und seine Existenz und sein Heil begründen kann. Damit wird der Glaube offen für etwas anderes, Neues und Zukünftiges. »Indem er nichts mehr von sich erwartet, erwartet er alles von Gott, bei dem alles möglich ist (Mk 10,27 par.).«[21]
Die grundlegende Forderung des Evangeliums ist demnach die Anerkennung des absoluten Verwiesenseins menschlicher Existenz auf Gott sowie der in Jesus selbst sich ereignenden gnadenhaften und heilvollen Zuwendung Gottes zum Menschen. Durch solchen Glauben wird Gottes Herrschaft konkret Wirklichkeit in der Welt. Sie verlangt entsprechend:
eine engagierte Zuwendung zum Menschen.
Der eschatologische Anspruch von Jesu Basileia-Verkündigung ist nicht von der Wirklichkeit dieser Welt losgelöst, sondern durchdringt sie in allen ihren Dimensionen. Die Zuwendung zum Menschen ist geradezu die sichtbare Gestalt für das Kommen der Gottesherrschaft. Jesus hat zwar keine soziale Revolution gepredigt; aber das bedeutet keineswegs, daß die in den Makarismen ausgesprochenen Güter erst in einer jenseits von Geschichte liegenden Zukunft verwirklicht werden sollen. Die Überwindung von Armut, Hunger und Leid in dieser Zeit hängt durchaus mit seiner Verkündigung von Gottes Herrschaft und Reich zusam-

[19] E. Schillebeeckx, a. a. O. 126.
[20] Vgl. ebd. 172ff. (mit dem Hinweis, daß »›Glaube *an* Jesus‹ in der Bedeutung von ›pisteuein eis‹ ... eine *nachösterliche* Wirklichkeit« ist [ebd. 177]).
[21] W. Kasper, a. a. O. 96.

men. Gottes befreiendes Recht unterstellt die Lebenspraxis der Menschen einem kritischen Anspruch. So duldet die universale Heilsliebe Gottes keine Aufrichtung von Schranken, auch keine »Konfessionalisierung« und Sektenbildung. Jesus hat im Gegenteil religiöse und soziale Schranken im damaligen Judentum abgebaut. Der Zöllner und Sünder wird nicht geächtet, sondern als Partner angenommen und fähig gemacht, seinen Weg zu überdenken. Kultische und rituelle Satzungen dürfen der mitmenschlichen Hilfe nicht mehr im Wege stehen. Die versklavenden Bindungen an den Mammon und die ängstliche Sorge über die Zukunft müssen aufgegeben werden. Gottgeschenkte Freiheit ist kein Recht, auf das sich jeder berufen kann, sie stellt vielmehr das Recht des einzelnen in Frage, weil sie immer auch und zuerst die Freiheit der anderen ist[22]. Durch sein Lebensverhalten zeigt Jesus selbst »eine praktisch proleptische – vorausgreifende – Realisierung der ›neuen Welt‹, der gesuchten neuen Praxis des menschenwürdigen, guten und wahren Lebens . . ., wenn auch in einer sehr konkreten ... historischen Kontingenz«[23]. Das Ziel seiner Botschaft richtet sich ja nicht auf eine immer nur relative Ausbesserung der moralischen Existenz, sondern auf den eschatologischen Anspruch; es geht nicht um eine sukzessive Bekämpfung, sondern um die definitive Überwindung der Selbstentfremdung[24]. Gesetzesverschärfung und Gesetzesfreiheit sind der Ausdruck seines Strebens, Gottes absoluten Anspruch radikal zur Geltung zu bringen.

Die Verkündigung Jesu stellt noch *keine positiv entfaltete Ethik des Gottesreiches* dar. Die Herrschaft Gottes ist zwar in Jesus bereits Gegenwart geworden, bis zu ihrer Vollendung durch Gott soll sie aber von Menschen unter den Bedingungen der Endlichkeit verwirklicht werden. Die Verbindung von Basileia-Verkündigung

[22] »Freilich wird sich Jesus, werden sich seine Worte und sein Handeln immer dem Versuch entziehen, einfach zur Legitimierung von Theologien mißbraucht zu werden, die sich aus sich selber begründen und sich ihre Inhalte von anderen Quellen vorgeben lassen... Die genannten Deutungen Jesu mit Hilfe der Kategorie ›Freiheit‹ bleiben so lange banal, wie sie eben diesen Begriff nicht näher bestimmen im Horizont von Jesu Verkündigung des Reiches Gottes und seiner Gerechtigkeit« (D. Lührmann, Jesus: Geschichte und Erinnerung, in: Concilium 10, 1974, 173–181, 180).

[23] E. Schillebeeckx, a. a. O. 136.

[24] Vgl. K. Niederwimmer, Askese und Mysterium. Über Ehe, Ehescheidung und Eheverzicht in den Anfängen des christlichen Glaubens, Göttingen 1975, 32f.

und konkretem Handeln ist *zunächst* nur in der Person Jesu und seinem Wirken realisiert. »Die Verkündigung und das Wirken Jesu bleiben in reiner Unmittelbarkeit – *usque ad mortem, mortem autem crucis.* Das Problem der *Vermittlung* wird sich erst der nachösterlichen Tradition stellen.«[25]

§ 17 Thora und neues Gesetz

A. Grundstruktur jesuanischer Gesetzeskritik

Die Gegenwart der Basileia fordert eine *kritische Prüfung des jüdisch-pharisäischen Gesetzesverständnisses.* Nach dem Zeugnis des Mattäus ist Jesus nicht gekommen, um das Gesetz des Mose oder die Lehren der Propheten abzuschaffen, sondern sie zu erfüllen (Mt 5,17). Mattäus knüpft mit dieser Formulierung offensichtlich an die ältesten theologischen Entwürfe der Urgemeinde an, die den Gegensatz sowie die Beziehung vom Alten zum Neuen Bund im heilsgeschichtlichen Nacheinander von *Verheißung und Erfüllung* sah. Sie vermochte auf diese Weise einerseits die Kontinuität der Heilsgeschichte zu wahren und doch andererseits die Geltung des Alten Bundes zu relativieren, indem sie die ganze Geschichte auf die Erfüllung in Christus hin gelesen und gedeutet hat. So unproblematisch sich dieses Schema im Blick auf das Leben Jesu, auf sein Leiden, seinen Tod und seine Verherrlichung erwies, so komplex zeigt sich nun die Anwendung auf die *Gesetzesfrage*[1]. Es geht nicht mehr bloß um die Frage, ob das, was im alten Gesetz gefordert wurde, in der neuen Ordnung nun erfüllt werde. Es geht vielmehr um die Frage der Geltung und Zuordnung beider Ordnungen. In welcher Weise wird das alte Gesetz in die Geltung des neuen aufgenommen? Muß die bisher vornehmlich nach Art von Gesetzen und Rechten eingeforderte

[25] Ebd. 41.

[1] Vgl. W. Trilling, Das wahre Israel, Studien zur Theologie des Matthäus-Evangeliums, Leipzig 1959, 177: »Heilsgeschichtlich geht es nur um die eine Frage: entsprechen die eingetretenen Ereignisse ... den Voraussagen? Dieses Problem ist einschichtig-linear ... In der Gesetzesfrage wird die Problematik vielschichtiger.«

Sittlichkeit der Alten in der heilsgeschichtlichen Stunde anders vermittelt werden? Wie hat Jesus selbst sich zu dieser Frage geäußert?

Zur Beantwortung dieser Fragen bieten die *Antithesen der Bergpredigt* einen guten Ansatz. Sie bringen »die Grundstruktur der jesuanischen Gesetzeskritik am deutlichsten zum Ausdruck«[2]. Wenn auch traditionsgeschichtlich unterschiedliche Quellen angenommen werden müssen und aus dem Vergleich mit Lukas anzunehmen ist, daß erst Mattäus alle Weisungen in antithetische Form gebracht hat[3], so zeigen doch entsprechende Analysen, »daß durch diese Bearbeitung aufs Ganze gesehen Jesu Worte sinngemäß verdeutlicht und angewendet wurden«[4]. Wir bekommen also über die vom Endredaktor des Mattäusevangeliums redigierte Bergpredigt durchaus einen Zugang zu den genuinen Intentionen und zur Eigenart der sittlichen Botschaft Jesu. Diese Intention wird durch den formalen Gegensatz (Antithetik) der Bergpredigt besonders verdeutlicht. In den ursprünglichen Antithesen (I, II und IV) stellt Jesus seine Position der traditionellen jüdischen Gesetzesauffassung gegenüber[5]. Diese ist grundlegend

[2] P. Hoffmann, Die Überwindung gesetzhafter Sittlichkeit in der Auseinandersetzung Jesu mit jüdisch-pharisäischem Gesetzesverständnis, in: P. Hoffmann/V. Eid, Jesus von Nazareth und eine christliche Moral, Freiburg i. Br. 1975, 73–94, 73.

[3] Traditionsgeschichtlich werden in der mattäischen Fassung zwei Schichten unterschieden. Die Antithesen vom Töten (Mt 5,21), vom Ehebruch (5,27 f.) und vom Schwören (5,33–36) gehen auf ältere Überlieferung zurück. Sie sind zwar von Mattäus auch überarbeitet und teilweise erweitert worden, sie waren aber sehr wahrscheinlich ursprünglich schon antithetisch formuliert. In allen dreien werden Tora –, näherhin Dekalogsätze aufgegriffen und im Sinn einer Intensivierung und Radikalisierung überboten. Jesus erweitert gewissermaßen den Tatbestand, indem er darauf hinweist, daß der Mord schon mit dem unbeherrschten Zorn, der Ehebruch mit dem bösen Begehren und der Meineid mit jeder Unehrlichkeit beginnt. Die drei übrigen Antithesen von der Scheidung (Mt 5,31 f.), von der Vergeltung (Mt 5,38–42) sowie vom Feindeshaß und der Feindesliebe (5,43–48) finden sich bei Lukas ohne antithetische Einleitung; sie dürften wohl erst bei der Endredaktion des Mattäus-Evangeliums in die antithetische Gesamtkonzeption aufgenommen worden sein. Gerade so bildet dieses Gesamtkonzept eine Auslegung der Jesus- wie der Spruchtradition für die judenchristliche Gemeinde.

[4] L. Goppelt, Das Problem der Bergpredigt, in: ders., Christologie und Ethik, Göttingen 1968, 27–43, 29.

[5] Die Hörer Jesu werden als solche angesprochen, die gehört haben (ἠκούσατε ἐρρέθη). Damit wird deutlich auf den jüdischen Traditionsglauben hingewiesen; die Tora ist Bestandteil der Tradition.

durch das babylonische Exil und durch die nachfolgende Entwicklung geprägt[6]. Das Gesetz war für die Volksgemeinschaft konstitutiv, und jede Kritik des Gesetzes wurde als Angriff auf den jüdischen Glauben gewertet. Dazu wurde die schriftlich fixierte Thora mit dem am Sinai geoffenbarten Willen Gottes völlig in eins gesetzt. Daraus ergab sich »die unaufgebbare Verbindlichkeit des einmal fixierten Wortlauts der Thora, auch dort, wo sich ihre Forderung menschlichem Verstehen verschließt«[7]. Im religiösen wie im politischen und sozialen Leben konnte es darum nur um die Interpretation und Praxis dieses fixierten Gotteswillens gehen. Auf diesem Hintergrund läßt sich leicht verstehen, wie provokativ es klingen mußte, wenn Jesus im Bewußtsein messianischer Vollmacht dem, was »gesagt worden ist« (ἐρρέθη), d. h. dem im Wort fixierten Willen Gottes, durch ein klares »ich aber sage euch« (λέγω γὰρ ὑμῖν) seine Antithesen entgegensetzte. Für ihn ist der Wille Gottes nicht Buchstabe, sondern eine lebendige Wirklichkeit. Der lebendige, in der Heilsgeschichte wirksame Wille Gottes ist für Jesus jene Größe, die alte und neue Ordnung zusammenhält. W. Trilling sieht darin einen deutlichen Unterschied »zwischen der Denkweise des Rabbinats und des Evangeliums ... Bei Mattäus wird betont von der Erfüllung des Willens Gottes, niemals aber von der Erfüllung des Gesetzes als solcher gesprochen.«[8] Wenn Jesus alttestamentliche Vorschriften in Frage stellt und ihnen seine Thesen entgegenhält, dann nur deshalb, weil sein Anspruch dem Willen Gottes in der Gegenwart der Basileia besser entspricht. Er versteht sich nicht als »Schriftgelehrter«, der das Gesetz kasuistisch auslegt; er legt vielmehr ein neues Interpretationsprinzip an. Der Wille Gottes ist nicht mehr fixiert auf die Thora. Das bedeutet, »daß an die Stelle des jüdischen

[6] »Die Tora im spezifisch jüdischen Sinn ist also ein Werk des Exils, der babylonischen Diaspora. Esra hat sie bei der Neukonstituierung des jüdischen Staates unter persischer Oberhoheit 398 v. Chr. zum Grundgesetz erklärt. Damit hat er ›das Frühjudentum geschaffen und ihm im Pentateuch seine religiöse Grundlage gegeben‹ (Fohrer). Jene Bindung an das Gesetz und die Prägung der gesamten Daseinshaltung durch dasselbe werden durch die Krise des Jahres 175 v. Chr. erheblich intensiviert, die anläßlich des hellenistischen Reformversuches und der damit verbundenen Verfolgung der Gesetzesanhänger entstand und zu den makkabäischen Befreiungskriegen führte. Die Gesetzesfrage wurde so zum wesentlichsten Faktor der weiteren Entwicklung« (P. Hoffmann, a. a. O. 81).

[7] P. Hoffmann, a. a. O. 82f.

[8] W. Trilling, a. a. O. 177f.

Traditionsprinzips das Prinzip des Willens Gottes selbst tritt. Die Berechtigung dafür ergibt sich aus der Sendung und heilsgeschichtlichen Stellung Jesu.«[9]

B. Korrektur des überlieferten Ethos

1. Tiefendimension und Feinstruktur

Inhaltlich verlangt die jesuanische Gesetzeskritik am überlieferten Ethos nicht unerhebliche Korrekturen. *Zunächst* geht es um die *Tiefendimension des Anspruchs.* In der eben anbrechenden Basileia genügt nicht bloß ein äußeres Funktionieren der Ordnung. Der vor Gott gestellte Mensch hat sich zu prüfen, wie es um sein Innerstes bestellt ist. Er wird in seinem Herzen, im Denken, Reden und Tun gefordert. Jesus greift in den »ursprünglichen« Antithesen den Dekalog auf: Du sollst nicht töten, nicht ehebrechen, keinen Meineid schwören. Kein Jota davon ist zu streichen! Aber es sind nicht bloß die äußeren, einklagbaren Tatbestände zu beachten, vielmehr ist jener innere Bereich in Ordnung zu halten, aus dem die Taten hervorgehen[10].
Damit hängt unmittelbar ein *weiterer Aspekt* zusammen: Man kann der *Feinstruktur der ethischen Wirklichkeit* auch durch eine noch so ausgeklügelte Kasuistik nicht gerecht werden. Die Gesetzeslehrer haben redlich versucht, das Gesetz im Blick auf die menschlichen Möglichkeiten und Grenzen abzutasten und es durch ihre Auslegungskunst der Wirklichkeit, dem, was der Mensch kann und was er muß, wenn nicht alle Ordnungen zusammenbrechen sollen, anzupassen. Damit gibt sich Jesus offenbar nicht zufrieden. Der Wille Gottes ist eben nicht nur durch den Buchstaben des Gesetzes zu vernehmen. »Der Mensch ist Gott, sich selbst und dem andern im dauernden Wandel der Situationen unverstellt und unvermittelt ausgesetzt... Der andere, seine Not, seine Erwartungen und Hoffnungen, die er – bewußt

[9] Ebd. 178.
[10] Die Ganzheitsforderung wird auch durch andere Worte Jesu verdeutlicht, so etwa im Bildwort vom Auge als Licht des Leibes (Mt 6,22f.) oder in Jesu Kritik an den Reinheitsvorschriften (Mk 7,15). »Die Gemeindeauslegung (Mk 7,20ff.) versteht dieses ›aus dem Menschen herauskommen‹ richtig als Hinweis auf das ›Herz der Menschen‹, wo Gedanken, Worte und Werke ihren Ursprung haben« (P. Hoffmann, a.a.O. 86).

oder unbewußt – mir entgegenbringt, sind zum ›Textbuch von Gottes Willen‹ geworden. Dieses Textbuch bleibt ›im einzelnen immer konkret, je nur in actu erfahrbar und nicht vorweg fixierbar‹.«[11] Damit wird der sittliche Anspruch nicht der Beliebigkeit anheim gestellt oder von allen verbindlichen Weisungen befreit. Die Verinnerlichung des Ethos sowie die Befreiung vom Buchstaben des Gesetzes haben ihren Grund und Sinn in der *Gegenwart der Basileia.* Die Gleichnisse vom Schatz im Acker und von der Perle (Mt 13,44–46) zeigen den Ernst und die Kompromißlosigkeit, mit der Jesus zur Entscheidung ruft. Man kann nicht zwei Herren dienen (Mt 6,24). »Erst dann trifft der Mensch eine dem Angebot der Basileia oder der Forderung Gottes angemessene Entscheidung, wenn er sich ganz, d. h. in allen Dimensionen seiner Existenz, auf sie einläßt. Halbe Zusagen, Vorbehalte, Kompromisse sind sowenig möglich, wie eine auch noch so korrekte, aber nur auf den Buchstaben bedachte Erfüllung (vgl. Lk 18,9–14; Mt 21,28–32).«[12] Die befreiende Kraft des von Jesus verkündeten Ethos wächst aus der Entschiedenheit für das Heilsangebot Gottes.

2. Scheidung vom Bösen

Diese Entscheidung fordert auch eine grundsätzliche *Scheidung vom Bösen.* Die sogenannten sekundären Antithesen der Bergpredigt (Mt 5,31 f. 38–42.43–48) machen dies besonders deutlich. Hier werden keine apodiktischen Forderungen des Dekalogs als Ausgangspunkt gewählt, sondern kasuistische Rechtssätze wie die Scheidebriefpraxis (Dtn 24,1) oder das Vergeltungsrecht (Lev 24,19) oder selbst ein biblisch gar nicht belegter Spruch wie der Haß der Feinde. Dabei geht es immer um Anweisungen in der Auseinandersetzung mit bestimmten Formen des Bösen im zwischenmenschlichen Bereich.

L. Goppelt weist mit Recht darauf hin, daß dabei »das Böse als eine nicht zu beseitigende, nur einzuschränkende Gegebenheit«[13]

[11] P. Hoffmann, a. a. O. 89, im Anschluß an U. Luz, Einige Erwägungen zur Auslegung Gottes in der ethischen Verkündigung Jesu, EKK. Vorabschriften H. 2, Einsiedeln–Neukirchen 1970, 119–130, 125.

[12] Ebd. 87.

[13] L. Goppelt, a. a. O. 31, im Anschluß an R. Guelich, »Not to Annul the Law,

gesehen werde. Die genannten rechtlichen Vorschriften sollen das Zusammenleben der Menschen trotz der Unüberwindbarkeit des Bösen ermöglichen, indem sie das Böse durch das Recht eindämmen. Damit gibt sich Jesus nicht zufrieden. Mit der Gegenwart des Gottesreiches muß der Kampf gegen das Böse radikaler geführt werden. Es genügt nicht, die zwischenmenschlichen Aggressionen durch eine Begrenzung des Vergeltungsprinzips auf das Gleichmaß »Aug' um Auge« zu bekämpfen. Der Streit und alle seine Folgen sind letztlich nur zu überwinden, wenn man bereit ist, gegebenenfalls sogar die andere Backe hinzuhalten. Gleiches gilt von den Zerwürfnissen der Ehe. Nicht eine Anpassung der Scheidungspraxis, nicht ein quantitatives Mehr oder Weniger an Scheidungsmöglichkeiten bringt den Angefochtenen wirkliche Hilfe, sondern allein ein Gesinnungswandel, eine qualitative Veränderung im Denken und Wollen der Menschen selbst. Jesus verurteilt damit nicht grundsätzlich eine rechtliche Konfliktregelung oder gar das Bemühen um eine Rechtsreform. Aber das ist nicht die Dimension, die er in seiner Botschaft von der Basileia primär anspricht. Er stößt *an die Wurzel des Übels* vor, das letztlich doch im Denken und Wollen der Menschen seinen Ursprung hat. »Sein Radikalismus betrifft den Menschen als solchen, der sich vor Gott und unter seinen Mitmenschen neu verstehen soll.«[14] Er ruft zu einer kritischen Prüfung der in Frage stehenden Werte. Diese den Kern oder die Wurzel (radix) der sittlichen Verantwortung anpeilenden *Rufe* (Radikalforderungen![15]) *Jesu* sind als solche nicht in die kategoriale Form zwischenmenschlicher Gesetze übertragbar. Sie sind fordernde Verheißung und verheißende Forderung, die zeigen, daß vom

Rather to Fulfill the Law and the Prophets.«: An Exegetical Study of Jesus and the Law in Matthew with Emphasion 5,17–48, Diss. Hamburg 1967.

14 R. Schnackenburg, Die Bergpredigt Jesu und der heutige Mensch, in: ders., Christliche Existenz nach dem Neuen Testament I, München 1967, 109–130, 117.

15 Vgl. B. Schüller, Zur Rede von der radikalen sittlichen Forderung, in: ThPh 46, 1971, 321–341; Schüller hat recht, wenn er alle von ihm explizierten Deutungen von Radikalität in Frage stellt. Die Exegeten meinen damit – wie es scheint mehrheitlich – eine Radikalisierung, d. h. eine Rückführung von dem »bloß« gesetzlich Geforderten auf den sittlichen Anspruch mit dem Hinweis, »daß das kategoriale christliche Verhalten die selbstlose Entschiedenheit im Heiligen Geist für Gott und den Nächsten bewahrheiten muß« (J. Fuchs, Moraltheologie und Dogmatik in: Gregorianum 50, 1969, 689–716, 703). Damit ist keine »Deontologisierung« gemeint, wie Schüller unter Hinweis auf Ratzinger meint (324).

Glauben her eine Zumutung als Ermutigung und nicht einfach als Belastung erfahren werden darf. Es handelt sich um gezielte Aufforderungen, um Antithesen zum Gesetz, die aus dieser Antithetik heraus erst noch der Konkretion in sittlicher Abwägung bedürfen. Dazu signalisieren und akzentuieren sie Werte, die von denjenigen, die sich für Gottes Herrschaft und Reich entschieden haben, besondere Beachtung verlangen. Ein spezifisch christliches Ethos muß in seinem Normsystem solch antithetische Strukturen zum Ausdruck bringen[16]. Es kann so seinen weiterführenden Charakter deutlich machen. Ein linearer Fortschritt der Sittlichkeit ist nur möglich durch eine zuerst nicht genau zu begründende Radikalität. Hier wird ein Element sichtbar, durch das der Glaubende – ohne den Boden der Realität zu verlassen – in einem nicht weiter rational zu zerlegenden Mut über sich selbst hinaus schreitet. Jenes Element aber, welches die eschatologische Botschaft Jesu unüberhörbar durchdringt, ist »Gottes *radikales* Nein gegen alle Formen des Bösen, alle Formen der Armut und des Hungers, die zum Weinen bringen«[17].
Traditionsgeschichtliche Untersuchungen legen den Schluß nahe, daß die genannten Rechtssätze erst bei der Redaktion des Mattäusevangeliums als Vordersätze zu den auf Jesus zurückgeführten Forderungen aufgenommen worden sind. Durch die antithetische Form sollte gerade die Tendenz der Aussage Jesu stärker herausgehoben werden. Daß Jesus resp. Mattäus dabei auch die eigene Gegenthese in der Rechtssprache formuliert hat, besagt keineswegs, daß der Autor damit der alten Rechtsordnung eine neue Ordnung, dem alten Gesetz ein neues Gesetz entgegensetzen wollte. Die im Stil angeglichene Gegenüberstellung wird im Gegenteil gerade dazu gebraucht, um den Glauben an die Verbesserung der Verhältnisse mit Hilfe der Scheidung oder der Vergeltung zu zerstören[18] und auf die mit der Basileia gegebenen neuen Möglichkeiten der Vergebung, der Aussöhnung, der Treue und der Brüderlichkeit hinzuweisen.

[16] Eine christliche Ethik kommt bei der Ausarbeitung und Systematisierung von normativen Aussagen am Thema »Gesetz-Evangelium-Gesetz« nicht vorbei. Es gibt keine christliche Ethik ohne Erörterung des »usus legis«. Diese Strukturfrage gehört auch zur Gruppenspezifität.
[17] E. Schillebeeckx, Jesus, a. a. O. 158.
[18] Dies ist der Kern der interessanten These von Guelich; vgl. Anm. 13.

Über den Sinn des Scheidungsverbotes im Munde Jesu ist in den letzten Jahren viel geforscht und geschrieben worden. Eine Rekonstruktion der wahrscheinlich ältesten Form des Logions, auf die sowohl die Q-Tradition wie die Markus-Tradition zurückgeht, ergibt einen kasuistischen Rechtssatz »wenn einer seine Frau entläßt, bricht er die Ehe; und wenn einer eine Entlassene heiratet, so bricht er die Ehe«[19]. In dieser Form ist das Wort ganz auf jüdische Rechtsvorstellungen ausgerichtet und stellt sich ihnen grundsätzlich entgegen. Offensichtlich wollte Jesus gegenüber der legalistischen Scheidungspraxis, die den Mann allein zum Ausstellen des Scheidebriefs berechtigte und damit die Frau für einen andern freigab, jede beliebige Scheidung als Ehebruch charakterisieren. Nach geltendem Recht konnte der jüdische Mann seine eigene Ehe gar nicht brechen[20]. Es ist aber kaum anzunehmen, daß Jesus mit seiner Aussage in einen rechts*politischen* Streit eingreifen und das jüdische Ehegesetz als solches ändern wollte. Wir kennen allerdings den konkreten Anlaß nicht, der Jesus zu diesem Wort herausgefordert hat. Doch das Streitgespräch mit den Pharisäern, bei dem sowohl Markus (10,1–12) wie Mattäus (19,3–9) das Logion erwähnen, kann uns einen Hinweis geben, worum es Jesus ging. Die Fragesteller kannten offensichtlich bereits seine Meinung und wollten ihn herausfordern, sich offen gegen eine klare Regelung des mosaischen Gesetzes zu stellen[21]. Jesus antwortet zunächst mit einer Gegenfrage: Was *gebot* euch Moses? Damit läßt er sich weder auf den Schulstreit um die verschiedenen Scheidungsgründe ein, noch greift er die Vorschrift des Gesetzes an, die den Scheidebrief forderte. Jesus fragt auch nicht nach dem gesetzlich Möglichen oder allenfalls Erlaubten, er weist vielmehr auf den eigentlichen Willen Gottes, der sich selbst hinter dem Gebot des Moses verbirgt[22] und den er in freier Interpretation aus zwei Genesis-Stellen entnimmt. Gott ist Urheber der geschlechtlichen Differenzierung und der ehelichen Zuordnung, die zwei Verbundenen sollen nach Gottes Willen immer eins sein. »Was Gott verbunden hat, soll der Mensch nicht trennen!« Die Forderung Jesu ist eindeutig und kompro-

[19] ὃς ἂν ἀπολύσῃ τὴν γυναῖκα αὐτοῦ μοιχᾶται καὶ ὃς ἂν ἀπολελυμένην γαμήσῃ μοιχᾶται, Zur Konstruktion der ältesten erreichbaren Fassung vgl. G. Delling, Das Logion Mark X 11 (und seine Abwandlungen) im Neuen Testament, in: NovT 1, 1956, 263–274.

[20] Vgl. H. Baltensweiler, Die Ehe im Neuen Testament. Exegetische Untersuchungen über Ehe, Ehelosigkeit und Ehescheidung, Zürich–Stuttgart 1967, 63.

[21] Vgl. R. Schnackenburg, Die Ehe nach dem Neuen Testament, in: G. Krems/R. Mumm (Hrsg.), Theologie der Ehe, Regensburg–Göttingen 1969, 9–36,13; nur so ist das Streitgespräch als echtes Jesusgespräch (und nicht Gemeindekomposition) zu wahren.

[22] Die Anordnung war zum Schutz geordneter Eheverhältnisse erlassen. Der Scheidebrief zwang die Männer, öffentlich zur Scheidung zu stehen, somit war er nicht eine Konzession, sondern eher ein Zeugnis gegen (προς) ihre Herzenshärte. Vgl. H. Greeven, Zu den Aussagen des Neuen Testamentes über die Ehe, in: ZEE 1, 1957, 109–175, 114. H. Baltensweiler und R. Schnackenburg schließen sich dieser Deutung an.

mißlos. Sie duldet keine kasuistische Verkürzung, und gerade darum ist sie nicht einfach ein neues Gesetz in der Kategorie des alten[23]. Der Rückgriff hinter die kasuistische Diskussion auf den Schöpferwillen legt das eigentliche theo-logische Verständnis der Lehre Jesu frei. Die dem Menschen mit der Schöpfung eröffnete, von ihm aber mißbrauchte Wirklichkeit der ehelichen Gemeinschaft und Treue wird mit dem Anbruch der Basileia zur neuen Möglichkeit im Glauben[24]. Jesu Wort gleicht daher einem prophetischen Ruf, einer auffordernden Verheißung. In dieser Gesamtsicht, in der die Urgemeinde Jesu Lehre verstand, wird auch das überlieferte Logion in seinem ursprünglichen Sinn verständlich. Jesu Wort von der Ehescheidung war eine Provokation, weil er ein legales Verhalten unumwunden als ehebrecherisch bezeichnete. Aber »Jesus formuliert gegen das anerkannte Gesetz kein neues Gesetz, sondern fällt ein religiöses, ethisches, gesetzliches Denken sprengendes, ja zurückweisendes Urteil, das die geläufigen Maßstäbe zerbricht. Der Spruch hat diagnostischen, entlarvenden Sinn; er deckt auf, was der Mann, der sich auf sein Recht berufen kann, in Wirklichkeit tut. Der Spruch hat kritischen Sinn; er unterscheidet Gottes Willen und Gottes Recht von menschlichem Eigenwillen und menschlicher Rechthaberei.«[25] Was hier von der Antithese gegen die legalistische Scheidung gesagt wird, das gilt beinahe unbestritten von dem Aufruf Jesu zum Gewaltverzicht gegenüber der gesetzlich erlaubten Vergeltung.

Jesu Basileia-Verkündigung zielte nach all dem Gesagten nicht unmittelbar auf eine Veränderung oder gar Aufhebung der gesellschaftlichen Ordnung. Seine radikalen Forderungen gehen aber auch nicht einfach an dieser Wirklichkeit vorbei. Für die Zeit, in der Gottes Herrschaft zwar angebrochen, aber noch nicht zur Vollendung gekommen ist, bleiben die Forderungen der Bergpredigt antithetisch auf jede rechtlich-normative Ordnung bezogen. Dieser eschatologische Bezug ist konstitutiv. Darum dürfen die Weisungen Jesu auch nicht aus diesem Bezug gelöst und zu isolierten ethischen Prinzipien (Gewaltlosigkeit, Unauflöslichkeit) umgeformt werden. Die Forderungen haben *die Funktion von Kriterien.* Sie dienen als *Läuterungselemente* für das sittliche Bewußtsein im Hinblick auf die Basileia. So können sie die innere Freiheit schenken auch zum rechten Gebrauch des Rechts. Das Ziel bleibt immer der erneuerte Mensch: die größere Gerechtigkeit.

23 Vgl. H. Greeven, Ehe nach dem Neuen Testament, in: G. Krems/R. Mumm (Hrsg.), a. a. O. 37–79, bes. 61–64.
24 Vgl. J. Ratzinger, Zur Theologie der Ehe, in: G. Krems/R. Mumm (Hrsg.), a. a. O. 81–115, 84.
25 R. Pesch, Freie Treue. Die Christen und die Ehescheidung, Freiburg i. Br.–Basel–Wien 1971, 13.

C. Die größere Gerechtigkeit

Mattäus beginnt seine Bergpredigt im ersten Abschnitt mit der grundlegenden Forderung 5,20: »Wenn eure Gerechtigkeit nicht größer sein wird als die der Schriftgelehrten und Pharisäer ...« (ἐὰν μὴ περισσεύσῃ ὑμῶν ἡ δικαιοσύνη πλεῖον), und die Redekomposition endet im zusammenfassenden Wort 5,48: »Seid also vollkommen, wie euer himmlischer Vater vollkommen ist« (... τέλειοι ὡς ὁ πατὴρ ὑμῶν). R. Schnackenburg[26] macht aufmerksam, daß Lukas 6,36 die wohl ursprünglichere Version vermittle: »Werdet barmherzig, wie euer Vater barmherzig ist.« Mattäus habe »barmherzig« absichtlich in »vollkommen« geändert. Der judenchristliche Evangelist dürfte dabei durch Lev 19,2 beeinflußt gewesen sein: »Seid heilig, wie ich, der Herr, euer Gott, heilig bin.« Mattäus verbindet damit den Dekalog mit dem Heiligkeitsgesetz. Die im Alten Testament verlangte Heiligkeit muß sich jetzt als Vollkommenheit erweisen. Vollkommenheit aber ist »ein Gesamtausdruck für die aus der Reich-Gottes-Botschaft Jesu fließende Verpflichtung, sich des angebotenen Heiles würdig zu zeigen, mit ganzem Herzen Gott zu lieben und vor allem anderen ›sein Reich zu suchen‹ (vgl. Mt 6,33)«[27]. Von diesem »Gesamtausdruck« aus soll darum versucht werden, die wichtigsten Aspekte der Botschaft Jesu zusammenfassend herauszustellen:

1. Die Lebensform endzeitlicher Wirklichkeit

Jesu sittliche Forderung nach größerer Gerechtigkeit ist »*die Lebensform endzeitlicher Wirklichkeit*«. Diese Endzeit ist mit der Verkündigung der Basileia angebrochen. »Gerade darin zeigt sich eine erstaunliche *Konvergenz der Gesetzesauslegung Jesu mit der Basileia-Botschaft.* Denn in beiden Fällen ist die jeweilige Gegenwart als die Stelle der fordernden bzw. entgegenkommenden Anwesenheit Gottes benannt. Der ferne und zukünftige Gott ist nahegebracht: die Geschichte ist wieder der Ort seiner Gegenwart.«[28] In dieser geschichtlichen Stunde ergeht der Ruf an

[26] Vgl. R. Schnackenburg, Die Vollkommenheit des Christen nach Matthäus, in: ders., Christliche Existenz nach dem Neuen Testament I, a. a. O. 131–155, 139.
[27] Ebd. 141.
[28] P. Hoffmann, a. a. O. 91.

alle, die seine Botschaft hören. *Niemand* ist vom Reiche Gottes *ausgeschlossen.* Infolgedessen darf man auch die sittlichen Forderungen nicht als Sonderberufung einzelner auslegen. Selbst die Forderung an den reichen Jüngling (Mt 19,21) erlaubt bei genauerer Analyse keine Unterscheidung in eine zweifache Vollkommenheit (Gebote- und Rätestand). »Es kann sich bei der zweifachen Antwort Jesu« (auf die Frage ›willst du ins Leben eingehen‹ resp. ›willst du vollkommen sein‹) »nicht um zwei Stufen der sittlichen Bemühung handeln, die zu erklimmen in das Belieben des Fragenden gestellt wäre, schon gar nicht um zwei Grade der Seligkeit, die er dadurch erringen könnte«[29]. Gewiß hat Jesus einzelne in seinen engeren Jüngerkreis berufen; aber die Forderungen, die sich aus der Reich-Gottes-Botschaft ergeben, richten sich an alle. Von daher wird die *Unterscheidung in Gebote und Räte problematisch.* Sie kann zumindest nicht so interpretiert werden, daß man zum einen verpflichtet, zum andern bestenfalls freundlich eingeladen wäre. Jesu Forderung zur Vollkommenheit ist einheitlich und verbindlich. Sie findet ihre Differenz durch die Betroffenheit in einer bestimmten Lebenssituation und in einem konkreten Lebensauftrag. Ebenso *fragwürdig* ist die *Unterscheidung zwischen Erfüllungs- und Zielgeboten.* Mit dem Begriff »Zielgebot« soll zum Ausdruck gebracht werden, daß Jesu Forderungen angeblich so etwas wie ein Idealziel darstellen, das vielleicht einmal am Ende der Zeiten, jenseits der Geschichte, erfüllt werden wird, in dieser Jetztzeit aber doch wohl als Utopie zu betrachten wäre. Dies widerspricht eindeutig der Intention Jesu. Die Gegenwart der Basileia eröffnet dem Glaubenden die »Utopie« zur realen Möglichkeit und damit zum verpflichtenden Angebot.

2. Der religiöse Charakter der Forderung

Die von Jesus geforderte größere Gerechtigkeit ist »letztlich überhaupt *kein ethischer Entwurf, sondern eine religiöse Forderung:* sich Gott, dem allzeit Größeren, zu unterwerfen und auszuliefern, im Gehorsam gegen seinen Ruf, im Willen zur Lauterkeit des Herzens und zum Radikalismus der Tat, aber auch

[29] R. Schnackenburg, Die Vollkommenheit des Christen nach Matthäus, a. a. O. 149.

im Vertrauen auf seine Gnade, Hilfe und Rettung«[30]. Es ist sein Ruf, sich rückhaltlos in den Dienst des Gottesreiches zu stellen, d. h. sich selbst zu verleugnen, sein Kreuz auf sich zu nehmen und ihm nachzufolgen (vgl. Mk 8,34; Mt 16,24).

Nachfolge Jesu meint mehr als Gefolgschaft gegenüber einem faszinierenden Lehrer. In den Perikopen, die von der Nachfolge Jesu handeln (Mk 8,34–38; Lk 14,16–33; 9,23–26; Mt 10,38; 16,24–27), wird dies deutlich. Es geht nicht allein darum, »alles zu verlassen« und »sich zu bekehren«; dieser als Topos ausgebildete Vorgang ist bereits im Judentum vorgeprägt[31]. »Das Besondere der Nachfolge Jesu liegt somit nicht darin, daß man alles verläßt, um ein ›Meister-Jünger‹-Verhältnis zu realisieren ..., aber auch nicht bloß ... darin, daß man sich zu Jesus bekennt (obwohl dies materiell richtig ist); sondern in der Tatsache, daß dieses Sich-zu-Jesus-Bekennen als eine *religiöse Bekehrung* qualifiziert wird; d. h., die Heilsabsicht des jüdischen Gesetzes ist damit [als] unzureichend erklärt. Die Metanoia, die vom kommenden Reich Gottes gefordert wird, ist eine Bekehrung zu Jesus – das ist die theologische Relevanz der Berufung ›Jesus nachzufolgen‹. In dieser Bekehrung wird die noch kommende Gottesherrschaft schon zu einer präsentischen Wirklichkeit.«[32] Auch in dieser Hinsicht dürfen die Forderungen Jesu nicht isoliert betrachtet werden. Sie müssen verstanden werden im Zusammenhang mit dem *Grundentscheid für Gottes Herrschaft und Reich.* Und gerade dieser Grundentscheid, es ist letztlich der Glaube, ist nicht einfach Forderung, sondern ebenso und zuerst Geschenk. Antwort des Menschen auf Gottes Tun, das ihn dazu befähigt. »Die Befähigung zur Vollkommenheit ist in der Bergpredigt nicht unmittelbar ausgesprochen, aber doch mitgegeben, mitverkündigt – einfach durch die Weise, wie Jesus den Jüngern vom Vater spricht.«[33] Der

[30] Ebd. 146.

[31] Vgl. E. Schillebeeckx, a. a. O. 198. Zum Begriff der Nachfolge vgl. ebd. 194–203: Schillebeeckx unterscheidet dort zwischen der vorösterlichen Nachfolge der Jünger, welche als »Schicksalsgemeinschaft« (202) mit Jesus fundamental soteriologische Bedeutung hat, und der nachösterlichen Nachfolge, die als Bekehrung zu Jesus als dem auferstandenen Gekreuzigten und erhöhten Herrn christologisch ausgedeutet wird.

[32] Ebd. 199f.

[33] R. Schnackenburg, Die Vollkommenheit des Christen nach Matthäus, a. a. O. 145.

Grundansatz christlicher Sittlichkeit liegt darum nicht in einem Streben aus der Dürftigkeit des Menschen zu einem humanistischen Ideal, sondern im Leben aus der Fülle, aus dem Angebot der je größeren Liebe Gottes.

3. Der Verheißungscharakter

Das ist auch der tiefste Grund dafür, daß die *Forderungen Jesu keinen Gesetzescharakter haben.* Im Zusammenhang mit der eschatologischen Situation ist der Nomos als Nomos tot[34]. Damit ist nicht eine historisch-chronologische Aufhebung gemeint (der Dekalog ist noch in Kraft), es geht um die Erfüllung durch den, der in Vollmacht kam, Gesetz und Propheten zu erfüllen, damit wir in ihm und durch ihn zur Erfüllung kommen[35].
Der von der Erlösungsbotschaft aus gegebene qualitative Unterschied zwischen dem Anspruch Jesu und den Anforderungen der Vernunft, das, was beispielsweise die eheliche Treuebindung zur *Heilsverheißung* qualifiziert, läßt sich schwer in die Kategorie eines Gesetzes fassen. Auch eine institutionell verobjektivierte Wesensdefinition der Ehe, die von der lebendigen personalen Wirklichkeit der Kontrahenten absieht, könnte den Anspruch nicht entsprechend wiedergeben. Die Aussage, die fordernde Verheißung hätte keinen Gesetzescharakter, deutet in doppelter Richtung. Sie besagt *zunächst, der Anspruch sei »mehr«*, er sei umfassender als dies durch eine gesetzliche Bestimmung ausgesprochen werden könne. Es ist mehr, insofern er in einem Gnadenangebot gründet, dem der Glaubende in freier Entscheidung antworten soll. In bezug auf unser Beispiel besagt die Forderung zur Treue: dem Partner glaubend, hoffend und liebend begegnen, weil man an Gottes liebende Zuwendung zum Menschen glaubt, und es heißt, selbst »contra spem sperare«, wo menschliche Zuversicht am Ende wäre. Der Anspruch ist aber in gewisser Hinsicht auch *weniger als ein Gesetz.* Es fehlt ihm der gesellschaftliche Zwangscharakter. »Allen von Jesus geforderten

[34] Vgl. Lk 16,16: die Offenbarung des Willens Gottes durch das Gesetz und die Propheten wird von der Basileia-Verkündigung Jesu abgelöst. Die neue Zeit bedeutet zugleich eine Überbietung der alten, da das Heil des Gottesreiches in Jesus bereits gegenwärtig geworden ist.
[35] Zu πληροῦν vgl. W. Trilling, Das wahre Israel, a. a. O. 149.

Verhaltensweisen ist eines gemeinsam: sie lassen sich nicht mit Gewalt erzwingen oder durch Gesetz vorschreiben; sie sind ein Appell an die sich frei verschenkende Güte des Herzens, an die Liebe.«[36]. Diese Nicht-Erzwingbarkeit, dieses Nicht-gesetzlich-einfordern-Können *des Ganzen,* schließt aber keineswegs aus, daß die eingegangenen Verpflichtungen unter den sozialen und rechtlichen Aspekt einer Ordnung unterworfen werden. Im Gegenteil, dies ist nicht zuletzt deshalb notwendig, weil anders auch der Anspruch des Evangeliums innerhalb der Kirche nicht überzeugend genug weitergegeben werden kann. Erste Ansätze dazu zeigen sich schon in der Verkündigung der Urgemeinde.

3. KAPITEL: DAS ETHOS DER URKIRCHE

Die sittliche Botschaft Jesu, wie wir sie eben in den Grundzügen darzustellen versuchten, bildet den Kerngehalt der apostolischen Verkündigung. Das Leben Jesu und seine Worte werden zum Ausgangs- und Orientierungspunkt der Mahnungen und Weisungen an die Gemeinden. Aber es geht dabei nicht um die Überlieferung historischer Sätze, sondern um eine gegenwärtige und in der Gegenwart anfordernde Botschaft des erhöhten Christus. Der Hinweis auf das, was Gott durch Jesus Christus am Menschen getan hat und immerfort tut, wird zum Leitmotiv. Der fundamental-ethische Anspruch ergibt sich aus dem eschatologischen Heilshandeln Gottes in Jesus Christus. Jesus ist Heilbringer und Herr. Damit steht deutlich die Erneuerung des Menschen durch Taufe und Bekehrung im Zentrum. Die Grundlage des

[36] F. J. Schierse, Das Scheidungsverbot Jesu, in: N. Uetzel (Hrsg.), Die öffentlichen Sünder, Mainz 1970, 26. Der Verzicht auf die Erzwingbarkeit besagt nicht den Verzicht auf den Forderungscharakter der Weisungen. Hier wird aber deutlich, daß der sittliche Anspruch durch verschiedene »Norm*arten*« vermittelt werden kann, und zwar ohne daß dadurch der Anspruch als solcher vermindert würde. Die Notwendigkeit, eine Forderung in eine erzwingbare Form zu kleiden, kann sogar darauf hindeuten, daß man der in der Forderung liegenden Sache zu wenig traut. Und Jesus will gerade über das gesetzte Recht hinweg die Sache selbst zur Sprache bringen, z. B. die Ehe als Gabe und Verheißung.

urkirchlichen Ethos liegt auf der *in Christus begründeten neuen Existenz* (vgl. § 11). Der Existenzvollzug fordert dann freilich auch die Auseinandersetzung mit den konkreten Anforderungen des Lebens. *Die apostolischen Mahnungen und Weisungen* sind Zeugnisse, wie man dieser Aufgabe in der jungen Kirche gerecht zu werden versuchte.

§ 18 Eigenart und Verbindlichkeit apostolischer Weisungen

Mit der Frage nach der Eigenart und Verbindlichkeit der apostolischen Weisungen berühren wir einen Kernpunkt der gegenwärtigen moraltheologischen Auseinandersetzung um die Eigenart sowie die Begründung sittlicher Normen im Rahmen einer christlichen Ethik[1]. Für diese Begründung ist selbstverständlich bereits die sittliche Botschaft Jesu von fundamentaler Bedeutung; insofern aber die urkirchlichen Weisungen sich immer wieder am Verhalten und Wort Jesu selbst orientieren, bildet ihre Begründung und Ausprägung sozusagen den Modellfall[2] für eine bleibende Aufgabe der Kirche und ihrer Theologie. Unser Interesse gilt darum besonders der Herleitung konkreter Forderungen und Weisungen in der Urkirche.

[1] Zu den exegetischen Beiträgen zur Frage von Geltung und Charakter der neutestamentlichen Weisungen vgl. bes.: W. Schrage, Die konkreten Einzelgebote in der paulinischen Paränese, Gütersloh 1961; H. Schlier, Vom Wesen der apostolischen Ermahnungen – nach Röm 12,1–2, 1941, in: ders., Die Zeit der Kirche, Freiburg i. Br. ^{4}1968, 74–89; ders., Die Eigenart der christlichen Mahnung nach dem Apostel Paulus, 1963, in: ders., Besinnung auf das Neue Testament, Freiburg i. Br. 1964, 340–357; J. Blank, Zum Problem »Ethischer Normen« im Neuen Testament, in: Concilium 5, 1967, 356–362; H. Schürmann, Die Gemeinde des Neuen Bundes als der Quellort des sittlichen Erkennens nach Paulus, in: Catholica 26, 1972, 15–37; ders., »Das Gesetz des Christus« (Gal 6,2). Jesu Verhalten und Wort als letztgültige sittliche Norm nach Paulus, in: ders., Jesu ureigener Tod. Exegetische Besinnungen und Ausblicke, Freiburg i. Br. 1974, 97–120; ders., Haben die paulinischen Wertungen und Weisungen Modellcharakter? Beobachtungen und Anmerkungen zur Frage nach ihrer formalen Eigenart und Verbindlichkeit, in: Gregorianum 56, 1975, 237–371; ders., Die Frage nach der Verbindlichkeit der neutestamentlichen Wertungen und Weisungen, in: J. Ratzinger (Hrsg.), Prinzipien christlicher Moral, Einsiedeln 1975, 11–39.

[2] Mit Modellfall soll hier nicht die Frage der Gültigkeit einzelner Weisungen impliziert sein. Hier geht es nur um den Modellfall der Ethik als ganzer. »Modell« ist hier gemeint als Muster einer christlichen Ethik, die als Funktion der Kirche verstanden wird.

Betrachtet man die Fülle und Mannigfaltigkeit der apostolischen Weisungen, so fällt zunächst auf, daß das Hauptgewicht bei den geistlichen Weisungen liegt. »Die – im Verhältnis – nicht sehr zahlreichen operativen Handlungsnormen und Einzelweisungen des Paulus sind eingebettet in ein breites Feld kategorialer geistlicher Weisungen und Anweisungen. Darüber hinaus sind alle kategorialen Weisungen und Anweisungen ›überdacht‹ und entelechisch durchwirkt von transzendental ausgerichteten Mahnungen und Imperativen.«[3] Letztverbindlicher Maßstab, sowie Ausgangs- und Orientierungspunkt aller Mahnungen und Weisungen sind *Jesu Verhalten und Wort*, wobei es jedoch nicht um die Tradierung historischer Sätze geht, sondern um die in der Gegenwart anfordernde Botschaft des erhöhten Christus. Ob und wieweit »ein extensiv und intensiv durch eine derartige geistliche Paränese aufgebauter Raum in der ›Gemeinde des neuen Bundes‹«[4] Auswirkungen hat auf die Erkenntnis, Auswahl und Formulierung gemein-ethischer Verhaltensnormen, diese Frage stellt sich notwendig, will man vom Ethos der Urkirche her eine Antwort geben auf das Problem einer glaubensbestimmten, spezifisch christlichen Ethik.

A. Jesu Verhalten und Wort

Jesu Verhalten und Wort geben der Urkirche den entscheidenden und verpflichtenden Maßstab[5]. Die *Herrenworte* sind Worte höchster Verbindlichkeit für die Beurteilung konkreter Sachverhalte. Auffallend aber ist, daß Paulus sich nur zweimal ausdrücklich auf ein Herrenwort beruft: 1 Kor 7,10 und 9,14. 1 Kor 9,14 geht es weniger um eine Frage der ethischen Normierung als vielmehr um ein Problem der Gemeindeordnung. »1 Kor 9,8 und 13 beruft sich Paulus für das Recht der Verkünder auf Unterhalt auf die Thora (Dtn 25,4; Num 18,8.31; Dtn 18,1 ff.), danach dann auf die Weisung Jesu Lk 10,7 b – Mt 10,10 b.«[6] Dadurch, daß die

[3] H. Schürmann, Haben die paulinischen Wertungen und Weisungen Modellcharakter? a. a. O. 267.
[4] Ebd. 267 f.
[5] Vgl. zum Folgenden bes. H. Schürmann, »Das Gesetz des Christus« (Gal 6,2), a. a. O.
[6] Ebd. 99.

Weisung Jesu neben die Thora gestellt wird (V.14), wird »der autoritative Verbindlichkeitscharakter unterstrichen« und ihr »überbietender Weisungsanspruch herausgestellt«[7]. Für Paulus ist das Herrenwort zweifellos verbindlich, aber doch wohl nur so, daß er es nicht »als ein Erfüllungsgebot, sondern als eine Erlaubnis (ἐξουσία)«[8] versteht. Paulus macht nämlich »um höherer sittlicher Forderungen willen«[9] keinen Gebrauch von der »Vollmacht«. In einer veränderten Situation dürfen die Verkünder der nachösterlichen Zeit – anders als die Jünger, die Jesus nachfolgten (vgl. Lk 10,4–6) – sich ihren Lebensunterhalt selbst verdienen. D. h., der Verpflichtungscharakter dieser Weisung Jesu hat sich gewandelt; sie ist nur noch *analog* oder »intentional«[10] zu verstehen.

Im Unterschied zu 1 Kor 9,14 versteht Paulus das Herrenwort vom *Scheidungsverbot* (1 Kor 7,10, vgl. Mk 10,11 f.; Lk 16,18; Mt 5,32; 19,9) als echtes *Erfüllungs*gebot. Ausdrücklich wird es als »Gebot (παραγγελία; V.25 ἐπιταγή) des Kyrios, damit deutlich als außerhalb jeglicher Diskussion stehend«[11], bezeichnet. Seine eigene Weisung kann dagegen »immer nur ein ›Meinen‹ (γνώμη) sein (vgl. 7,25), freilich die Meinung jemandes, der das ›Pneuma Gottes zu haben‹ meint (7,40)«[12].

1 Kor 7,10 f. scheint es sich um einen *Einzelfall* einer geschiedenen Frau zu handeln, »die sich als Ungläubige (V.15) von ihrem Mann getrennt hat und danach in die Gemeinde zu Korinth gekommen ist«[13]. Paulus hält das Herrenwort für unbedingt verbindlich, gibt aber doch V.11 einen Rat für den Fall, daß das Gebot bereits übertreten wurde. Wenn eine Aussöhnung – wie es hier der Fall zu sein scheint – nicht möglich ist[14], konzediert Paulus das Getrennt-

[7] Ebd.

[8] H. Schürmann, Haben die paulinischen Wertungen und Weisungen Modellcharakter?, 261.

[9] Ders., »Das Gesetz des Christus«, 99.

[10] Ders., Die Frage nach der Verbindlichkeit, 23.

[11] Ders., »Das Gesetz des Christus«, 100.

[12] Ebd. 100.

[13] R. Pesch, Paulinische »Kasuistik«. Zum Verständnis von 1 Kor 7,10–11, in: Publicado en »Homenage a Juan Prado«, C.S.I.C., Madrid 1975, 433–442, 440.

[14] Daß Paulus die Versöhnung nicht als einzige Lösung und erst an zweiter Stelle vorschlägt, hat nach R. Pesch seinen Grund darin, daß der frühere wohl heidnische Ehemann durch die Bekehrung seiner Frau zum Christentum »unversöhnlich« geworden und menschliche Versöhnung nicht erzwingbar sei (vgl. ebd. 441).

leben und gibt sich so mit einer *»approximativen« Erfüllung des Herrenwortes* (»nicht-trennen«) zufrieden. In der realen Situation, in der Ehen immer noch gebrochen werden, muß das Leben in sittlicher Ordnung weitergehen. So nimmt Paulus auch in den folgenden Versen (12–16) – diesmal in apostolischer Autorität – Stellung zu den heidnisch-christlichen *Ehen im allgemeinen;* er ist bereit, die Situation zu akzeptieren, in die der christliche Teil durch die Entscheidung des andern gerät. Aufgrund einer Güterabwägung zwischen dem Gut einer im Glauben zu realisierenden Ehe und der Ehe mit einem Heiden paßt er das Herrenwort der veränderten Lage an. Es ist dies geradezu das klassische Beispiel dafür, wie Herrenworte in der veränderten Situation eine *adaptive Erfüllung* erlangen und wie eine entsprechende Weisung durch Abwägung der in Frage stehenden Werte gewonnen werden muß.

Die *Herrenworte* haben in der Urgemeinde offenbar den gleichen Sitz im Leben wie die *Gottes-Worte* (Dekalog) im Bundesvolk des Alten Testaments. Sie sind eine Art ethisches Credo; sie verkünden unverzichtbare Werteinsichten, aber sie geben keine unmittelbare praktische Weisung. Diese ist dem »kasuistischen Recht«, d. h. der adaptiven Anwendung, eigen.

Ebensowenig wie das Herrenwort als Gesetz im nomistischen Sinne ausgelegt wird, so werden auch »Anklänge an Herrenworte«, die bei Paulus häufiger begegnen, »nicht rabbinisch ›gesetzlich‹, als ›Normen‹ verstanden«[15]. Charakteristischerweise bezieht sich hierbei Paulus auf solche Herrenworte, in denen die *Liebesforderung Jesu* zum Ausdruck kommt[16]. Der Grund für diese starke Akzentuierung sowie dafür, daß Paulus sich nur so wenig direkt auf Herrenworte beruft, scheint der zu sein, daß er Jesu Worte und Weisungen primär im Kontext des *Verhaltens* Jesu versteht, d. h. von »dem sich selbst entäußernden (Paulus) bzw. herabsteigenden (Johannes) Verhalten des Sohnes bzw. Menschensohnes her«[17]. Das *Christusereignis* steht im Mittelpunkt.

[15] H. Schürmann, »Das Gesetz des Christus«, 101.

[16] So z. B. »Die Forderung des Dienstes (1 Kor 9,19) und der Selbsterniedrigung (2 Kor 11,7), der Nächstenliebe (Gal 5,14; Röm 13,8 ff.), der Feindesliebe 1 Kor 4,12; 6,7; Röm 12,14.17.21), Jesu Warnung vor Ärgernis (1 Kor 8,12 f.) und vor dem Richten (Röm 2,1; 14,4.13.21; 16,17)« (H. Schürmann, ebd. 102).

[17] H. Schürmann, Die Frage nach der Verbindlichkeit, 19.

Jesu Wort und Beispiel werden in erster Linie als die in der Gegenwart anfordernde Botschaft des erhöhten Christus verstanden. »Die Mahnungen Phil 2,1–4 – besonders die Forderung der Tapeinosis V.3 – werden motiviert in 2,5: ›Das sinnet auch untereinander, was (sich) auch in Christus Jesus (schickt)‹. Dessen Verhalten aber war nach Phil 2,6ff. die Kenosis und Tapeinosis dessen, dem präexistent die Gottesgestalt eignete: der sich ›selbst entleert‹ und ›erniedrigt‹ hat in das menschliche Dasein hinein, ›gehorsam‹ bis in die Todestiefe des Kreuzes. Dieses Verhalten ›unseres Herrn Jesus Christus‹ hat sich nach 2 Kor 8,9 in ›Gnade‹, d.h. in schenkende Liebe, umgesetzt.«[18] Von diesem Verhalten her bekommt das Liebesgebot »seine Proprietät und seine sich überschlagende Radikalität«[19]. Und diese Liebesforderung ist es, welche Paulus Gal 6,2 als »das *Gesetz des Christus*« bezeichnet. Deutlich setzt Paulus »das Gesetz des Christus« in Antithese zum »Gesetz des Mose« (1 Kor 9,9), zur Thora, welche hier auf die entscheidende Forderung der Liebe hin »konzentriert und intentionalisiert«[20] ist. Von »Gesetz« jedoch kann nur noch in einem paradoxen oder analogen Sinne die Rede sein, denn es ist ein »im Prinzip durch Christus erneuertes Gesetz«[21]. Zu denken ist an den absoluten Verbindlichkeitscharakter dieses Weisungstitels, aber auch an die durch das Verhalten des Sohnes geprägte »Gesetzlichkeit«: »Das sich selbst entleerende und erniedrigende Verhalten des Sohnes Gottes sprengt zutiefst aber alle Gesetzlichkeit.«[22] Im Blick auf das Verhalten Christi, das in bezug auf den Ebed Jahwe (Jes 53) gesehen wird, gewinnt die Liebesforderung eine bestimmte Gestalt und Ausrichtung.

Dieses »Gesetz des Christus«, diese Forderung der Liebe ist es, in die der Gläubige als »ἔννομος Χριστοῦ« (1 Kor 9,21), als der, dem das »Gesetz des Christus« »eingenormt«[23] ist, hineingenommen ist. Das »Eingenormtsein« besagt zunächst nichts anderes als die im Christusereignis begründete *neue Existenz,* die in der *Taufe* geschenkt wird. Ist doch die in Tod und Auferstehung Christi

[18] Ders., »Das Gesetz des Christus«, 103f.; vgl. Röm 5,6ff.; Gal 2,20.
[19] Ebd. 105.
[20] Ebd. 110.
[21] H. Schlier, Der Brief an die Galater, Göttingen [12]1962, 272, zit. bei H. Schürmann, »Das Gesetz des Christus«, 110.
[22] H. Schürmann, »Das Gesetz des Christus«, 111.
[23] Vgl. ders., Die Frage nach der Verbindlichkeit, 17.

gründende christliche Existenz zuallererst innere Gabe, die dann freilich zum Anspruch wird, die neu geschenkte Existenz situations- und seinsgerecht zu vollziehen.

Wie Gott den Menschen in der Taufe durch Wort und Zeichen ganzmenschlich eingeholt hat in die Liebe Christi, so soll nun der Mensch mit Leib und Seele dieser neuen Wirklichkeit entsprechend seine Existenz vollziehen. Sie ist dadurch charakterisiert, daß sein Christsein »ständig bewahrt, und d.h. immer neu gewonnen werden muß«[24]. Nun soll der Mensch selbst aktiv ergreifen, wovon er ergriffen ist, er soll in seinem Wandel vollziehen, woraufhin er angelegt ist. Er soll vollmenschlich zur Auswirkung kommen lassen in seiner Existenz, was Gott an ihm durch Christus wirkte. Das ist die dialektische Aussage von *Indikativ* und *Imperativ*, welche die ganze paulinische Ethik prägt. »Der in der Zueignung an Christus, im Eintritt in die Christusgemeinschaft, von Gott dem glaubenden Täufling gewährte und von diesem aus freien Stücken bejahte Herrschaftswechsel (Röm 6,17f.) wird nun in verschiedenen Taufaussagen soteriologisch existentiell als Indikativ und Imperativ inhaltlich entfaltet.«[25] So lösen Röm 6,1–11.12–23 Indikativ und Imperativ ständig einander ab[26]. Eph 4,1 heißt es: »Werdet würdig der Berufung, zu der ihr berufen seid.« Weil Christus »uns angenommen hat«, sollen auch wir »einander annehmen« (Röm 15,7). »Wie der Kyrios euch vergeben hat, so auch ihr« (Kol 3,13). Weil der Gläubige in der Taufe mit der sich entäußernden und erniedrigenden Liebe Christi beschenkt ist, soll nun auch er in seinem Daseinsvollzug diese Liebe verwirklichen.

Diese *Forderung der liebenden Ganzhingabe,* der Gottes- bzw. Christusliebe und der Nächstenliebe, ist es, welche die »transzendentalen« oder *»theologisch-eschatologisch ausgerichteten« Weisungen* in ihrer Gesamtheit artikulieren[27]. Als solche geben sie sich »– gerade in ihrer christologischen und staurologischen Konkretion – als universal und bleibend verbindlich«[28]. In ihnen

[24] H. Schlier, Über die christliche Existenz (1961), in: ders., Besinnung auf das Neue Testament, Freiburg i. Br. 1964, 123–134, 132.

[25] H. Halter, Taufe und Ethos, a. a. O. 280.

[26] Vgl. H. Schürmann, Haben die paulinischen Wertungen und Weisungen Modellcharakter?, a. a. O. 244f.

[27] Vgl. ebd. 245.

[28] Ebd. 248.

kommt zum Ausdruck, daß christliches Ethos im Christus-Ereignis gründet, dessen Grundgestalt die Liebe ist. Diese Liebe ist daher auch die Grundgestalt des christlichen Existenzvollzugs. Als ein von Gott durch Christus Geliebter soll der Gläubige in dieser selben Liebe seine Brüder lieben. Als einer, der Vergebung erfahren hat, soll auch er vergeben. Als ein in der Taufe Gerechtfertigter soll er sich der Gerechtigkeit verpflichtet wissen. Anders gesagt: Als der von Gott durch Christus im Geist Bewegte, soll er sich nun im Sinne dieser Bewegung selber bewegen. Diese Bewegung heißt synoptisch Ankunft des Reiches Gottes, bei Paulus ist es die Offenbarung der Gerechtigkeit Gottes, die Durchsetzung der Herrschaft Christi in dieser Welt, damit die Gerechtigkeit und Liebe in der Welt Gestalt annehme. Christliches Ethos vollzieht sich aus dem Glauben an das Beschenkt-Sein durch Christus in der Hoffnung auf die Vollendung. Daher ist auch der Existenzvollzug aus dem Glauben und der Hoffnung in der Liebe das Proprium christlicher Existenz. Nicht *daß* wir glauben, hoffen und lieben ist das Proprium, das gibt es auch in andern Religionen und Ethiken, sondern daß wir unser Menschsein von Christus her begreifen im Glauben und auf Christus hin in der Hoffnung, daß die Liebe, die wir meinen, nicht irgendwelche Allerweltsliebe ist, sondern die Liebe Gottes durch Christus zu uns, in der wir geliebt sind und nun auch selber lieben sollen. Nur von der Begründung der christlichen Existenz her, ist die Eigenart des christlichen Existenzvollzugs in den Griff zu bekommen. Das Neue ist weniger der an den Christen ergehende Anspruch als solcher, das Neue ist vielmehr die Situation, in welcher der Anspruch an den Getauften ergeht und in der ihn der Getaufte erfüllen kann und soll; das Neue ist ferner die Art, wie der Anspruch an den Getauften ergeht. Der Getaufte muß nicht mehr wie einst – unter dem Gesetz – der Sünde dienen und notwendigerweise im Tode, in der Vernichtung bzw. im Gericht enden, so daß der Kampf gegen das Böse immer schon a priori negativ entschieden war (Röm 6,6.12 ff.16 ff.; 7,5–6; Gal 5,13 ff.; vgl. Kol 2,13; 3,5 ff.; Eph 2,1 ff.; 5,3 ff. u. a.). Er braucht sich nicht mehr ängstlich (kultisch und/oder sittlich) vor den kosmischen Mächten zu ducken, um nach »oben«, zu Gott, zum Heil zu gelangen, er ist ja schon oben (Kol 2,6 ff.; 3,1 ff.; vgl. Eph 2,1 ff.). Es ist die Fülle des Beschenktseins in Christus, die ihn als Anspruch trifft. »Der sittliche Anspruch, der für die Christen ... letztlich der Anspruch Gottes an die Menschen zu deren Heil ist, ergeht seit Jesus Christus nicht (mehr) anders als im Widerfahrnis des Heils durch und in Christus im Geiste.«[29]

Das »Gesetz des Christus« ist somit letztlich Christus selbst als die lebendige Norm christlichen Handelns. In der Nachahmung seines Beispiels erfährt der Christ, was Liebe ist: nämlich die in der radikalen Hinwendung zum Menschen realisierte Liebe zu Gott. Jene Liebe, welche zutiefst die Grundgestalt des christlichen Ethos ist, prägt somit nicht allein die Motivstruktur, sondern auch den *Inhalt* des konkreten sittlichen Anspruchs in der Weise einer in der Nachahmung Christi miteingeschlossenen materialen »Unbeliebigkeit«. Dies geschieht weniger dadurch, daß sich aus der Grundforderung der Liebe nun direkt operative Handlungsnormen ableiten ließen, sondern vielmehr dergestalt, daß aus dieser Personalisierung sittlicher Normen[30] *Werteinsichten* gewonnen werden können, die für das sittliche Handeln des Christen fundamental und unverzichtbar sind. Der Christ nämlich, der gläubig weiß, daß Gott in Jesus Christus jeden Menschen in Liebe berufen und erlöst hat, der weiß um die Würde und den Wert jedes Menschen unabhängig von Geburt und Leistung. »Das Christliche in seiner Unterscheidung beginnt und endet mit der Offenbarung, daß der unendliche Gott den einzelnen Menschen unendlich liebt, was sich aufs exakteste in der Tatsache kundtut, daß er in Menschengestalt für dieses geliebte Du den Erlöser- (das heißt den Sünder-)tod stirbt.«[31] Der materiale Gehalt dieser Einsicht – die sogenannte Menschenwürde – ist kein exklusives Reservat der Christen, aber jeder Zweifel daran wäre eindeutig unchristlich[32].

Jesu Wort und Verhalten als das »Gesetz« des erhöhten Christus ist aber nicht nur Anspruch aus dem Beschenkt-Sein heraus, nicht nur Nachahmung Christi im Geist, es hat stets auch die Dimension

[29] H. Halter, Taufe und Ethos, 447.

[30] Vgl. F.J. Schierse, Normen und Normenfindung im Neuen Testament, in: Religionsunterricht an höheren Schulen 4, 1974, 176–183, 180: »Jesus hat die ethischen Normen dahingehend personalisiert, daß nur der konkrete Mensch, der ›Nächste‹, zum Kriterium aller Handlungen gemacht wird.«

[31] H.U. v. Balthasar, Gott begegnen in der heutigen Welt, in: J.B. Metz, Weltverständnis im Glauben, Mainz 1965, 11–23,19.

[32] Vgl. die ausführliche Erörterung des Problems w. u.

des Zukünftigen. Im Wissen um die befreiende Kraft der versöhnenden Liebe Gottes und in deren Nachvollzug wird die Forderung zur Heils*verheißung*. Jesu Wort und Verhalten ist *fordernde Verheißung*, die ihre Stringenz aber nur aus dem Glauben an Gottes gnädiges Handeln in Christus und in der Hoffnung an die in ihm eröffnete Zukunft gewinnt. Grund und Ziel der sittlichen Botschaft Jesu und damit wohl auch das volle Verstehen ihres Gehaltes entscheiden sich daher an der Christologie.

B. Anspruch und Weisung

Es wurde bereits darauf hingewiesen, daß die operativen Weisungen umfangen und eingebettet sind in eine letzte Beanspruchung und fundamentale theologische Forderungen. Diese lassen sich als Grundanspruch bestimmen, aus dem sich die paulinischen Weisungen und der τύπος διδαχῆς (Röm 6,17b) der urchristlichen Gemeinden in spezifischer Weise entfalten[33].

1. Aufruf zum Glaubensentscheid

Der Grundanspruch ist der Aufruf zum Glaubensentscheid, zur Bereitschaft für Taufe und Bekehrung. Dies wird e contrario deutlich erkennbar an dem, was Paulus ἁμαρτία nennt. Denn ἁμαρτία ist Verweigerung des Glaubens, das Nicht-Annehmen der Rechtfertigung. Es ist der Mensch, der sich in seiner Selbstgerechtigkeit selbst genügt, der keinen Erlöser braucht, der sich darum seiner Werke rühmt (*καύχημα*). Positiv gewendet entfaltet sich der Grundanspruch in Glaube, Hoffnung und Liebe (vgl. Kol 1,4f.). »Den ›Grundriß des christlichen Lebensvollzugs‹ sieht Paulus in der von ihm wahrscheinlich aus der urchristlichen Tradition übernommenen Trias Glaube, Hoffnung und Liebe, die ihm als Dreiheit in Einheit soviel sind wie ›die Grundkategorien der christlichen Existenz‹, weil in ihnen ›das menschliche Dasein in

[33] Zum τύπος διδαχῆς vgl. H. Schürmann, Die Gemeinde des Neuen Bundes als Quellort des sittlichen Erkennens nach Paulus, a. a. O. 29ff.

seiner Substanz geborgen‹ ist.«[34] Diese Forderungen des Grundanspruchs gelten bedingungslos und universal, denn es ist der den Menschen beanspruchende Gott selbst, der ihnen Unbedingtheit verleiht.

2. Auseinandersetzung mit den Anforderungen des Lebens

Wenn auch in der urkirchlichen Verkündigung das Hauptgewicht beim Wandel des sittlichen Subjekts durch eine Neuorientierung an dem von Jesus Christus vorgezeichneten Weg liegt, so kann selbstverständlich die Konkretisierung dieses Weges in der *Auseinandersetzung mit den Anforderungen des Lebens* nicht ausbleiben. Hierbei wirkt sich der christologische Anspruch an die neue Existenz als spezifisch christliches Kriterium des Handelns im Hinblick auf die Herausbildung konkreter Weisungen »mehr oder weniger direkt einenteils normschöpferisch, andernteils – das ist zumindest quantitativ gesehen das Bedeutendere – integrationskritisch« aus[35].

Normschöpferisch wirkt das vorhin genannte Kriterium des Glaubens an den auferweckten und erhöhten Christus und das darin eingeschlossene Wissen um seinen konkreten Lebensweg durch den Tod in die Entäußerung hinein und in die Hingabe für die Brüder, insofern es zu einem Verhalten inspiriert, welches nicht als »normal« im Sinne durchschnittlicher, gemeinhin selbstverständlicher Verhaltensformen gelten kann. Es ist jedoch darum nicht gleich exklusiv christlich, d. h. ausschließlich Christen eigen, eher schon »typisch christlich«[36], soweit es erst vom Christusereignis her seine eigentliche Sinnspitze und Sinnfülle erfährt. Solche Grundhaltungen, die besonders geeignet erscheinen, dem Heilshandeln Gottes in Christus zu entsprechen, sind etwa die Weisungen: »Seid gütig zueinander, seid barmherzig, vergebt einander, weil auch Gott euch durch Christus vergeben hat« (Eph 4,32); »Ertragt euch und vergebt einander, wenn einer dem anderen etwas vorzuwerfen hat!« »Wie der Herr euch vergeben

[34] H. Halter, a. a. O. 454 mit Bezug auf H. Schlier, Nun aber bleiben diese Drei. Grundriß des christlichen Lebensvollzugs, Kriterien 25, Einsiedeln 1971, 15.
[35] H. Halter, a. a. O. 469; vgl. zum Folgenden die zusammenfassenden Ausführungen zum Proprium der christlichen Existenz und ihres Ethos (ebd. 440–477).
[36] Ebd. 470.

hat, so vergebt auch ihr« (Kol 3,13), »Ordnet euch einander unter in der Furcht Christi« (Eph 5,21) u. ä.[37].
Wichtiger ist die *integrationskritische* Funktion. Aus dem eschatologischen Heilshandeln in Christus kann direkt keine konkrete Wertordnung abgeleitet werden. Vielmehr muß der dem Heilsindikativ entspringende Anspruch von der im Glauben erleuchteten Vernunft auf die jeweilige Situation hin vermittelt und ausgelegt werden. Die Urkirche zeigt beispielhaft, d. h. in einer maßgeblichen und verbindlichen Weise, wie dies geschieht. Ausgangspunkt bildet jeweils das vorfindbare, geschichtlich gewachsene und sozio-kulturell bestimmte Ethos der Umwelt. So enthalten die paulinischen Gemeindebriefe weitgehend keine inhaltlich neuen konkreten Handlungsnormen, sondern beziehen diese zu einem großen Teil aus der Tradition der jüdischen Spruchweisheit sowie der hellenistischen Popularphilosophie. Dies zeigt sich vielleicht am deutlichsten an den sogenannten *Tugend- und Lasterkatalogen* (vgl. Gal 5,16f.) und an den *Haustafeln* (vgl. Kol 3,18ff.)[38]. Entscheidend ist jedoch nicht die Tatsache der Rezeption als solche, sondern das Wie, die Art und Weise, wie man mit dem vorgefundenen ethischen Material umgegangen ist. Man nahm nicht wahllos auf, was gemeinhin als sittlich gut oder richtig galt. Vielmehr geschah die Rezeption »sowohl ganz bewußt (bes. Phil 4,8; vgl. Röm 12,2) wie auch *kritisch* ... Bei aller Übernahme dessen, was im Ethos der Umwelt allgemein oder partikulär als ›gut und wohlgefällig und vollkommen‹ galt und gilt, heißt es aber gleichzeitig immer auch: ›paßt euch nicht dieser Welt an, sondern laßt euch wandeln durch die Erneuerung der Vernunft, damit ihr prüfen könnt, was der Wille Gottes ist: das Gute und Wohlgefällige und Vollkommene‹ (Röm 12,2; vgl. 1 Thess 5,21).«[39] Der im Lichte des Glaubens stehenden Vernunft kommt es zu, zu unterscheiden, welche konkreten Wertungen und Weisungen jeweils als das »Gesetz des Christus« (Gal 6,2) dem Geiste nach zu verstehen sind. Hierbei vollzieht sich die kritische Rezeption

[37] Vgl. ebd. 469f.
[38] Der Tafelcharakter ist vor allem von der Stoa vorgeprägt. Diese Kataloge enthalten in einer allgemeingültigen Form eine Zusammenfassung dessen, was man als moralisch gut bzw. schlecht ansieht. Vgl. H. Conzelmann, Grundriß der Theologie des Neuen Testamentes, München ³1976, 110ff.
[39] H. Halter, a. a. O. 472.

selektiv, modifizierend und *akzentuierend*[40]. Bei der Selektion werden Normen, die der in Jesus Christus Gegenwart gewordenen Basileia nicht entsprechen, ausgesondert, während andere neu aufgenommen und legitimiert werden (z. B. 1 Thess 4,4 ff.; vgl. die Tugend- und Lasterkataloge und Haustafeln). Nicht selten werden diese dann umgestaltet und in ihrem Sinngehalt vertieft oder neugeprägt (vgl. Gal 5,14 ff.). Schließlich werden innerhalb der so entstehenden Wert- und Normenordnungen Prioritäten gesetzt. So werden die Tugenden und Laster nicht um Kardinaltugenden bzw. -laster gruppiert, vielmehr steht die Liebe über allem und in allem, Fehlformen im sexuellen Verhalten stehen am Anfang der Kataloge, und die Askese wird als eine besonders ausgezeichnete Verhaltensweise gesehen, um der in Christus hereinbrechenden eschatologischen Situation gerecht zu werden[41].
Nachdem nun dargelegt wurde, in welcher Weise die Apostel Jesu Verhalten und Wort zum grundlegenden Maßstab machten und wie sie auf Wertungen und Normen ihrer Umwelt zurückgriffen, da sie mit dem Christusereignis als Kriterium zur Ausprägung sittlicher Forderungen nicht auskamen, bleibt jedoch für den Moraltheologen noch das Problem, inwieweit es eine gültige Materialethik auf der Basis des Neuen Testamentes geben kann, d. h. in welcher Weise die apostolischen Weisungen auch heute noch verbindlich sind[42]. Zweifellos ist ein Großteil der Weisungen auf konkrete Situationen hin bezogen oder durch sie veranlaßt. So gibt es in den apostolischen Mahnungen rein situations-, zeit- oder milieubedingte Anwendungen des Liebesgebotes – z. B. der Verzicht auf Opferfleisch mit Rücksicht auf die im Glauben Schwachen (1 Kor 8,9 ff.) oder die Unterordnung der Frau unter den Mann (1 Kor 11,2–16 u. ö.) u. a. m. Daß derartige partikuläre Wertungen und Weisungen hermeneutisch zu hinterfragen sind, steht außer Frage[43]. Jedoch darf der Tatbestand der Situationsbe-

[40] Vgl. ebd. 473 f.
[41] Vgl. ebd. 474; zur Askese vgl. die Untersuchung von K. Niederwimmer, Askese und Mysterium, a. a.O.
[42] Zu der weitreichenden Diskussion vgl. die S. 219, Anm. 1 angeführte Literatur.
[43] Vgl. H. Schürmann, Die Frage nach der Verbindlichkeit neutestamentlicher Wertungen und Weisungen, 35 ff. Unbestritten ist zudem, daß neben den theologisch/eschatologischen Wertungen und Weisungen auch diejenigen kategorialen und partikulären Wertungen und Weisungen universale Gültigkeit beanspruchen dürfen, die » – als Zielgebot oder Rat – in unkonkret-allgemeiner Weise

zogenheit auch nicht verabsolutiert werden. Die apostolischen Briefe sind keine reinen Gelegenheitsschriften, sie waren z. T. für den Austausch mit anderen Gemeinden bestimmt und hatten von daher schon so etwas wie eine allgemeine regulative Funktion, indem man sich eben aufgrund der Briefe orientierte an dem Glaubenszeugnis der anderen Gemeinden, auch im Hinblick auf das praktische Handeln. Was von den Briefen allgemein gilt, das gilt noch in besonderer Weise von der apostolischen Paränese. In diesem Sinne ist es richtig zu sagen: »Paulus gibt offensichtlich keine ›Paradigmen‹, denen man wie ›Verhaltensmodellen‹ dann ›paradigmatisch‹ oder modelltypisch mittelbar auch einen allgemeinen Verpflichtungswillen zuerkennen kann; er gibt vielmehr Weisungen und Anweisungen, die – freilich in recht unterschiedlicher Weise – unmittelbar verpflichten wollen.«[44] Wenn jedoch die apostolischen Weisungen als »Paradigma« charakterisiert werden, so geht es nicht um die Frage nach der »literarischen Eigenart der paulinischen Mahnungen und Forderungen«[45], nicht darum, welchen Verbindlichkeitscharakter diese in der damaligen geschichtlichen Situation hatten, sondern es geht um die gezielte Frage des Systematikers, welche Bedeutung sie für uns heute haben, d. h., welche Bedeutung sie bei der je neu zu verwirklichenden Aufgabe haben, den aus dem Christusereignis ergehenden Anspruch in die jeweilige konkrete Situation umzusetzen. Wer diese Frage damit beantwortet, daß die paulinischen Weisungen konkreter Art »nur eine analoge oder adaptierende Erfüllung erwarten, bzw. (die) sich eventuell mit einer nur approximativen oder intentionalen Erfüllung begnügen müssen«[46], schließt doch

geistliche Mahnungen formulieren oder – in allgemeiner Weise – unmittelbarer Ausdruck der Nächstenliebe sind« (H. Schürmann, Haben die paulinischen Weisungen Modellcharakter?, 264f.). Es geht jedoch hier ausschließlich um den Bereich des konkreten, materialen Ethos.

[44] Ders., Haben die paulinischen Weisungen Modellcharakter?, 266.

[45] Ebd. 265.

[46] Ebd. 266. Es scheint, als habe eine Frontstellung gegen bestimmte Konzeptionen oder Tendenzen »autonomer Moral« Schürmann dazu veranlaßt, die Redeweise vom paradigmatischen oder modelltypischen Charakter der neutestamentlichen Wertungen und Weisungen einer Kritik aus der Sicht des Exegeten zu unterziehen. Zielt die Kritik auf eine zu starke Trennung von christlichem Glauben und autonomer Vernunft, ist sie berechtigt, zeigen doch gerade die biblischen Schriften in einer »paradigmatischen« Weise, wie stark der Glaube die Vernunft durchwirkt, wenn es darum geht, eine der geoffenbarten Heilswirklichkeit gerecht werdende Materialethik zu entwerfen.

damit letztlich ein, daß jene Weisungen nicht im Sinne eines biblizistischen Positivismus unverrückbar festlegen, wie man – ungeachtet geschichtlicher Wandlungen – in der eschatologischen Situation des Schon und Noch-nicht des Heils zu leben hat, sondern daß sie paradigmatisch zeigen, wie man in der Urgemeinde aus dem Glauben an den auferstandenen Herrn gelebt hat und wie man sein Gebot als Ermächtigung und Auftrag verstand. Die Weisungen sind aber zugleich auch verbindlich. Denn sie tragen für uns den Charakter des Wortes Gottes; sie sind *biblisches* Zeugnis, das als solches immer wieder gehört und verstanden werden muß. Die urkirchliche Konkretisierung war keine beliebige Antwort. Sie läßt den genuinen Sinn der sittlichen Botschaft Jesu selbst deutlicher werden.

Paradigmatisch sind die apostolischen Weisungen noch in einem weiteren, nicht weniger wichtigen Sinne. Geben sie doch durch ihren steten Bezug auf das Beispiel Christi oder das neue Sein in Christus einen Hinweis auf ein spezifisches Moment christlicher Ethik. Es kann nicht das alleinige Charakteristikum des christlichen Ethos sein, vorgegebene, säkulare Werte und Normen kritisch zu rezipieren, vorhandenes Ethos christlich zu durchformen. Vielmehr geht es auch darum, die spezifisch christlichen Wertungen und Weisungen in ihrem *Sinnbezug auf die Heilswirklichkeit in der Welt verstehbar* zu machen. Da, wo christliche Ethik den sittlichen Anspruch entfaltet, soll sich der Angesprochene als Christ, als ein von Christus Geliebter, Angenommener, Befreiter, als ein durch Christus Beschenkter und eben darum Geforderter verstehen können. Christliche Ethik muß von ihrem Ansatz, von ihrer Begründung in Christus her Paraklese sein. So ist es »also das ethische Kerygma des Evangeliums, das in allen christlich verstandenen (evangelischen) Imperativen mitzuhören ist und diesen den Charakter der *Paraklese* gibt, was mehr ist als Parainese (=Mahnung). Anders als die sittlichen Normen in einem nichtchristlichen, bes. säkularen Ethos sind die allgemeinen wie die konkreten Weisungen ... innerhalb des christlichen Begründungszusammenhangs auch eine Weise der Verkündigung des Evangeliums.«[47]

[47] H. Halter, a. a. O. 450.

Zweiter Abschnitt: Natur – Erfahrung – Vernunft

Die sittlichen Normen, wie sie uns in den Büchern des Alten und Neuen Testamentes bezeugt werden, verdanken ihren Ursprung einem geschichtlichen Prozeß. Unterschiedliche Faktoren haben dabei zusammengewirkt: ursprüngliches Stammesethos, die gesellschaftlich-politische Entwicklung, das kulturelle Umfeld und in vielfältiger Weise immer wieder die religiöse Überzeugung haben die sittlichen Verhaltensnormen des biblischen Volkes geprägt. Sosehr sich dieser Prozeß den Augen des Glaubens als Heilsgeschichte, als die Geschichte Gottes mit seinem erwählten Volk, darstellt, so klar läßt sich erkennen, daß Gott den Menschen zum handelnden Subjekt in dieser Geschichte bestimmt hat. Der Glaube enthebt den Menschen nicht seiner Verantwortung für die Gestaltung des menschlichen Zusammenlebens, sondern ermächtigt und befähigt ihn vielmehr dazu. Im Glauben erkennt der Mensch sich selbst und die ihn umgebende Wirklichkeit in einem größeren Zusammenhang. Er weiß um seinen Ursprung, und er kennt das Ziel, das ihm bestimmt ist. Es wird ihm überdies einsichtig, daß der Dualismus von Autonomie und Heteronomie erst dort wahrhaft überwunden wird, wo die Heteronomie selbst die Autonomie gewährt, wo Gottes Geist den Menschen beansprucht und ihm selbst Freiheit gewährt: in einer theonomen Autonomie des Menschen. Im Rahmen dieser Einsicht hat er die Wirklichkeit zu gestalten; ständig wachsende menschliche Erfahrung und vernünftige Überlegung helfen ihm dabei. So sind denn auch die konkreten Handlungsregeln biblischer Ethik ein Produkt dieser Geschichte, erdacht und verkündigt von gläubigen Menschen, um das Zusammenleben erträglich und sinnvoll zu machen. Sie überschreiten in ihren materialen Gehalten auch nicht den Verstehenshorizont des Menschen. Sie haben in diesem Sinn nichts Geheimnisvoll-Exklusives an sich. Das Christentum hat denn auch von Anfang an den Anspruch erhoben, *universale* Botschaft für *alle* Menschen zu sein. Die Frage, ob es im Bereich der sittlichen Tugenden, also im zwischenmenschlichen Bereich,

Gebote oder Verbote gebe, die nur dem Christen aufgrund seines Glaubens erkennbar und somit verpflichtend aufgegeben seien, ist kaum von praktischer Relevanz. Uns interessiert es nicht so sehr zu wissen, ob die vom Christentum für das Zusammenleben der Menschen erhobenen sittlichen Normen originär oder gar exklusiv christlich sind; uns interessiert letztlich vor allem ihre *Kommunikabilität.* Wir meinen, es müßte möglich sein, die Konsequenzen für das zwischenmenschliche Verhalten, die sich aus unserem Glauben an Gott und an die Macht seiner befreienden Liebe ergeben, allen Menschen erfahrbar zu machen. Entscheidend ist darum auch nicht die Frage, welche und wie viele ethische Wahrheiten (Weltethos) das Christentum aus der Geistesgeschichte des Menschen rezipiert hat. Es gilt vielmehr herauszustellen, daß der Sohn, der Logos, in sein Eigentum kam, als er Mensch wurde. Es entspricht darum einer alten Tradition der Theologie, daß die Moral der Offenbarung ihrem Inhalt nach vernünftiger Reflexion offenstehe[1]. Dieser Reflexion im Rahmen der allgemeinen menschlichen Erfahrung müssen wir uns in diesem Abschnitt zuwenden. Da diese Fragen in der herkömmlichen Prinzipienlehre meist unter dem Titel des natürlichen Sittengesetzes behandelt werden, soll in einem ersten Kapitel auf die Problematik der lex naturalis eingegangen werden (Kapitel 1). Dann greifen wir die schon in § 1 dargelegte Unterscheidung von sittlich relevanten Einsichten einerseits und sittlich normativen Urteilen andererseits auf und stellen deren je eigene Entwicklung und Begründung dar (Kapitel 2 und 3).

[1] Dies gilt, wie eine genaue Interpretation der Quaestionen über die lex divina (STh I–II 98ff.) in ihrem Zusammenhang mit der lex naturalis deutlich zeigen würde, für Thomas von Aquin; vgl. STh I–II 108, 2 ad 1: »... ea quae sunt fidei, sunt supra rationem humanam: unde in ea non possumus pervenire nisi per gratiam. Et ideo, abundantiori gratia superveniente, oportuit plura credenda explicari. Sed ad opera virtutum dirigimur per rationem naturalem, quae est regula quaedam operationis humanae ... Et ideo in his non oportuit aliqua praecepta dari ultra moralia legis praecepta, quae sunt de dictamine rationis.« Das gilt für die Spätscholastik (D. Soto, F. Suarez), ist vorherrschende Meinung um die Mitte des 19. Jahrhunderts und wird ebenso nach dem I. Vaticanum nicht bestritten. Als ein besonders deutliches Zeugnis für das Ende des 18. Jahrhunderts sei die »Dissertatio theologica inauguralis de genuina idea moralis christianae« des Trierer Moraltheologen Petrus Josephus Weber (1778) zitiert: »Nonne Matth. XXII. pro basi moralis christianae duo illa magna praecepta amoris, quae ipsissima et prima sunt iuris naturae principia sunt posita? vide S. Augustinus Enarrat. in Ps. 56. et S. Chrysostomus Expos. in Ps. 147,110. Atque ex hac iuris naturae cum

1. KAPITEL: DAS NATÜRLICHE SITTENGESETZ

Keine sittliche oder rechtliche Ordnung kann Bestand haben, wenn ihr der Bezug zur Wirklichkeit fehlt. Die »Natur der Sache« oder die Eigenart menschlichen Daseins als Natur- und Geisteswesen, die Bedürfnisnatur genauso wie das Selbstbewußtsein mit dem Verlangen nach Selbstbestimmung und sozialer Anerkennung müssen bei der Erarbeitung von Handlungsnormen berücksichtigt werden. Darüber herrscht wohl ein grundsätzliches Einvernehmen. Umstritten ist jedoch die Art und Weise, wie vorgegebene Wirklichkeit in der sittlichen oder rechtlichen Ordnung zur Auswirkung kommen muß: Was verstehen wir unter »Natur«? Hat Natur normativen Charakter? Gibt es natürliche Menschenrechte? Wenn ja; wie lassen sie sich erkennen? Das alles sind Fragen, die sich um den Komplex des Naturrechts oder des natürlichen Sittengesetzes ranken. Es ist nicht beabsichtigt, in diesem Kapitel eine Auseinandersetzung mit den verschiedenen Naturrechtslehren zu leisten[2]. In dem einen Paragraphen des ersten Kapitels sollen aber die einschlägigen Begriffe geklärt und die komplexe Fragestellung selbst differenziert werden. Daraus ergibt sich die Rechtfertigung, daß wir die Sache, um die es beim natürlichen Sittengesetz geht, in die zwei nachfolgenden Kapitel aufgliedern und dort zur Sprache bringen.

§ 19 Die Vielfalt der Fragestellung

Schon in den wenigen Sätzen zur Einleitung dieses Kapitels wurden die Begriffe »Natur« und »natürlich« mit Recht in unterschiedlicher Bedeutung gebraucht. Es gibt in der Moraltheo-

revelatione concordia fluit illud theologorum celebratissimum principium, nullam a servatore nostro legem rogatam esse, quae non sit iuris naturalis, exceptis his, quae pertinent ad fidem et Sacramenta« (ebd. 19).

[2] Dies wurde anderswo versucht, vgl. F. Böckle (Hrsg.), Das Naturrecht im Disput, Düsseldorf 1966; ders. mit E.-W. Böckenförde (Hrsg.), Naturrecht in der Kritik, Mainz 1973.

logie kaum einen Begriff der so vieldeutig und in so vielfältiger Kombination angewandt wird. Eine begriffliche Vorklärung ist daher angezeigt.

A. Der vieldeutige Begriff »Natur«

1. Natur im umfassenden Sinn

Das Wort »Natur« (natura/nasci; φύσις/φύειν[3]) weist auf etwas Gewachsenes, aus sich Gewordenes hin. Dem wahrscheinlich mythologischen Ursprung des Wortes liegt die Vorstellung vom Universum als einem umfassenden belebten Wesen zugrunde, das geworden ist und sich entfaltet hat, wie es ist. So verbindet sich mit dem Wort der Gedanke des Ursprünglichen, des Gegebenen, des Nicht-vom-Menschen-Gemachten und Geformten, das aber doch allem Machen vorgegeben ist. Alles Machen kann ja selbst nur ein Verändern dessen sein, was gegeben ist.

In philosophischer Reflexion wurde der Naturbegriff in *formal-ontologischer Sicht* auf alles Seiende bezogen. Natur besagt dann das Wesen der Wirklichkeit als Wirklichwerden, den »Aufgang« eines Seienden in seine je eigene Wirklichkeit und entsprechend das Gesamt alles Seienden im dauernden Aufgang. Mit diesem Aufgang ist nicht eine sekundäre Aktivität eines wirklichen Seienden gemeint; Aufgang meint vielmehr den Grundakt (actus primus) der ontologischen Konstitution des Seienden. Dieser Grundakt – man spricht auch von der Naturierung – bildet nach diesem Verständnis das *innere Prinzip jeglicher Aktivität wie Passivität* des entsprechenden Seienden[4]. Schöpfungstheologisch ist dieses Werden alles Wirklichen nicht »aus sicht selbst« zu verstehen. Der Aufgang gründet im göttlichen Schöpfungsakt, der

[3] Während der Zusammenhang von natura und nasci anerkannt ist, bleibt die Ableitung von φύσις aus φύειν umstritten; vgl. N. Luyten, Die Natur des Menschen: anthropologische Sicht, in: A. Müller u. a. (Hrsg.), Natur und Naturrecht, Freiburg/Schweiz 1972, 223–233, 223 mit Berufung auf D. Ross und R. G. Collingwood, The Idea of Nature, Oxford 1960.

[4] »Principium intrinsecum cuiuscumque motus« (STh I 29,1); nach I. Kant besagt Natur in bloß *formaler Bedeutung* »das erste innere Prinzip alles dessen, ... was zum Dasein eines Dinges gehört« (Metaphysische Anfangsgründe der Naturwissenschaft, in: Werke, hrsg. v. W. Weischedel, Darmstadt 1968, VIII, 11). Kant unterscheidet zusätzlich »Natur« von »Wesen«, womit »das erste Prinzip alles dessen, was zur Möglichkeit eines Dinges gehört«, gemeint ist (ebd. 11, Anm.).

die Natur als das sich selbst in Eigengesetzlichkeit Aufbauende im ganzen trägt. Gott als Urgrund des Seins (causa essendi) steht zur Eigenwirklichkeit des Seienden nicht in Konkurrenz. Es geht beim sogenannten »concursus divinus« nicht um ein Zusammenwirken von Teilursachen. Schöpfer und Schöpfung wirken je ganz in ihrer Weise das Ganze: »in kategorialer ›Auswendigkeit‹ (auf das Je-Sosein hin) das Geschöpf, in transzendentaler ›Inwendigkeit‹ (auf das Sein hin) der Schöpfer«[5]. Diese Unterscheidung und Zuordnung bestimmen das rechte Verständnis vom Weltsein der Welt wie vom Gottsein Gottes. »Darin besteht die Göttlichkeit Gottes: daß er so wirkt, daß Welt und Mensch selbständiges Sein und selbstgetätigtes Wirken haben.«[6] Weit entfernt davon, die natürliche Welt zu divinisieren oder zu sakralisieren, enttabuisiert das Verständnis der Natur als Schöpfung geradezu die Naturwirklichkeit und enthebt sie jenes numinosen Charakters, der ihr in Naturreligionen oft eigen ist. Der Schöpfungsglaube gibt die Welt frei für eine uneingeschränkte Erforschung ihrer eigenen Gesetzlichkeit.

Sprechen wir in dieser Weise von Naturwirklichkeit, so wird der Begriff *Natur »in materieller Bedeutung«* genommen. Wir meinen dann nicht eine bestimmte Beschaffenheit, das innere Prinzip der Wirklichkeit eines Dinges, sondern wir bezeichnen nach Kant mit Natur die *Gesamtheit aller Dinge,* die unserer Beobachtung vorgegeben sind[7]. Die Natur in diesem Sinne bildet den umfassenden *Gegenstand der Naturwissenschaft.* Wie sehr sich auch die formal-ontologische Sicht von der naturwissenschaftlichen Betrachtungsweise unterscheidet, die beiden Naturbegriffe hängen offenbar doch eng zusammen; »denn dem Ganzen der Erscheinungen, dem Inbegriff aller Dinge liegen ja die inneren Prinzipien alles dessen, was zum Dasein eines Dinges gehört, zugrunde«[8].

[5] W. Kern, Zur theologischen Auslegung des Schöpfungsglaubens, in: MS II, 464–544, 536 mit Verweis auf Thomas' »Creare autem est dare esse« (1 Sent 37,1,1). Vgl. STh I 8: Utrum Deus sit in omnibus rebus? »... adest omnibus ut causa essendi« (8,3); »Esse autem est id quod est magis intimum cuilibet et quod profundius omnibus inest: cum sit formale respectu omnium quae in re sunt« (8,1); vgl. STh I 105,5; De anima 9; De vero 8,16 ad 12.

[6] Ebd. 537.

[7] Vgl. I. Kant, Metaphysische Anfangsgründe der Naturwissenschaft, a. a. O. 11.

[8] R. Spaemann, Art. Natur, in: HPhG IV, 956–969, 966. Im umfassenden Bereich der beobachtbaren Natur (im materiellen Sinn) läßt sich beispielsweise deutend

Diese Einsicht hat bereits im Umgang des Menschen mit den Naturdingen ihre Bedeutung. Bei aller prinzipiellen Freiheit, die ihm bei der Erforschung und Gestaltung der Welt zusteht, kann er an der Eigenart der Dinge doch nicht vorbeigehen. Die Einsicht in die inneren Prinzipien und Gesetze bildet nicht nur eine wichtige Voraussetzung für die Zuverlässigkeit im Umgang mit den Naturdingen (eine apriorische Bedingung für Forschung und Technik), wir erkennen immer mehr auch die immanenten Grenzen, die durch das Öko-System der Ausnützung der Natur gesetzt sind. Aber erst im Blick auf den Menschen wird vollends deutlich, daß eine Einschränkung auf die beobachtbaren Phänomene zu seinem Verständnis nicht ausreicht.

2. Natur des Menschen

Auf den Menschen angewandt, wird der Naturbegriff durch die spezifische Seinsweise eines personalen Seienden geprägt. Als Person ist der Mensch in seiner Natur (im actus primus seiner ontologischen Konstitution) herausgehoben aus allen bloß vorhandenen »Naturdingen« und »Naturwesen«. Er ist in seiner Natur von innen her eröffnet und vor sich selbst gebracht, d. h., die menschliche Natur ist transzendental- und existential-ontologisch bestimmt. In seiner transzendentalen Freiheit (vgl. § 5 B.) ist der Mensch über sich selbst hinaus verwiesen. Im Vollzug endlicher Freiheit übersteigt er sich selbst. Das umfassende Ziel seiner Freiheit ist die vollkommene Freiheit. Er unterliegt in seinem Selbstvollzug nicht einfach einem faktischen Müssen (wiewohl er sich unweigerlich entscheiden muß), er wird vielmehr ursprünglich von einem unbedingten Sollen betroffen. Die menschliche Natur ist so durch die Kommunikation mit dem Absoluten bestimmt[9].

In seiner Freiheit ist der Mensch aber auch vor sich selbst und die mitmenschliche Welt gestellt. *Zu sich selbst,* zu seiner Natur steht

feststellen, daß das, was für die Antilope ein gewaltsamer Tod ist, für den Löwen die Verwirklichung seiner Natur (im formalen Sinn) bedeutet.

[9] Dies ist nicht im Sinn einer »gegenständlichen« Erkenntnis gemeint, sondern »sofern das Licht unseres Verstandes, sei es das natürliche, sei es das Gnadenlicht, nichts anderes ist als eine Einprägung der ersten Wahrheit« (STh I 88,3 ad 1) (DThA VI, 377).

er in einem ursprünglich existentiellen Verhältnis. Das bedeutet nicht, daß seine Natur sich in reine Existenz auflösen würde; er ist vielmehr je als ganzer »Natur« und als ganzer »Existenz«. Seine Natur ist nicht die Wirklichkeit eines fertigen Seienden, sondern eines Sein-Könnens. Der Naturbegriff »Wirklichkeit als Wirklichwerden« ist hier in seiner eigentlichen und vollen Bedeutung gegeben. Natur ist zur Verwirklichung aufgegeben, aber eben nicht als reine Vorgegebenheit. Gewiß muß der Mensch werden, was er ist; aber es bedeutet eigentlich nur, daß er mit seinen eigenen Möglichkeiten »fertig« werden soll. Er muß sich selbst interpretieren und gleichsam sich selbst entscheiden zu dem, was er werden soll. Damit wird nicht eine »geschlossene Natur willkürlich variiert, sondern überhaupt erst ansichtig, was Natur als Aufgang des Menschen in seine Aktualität ist«[10]. Dieser personale Selbstvollzug geschieht *im Feld zwischenmenschlicher Beziehungen.* Er vollzieht sich interpersonal. Der einzelne gewinnt seine Identität nicht schon in einem introvertierten Blick auf sich selbst. Menschliche Subjektivität scheint nicht in der Lage zu sein, sich in sich selbst und durch sich selbst hinreichend zu bestimmen. So blickt der Mensch zunächst auf den anderen seiner selbst, auf den Mitmenschen, um an ihm und mit ihm die Bestimmung des eigenen Seins zu finden. Als sprechendes Wesen ist er nicht blindlings auf Selbstbehauptung ausgerichtet, sondern auf Verständigung mit seinesgleichen. Das meinte wohl Aristoteles, wenn er den Menschen ein »von Natur politisches Wesen« nannte. Nicht in reiner Naturwüchsigkeit, sondern in der Kultur von Rechten und Pflichten läßt er ihn in der Gemeinschaft der Freien seine Freiheit finden[11]. Der Selbstvollzug der menschlichen Natur objektiviert sich notwendig geschichtlich sozial als *Kultur.* Die dabei immer wiederkehrende Frage nach dem, was »unbedingt wahr« und »unbedingt gut« genannt werden könne, läßt ihn in vertiefter Weise seiner transzendentalen Verwiesenheit gewahr werden.

Zu dieser transzendentalen Verwiesenheit des Menschen ist

[10] J. B. Metz, Art. Natur, in: LThK² VII, 805–808, 807.

[11] Im Unterschied zu den Sophisten sieht Aristoteles in den geltenden Lebensordnungen keinen Gegensatz zur Natur, keine »unnatürliche« Unterdrückung der Natur. φύσις und νόμος, Natur und menschliche Kultur, sind komplementär (vgl. R. Spaemann, Art. Natur, a. a. O. 957).

offenbarungstheologisch zu sagen, »daß die Hinordnung des Menschen auf den Gott des ewigen Lebens zutiefst innerlich ist und zum geschichtlichen Urbestand des Menschen gehört als sein Existential[12], das aber abgehoben sein muß vom letzten menschlichen Grundbestand und deswegen in der Folge einer tausendjährigen theologischen Tradition *übernatürliches* Existential genannt werden muß«[13] (vgl. § 10 A.). Auf dieser Erkenntnis gründet die Unterscheidung zwischen der *heilsgeschichtlichen konkreten Natur* des Menschen, zu der faktisch auch das Verlangen nach dem Gott erfüllender Liebe gehört, und dem *abstrakten Begriff der reinen Natur* (natura pura), d. h. jenem Grundbestand im Menschen, der der Gnade als reiner Huld vorausgesetzt werden muß. Augustinus und auch noch Thomas von Aquin war der Gedanke nicht fremd, der Mensch könne auf etwas angewiesen sein, das notwendigerweise den Charakter des reinen Geschenkes hat[14]. Die Entwicklung des Begriffs der reinen Natur – so berechtigt er theoretisch sein mag – führte tatsächlich zu einer Polarisierung von Natur und Gnade, die im Blick auf das sittliche Vermögen die Natur gegenüber der Gnade immer mächtiger werden ließ. Demgegenüber betont die heutige Theologie wieder mit Nachdruck die konkrete heilsgeschichtliche Natur des Menschen. Entsprechend besteht das Grundrichtigsein des Menschen darin, daß er in seiner Existenz ganz auf Gott ausgerichtet ist und aus der Anerkennung und Liebe Gottes lebt. Sünde widerspricht dieser Ausrichtung und bedeutet somit eine Grundverkehrung der menschlichen Existenz. Von Gott abgewandt und in sich selbst verkehrt, das ist der gefallene Mensch. Wenn nun der Mensch in der Sünde trotz allem Mensch geblieben ist, so bedeutet die Erhaltung des natürlichen, noch heilsfähigen Bestandes des Menschen insofern bereits Gnade Christi, als die Sünde aus sich heraus den Menschen in seine absolute Heilsverwirktheit gestürzt

[12] »Alle Explikate, die der Analytik des Daseins entspringen, sind gewonnen im Hinblick auf seine Existenzstruktur. Weil sie sich aus der Existenzialität bestimmen, nennen wir die Seinscharaktere des Daseins *Existenzialien*. Sie sind scharf zu trennen von den Seinsbestimmungen des nicht daseinsmäßigen Seienden, die wir *Kategorien* nennen« (M. Heidegger, Sein und Zeit, Tübingen [10]1963, 44 [§ 9]).

[13] G. Muschalek, Schöpfung und Bund als Natur-Gnade-Problem, in: MS II, 546–557, 555.

[14] Vgl. STh I–II 109,4 ad 2.

hätte, wenn sie nicht darum von der Barmherzigkeit Gottes eingefangen worden wäre, weil sie in der Ordnung Christi geschah und in ihr eingefangen bleibt. So werden in dem natürlichen und doch von Christus getragenen Bereich als dem Raum der Sünde deren Folgen von vornherein aufgefangen. Die im Sünder noch vorhandene und heilbare Natur des Menschen ist also nicht der von selbst von der Sünde noch unversehrt gebliebene Rest, sondern der von Gottes gnädiger Huld gegen die Sünde und ihre an sich allem gegenüber zerstörerische Tendenz in Christus schon immer neu aufgerichtete Anfang des Heils. *Schöpfung und Erlösung, Natur und Gnade* sind in der Geschichte des Menschen innerlich aufeinander bezogen; das will der konkret heilsgeschichtliche Naturbegriff zum Ausdruck bringen. Er erlaubt innerhalb einer heilsgeschichtlichen Gesamtsicht eine positive Wertung des »Natürlichen« insbesondere der sogenannten natürlich-sittlichen Einsicht an ihrem Ort und in ihren Grenzen.

Dieses umfassende Verständnis der menschlichen Natur, das den freien Selbstvollzug in Geschichte und Kultur mit einschließt, läßt die Schwierigkeiten erkennen, die sich der *Erkenntnis und inhaltlichen Bestimmung einer allgemeinen Menschennatur* entgegenstellen. Wenn man von der Erkenntnis der Menschennatur spricht, meint man meistens das Wesen des Menschen im Gegenüber zu seiner konkreten Erscheinung[15]. Man fragt also nach der Erkenntnis dessen, was bei aller geschichtlichen Entwicklung und individuellen Entfaltung immer gegeben sein muß, damit man im spezifischen Sinn von einem Menschen sprechen kann. Daß wir im Umgang mit den Menschen von der Möglichkeit einer solchen Erkenntnis ausgehen, ist kaum zu bestreiten. Die Rede von der jedem Individuum zukommenden immanenten

[15] »Wesen« wird in dreifacher Bedeutung verwendet: 1) Wesen steht gegenüber der konkreten Erscheinung eines Seienden und meint das, was notwendig zu ihm gehört; jene Eigentümlichkeit, die die spezifische Eigenart einer Klasse von Seienden ausmacht. Der allgemeine Wesensbegriff basiert darauf; sein Wesensgehalt kann von jedem einzelnen ausgesagt werden, ohne aber von sich aus irgendein bestimmtes Einzelnes zu besagen. 2) Wesen bedeutet *Sosein* (quidditas, Washeit) und steht gegenüber dem Dasein (Existenz). Sosein und Dasein beziehen sich auf das konkrete endliche Seiende. So sprechen wir etwa bei einem konkreten Recht von Rechtsgehalt und Rechtsexistenz. 3) Wesen bedeutet *Wesenheit* (essentia) und steht gegenüber dem Sein (esse). In ontologischer Differenz zum Sein partizipiert das Seiende seiner Wesenheit gemäß an der von sich aus unbegrenzten Fülle des Seins.

Menschenwürde hätte sonst kaum einen verstehbaren Sinn. Aber was Menschenwürde letztlich beinhaltet, was den Menschen zum Menschen macht, was von jedem einzelnen Menschen ausgesagt werden muß, ohne von sich aus schon den einzelnen auszusagen, das läßt sich durch ein aufsammelndes und weglassendes Verarbeiten empirischer Daten allein nicht ausmachen. Man käme damit bestenfalls zu einem universalfaktischen Verständnis des Menschen[16]. Das Wesen des Menschen als dasjenige eines denkenden und sprechenden Subjekts ist ohne transzendentale Analyse des Selbstbewußtseins nicht zu ergründen. Erst in einer Reflexion auf die Bedingungen der Möglichkeit eines freien Selbstvollzugs zeigt sich, was unabdingbar zum Menschen als einem sittlichen Wesen gehört. Seine transzendentale Verwiesenheit oder die Tatsache, daß er sich in Leiblichkeit und Geschichtlichkeit selbst aufgegeben ist, wird ihm nur so reflex bewußt. Gerade diese Einsicht in die wesenhafte Leiblichkeit und Geschichtlichkeit und die damit eröffnete Intersubjektivität müßte ihn aber andererseits erkennen lassen, daß der Blick auf das eigene Selbst allein auch nicht ausreicht, um das Wesen des Menschen umfassend zu begreifen. Wenn die Geschichtlichkeit zu seinem Wesen gehört, dann umfaßt das, was notwendig zu seiner Natur als Grundlage des Handelns zu rechnen ist, »auch das Unumgänglich-Verpflichtende geschichtlich gewordener Bestimmungen«[17]. Freilich läßt sich das selbst wiederum nur in einem Akt geschichtlicher Entscheidung anerkennen. Hier gilt es, sich zu erinnern, daß der Wesensbegriff bei Platon durchaus auf den Kontext denkender Unterhaltung bezogen war[18]. »›Wesen‹ bedeutet hier weder die bloße Possibilität noch ein Faktum höherer Art, von dem wir auch reden könnten, wenn es keine ›Seele‹ gäbe. Es tritt nicht in Konkurrenz zur sinnlichen Welterfahrung; es ist weder ein Ersatz für diese noch bloß (neukantianisch) eine

[16] Hier liegt die Grenze der Phänomenologie. Die Unterscheidung zwischen Gegenstandsbewußtsein und Selbstbewußtsein ist wohl berechtigt, aber damit kann das Problem der Reflexion nicht ausgeschaltet werden. »Die Reduktion der Erkenntnistheorie auf eine vorurteilsfreie Phänomenologie vom Seienden als Seienden findet prinzipiell da ihre Grenze, wo diese Reduktion behauptet und in ihrer Geltung problematisiert wird« (C. F. Gethmann, Art. Realität, in: HPhG IV, 1168–1187, 1177).
[17] J. B. Metz, Art. Natur, a. a. O. 808.
[18] Platon, Phaidon 75 d.

Methode zu deren wissenschaftlicher Bearbeitung. ›Wesen‹ ist das, was in der dialektischen Unterhaltung im Hinblick auf das schlechthin Gute sich als die innere Richtigkeit einer Sache erweist. Die ethisch-politische Orientierung geht in diesen Wesensbegriff ebenso ein wie die Tätigkeit der ›Seele‹ im Medium intersubjektiver λόγοι. Eine allgemeine, systematisierte Ontologie der Essenzen ist damit nicht intendiert; vielmehr geht es darum, daß in besonnenen Unterredungen der Spielraum sichtbar gemacht wird, der zwischen jedem Vorhandenen und seiner immanent transzendenten Idee besteht.«[19]

3. Mensch und Natur

Die Frage nach der Beziehung des Menschen zur Natur ist gleichbedeutend mit der Frage nach dem *Verhältnis von Natur und Praxis.* Seit die Naturwissenschaft die Naturteleologie in Frage gestellt hat, ist der Naturbegriff der neuzeitlichen praktischen Philosophie zum Problem geworden[20]. Natur wird nun entweder verstanden als Bedürfnisstruktur, die um so klarer hervortritt, je mehr sie den kulturellen Überbau abstreift. So gewinnt sie, wie einst bei den Sophisten, emanzipatorischen Charakter. Entsprechend gilt es, die Natur zu befreien und alles Handeln konsequent als natürlich zu begreifen[21]. Oder – in Alternative dazu – man betrachtet die Natur als bloßen hypothetischen Anfangszustand des Menschen, der unserer Geschichte vorausliegt. Das Heraustreten aus der Natur wird zum Befreiungsvorgang, und die Geschichte selbst wird zum Ort der Befreiung[22]. Beide Reduktio-

[19] K. Flasch, Art. Wesen, in: HPhG VI, 1687–1693, 1689. Für den intersubjektiven Geltungsanspruch von Wesensaussagen wäre ergänzend auf die die Sprache konstituierende und in der Sprache konstituierte Kommunikationsgemeinschaft zu verweisen (vgl. K.-O. Apels Einführung zu: C. S. Peirce, Schriften I, Frankfurt a. M. 1967).

[20] Vgl. R. Spaemann, Art. Natur, a. a. O. 963: »Das ist exemplarisch am Schicksal des Naturbegriffs seit dem 17. Jahrhundert zu verfolgen. Die nichtteleologische Naturwissenschaft verliert an ihm jedes Interesse.«

[21] Da verliert die Natur jede normative Funktion. »Da geschieht einfach, was geschieht. Und Repression ist so natürlich wie die Auflehnung gegen sie. *de Sade* hat dies erstmals in vollendeter Radikalität ausgedrückt und die naturalistische Emanzipation zu Ende gedacht« (ebd. 963).

[22] Spaemann verweist auf Th. Hobbes, Kant und Schiller. Für Marx aber ist erst die Gesellschaft »die vollendete Wesenseinheit des Menschen mit der Natur, die wahre Resurrektion der Natur, der durchgeführte Naturalismus des Menschen und

nen des Naturbegriffs haben eines gemeinsam: Natur und Geschichte erweisen sich als inkommensurabel. »Naturalismus und Historismus sind nur zwei Seiten desselben Vorgangs«[23]; der Naturbegriff wird bestimmt durch das Vorverständnis menschlicher Praxis. Damit wird er willkürlich variierbar. Es gibt aber ein Grundverhältnis von Natur und Praxis, das gewissermaßen unumkehrbar ist. Natur besagt in der allgemeinsten Bestimmung gerade die von der Praxis nicht freigesetzte, sondern ihr notwendig vorauszusetzende Wirklichkeit. Der Mensch ist von Natur aus auf das Überschreiten der Natur angelegt. Menschliche Handlungen sind kein bloßes Naturgeschehen; sie lassen sich darum auch nur als Handlungen und nicht als Naturgeschehen rechtfertigen. Damit erhebt sich aber auch die Frage, wie das naturüberschreitende Handeln zu bestimmen sei und welche Bedeutung dabei der Natur zukomme. Ist die Natur nur Ausgangspunkt, oder gewinnt sie auch Einfluß auf die Ausrichtung des Handelns selbst? R. Spaemann vertritt dazu die überzeugende These: »Wo Herausgang aus der Natur in der Weise der progressiven Herrschaft über Natur Selbstzweck wird, da geschieht Rückfall in die pure Naturwüchsigkeit. In der Weise naturwüchsig fortschreitender Naturbeherrschung aber kann die menschliche Gattung ihr eigenes Leben nicht gewährleisten. Nur wo Natur im Handeln als Maß des Handelns erinnernd bewahrt wird, findet wahrhaft Überschreitung der Natur statt.«[24] Eine naturwüchsig expandierende Naturbeherrschung ist zumindest in Gefahr, den Unterschied von Mensch und Natur zu nivellieren und den Menschen nur noch als Natur oder Struktur (Strukturalismus) zu nehmen. Vollendeter Technizismus ist dann nur ein vollendeter Naturalismus. Echte Kultur will befreien und bleibt gerade darum der Natur in Freiheit erinnernd verpflichtet. »Freiheit ist nicht ein ›Kern‹, der zurückbleibt, wenn alle Natur unterjocht ist. Der fundamentale Akt der Freiheit ist der des Verzichts auf Unterjochung eines Unterjochbaren, der Akt des ›Seinlassens‹. In ihrer gegenseitigen Anerkennung und Freilassung allein überschreiten natürliche Wesen die Natur.«[25]

der durchgeführte Humanismus der Natur« (Ökonomisch-philosophische Manuskripte, in: Werke, hrsg. v. H.-J. Lieber und P. Furth, Darmstadt 1962, I, 596).

[23] R. Spaemann, Art. Natur, a. a. O. 964.

[24] Ebd. 965. [25] Ebd. 968.

B. Die Unterschiedlichen Erwartungen

Mit dem Hinweis auf das Verhältnis des Menschen zur Natur ist in allgemeinster Form der große Fragenkomplex angesprochen, der mit den Begriffen »Naturrecht« und »natürliches Sittengesetz« abgedeckt wird. Nun wirken diese Begriffe allerdings auf manchen Zeitgenossen wie Reizworte. Man sieht sie als Etikett für eine konservative Rechts- und Normbegründung, die man für überholt hält und von der man glaubt, daß sie durch ständige Wiederholung nicht glaubhafter werde. Solche globalen Etikettierungen und Unterstellungen bringen allerdings die Diskussion nicht weiter. Das Naturrechtsdenken kennt recht unterschiedliche Ansatzpunkte, die das Verständnis entsprechend prägen. Grundlegend dafür sind bereits die *Erwartungen und Interessen,* mit denen man den Rekurs auf die menschliche Natur und auf die vom Menschen erfahrbare Wirklichkeit begreift. Die unterschiedlichen Auffassungen von Naturrecht sind nicht zuletzt bestimmt durch die unterschiedlichen Fragen, auf die man eine Antwort sucht. Was also erwartet man vom Rekurs auf die menschliche Natur? Und was vermag er zu erbringen?

1. Sicherung des Zusammenlebens durch das objektiv richtige Recht

Ausgangspunkt aller naturrechtlichen Überlegungen ist *die Erfahrung* im Umgang mit Normen und Gesetzen des menschlichen Zusammenlebens. Die theoretischen Überlegungen wurzeln durchaus in der Praxis. Das geltende Recht soll die Interessen der einzelnen wie der Gemeinschaft gegen Willkür abgrenzen und schützen. Die begrenzten Möglichkeiten und das Ungenügen, das sich dabei immer wieder zeigt, treiben den Menschen, die faktische Ordnung auf ihre Grundlagen hin zu hinterfragen. Er hält Ausschau nach dem richtigen Recht. Diese *Frage nach dem richtigen Recht ist eigentlich das Grundanliegen der Naturrechtslehre.* Dabei läßt schon die Rede vom »richtigen Recht« erkennen, daß hier offensichtlich zwei Elemente, ein materiales und ein formales Element, eng miteinander verbunden sind. Die *Richtigkeit* deutet hin auf den *Rechtsgehalt,* auf die Rechts*wahrheit,* die das menschliche Handeln bestimmen soll. Entsprechend konzentriert sich die Frage auf die materialen Bedingungen des Handelns. Das *Recht* dagegen weist auf die *Setzung,* auf den *Recht setzenden* Akt, hin; und die entsprechende Frage zielt auf die Bedingungen des Setzens bzw. auf die Bedingungen der Konsensbildung hin.

a) *Die Suche nach den materialen Bedingungen des Rechts,* die Frage also nach der Rechtswahrheit gilt allgemein als Kernfrage der Naturrechtslehre[26]. Wo von Naturrecht und naturrechtlicher Begründung gesprochen wird, ist meist diese *inhaltliche* Absicherung der positiven Rechts- und Sittlichkeitsordnung in einer »vorpositiven« Wirklichkeit gemeint. Aus der unterschiedlichen Deutung dieser vorpositiven Wirklichkeit ergeben sich denn auch die unterschiedlichen Positionen innerhalb der Naturrechtslehre. Zwei Formeln begleiten gewissermaßen die Geschichte des Naturrechts. Sie markieren je für sich eine solche Position, die allerdings selbst wieder in verschiedenen Variationen und Verbindungen auftritt.

Die eine Formel heißt: »*secundum naturam vivere*«. Sie hat ihre Wurzel schon bei Heraklit (κατὰ φύσιν)[27] sie bildet die Grundposition der Stoa[28] und bestimmt in einem nicht geringen Maß die neuscholastische Naturrechtslehre[29]. Voraussetzung dafür ist die

[26] »›Naturrecht‹: das ist die *Rechts*frage an das Recht, d. h. an eine faktisch bestehende Sozialordnung. Mag man unter Naturrecht verstanden haben, was man wolle – stets schwingt in ihm der Gedanke mit, daß das Recht nicht einfach identisch ist mit dem Befehl einer bestehenden Macht« (H. Welzel, Wahrheit und Grenze des Naturrechts, Bonner Akademische Reden 26, Bonn 1963, 7). Es läßt sich aber auch die Absicherung der Rechtspositivierung durch jene formalen Bedingungen, die für eine Konsensbildung in menschlicher Gemeinschaft unerläßlich sind (die formalen Bedingungen der Kommunikationsgemeinschaft), als ein Aspekt naturrechtlicher Begründung verstehen. Darüber ist weiter unten (b) zu sprechen.

[27] H. Diels/W. Kranz: Die Fragmente der Vorsokratiker, Berlin 1951, I, 176, Heraklit, Fr. 112. In dieser ersten Epoche des griechischen Denkens waren νόμος und φύσις noch eine wesensmäßige Einheit. Die menschlichen Ordnungen sind eingegliedert in die Grenzen des Seins (vgl. H. Welzel, Naturrecht und materiale Gerechtigkeit, Göttingen [4]1962, 9f.).

[28] ὁμολογουμένως τῇ φύσει ζῆν: so heißt die von Kleanthes erweiterte Formel des Gründers Zenon. Das höchste Ziel des Menschen besteht darin, ein naturgemäßes Leben entsprechend unserer eigenen und der Gesamtnatur zu führen (vgl. H. Welzel, Naturrecht und materiale Gerechtigkeit, a. a. O. 37–47).

[29] Unter Neuscholastik verstehen wir die in der 2. Hälfte des 19. Jahrhunderts einsetzende »restauratio christiana iuris naturalis«. Zu ihrer Problematik vgl. L. Oeing-Hanhoff, Thomas von Aquin und die Situation des Thomismus heute, in: PhJ 70, 1962/63, 17–33; J.-M. Aubert, Pour une hermeneutique du droit naturel,

Vorstellung einer die gesamte Wirklichkeit, die Welt und den Menschen durchwaltenden Ordnung (Naturteleologie). Die »Anerkennung einer überzeitlich und allgemein gültigen ›universalobjektiven Ordnung‹ als eines transsubjektiven Seins, das auf die normative Autorität Gottes zurückgeht, ist offensichtlich ein unverzichtbarer Grundzug dieser Naturrechtslehre«[30]. Entsprechend fordert die wesensgerechte Daseinsform des Menschen ein vernünftiges Sicheinordnen in diese Ordnung der Natur und das Übernehmen der daraus erkennbaren Aufgaben. Die Problematik dieses Konzeptes beginnt mit der Frage, was denn hier unter »Naturordnung« oder einer »universal-objektiven Ordnung« genauerhin gemeint sei. Handelt es sich um eine *empirisch verifizierbare Ordnung,* so sind die Naturwissenschaften sowie die empirische Anthropologie zuständig. Diese aber haben die Idee einer durchgängigen Naturteleologie längst in Frage gestellt. Der Mensch hat so vieles und so Verschiedenes über sich selbst erfahren, daß sich keine empirisch wissenschaftliche Anthropologie absolut setzen kann. Gewisse Zusammenhänge und Abhängigkeiten, die vom Menschen nicht ungestraft übersehen werden dürfen, werden heute im Rahmen der Ökologie sowie der Kulturanthropologie freilich erneut gesehen und als Grenzen der Machbarkeit mahnend in Erinnerung gerufen. Da alle Reflexion auch von der Erfahrung ausgeht, ist nicht zu verkennen, daß auch in der traditionellen Naturrechtslehre bei der Suche nach einer allgemeinen Naturordnung die Naturwissenschaften nach dem Stand ihres jeweiligen Wissens zu Rate gezogen wurden. Die Absicht aber zielte immer auf die Begründung einer die Empirie transzendierenden *ontologischen Ordnung* im Sinne des soeben (unter A. 1. und 2.) erörterten Naturbegriffs. Dann allerdings stellt sich das *Problem des methodischen Zugangs,* der Erkennbarkeit. Geht man den Weg über die *Verarbeitung und Sinninterpretation empirischer Daten,* so läßt sich der Status universaler Faktizität nicht überschreiten. Die wesenhafte Geschichtlichkeit des Menschen schafft überdies Probleme, auf die wir bei der

in: Recherches de science religieuse 59, 1971, 449–492; A. Hollerbach, Das christliche Naturrecht im Zusammenhang allgemeinen Naturrechtsdenkens, in: F. Böckle/E.-W. Böckenförde (Hrsg.), Naturrecht in der Kritik, a. a. O. 9–38, 27 ff.

30 H.-D. Schelauske, Naturrechtsdiskussion in Deutschland. Ein Überblick über zwei Jahrzehnte: 1945–1965, Köln 1968, 114.

Erörterung des Naturbegriffs bereits hingewiesen haben. Kenner der Geschichte naturrechtlichen Denkens wissen, was man in der Vergangenheit alles als von Natur gegebenen Sinn interpretiert hat. Wir brauchen nicht auf Aristoteles oder Platon zurückzugreifen, die von Natur aus eine Herrschaft der Vernünftigen über Menschen mit schwächerer Vernunft, über Frauen, Kinder und Sklaven lehren[31]; es genügt hinzuweisen, was von kirchlicher Seite in den fünfziger Jahren über die hierarchische Struktur der Ehe aufgrund einer »gottgesetzten Schöpfungsordnung« sowie »der natürlichen Wesenseigenschaften von Mann und Frau« geschrieben und gefordert wurde[32]. Solche Art der Berufung auf das Wesen und die Wesenseigenschaften des Menschen weckt den Verdacht, daß die in der herrschenden Praxis vorausgesetzten Strukturen zu Wesenseigenschaften hochstilisiert werden, um die Normen der Praxis als unabänderlich im Sein begründet zu erweisen. Wir stehen damit vor einem »Naturrechtspositivismus, der aus der vermeintlichen Metaphysik eine theokratische Lehramtsgesetzgebung macht, deren Positivität durch den metaphysischen Anspruch nur um so gefährlicher wird: Was als pragmatische Regel hingehen mochte, kann unerträglich werden, wenn es als ewige Wahrheit der lex naturalis ausgegeben wird«[33]. Wir wissen doch immer besser, »daß die wechselseitige funktionale Hinordnung der jederzeit anzutreffenden Verschiedenheiten der Menschen aufeinander äußerst vieldeutig und für verschiedenartigste gesellschaftliche Prägungen offen ist. So ist beispielsweise die Rolle der Frau in der Gesellschaft ungemein wandlungsfähig.«[34] Die Geschichtlichkeit sowie die kulturelle Offenheit des Menschen lassen sich nicht unterschlagen. Nun muß man gerech-

[31] Vgl. Aristoteles, Politik 1253a; zur Sklavenfrage 1254a–1255a; Platon, Politeia 433b, d.

[32] Die Deutsche Bischofskonferenz nahm in verschiedenen Briefen ihres Vorsitzenden an Regierung und Bundestag zur Familienrechtsreform Stellung. Am 30. Jan. 1953 erschien ein gemeinsames Hirtenwort (vgl. Kirchl. Anzeiger für die Erzdiözese Köln 93, 1953, 92–101). Darin wird ausdrücklich gesagt, daß die hierarchische Struktur der Ehe, also konkret die rechtliche Vorrangstellung des Mannes (bei grundsätzlich gleicher Menschenwürde) in der gottgegebenen Schöpfungsordnung sowie in den natürlichen Wesenseigenschaften von Mann und Frau begründet sei.

[33] J. Ratzinger, Theologie und Ethos, in: K. Ulmer (Hrsg.), Die Verantwortung der Wissenschaft, Bonn 1975, 46–61, 57.

[34] G. Ellscheid, Art. Naturrecht, in: HPhG IV, 969–980, 974f.

terweise sagen, daß sich diese Einsicht in der Naturrechtsdebatte der Nachkriegszeit weitgehend durchgesetzt hat. H. D. Schelauske stellt zusammenfassend fest: »Die Geschichte in ihrer Veränderlichkeit wurde als wesentliche Komponente des Naturrechts erkannt.«[35] Damit aber steht nicht mehr so sehr die Formel »secundum naturam« im Vordergrund; es ist vielmehr die Vernunft, die sich der Wirklichkeit zuwendet und in einer entsprechenden Analyse die materialen Bedingungen des Rechts zu erheben sucht.

Die damit angesprochene zweite Formel heißt: »*secundum rationem esse vivendum*«. Auch sie hat ihre Geschichte. Nach *Aristoteles* ist das von Natur Rechte nur in der Polis, d. h. in einer vernünftigen Ordnung von Freien, gegeben. Es kann »nicht abgetrennt und für sich, sondern nur in der Vielfalt dessen bestehen, was in der polis als ›recht‹ gilt und so allein als der der polis einwohnende Grund ihres Rechtseins Existenz haben«[36]. Es findet sich somit als *konkrete geschichtliche Vernunft* in der Lebens- und Rechtspraxis selbst (im Ethos). *Thomas von Aquin* hat den von der Stoa (Cicero) und von Augustinus überlieferten Gedanken der Teilhabe der menschlichen Vernunft an der göttlichen Vernunft in entscheidender Weise umgeformt. Er sieht in der aktiven Teilhabe des Menschen an der göttlichen Vorsehung dessen unvergleichliche Würde. Wir haben weiter oben ausführlich darauf hingewiesen (§ 5 B.2). Diese Teilhabe, die in einer natürlichen Neigung zu normsetzender Aktivität zum Ausdruck kommt, bezeichnet Thomas als das natürliche Sittengesetz im eigentlichen Sinn. Um dieser aktiv gesetzgeberischen Funktion der Vernunft (rationis ordinatio) Ausdruck zu geben, bevorzugt Thomas die Formel »secundem rationem«[37]. Damit wird eine materiale Ausrichtung vernunftgemäßen Handelns an der menschlichen Natur nicht ausgeschlossen. Im Gegenteil, in seinen

[35] H.-D. Schelauske, Naturrechtsdiskussion, a. a. O. 353.

[36] J. Ritter, ›Naturrecht‹ bei Aristoteles, Stuttgart 1961, 21.

[37] Vgl. J. Hirschberger, Naturrecht oder Vernunftrecht bei Thomas von Aquin? in: C. Fabro (Hrsg.), Gegenwart und Tradition, Festschrift f. B. Lakebrink, Freiburg i. Br. 1969, 53–74. »Die prinzipiellen Ansätze zur lex naturalis (wurzeln) gerade nicht im ontologischen Bereich der rerum natura, sondern im menschlichen Geiste« (ebd. 68). – L. Oeing-Hanhoff, Der Mensch: Natur oder Geschichte? Die Grundlagen und Kriterien sittlicher Normen im Licht der philosophischen Tradition, in: Naturgesetz und christliche Ethik, München 1970, 11–47, 26f.

natürlichen Neigungen eröffnen sich dem reflektierenden Menschen fundamentale Zielgüter, die er in seinem Handeln zu beachten hat. So macht ihm die Neigung zur Selbsterhaltung den Wert des Lebens und alles dessen, was zur Lebenserhaltung notwendig ist, deutlich. Oder die natürliche Neigung zur Erhaltung der Art weist ihn auf die Bedeutung der Geschlechtlichkeit oder der Kindererziehung hin. Leben, Zweigeschlechtlichkeit, die Fähigkeit zur Zeugung und Erziehung von Kindern, dies alles und anderes mehr[38] sind Güter, die dem verantwortlich sittlichen Handeln des Menschen vorgegeben sind. Thomas behauptet nicht, daß dies allen Menschen bewußt sei; er ist aber der Überzeugung, daß sich diese Einsichten in der allgemeinsten Form (als prima principia) reflektierendem Denken als evident erweisen. Mit dieser Erkenntnis fundamentaler Rechtsgüter ist aber nichts darüber ausgesagt, wie sie konkret zu verwirklichen oder zu bewahren seien. Mit anderen Worten, das natürliche Sittengesetz besteht weder in einer Naturordnung, aus der Normen abgelesen werden können, noch in einer Summe vernünftiger Verhaltensregeln oder allgemeiner Rechtssätze. Es handelt sich vielmehr um jenes innere Gesetz, das den Menschen als sittliches Wesen zur Selbst- und Weltgestaltung beansprucht und ihn durch einfache Reflexion die wichtigsten der seiner Verantwortung unabdingbar aufgegebenen Ziele (fundamentale Rechtsgüter) erkennen läßt. Die Ausgestaltung der Rechts- und Sittlichkeitsordnung bleibt Aufgabe interpretierenden und determinierenden Suchens und Denkens. Dabei läßt sich nicht verkennen, daß bereits Thomas und ihm folgend die scholastische Tradition bei der sittlichen Beurteilung konkreten Handelns gerne auf die »rectitudo naturalis« zurückgreifen.

So muß man nach *Thomas* bei der vernünftigen Regelung im leiblich-sinnlichen Bereich (circa corporalia et sensibilia) durchaus »beachten, daß jeder Teil des Menschen und jeder seiner Akte sein geschuldetes Ziel erreiche« (SCG III 122). Oder auf die Frage, ob jede Lüge Sünde sei, antwortet er entschieden positiv mit dem Hinweis: »Da nämlich die Worte natürlicherweise Zeichen für die Gedanken sind, ist es unnatürlich und ungehörig mit einem Worte etwas auszudrücken, was man nicht im Sinne hat« (II–II 110,3). Darum ist die Lüge der Art nach schlecht. Im Lauf der Geschichte zeigt sich eine starke Tendenz, den Geltungsbereich

[38] »et similia« I–II 194, 2.

des natürlichen Sittengesetzes auf diese *»rectitudo naturalis« einzelner Handlungen* auszuweiten. In der spanischen Spätscholastik beispielsweise ergibt sich dies aus dem berechtigten Bedürfnis, für die Kolonialvölker ein möglichst konkretes universales Rechts- und Sittengesetz zu begründen. Nach Franzisco *Suarez* (1548–1619) weist das Urteil der Vernunft auf die innere Gutheit oder Schlechtigkeit der menschlichen Handlung und deutet dann »consequenter« auf den Willen Gottes hin, der entsprechend gebietet oder verbietet[39]. So liegt das sittliche Naturgesetz in der »naturalis ratio« als Urteilskraft über das, was der Natur angemessen oder unangemessen ist[40]. Dabei kommt die Verpflichtung weder aus dem Vernunfturteil noch aus der inneren Ordnung des Aktes, sondern aus dem Willen Gottes. Das reine Vernunfturteil über die Gutheit oder Schlechtigkeit einer Handlung hätte in sich keine Verpflichtungskraft, wenn nicht der Wille Gottes in dieses Urteil eingeschlossen wäre. Die philosophischen Naturrechtslehren von Hugo *Grotius* (1583–1645), Samuel *Puffendorf* (1632–1694), Christian *Thomasius* (1655–1728) sowie die *Leibniz-Wolffsche* Schulphilosophie des 18. Jahrhunderts gingen zwar nicht vom objektiven Handlungsurteil aus; in der Tendenz, aus einer ideal verstandenen Sozialnatur des Menschen möglichst konkrete Rechte abzuleiten, treffen sie sich durchaus mit den Spaniern.

Auf das Problem der Begründung konkreter Handlungsnormen werden wir bei der Begründung sittlicher Urteile noch zurückkommen. In diesem Zusammenhang genügt es, darauf hinzuweisen, daß mit der Ausweitung des natürlichen Sittengesetzes auf konkrete Handlungsnormen die Universalität seiner Geltung immer fragwürdiger geworden ist. Hans Welzel macht in der Rechtsgeschichte diese Ausweitung für den rapiden »Zusammenbruch des Natur-›Rechts‹« verantwortlich[41], wobei die materialen Probleme den Vertretern des deutschen Idealismus zur Lösung überantwortet wurden. Im Bereich der scholastischen Naturrechtslehre erleben wir zuerst eher eine Verfestigung im Sinne des oben erwähnten Essentialismus. Erst in der neueren Entwicklung, insbesondere bei der Wiederbelebung der Naturrechtslehre in der Nachkriegszeit, zeigt sich deutlich die Tendenz, »jener Starrheit zu entgehen, welche sich einstellt, sobald in rationalistischer Kühn-

[39] Vgl. F. Suarez, De Legibus, Lib. II, cap. 6, n. 8: »Ergo ratio naturalis quae indicat quid sit per se malum vel bonum homini, consequenter indicat esse secundum divinam voluntatem ut unum fiat, et aliud vitetur.«

[40] Vgl. ebd. Lib. II, cap. 5 n. 9: »... est vis quaedam illius naturae, quam habet ad discernendum inter operationes convenientes et disconvenientes illi naturae, quam rationem appellamus.«

[41] Vgl. H. Welzel, Naturrecht und materiale Gerechtigkeit, a. a. O. 162f.

heit in Details festgelegt wird, was semper et pro semper rechtlich zu geschehen habe. Die überwiegende Meinung geht dahin, das Naturrecht im engsten und eigentlichen Sinn ... auf eine Summe von Grund- und Leitsätzen zu konzentrieren, die aufscheinen als Axiome, und die durchaus durch ›einfache Vernunfttätigkeit‹ zu gewinnenden Prinzipien und Grundbeziehungen der rechtlichen Ordnung. Werden die aus der rationalen und sozialen Eigenart des Menschen gewonnenen Rechtsregeln mit den jeweiligen konkreten *Sach*verhalten staatlichen Gemeinlebens zusammengebracht, so ergibt sich der ... als ›sekundäres Naturrecht‹ bezeichnete Teil..., der in seiner ›Innenseite‹ positive Dezision notwendig macht.«[42] Dieses geraffte Ergebnis einer großen Untersuchung über die Naturrechtsdiskussion in Deutschland von 1945–1965 gibt die Situation treffend wieder. Wir begegnen tatsächlich einem naturrechts-*internen* Dualismus von unwandelbaren, »absolut gültigen« Rechtssätzen, die aber in ihrer Abstraktheit kein konkretes Recht ergeben, und von konkreten Rechtssätzen, die zwar konkrete Rechte benennen, die aber zu ihrer Geltung der Dezision bedürfen.

Hinter diesem Dualismus verbirgt sich im Grunde nichts anderes als die notwendige Unterscheidung und Zuordnung von *Werteinsichten* (Wertfeststellungsurteilen) einerseits und *sittlichen Urteilen* andererseits. Wir haben wiederholt auf diese Unterscheidung hingewiesen (vgl. § 1 B.2.).

Es geht uns bei der Frage nach der Begründung von Werteinsichten der Sache nach um das gleiche, was Johannes Messner in seiner »Kulturethik« unter »Wahrheitserkenntnis im sittlichen Bereich« abhandelt[43]. Messner begründet die grundlegenden sittlichen Einsichten nicht auf metaphysisch deduktivem Weg; er geht vielmehr von der unmittelbaren Erfahrung aus und schlägt eine induktiv-ontologische Methode vor. Wie sich für Kant aus der Verbindung der Erfahrung des Menschen als Naturwesen mit dem Begriff eines vernünftigen Willens der Kategorische Imperativ als »praktisch synthetischer Satz a priori« notwendig erweist, so versucht Messner, elementare sittliche Wahrheiten aufgrund von Erfahrung und Reflexion als »a priori« notwendig zu erweisen.

[42] H. D. Schelauske, Naturrechtsdiskussion, a. a. O. 352.

[43] Vgl. J. Messner, Kulturethik mit Grundlegung von Prinzipienethik und Persönlichkeitsethik, Innsbruck 1954, 225–267.

Dieser Weg scheint mir legitim, sofern man nicht mehr von ihm erwartet, als was er wirklich bringt. Sachlich erbringen diese synthetischen Urteile notwendige Einsichten in fundamentale Güter und Werte, die unserem vernünftigen Handeln vorgegeben sind. Die wichtigsten *Rechtsgüter* können auf diese Weise durch Erfahrung und Reflexion als notwendig aufgewiesen werden. Desgleichen lassen sich unverzichtbare Grundhaltungen (die Grundwerte: Freiheit, Gerechtigkeit und Solidarität) aufweisen. Die Tatsache, daß sich Wertfeststellungsurteile auch in der Form eines kategorischen Imperativs bzw. eines apodiktischen Satzes formulieren lassen, ändert jedoch nichts an der Intention der Aussage. Wir haben aus dem Alten Testament die Dekalogsätze kennengelernt und wissen, daß damit die für Israel fundamentalen Güter und Werte (Leben, Eigentum, Treue) mahnend in Erinnerung gerufen wurden. Es handelt sich also der Sache nach eher um eine *natürliche Rechtsgüterlehre* als um eine natürliche *Rechtslehre*. Genauso wichtig ist die zweite Einschränkung: Das synthetische Urteil kann keine unbedingte Gültigkeit erbringen. Darin liegt für Kant selbst das große Problem. Die Einsicht in die Notwendigkeit des kategorischen Imperativs setzt die absolute Geltung des Sittengesetzes schon voraus. Sie ist nur einer transzendental-logischen Begründung zugänglich. Es ist darum zumindest höchst mißverständlich, von »absolut gültigen« Rechtssätzen zu sprechen; es kann damit bestenfalls jene unbedingte logische Geltung gemeint sein, die apodiktischen Sätzen eigen ist, wenn sie auf analytische Sätze reduziert werden (»du sollst nicht morden« – »ungerecht töten ist ungerecht«). Man kann die Begründung unbedingter sittlicher Beanspruchung nicht über den Aufweis der Geltung materialer Rechtssätze leisten. Wir hätten uns sonst den ersten Abschnitt dieser Fundamentalmoral schenken können. Darauf aber kommen wir gleich nochmals zurück. Zunächst müssen wir noch auf die formalen Bedingungen der Geltung normativer Sätze eingehen.

b) *Die Frage nach den Bedingungen,* die notwendig sind, *um* über Handlungsnormen einen verbindlichen *Konsens zu erreichen,* hat in jüngster Zeit eine neue Aktualität gewonnen. Natürlich hat man schon immer nach den formalen Voraussetzungen gefragt, die für ein gültiges Zustandekommen und somit für die Legitimität positiver Gesetze notwendig sind. In Verbindung damit suchte man auch die Wurzeln gesetzgeberischer Kompetenz in unterschiedlichen Theorien zu klären. Mit der Hinwendung zur autonomen Praxis, wie wir sie in § 4 C. dargestellt haben, tritt die Frage nach der *Grundstruktur kommunikativen Handelns* ins Zentrum der wissenschaftlichen Diskussion. In der theoretischen Diskussion einer idealen Kommunikationsgemeinschaft fragt man nach den apriorischen Bedingungen gegenseitiger Anerkennung und Rechtfertigung handelnder Wesen. Gibt es für eine Konsensbildung von der »Natur der Sache her« bestimmte unverzichtbare Voraussetzungen? Manche glauben, eine herrschaftsfreie Kommunikation fordere als leitenden Verfahrensgesichtspunkt eigentlich nur die Anerkennung der Relativität aller Standpunkte. Es dürfe keine Unantastbarkeit von Prinzipien geben; es gehe allein um das Durchprobieren der Überzeugungskraft von Argumenten. »Einen solchen Argumentationsstil, der schon heute vielfältig geübt wird, kann man wegen seiner prinzipiellen Offenheit nicht mehr als naturrechtliches Reflektieren im hergebrachten Sinn ansprechen, wiewohl er sich gleichfalls dazu eignet, positives Recht zu kritisieren, zu legitimieren oder zu antizipieren. Der im politischen, juristischen und gesellschaftlichen Bereich Argumentierende bleibt sich bewußt, in der Relativität einer praktischen Überzeugung zu existieren. Er ergreift die Endlichkeit seiner Entwürfe, ohne sie zu etwas Unbedingtem zu stilisieren. Die neue Haltung der Gerechtigkeit besteht darin, die Relativität des eigenen Entwurfs innerhalb der Gemeinschaftsbeziehung einzusehen und daraus die Notwendigkeit anzuerkennen.«[44] Ellscheid hält diesen Rückzug naturrechtlicher Reflexion auf die bloße Kommunikationsstruktur für notwendig, »weil und solange die definitive Bestimmung des Wesens des Menschen ausbleibt«[45]. Nun ist es gewiß notwendig, daß jeder sich der Relativität seines eigenen Entwurfs bewußt ist und sich bereit zeigt, ihn kritischen Fragen auszusetzen. Die Frage aber bleibt, ob es für das Handeln

[44] G. Ellscheid, Art. Naturrecht, a. a. O. 978f.

[45] Ebd. 979. Ellscheid ist der Meinung, eine spekulative Rechtsphilosophie könne sich darauf beschränken, »die juristische Absicherung der skizzierten Kommunikationsstruktur zu begründen und konkrete Folgerungen aus ihr für das positive Recht abzuleiten. Sie befindet sich damit nach wie vor auf dem Wege naturrechtlichen Denkens, sofern sie die Quelle des Rechts in einer der menschlichen Setzung vorgegebenen Region sucht, nämlich in der sachlogischen Struktur freier Kommunikation zwischen Vernunftwesen überhaupt« (ebd. 979).

des Menschen nicht doch anthropologische Voraussetzungen gibt, die nur um den Preis der Selbstzerstörung geopfert werden können. Hier liegt die Problematik eines Ansatzes, der sich nur auf formale Konditionen des Dialogs einlassen will. Er will auf ein bestimmtes Verständnis des Menschen verzichten und bringt doch sein eigenes Menschenbild mit ein. Es ist »der in uneingeschränkter Kommunikation existierende eigenständige Mensch«[46]. Gibt es diesen Menschen? Enthebt eine solche Vorstellung nicht den Menschen gerade seiner tatsächlichen naturalen Bedingung? »Eine Utopie aber, die die Naturbedingungen ignoriert, liefert sich ihnen aus.«[47] Menschliche Identität ist nicht bloß das Resultat eines sozialpsychologischen Prozesses. Dem Prozeß liegt eine unhintergehbare »natürliche« Identität zugrunde. Die sozialvermittelte Einheit des Selbstbewußtseins ist »in ihrer ontologischen Nichtreduzierbarkeit nur dann gegenüber den systemtheoretischen Ansprüchen zu halten, wenn sie als Rückkehr zu dem begriffen wird, was jemand von ›Natur‹ ist«[48].

Diese erste Frage, die man sich im Zusammenhang mit dem Naturrecht stellt, *die Frage nach dem objektiv richtigen Recht,* bedeutet darum offensichtlich mehr als eine bloße Rückfrage nach den materialen Bedingungen, sie bedeutet auch mehr als nur die Absicherung der formalen Bedingungen zur Konsensbildung. Wir haben bereits darauf hingewiesen, daß im Begriff des richtigen Rechts das Element der Positivität mit dem der Rechtswahrheit verbunden sei. In der Verbindung von Rechtswesenheit und Rechtsexistenz ist die *realontologische* Struktur des Rechts überhaupt zu sehen. Die Rechtswesenheit als überpositives Prinzip bedarf der Positivität, um rechtsexistent und rechtswirksam zu werden; das positive Recht aber hat nur Gültigkeit durch seine Partizipation an der Rechtswahrheit. Beide Prinzipien bedingen und fordern sich gegenseitig. »Die Realität des Rechts hat also eine bipolare Struktur. Das bedeutet nach der einen Seite, daß Wesen und Existenz *nicht identisch sind.* Diese Feststellung richtet sich sowohl gegen den Rechtspositivismus als auch gegen die idealistische (rationalistische) Naturrechtslehre, die beide ...

[46] Ebd.
[47] R. Spaemann, Die Aktualität des Naturrechts, in: F. Böckle/E.-W. Böckenförde (Hrsg.), Naturrecht in der Kritik, a. a. O. 262–276, 274.
[48] Ebd. 272.

die Struktur des Rechts monistisch bestimmen, jener, indem er die Essenz in der Existenz, diese, indem sie die Existenz in der Essenz des Rechts aufgehen läßt. Nach der anderen Seite bedeutet unser Realitätsbegriff aber auch, daß Positivität und Wesen des Rechts *nicht voneinander ablösbar* sind. Beide verhalten sich wie Leib und Seele, die zwar ontologisch nicht identisch (und deshalb unterscheidbar), aber doch *konkret* eines sind. Mit dieser Feststellung sind jene Versuche abgewiesen, die neben dem real geltenden positiven Recht noch ein ideal geltendes überpositives (Wesens-) Recht begründen wollen. Es war der Fehler der neuzeitlichen Naturrechtslehre, daß sie beide Pole des *einen* Rechts gleichsam mit dem Skalpell voneinander getrennt und verselbständigt hat. Solange man an diesem Denken festhält, wird die Überwindung des Positivismus nicht gelingen.«[49] Die Konsequenz daraus sehen wir in der Unterscheidung und Zuordnung einer *Rechtsgüterlehre,* die sich um die Begründung rechtsrelevanter Güter und Werte müht, und einer Rechts- oder *Normenlehre,* die aufzuzeigen hätte, wie auf dem Hintergrund vorgegebener Güter und Werte konkrete Rechtssätze zu begründen sind. Ob und wieweit dies im Bereich der Rechtswissenschaft tunlich sei, haben wir hier nicht zu entscheiden. Für die moraltheologische Prinzipienlehre suchen wir dieses Postulat wenigstens im Ansatz zu verwirklichen, indem wir – wie bereits angekündigt – über die Begründung sittlich relevanter Einsichten und die Begründung normativer Urteile in zwei getrennten, aber sich gegenseitig bedingenden Kapiteln handeln. Vorher müssen wir jedoch nochmals kurz auf die Frage der unbedingten Verpflichtung zurückkommen.

2. Begründung unbedingter Verpflichtung

»In der Gegenüberstellung eines natürlichen und eines positiven Rechtes spricht sich am eindruckvollsten und nachhaltigsten in der Geschichte des menschlichen Geistes die Überzeugung aus, daß es in den menschlichen Sozialverhältnissen nicht bloß etwas gibt, was durch seine überlegene Macht zwingt oder was von uns infolge einer eingewurzelten Gewohnheit tatsächlich geübt wird – etwas,

[49] A. Kaufmann, Die ontologische Struktur des Rechts, in: ders. (Hrsg.), Die ontologische Begründung des Rechts, Darmstadt 1965, 470–508, 482f.

das mehr besitzt, als bloß faktische Realität, vielmehr etwas, das – unabhängig von einem Befehl oder einer Gewohnheit – uns in unserem innersten Sein zu bestimmtem Handeln *verpflichtet*. Der Gedanke des unbedingten *Verpflichtet-Seins* ist der Kern und der bleibende Wahrheitsgehalt des Naturrechts.«[50] Diese bedeutende Aussage Hans Welzels belegt wie kaum ein anderes Zeugnis, daß man hinter der Frage nach dem material-richtigen Recht, hinter der Rechtswahrheit, immer schon die Wurzel des Rechts überhaupt gesucht hat. Diese Frage aber ist weder über den Aufweis verpflichtender Güter und Werte noch über die Aufdeckung der empirischen Voraussetzungen eines repressionsfreien Dialogs zu beantworten. Das zeigt die klassische Lehre vom natürlichen Sittengesetz genausogut wie die profane Naturrechtslehre des 17. und 18. Jahrhunderts oder die von Kant, Fichte und Hegel gesuchte Begründung des Sittengesetzes. Daß ein wissenschaftstheoretischer Positivismus für transzendental-philosophische Überlegungen nicht viel übrig hat, ist vom Ansatz her verständlich, um so lobenswerter sind jene Versuche, die über die pragmatische Begründung von Normsätzen hinaus nach dem transzendentalen Apriori der Argumentation und Kommunikation zurückfragen. Der neuscholastischen Naturrechtslehre jedoch können wir den Vorwurf nicht ersparen, daß sie die Frage nach dem letzten Grund der Verpflichtung gewissermaßen als gelöst voraussetzt und alle Kraft zum Aufweis in sich absolut gültiger Rechtssätze verwandt hat. Damit wurde zumindest der Eindruck erweckt, die Frage nach der Verpflichtung werde auf dem Weg über die Rechtssätze gelöst[51]; ein Weg, der leider nicht gangbar ist und entsprechende Versuche leicht unter Ideologieverdacht bringen kann. Wir dürfen nicht nur fragen: »Was ist recht?« Wir müssen zuerst und vor allem fragen: »Was ist Recht?« Hans Welzel hat völlig recht, wenn er schreibt: »*In der Rechtsfrage wird der Mensch vor die Alternative zwischen Immanenz und Transzendenz so unmittelbar und unausweichlich gestellt, daß er für ihre Entscheidung mit seiner ganzen körperlichen und geistigen Existenz einstehen muß:* Gäbe es keine Transzendenz,

[50] H. Welzel, Wahrheit und Grenze des Naturrechts, a. a. O. 7.
[51] Vgl. E. Rorschacher, Das Recht und die »Rechtssätze«. Eine Kritik der traditionellen Naturrechtstheorie auf rechtsontologischer Grundlage, Diss. Fribourg/Schweiz–Winterthur 1963.

d. h., wären das Verpflichtetsein und das daseinstranszendente Sollen nur die illusionäre Projektion psychologischer oder soziologischer Fakten, dann wäre der Mensch ohne jeden Rest mit Leib und Seele der überlegenen Macht ausgeliefert. Dann mögen Schranken seines Verfallenseins so lange bestehen, wie sich mehrere Machtblöcke gegenseitig die Waage halten; wo aber *eine* Macht grenzenlos wird, da fiele der Mensch ihr restlos, nicht nur physisch, sondern auch geistig, anheim.«[52] Darum haben wir der Begründung sittlicher Verpflichtung als solcher im ersten Abschnitt dieser Fundamentalmoral einen so breiten Raum gegeben. Die dort entwickelte daseinstranszendente Sollensbegründung muß im folgenden stets im Auge behalten werden. So können wir uns auf sicherer Basis der Begründung und Entwicklung sittlich bedeutsamer Einsichten und dann der Begründung sittlich normativer Urteile zuwenden.

2. KAPITEL: ENTWICKLUNG UND BEGRÜNDUNG SITTLICH-RELEVANTER EINSICHTEN

Soll sittliches Handeln nicht willkürlicher Selbstbestimmung ausgeliefert werden, so muß nach den Gütern und Werten gefragt werden, die für die Beurteilung menschlichen Handelns von Bedeutung sind. Nach der Einsicht in diese für das sittliche Handeln bedeutsamen Güter und Werte soll hier gefragt werden. Die Unterscheidung von *Werteinsicht* und *Handlungsurteil* liegt in der Struktur der menschlichen Intentionalität begründet[1]. Unser bewußtes Handeln entwickelt sich in verschiedenen Stufen, wobei sich das Bewußtsein auf jeder Stufe erweitert. Der *Erkenntnisphase* mit Erfahrung, Einsicht und Wertfeststellung folgt die *sittliche Phase* des Überlegens, Wählens und Handelns. Diese Aufgliede-

[52] H. Welzel, Wahrheit und Grenze des Naturrechts, a. a. O. 8f.

[1] Vgl. G. Sala, Die Begründung vernünftiger menschlicher Einsichten, in: Concilium 12, 1976, 634–640, 634.

rung ist notwendig, zunächst ganz einfach, weil nicht alles, was physisch möglich ist, sich auch schon als sittlich erweist; dann aber auch, weil bei der Bedingtheit endlicher Güter unterschiedliche sittliche Entscheidungen denkbar sind.

Zur Klärung der Werteinsichten haben wir schon bei der allgemeinen Aufgabenstellung der Fundamentalmoral (§ 1) den Vorschlag gemacht, genauerhin zwischen *Gütern* einerseits und *Werten* andererseits zu unterscheiden. Diese Unterscheidung ist bisher nicht allgemein üblich; man spricht meist in einer Art Sammelbegriff einfach von »Gütern und Werten«. Dies hat sich in der jüngsten Diskussion über die Grundwerte in Gesellschaft und Staat nachteilig ausgewirkt[2]. Die mangelnde Unterscheidung zwischen Gütern und Werten scheint aber auch Ursache zu sein für manche Mißverständnisse bei der moraltheologischen Auseinandersetzung um die Begründung sittlicher Urteile. Um solchen Mißverständnissen vorzubeugen, schlagen wir folgende Unterscheidung und Bestimmung vor[3]: als *Güter* verstehen wir reale Gegebenheiten, die unabhängig vom persönlichen Denken und Wollen existieren, die aber unserem Handeln vorgegeben sind. In der Rechtsphilosophie spricht man meist von *Rechtsgütern.* Dazu zählen beispielsweise das Leben, die leibliche Integrität, das geistige wie das materielle Eigentum, aber auch die sogenannten Freiheiten (des Gewissens, der Meinungsäußerung usw.) oder institutionelle Größen wie Ehe, Familie und Staat. Es handelt sich um Realitäten, an denen unser individuelles und zwischenmenschliches Handeln nicht vorbeigehen kann. Sie sind verantwortlichem menschlichen Handeln zur Beachtung aufgegeben[4]. Sie wurden in

[2] Faßt man unter den Begriff der Grundwerte Güter und Werte ungeschieden zusammen und beklagt zudem den wachsenden Verlust der Grundwerte, so wird eben die Aussage entsprechend unpräzise und damit »nichts-sagend«. Man kann doch nicht leugnen, daß nicht zuletzt gerade bei unserer jungen Generation eine hohe Sensibilität für Gerechtigkeit und Solidarität (zwei erstrangige Grundwerte) vorhanden ist. Es läßt sich aber wohl eine Verunsicherung hinsichtlich der Ordnung der Rechtsgüter beobachten. Das Gerechtigkeitsverlangen ist zu vage. Die Güter*ordnung* muß darum offen diskutiert werden, sonst geht alles Jammern ins Leere.

[3] Dies geschieht hier ohne Bezug auf die Diskussion über das Verhältnis von Wert und Sein, wie sie im Anschluß an die »materiale Wertethik« geführt wurde (vgl. § 4 A. 3.).

[4] Schon hier sei deutlich vermerkt, daß der Begriff »aufgegeben« nicht etwa besagen will, diese »Güter« seien der Grund der sittlichen Verpflichtung: Die Güter sind »Gegenstände«, Objekte verantwortlichen Handelns.

Israel in apodiktischer Form überliefert[5]; in der Verfassung moderner Rechtsstaaten sind sie meist im Grundrechtskatalog festgeschrieben[6]. Im Unterschied dazu bezeichnen wir als Werte bestimmte stereotype Werthaltungen (Tugenden), die nur als Qualitäten des Willens als real existent angesehen werden können. Gerechtigkeit, Treue oder Solidarität sind solche Werte. Gerechtigkeit wird ja in der Tradition abendländischen Denkens ausdrücklich definiert als »feste *Willenshaltung*, jedem sein Recht zu geben« (constans et perpetua voluntas ius suum unicuique tribuendi[7]). Entsprechend ist »Treue« Ausdruck für den entschiedenen Willen, ein Versprechen zu halten. Hier handelt es sich um handlungsbezogene, also bereits sittliche Werte, die für das menschliche Handeln nicht nur objektiv vorgegeben sind, sondern unverzichtbar bleiben. Man spricht zu Recht von gesellschaftlichen Grundwerten[8]. Aber mit der Feststellung von der Notwendigkeit von Grundwerten ist noch kein konkretes sittliches Urteil über eine bestimmte Handlung gegeben. Ob der gezielte Schuß der Polizei oder die Todesstrafe grundsätzlich erlaubt (gerecht) sei, muß in einem sittlichen Urteilsprozeß geklärt und regulativ ausgesprochen werden. Dies zeigt erneut, wie wichtig es ist, Wertfeststellungsurteil und Handlungsurteil zu unterscheiden, auch wenn sie innerlich unlösbar aufeinander bezogen sind. Darum konzentrieren wir uns in diesem Kapitel auf die Frage, aus welchen Quellen und auf welchem Weg sich die dem Handeln

[5] Vgl. § 12; »Du sollst nicht morden, nicht ehebrechen, nicht stehlen« hat den Sinn, Israel fortwährend zu erinnern: »Leben, Ehe, Eigentum stehen unter dem Schutz Jahwes.«

[6] Vgl. Grundgesetz für die Bundesrepublik Deutschland (GG) Art. 1–19.

[7] STh II–II 58, 1. Thomas übernimmt hier die durch die Institutionen Justinians (Cod. iuris civilis, Instit I, 1) überlieferte Definition Ulpians. Im Blick auf Aristoteles (V Eth c 9) betont er aber ausdrücklich den Habitus-Charakter (iustitia est habitus secundum quem ...).

[8] So heißt es im Grundsatzprogramm der Sozialdemokratischen Partei Deutschlands (Godesberger Programm): »Freiheit, Gerechtigkeit und Solidarität ... sind die Grundwerte des sozialistischen Wollens.« Der Orientierungsrahmen für die Jahre 1975–1985 spricht im gleichen Sinn von den »gemeinsamen sittlichen Grundwerten«. Die politisch-gesellschaftlichen Grundforderungen ergeben sich aus der Entscheidung für diese Grundwerte. Solidarität ist dabei eindeutig als eine Haltung verstanden, während »Freiheit« und »Gerechtigkeit« auch synonym sein können für die »gerechte Ordnung« oder »freie Entfaltung für alle«; dann haben sie mehr den Charakter von »Gütern« als objektiv vorgegebener Ziele des Handelns.

vorgegebenen Güter und Werte feststellen lassen und wie möglicherweise eine gewisse Ordnung unter Gütern zu begründen sei. Drei Ansätze scheinen uns dafür besonders wichtig: Gewisse in der Natur des Menschen liegende Voraussetzungen (§ 20), dann der große Schatz kulturgeschichtlicher Erfahrung und vernünftiger Reflexion (§ 21) sowie die für eine theologische Ethik besonders zu beachtende Glaubenserkenntnis (§ 22).

§ 20 Voraussetzungen der Natur

Der Rekurs auf die Natur, d. h. auf den Bedingungsspielraum anthropologischen Seins, bleibt grundlegend für sittlich relevante Einsichten, er steht aber heute unter genaueren humanwissenschaftlichen Voraussetzungen. So weisen die Erkenntnisse der Evolution wie der Verhaltensforschung auf stammesgeschichtliche Zusammenhänge mit den übrigen Organismen hin (A.); sie können aber für den anthropologischen Spielraum (B.) nur dispositiven Charakter haben.

A. Naturgeschichtliche Voraussetzungen

Tierisches und menschliches Verhalten liegen auf zwei verschiedenen Ebenen. Das Tier wird durch die Dynamik seiner Antriebe gelenkt. Es *muß* richtig handeln. Der Mensch als entscheidungsfähiges Wesen ist weitgehend sich selbst zugelastet. Er *kann* und soll richtig handeln. Dazu ist er auch biologisch entsprechend ausgerüstet. Mit seinem hochdifferenzierten Großhirn hat er umfangreiche Möglichkeiten, sein Verhalten nach seinen Vorstellungen zu gestalten. Niemand wird daher das verantwortliche Tun des Menschen einfach mit dem Verhalten der Graugänse messen wollen. Das liegt auch keineswegs in der Absicht der Erforscher tierischen Verhaltens (Verhaltensforscher, Ethologen). Sie fragen vielmehr nach den Ursachen, die zu bestimmten Verhaltensäußerungen im Tierreich führen und untersuchen die Wirkungen, die dieses Verhalten auslöst. Ihr Forschungsbereich sind und bleiben die Tiere[9]. Für die Erforschung menschlichen Verhaltens sind

[9] Es kann sich im Rahmen dieser Fundamentalmoral nicht darum handeln, das

weithin die Psychologie und die Soziologie zuständig. Ob auch das Studium tierischen Verhaltens etwas zum Verständnis menschlichen Verhaltens beitragen kann, hängt davon ab, welche Bedeutung man den stammesgeschichtlichen Entwicklungsvorgängen beimißt. Es steht immerhin fest, daß das Zwischenhirn des Menschen, das auch bei ihm für die Steuerung der primären Antriebe (essen, kämpfen, fliehen und sexuelle Betätigung) eine zentrale Funktion hat[10], in der Evolution nur wenig verändert wurde. Nun gehört es gewiß zur spezifisch menschlichen Aufgabe, diese Triebe zu kultivieren. Doch gerade diese Aufgabe setzt voraus, daß man die zu formenden Anlagen auch in ihrer biologischen Wurzel kennt. Dazu will die Verhaltensforschung ihren Beitrag leisten[11]. Genaue Beobachtungen und Vergleiche zwischen verschiedenen Arten berechtigen dazu, »Arbeitshypothesen über soziale Gesetzmäßigkeiten und Steuerungsmechanismen des Triebverhaltens bei Tier und Mensch aufzustellen«[12]. Ob man damit bis zu einer »Biologie der zehn Gebote«[13] vordringen kann, scheint sehr fragwürdig. Abgesehen davon, daß es sich selbstverständlich nur um die sogenannte zweite Dekalogtafel handeln könnte, ergeben auch die aufgewiesenen Regelmäßigkeiten der Verständigung (»nicht lügen«) oder der Tötungshemmung (»nicht töten«) keine eindeutige Festlegung auf bestimmte Güter.

breite Spektrum der Verhaltensforschung darzustellen. Erst recht fühlt sich der Autor nicht kompetent zu einem Urteil in kontroversen Fragen. Außer der im Text zitierten Literatur vgl. N. Tinbergen, Instinktlehre, Berlin ³1964; K. Lorenz, Das sogenannte Böse, Wien ⁷1965; I. Eibl-Eibesfeldt, Grundriß der vergleichenden Verhaltensforschung, München 1967; F. Rauh, Das sittliche Leben des Menschen im Lichte der vergleichenden Verhaltensforschung, Kevelaer 1969.

[10] Vgl. E. Fromm, Anatomie der menschlichen Destruktivität, Stuttgart 1974, 85; N. E. Miller u. a., Die Frustrations-Aggressions-Hypothese, in: H. Thomae (Hrsg.), Die Motivation menschlichen Handelns, Köln 1970; A. Mitscherlich, Aggression und Anpassung, in: Aggression und Anpassung in der Industriegesellschaft, Frankfurt a. M. 1968.

[11] Vgl. W. Wickler, Antworten der Verhaltensforschung, München 1970, bes. 179–194.

[12] J. Gründel, Verhaltensforschung und Theologische Ethik, in: St.-E. Szydzik (Hrsg.), Christliches Gesellschaftsdenken im Umbruch, Regensburg 1977, 65–71, 66. Vgl. ders., Naturgeschichtliche Voraussetzungen sittlichen Handelns, in: Concilium 12, 1976, 618–622.

[13] Vgl. W. Wickler, Die Biologie der Zehn Gebote, München 1971; ders., Ergebnisse der Verhaltensforschung – auch von Bedeutung für die Ethik?, in: St.-E. Szydzik (Hrsg.), Christliches Gesellschaftsdenken im Umbruch, a. a. O. 57–63.

Die empirische Methode läßt äußerlich gleiche oder unterschiedliche Merkmale zwischen Tier und Mensch erkennen, qualitative Unterschiede und Wertungen bleiben ihr aber grundsätzlich verschlossen. Immerhin ist es schon interessant zu erfahren, daß fundamentale Prinzipien menschlicher Ordnung an Regelmechanismen anknüpfen, die einer evolutiven Sicht nicht fremd sind. Wichtiger aber als solche Vergleiche im Hinblick auf konkrete Verhaltensformen scheint mir der Hinweis auf das Beziehungsgefüge von Konkurrenz-(Rivalitäts-)Verhalten und gegenseitiger Zuwendung. Diese Verhaltensweisen dienen zwar im Tierreich naturgesetzlich primär der Ausbreitung der Gene[14]. Die Programmierung auf dieses Ziel bedingt aber teilweise Gruppenbildungen, die selbst wieder in den interindividuellen Beziehungen recht variabel sind. Dabei erweist sich das Spannungsgefüge von Aggression und Bindung als Gestaltprinzip für das Verhältnis der Gruppen zueinander wie der Individuen innerhalb der Gruppe. So läßt sich beobachten, daß »Individuen einander um so mehr helfen, je näher sie einander verwandt sind, und daß sie, je entfernter verwandt, desto stärker rivalisieren«[15]. Das ist aber nicht die einzige Gesetzmäßigkeit, die sich erkennen läßt. Die Ausrichtung auf die Erhaltung des Erbgutes ist überdies durch ein »ökonomisches« Verhalten gesichert, bei dem sich die Individuen als eine Art »Nutzen-Kosten-Rechner« erweisen. Das Verhältnis wird entsprechend angepaßt. »Es wird – einer komplizierten Güterabwägung folgend – entsprechend den gerade herrschenden Bedingungen modifiziert. Das gilt für die Strategie der Nahrungsaufnahme ebenso wie für eine ›Strategie der Nächstenliebe‹. Verhaltensvorschriften (Gesetze), die bedingungslos gelten sollen, sind deswegen unnatürlich.«[16] Wenn wir recht sehen, meint Wickler, das tierische Verhalten sei wesentlich auf das eine beherrschende Ziel ausgerichtet: die Erhaltung des Erbgutes. Auf dieses Ziel hin gebe es wohl eine Reihe programmierter Verhaltensmuster; diese erweisen sich aber nicht als starre Gesetze, sondern zeigen sich auf das gesetzte Ziel hin als variabel. »Richtig« ist dann das Verhalten, das dem gesetzten Ziel (der Erhaltung der Art) am besten dient.

[14] Vgl. W. Wickler, Ergebnisse, a. a. O. 63.
[15] Ebd. 61.
[16] Ebd. 63.

Diese Hinweise lassen den ambivalenten Charakter der ethologischen Einsichten für die Ethik deutlich erkennen. Einerseits ist die Einsicht in die relative Offenheit der Zweck-Mittel-Relation als naturgesetzliches Datum interessant. Andererseits wird deutlich, daß hier alle Wertungen des Ethologen – sofern man überhaupt von Wertungen sprechen kann – der rein biologischen Ebene verhaftet bleiben[17]. Es ist darum problematisch und führt immer wieder zu Mißverständnissen, wenn der Verhaltensforscher sittliche Begriffe wie Nächstenliebe oder Treue, wenn auch nur im »moralanalogen Sinn«, auf tierisches Verhalten überträgt. Beachtet man aber genau die methodischen Grenzen und das unterschiedliche Wirklichkeitsverständnis beider Wissenschaften, »so gibt es keine Widersprüche zwischen den Erkenntnissen der Ethologie und der Moraltheologie; aber es zeigt sich, daß die theologische Ethik keine naturwidrigen Forderungen stellen darf, wohl aber Forderungen, die über die Natur hinausggehen«[18]. Das bedeutet nicht nur, daß personale Werte vor vitalen eindeutig den Vorrang haben. Es wäre auch gefährlich, »die in der Biologie vorgegebene Unterordnung des Wohls des Individuums unter das Wohl der Gruppe unmittelbar in den menschlichen Bereich zu übernehmen für das Verhältnis von Individuum und Sozietät«[19]. Die Bedeutung der ethologischen Erkenntnisse liegt ja auch nicht darin, positive Maßstäbe für das menschliche Verhalten zu gewinnen, sie können uns aber helfen, den anthropologischen Spielraum besser zu verstehen.

B. Anthropologische Daten

Wir haben im § 19 bereits versucht, den spezifisch menschlichen Naturbegriff zu klären. Dort wurde auch darauf hingewiesen, daß eine wahrhafte Überschreitung der Natur im sittlichen Handeln nur da möglich sei, wo die Natur als Maß des Handelns erinnernd bewahrt werde. Hier gilt es, dies im Blick auf sittlich relevante Einsichten zu konkretisieren. Wir müssen sozusagen den naturalen Spielraum des Menschen auszuloten versuchen. Überblickt

[17] Vgl. J. Gründel, Verhaltensforschung und Theologische Ethik, a. a. O. 69.
[18] J. Gründel, Naturgeschichtliche Voraussetzungen, a. a. O. 620.
[19] Ebd.

man dazu die Ergebnisse anthropologischer Forschung, so sieht man sich vor eine Fülle divergierender Meinungen gestellt. Allein der Streit um den Ursprung und den Stellenwert der Aggression – eines für die Deutung des Zwischenmenschlich-Bösen fundamentalen Phänomens – ist fast unüberblickbar geworden. Offensichtlich läßt sich das Erscheinungsbild weder durch eine Instinkt- oder Triebtheorie *allein* erklären, noch erbringt die Milieutheorie eine hinreichende Deutung. Das Problem läßt sich überhaupt nicht alternativ beantworten. E. Fromm hat dies, gestützt auf die wichtigsten Erkenntnisse der Neurophysiologie, der tierischen Ethologie wie auch der Anthropologie, überzeugend deutlich gemacht[20]. Entscheidend scheint nicht die Frage, ob angeboren oder erlernt, sondern vielmehr, *was* am Aggressionsverhalten angeboren und *was* an ihm erlernt ist. Die Eigenart menschlicher Existenz liegt gerade darin, der Natur unterworfen zu sein und zugleich die Natur durch Vernunft und Freiheit zu übersteigen. Nehmen wir diese wohl weitgehend anerkannte These zum Ausgangspunkt, so lassen sich dazu zwei weitere Feststellungen machen[21]. Die *erste* betrifft die sogenannte Konstitutionsschwäche des Menschen. Dazu rechnet man z. B. die Tatsache, daß der Mensch biologisch eine Frühgeburt darstellt, daß er mindestens drei Jahre braucht zur sogenannten »sozialen Geburt«, daß er auf sozial-kulturelle Sinnmuster wie Sprache, Sitte usw. angewiesen ist. Um diese Konstitutionsschwäche zu überwinden, bedarf der Mensch der solidarischen Gemeinschaft. In ihr sollen die individuellen Anlagen zum Ausdruck kommen und zugleich eine Humanisierung der Gesellschaft erreicht werden. Das individuell-personale Leben muß sich im Sinne der Solidarität mit den andern in einem Verhältnis von Druck und Gegendruck entfalten. Fürsorge und Solidarität erweisen sich also hier als anthropologisch unverzichtbare Grundwerte.

20 Vgl. Anatomie der menschlichen Destruktivität, a. a. O.

21 Wir stützen uns auf die bekannten Untersuchungen von H. Plessner, Die Stufen des Organischen und der Mensch, Berlin [2]1965; ders., Philosophische Anthropologie, Frankfurt a. M. 1970; A. Gehlen, Der Mensch. Seine Natur und seine Stellung in der Welt, Frankfurt a. M. [7]1962; ders., Studien zur Anthropologie und Soziologie, Neuwied 1963; A. Portmann, Biologische Fragmente zu einer Lehre vom Menschen, Basel [2]1951; ders., Biologie und Geist, Freiburg i. Br. 1963; Th. Litt, Mensch und Welt, Heidelberg [2]1961; W. E. Mühlmann, Kulturanthropologie, Köln–Berlin 1966. Als Zusammenfassung vgl. R. Roček u. O. Schatz (Hrsg.), Philosophische Anthropologie heute, München 1972.

In Verbindung damit ist eine *zweite* anthropologische Feststellung ebenso unbestritten: die Einstellungsbereitschaft. Im Menschen findet sich in einer Art Urerfahrung sowohl der Wille zur Gestaltung seines Lebens und seiner Umwelt als auch die Bereitschaft, sich gestalten zu lassen. Aus dieser Erfahrung wächst eine Einstellungsbereitschaft, d.h., Individuum und Gemeinschaft suchen nach einem Modell, die naturalen Anlagen der Wirklichkeit und des Menschen zu realisieren. Nur eine feste Einstellung und eine ihr entsprechende Handlungs- oder Erfahrungsdisposition können die naturalen Anlagen ausformen und sinnvoll gestalten. Nur indem der Mensch dazu gebracht wird, sich entsprechend geltenden Normen zu verhalten, vermag er ein regelmäßiges und damit im wahrscheinlichen Fall erfolgreiches Verhalten zu entwickeln, das gleichzeitig für die Mitmenschen kalkulierbar ist. Dementsprechend bedeuten soziale Normen als sanktionierte Verhaltensmuster für den einzelnen zunächst die Möglichkeit des Erwerbs von Verhaltensweisen, die in der Regel auch erfolgversprechend sind und im Einzelfall von der Suche nach der besten Lösung entbinden. Sie ermöglichen gleichzeitig die Dauerhaftigkeit menschlicher Beziehungen und geben eine Entlastung von der Ungewißheit über das Verhalten des andern. Mit anderen Worten: Normen und feste Institutionen sind grundlegende Rechtsgüter, auf die der Mensch angewiesen ist. Verläßlichkeit ist als weiterer Grundwert entsprechend unverzichtbar. Wieweit Normen auch als Mittel zur Unterdrückung gebraucht werden können, und faktisch gebraucht werden[22], soll hier nicht untersucht werden. Die Möglichkeit des Mißbrauchs stellt natürlich die grundsätzliche Möglichkeit zum sinnvollen Gebrauch nicht in Frage.

Fragen wir nun weiter, ob sich von der naturalen Voraussetzung aus auch bereits etwas zur inhaltlichen Gestaltung der Normen sagen lasse. W. Korff geht in seinen Untersuchungen zur Logik

[22] Vgl. A. Plack, Die Gesellschaft und das Böse, München 1967. Plack entwickelt auf dem Hintergrund der Frustrations-Aggressions-Hypothese eine scharfe Kritik gegen die herrschende Moral. Er glaubt – in deutlicher Gefolgschaft von H. Marcuse (Triebstruktur und Gesellschaft, Frankfurt a. M. 1965) –, der nicht von äußeren Zwängen eingeschränkte Trieb könne sich selbst sein Maß setzen. Die für eine sittliche Ordnung entscheidende Haltung ist nicht Unterordnung unter Zwang, sondern Einordnung in die Gemeinschaft.

normativer Vernunft[23] ausführlich auf diese Frage ein. Er spricht in diesem Zusammenhang von der Unbeliebigkeit anthropologisch gründender Vernunft. »Anthropologisch gründend« meint den Rückbezug, die Orientierung der Vernunft an der umfassenden Wirklichkeit des Menschen in der Vielfalt seiner biopsychischen, sozialen und geistigen Zusammenhänge. Korff greift die Daten der Verhaltensforschung auf und integriert sie in die Anthropologie. Aggression und Bindungswille, Konkurrenz und Zuwendung prädisponieren sowohl den inneren Aufbau menschlicher Personalität als auch die Formen menschlicher Vergesellschaftung. In naturaler Unbeliebigkeit erscheint der Mensch dem Menschen immer als Bedürfniswesen, als Aggressor und als Fürsorger zugleich. Diese strukturelle Grundlage bildet selbst noch keine sittliche Norm. Korff sieht aber darin eine Art »Metanorm«, einen Strukturfahrplan für alle Formen konkreter Sozialität. Der Mensch als sich selbst aufgegebenes Wesen gelangt erst kraft der von ihm geschaffenen Normen, Institutionen und rechtlich-politischen Ordnungen zum Stand seines Menschseins. Diese Normen können ihn aber nur zu seinem humanen Sein-Können hin befreien, wenn sie sich als Funktion und Produkt der Vernunft seiner naturalen Antriebsstrukturen erweisen. Jede Sozialethik ist darum eingebunden in ein Fließgleichgewicht, in eine Art Perichorese von sachhaft-bedürfnisgerichtetem, konkurrierendem und selbstlos-fürsorgendem Verhalten. Die Notwendigkeit eines solchen Fließgleichgewichts als Grundlage des menschlichen Zusammenlebens weist deutlich auf eine naturale Unbeliebigkeit der Sozialordnung hin, die bei der Ausformung jedes sinnvollen Normensystems berücksichtigt werden muß. Dabei ist es durchaus möglich, einem bestimmten Element, etwa dem sachhaft-bedürfnisgerichteten in einer Sachmoral oder dem konkurrierenden in einer Gerechtigkeitsethik oder dem selbstlos-fürsorgenden in einer personalen Liebesethik den Vorzug zu geben. Darauf beruht die Möglichkeit einer gewissen Pluralität von Ethiksystemen, die allerdings dadurch eingegrenzt ist, daß jedes System alle drei Gesichtspunkte mitberücksichtigen muß. Für die christliche Ethik ergibt sich der letzte einheitsstiftende Bezug sowie die Prädominanz der selbstlos-fürsorgenden Bezie-

[23] Vgl. W. Korff, Norm und Sittlichkeit, a. a. O. 76–112.

hung (Liebe) durch den im Glauben bekannten Bezug Gottes zum Menschen. Damit ist selbstverständlich nur ein allgemeiner Rahmen abgesteckt. Es ist aber ein Rahmen, der doch grundlegende Strukturen erkennen läßt. Sie müssen im Lauf einer langen kulturgeschichtlichen Erfahrung gefüllt und auch immer wieder modifiziert werden. Das führt uns zur zweiten, für die ethischen Einsichten wohl ergiebigsten Quelle der Erkenntnis: zur menschlichen Erfahrung.

§ 21 Erfahrung und Vernunft

Jedermann beruft sich bei seinen sittlichen Entscheidungen gerne auf die Erfahrung. Zweifellos haben wir es bei der Erfahrung mit einer Erkenntnisquelle zu tun, die höchst bedeutsam ist, wenn es darum geht, die dem Handeln vorgegebenen und zur Disposition stehenden Güter und Werte zu erkennen. Denn wenn alles sittliche Urteilen nur unter Berücksichtigung der jeweils in Frage stehenden Güter und Werte sowie der Handlungsbedingungen bzw. auf dem Hintergrund der Abwägung eventuell konkurrierender Güter möglich ist, stellt sich vorrangig die *hermeneutische* Frage nach der richtigen Einsicht in die Güter- und Werteordnung. Um die Rolle der *Erfahrung* bei diesem Erkenntnisprozeß genauer bestimmen zu können (A.), scheint es zunächst notwendig, diesen komplexen und vielschichtigen Begriff, der sich jeder Operationalisierung letztlich zu entziehen scheint[1], in einigen Aspekten zu erhellen sowie den Ansatz materialer Ethik bei der Erfahrung herauszustellen. Werteinsichten können zwar unmittelbar intuitiv einleuchten, zumeist aber entstehen sie innerhalb eines in sich gestuften Erfahrungsprozesses, der in seiner geschichtlichen Konkretheit und sozialen Bedingtheit zu jeweils unterschiedlichen Einsichten führen kann. Um hier zu klaren Verbindlichkeiten und Prioritäten zu kommen, bedarf es der *Vernunft* (B.). Diese hat zunächst Kriterien aufzustellen, welche Erfahrung als eine kompetente Quelle sittlich relevanter Einsichten ausweisen. Wenn nun in dieser Weise

[1] Vgl. D. Sölle, Die Hinreise, Stuttgart ²1976, 44.

Werteinsichten erwachsen sind, können sie nur auf dem Wege kommunikativer Verständigung intersubjektiv verbindlich gemacht werden. Dies geschieht auf der Grundlage von Sinn- und Sachverhaltserforschung. Diese Begründung sittlich relevanter Einsichten ist nun die Basis für die Herstellung einer Güter- und Werteordnung. Dazu müssen die divergierenden Werteinsichten kritisch aufeinander bezogen werden. Diese Integrierung führt jedoch nur dann zu klaren Prioritäten, wenn sie auf dem Hintergrund eines bestimmten Selbst- und Weltverständnisses des Menschen geschieht.

A. Erfahrung als Quelle sittlich relevanter Einsichten

1. Zum Begriff der Erfahrung

»Erfahrung« stellt auf den ersten Blick eine so selbstverständliche Kategorie unseres Denkens dar, daß sie keiner weiteren Klärung zu bedürfen scheint. Und doch erweist sich dieser Begriff bei näherem Bedenken als einer der »unaufgeklärtesten«[2], ja »rätselhaftesten«[3] Begriffe der Philosophie. Sie ist deshalb ein »so schwer erfaßbarer philosophischer Begriff, weil sie sich einerseits gegen Theorie sträubt, andererseits so sehr mit ihr verknüpft ist, daß sie sich ihrem Zugriff nur entwinden kann, indem sie diese gegen sich selbst kehrt«[4].

Im *Sprachgebrauch des Alltags* gilt Erfahrung als »Indikator sozialer und technischer Kompetenz«[5] oder als Fähigkeit und Offenheit, Erfahrung zu machen. Erfahrung basiert zwar auf Wahrnehmung, ist aber nicht mit ihr identisch; sie ist stets »Erfahrung von Zusammenhängen... Die Erfahrung ist eine vermittelte Erkenntnisart, sie gründet in sinnlicher Wahrnehmung

[2] H.-G. Gadamer, Wahrheit und Methode, Tübingen [4]1975, 329.

[3] K. Lehmann, Art. Erfahrung, in: SM I, 1117–1123, 1117. Zum Begriff der Erfahrung vgl. ferner: F. Kambartel, Art. Erfahrung, in: HWP II, 609–617; H. Rombach, Art. Erfahrung, Erfahrungswissenschaft, in: Lexikon der Pädagogik. Neue Ausgabe I, Freiburg i. Br. 1970, 375–377; A. S. Kessler/A. Schöpf/Chr. Wild, Art. Erfahrung, in: HPhG II, 373–386; G. Siewerth, Art. Erfahrung, in: LThK[2] III, 977f.

[4] A. S. Kessler/A. Schöpf/Chr. Wild, Art. Erfahrung, a. a. O. 385.

[5] Ebd. 374; vgl. den Begriff der ἐμπειρία bei Aristoteles im Sinne von Geübtsein in..., Vertrautsein mit... (F. Kambartel, Art. Erfahrung, a. a. O. 609).

(unmittelbare Erkenntnis), beschränkt sich aber nie darauf, sondern zieht ›Folgerungen‹, ›schließt auf‹ Gesetze, ›führt zurück‹ auf Ursachen oder legt sonstwie Interpretationen in ein Datenmaterial ein, das im vorhinein schon unter der Herrschaft bestimmter Interpretationen gewonnen wurde. Erfahrungswissenschaften haben darum teil an der Unsicherheit von Interpretationen. Sie sind, was ein schlichter Empirismus nicht wahrnehmen will, *geschichtlich.*«[6] Erfahrung vollzieht sich zudem nicht in einem beziehungslosen Raum reiner Anschauung, sondern ist stets auf Praxis bezogen und von ihr strukturell geprägt[7]. Sie umfaßt nicht nur das persönliche Erleben, sondern auch die in den anerkannten Meinungen, Normen und Sitten eines Gemeinwesens verdichtete Erfahrung von Generationen[8].

Von seiner *Etymologie* her läßt sich Erfahrung verstehen als »etwas er-fahren, auf Fahrt erkunden; unter Aufwand von Zeit und Mühe wird eine Erkenntnis gewonnen. Für unsere Überlegung ist wichtig, daß damit das Moment der Unmittelbarkeit verbunden ist. In diesem Sinne haben wir erst dann etwas erfahren, wenn eine bestimmte Wirklichkeit ohne (oder auch nach) Vermittlung durch einen anderen in ihrer Realität uns ins Bewußtsein steht. Wo man versucht, denkend die rationale Struktur dieser Wirklichkeit zu ergründen, erscheint Erfahrung als ›unausgelegte Vernunft bzw. Vernunft als einsichtig gemachte Erfahrung‹ (Henri Bouillard). Eine so verarbeitete Erfahrung gibt die Möglichkeit der Ein-Sicht und des Verstehens.«[9] Erfahrung im weiteren Sinne der menschlichen Lebenserfahrung ist nicht auf bloße Empirie im naturwissenschaftlichen Sinne beschränkt, sondern enthält auch das Moment der Betroffenheit auf der emotional-praktischen Ebene[10].

[6] H. Rombach, Art. Erfahrung, a. a. O. 375; vgl. auch A. S. Kessler/A. Schöpf/Chr. Wild, a. a. O. 379ff.: Erfahrung als geschichtliche Bewegung der Theorie (Hegel).

[7] Vgl. J. von Kempski, Der Aufbau der Erfahrung und das Handeln, in: Archiv f. Philosophie VI, 1956, 177–191.

[8] Vgl. R. Egenter, Erfahrung ist Leben. Über die Rolle der Erfahrung für das sittliche und religiöse Leben des Christen, München 1974, 18.

[9] Ebd. 20.

[10] Vgl. ebd. 21, mit Verweis auf M. Heidegger, Unterwegs zur Sprache, Pfullingen 1959, 159: »Mit etwas, sei es ein Ding, ein Mensch, ein Gott, eine Erfahrung machen heißt, daß es uns widerfährt, daß es uns trifft, über uns kommt, uns umwirft und verwandelt.«

Weiterhin unterscheiden andere Analysen zwischen Erfahrung als Geschehen, als Einzelerfahrung und als Befindlichkeit, welche Kennerschaft wie Könnerschaft beinhaltet[11]. Unter der Perspektive der Dimensionalität gibt es »neben der gemessenen Erfahrung (kognitiv-theoretische Ebene) die erlebte und gelebte Erfahrung (pragmatische Ebene) und die gestaltete und gedeutete Erfahrung (Ebene des Sinnverstehens)... Nach der Modalität kann man spontane und vermittelte Erfahrungen unterscheiden (die Erfahrung natürlicher Grundbedürfnisse ist spontan, die Erfahrung von Kulturbedürfnissen sozial vermittelt, und beides geht ineinander über). Nach dem Grade der Totalität kann man partielle und komplexe Erfahrungen unterscheiden und aus dem fragmentarischen Charakter jeder Erfahrung ihren ganzheitlichen Verweisungszusammenhang erschließen. Erfahrung läßt sich ferner nach ihrem reflexiven Grad differenzieren, d.h. nach dem Grad ihrer sprachlichen Ausdrückbarkeit und kognitiven Verifizierbarkeit. Schließlich spielt auch der Grad der Intensität der Erfahrung eine Rolle.«[12]

Schon diese wenigen Aspekte des Erfahrungsbegriffs geben einen Einblick in die Vielgestaltigkeit und Komplexität dieses Phänomens und wollen beachtet werden, will man im Rahmen einer theologischen Ethik den Stellenwert dieser bedeutsamen Quelle sittlich relevanter Einsichten bestimmen.

2. Erfahrung als Ansatzpunkt materialer Ethik

»Wie alle Wissenschaften, so muß auch die Ethik von den *Erfahrungstatsachen* ausgehen.«[13] Diese »Erfahrungstatsachen« werden, will man sie nicht individualistisch verengen, dort am leichtesten greifbar, wo sie sich als *gelebte Überzeugungen* im sittlichen Leben des Menschen verdichten. Schon in der klassischen Tradition hat man um die Relevanz dieses Erfahrungsschatzes »faktisch gelebter Überzeugungen«[14] für die Normfindung gewußt. »Aristoteles bedenkt sie im ›ethos‹, als dem Inbegriff der

[11] Vgl. ebd. 21f.

[12] D. Mieth, Der Wissenschaftscharakter der Theologie, in: FZPhTh 23, 1976, 13–41, 30f.

[13] J. Messner, Kulturethik, a.a.O. 7.

[14] Vgl. dazu W. Korff, Norm und Sittlichkeit, Mainz 1973, 131ff.

ungeschriebenen gewachsenen Lebensordnungen einer Gemeinschaft, das aller gesetzten Ordnung des ›nomos‹ noch vorausliegt, aus dem dieser hervorgeht, das er zum Inhalt hat und ohne das er keine Macht hat, Gehorsam zu wirken. Thomas greift diesen Sachverhalt erneut auf im Begriff der ›consuetudo‹, als der ›zumeist‹ geübten, ständigen Weise konkreten Verhaltens.«[15]

In der ethischen Konzeption des *Aristoteles*[16] spielt »die Erfahrung die Rolle nicht nur des zunächst einzunehmenden Ausgangspunktes der ethischen Reflexion, sondern der bleibenden Voraussetzung, aus der sich die Reflexion immer wieder speist und von der her als ihrer notwendigen Bedingung sie überhaupt auf angemessenem Niveau betrieben werden kann«[17]. Diese Erfahrung, welche am Ausgangspunkt allen praktischen Philosophierens steht, ist primär das im Hineinwachsen in die Gesellschaft internalisierte Kennen von Sitten und Gewohnheiten der Polis. Ziel der ethischen Reflexion ist wiederum die Lebenspraxis, deren »immanente Vernünftigkeit« sie »zu erheben und kritisch zu fördern sucht«[18]. Aufgrund der Mannigfaltigkeit und Unbeständigkeit der Praxis vermag die Ethik in methodischer Distanziertheit Allgemeingültigkeit nur in Form grundrißhafter oder »typischer« Erkenntnis zu erreichen. In ähnlicher Weise ist auch für *Thomas* die Erfahrung »Grundlage der ethischen Reflexion ... und damit notwendig vorausgesetztes Element ... hinsichtlich der Ausgangsposition wie der Zielaufgabe der Ethik«[19]. Hierbei ist für Thomas der Erfahrungsbezug nicht nur auf der Ebene präsittlicher, wenn auch sittlich relevanter Wirklichkeit von Bedeutung, sondern auch auf der moralischen Ebene, »so vor allem dort, wo er auf die erlebte Sittlichkeit unmittelbar rekurriert und etwa in der consuetudo, d.h. der faktischen Moral, einen bevorzugten Ort ethischer Relevanz sieht«[20]. Für Thomas spielt also nicht nur die Kenntnis präsittlicher Tatsachen und ihre Vermittlung über die Erfahrung eine Rolle, sondern auch das Ethische selbst, welches als faktisch-erfahrbar und relevant für die Bestimmung des sittlich Richtigen reflektiert wird. Hierbei gilt es festzuhalten, daß auch die lex divina die Erfahrung als Quelle sittlich relevanter Einsichten nicht aufhebt, »daß sie die konkrete Findung der Handlungsregeln nicht ausschließt, sondern fordert, und zwar in eben den Strukturen, wie sie die natürlich-rationale Sittlichkeit bestimmen, das heißt in unserem Zusammenhang eben in ihrer Erfahrungs- und

[15] Ebd. 139.

[16] Wir stützen uns im folgenden auf die Dissertation von K.-W. Merks, Theologische Grundlegung der sittlichen Autonomie, a.a.O.

[17] Ebd. 80f.

[18] Ebd. 81.

[19] Ebd. 83.

[20] Ebd. 84 mit Verweis auf die Diskussion der consuetudo im lex-Traktat der STh I–II 97, 3 und prinzipiell In EN II, l. 1, n. 245ff.

Reflexionsgestalt«[21]. Erfahrung folgt daher nicht auf die Ethik und ihre Normgestaltungen nach, sondern vermittelt überhaupt erst das Normative zu seiner Konkretion hin. Thomas reflektiert nicht nur den Stellenwert der Erfahrung für die Ausgestaltung konkreter Normen im Sinne der lex naturalis, sondern sucht zudem zu bestimmen, wessen Erfahrung nun für diese Aufgabe kompetent ist. Hier zeigt sich, daß dies für ihn nicht nur die Erfahrung des legitimierten Gesetzgebers ist[22], sondern auch der in die »consuetudo« eingebrachte Erfahrungsschatz einer Kollektivität. Die consuetudo als der Komplex gemeinsam getragener Überzeugungen und Praxis stellt bereits qua normatives Faktum »in sich selbst einen der zu beachtenden sozialen Werte«[23] dar. Dies zeigt sich besonders daran, daß »die Auslegung der ›utilitas communis‹ selbst Wirkung der ›consuetudo‹ sein kann«[24]. Hier wird die konstitutive Funktion der consuetudo für die Auslegung des bonum commune deutlich. »Die konkrete Gestaltung der lex, und das heißt, die konkrete Gesetzgebung überhaupt beruht auf der Ausübung konkreter Rationalität in der jeweiligen Auslegung dessen, was allgemein gut und nützlich ist.«[25] Diese Auslegung kann jedoch nicht anders geschehen als über die Einsicht und Bestimmung der dem sittlichen Urteilen zur Disposition stehenden Güter und Werte aus der Erfahrung heraus. Freilich geschieht diese Erfahrung nach Thomas immer bereits innerhalb eines normativ geprägten Feldes, konkretisiert oder modifiziert es. »Das heißt, sie spielt sich immer bereits in einem Feld normativ verarbeiteter Erfahrung und so im Innenraum von konkreter Normerfahrung ab.«[26]

Auch innerhalb der neueren Diskussion um das Naturrecht wird mehrfach die Bedeutsamkeit der Erfahrung für die materielle Füllung allgemeiner Naturrechtssätze betont[27]. Denn aus allgemeinen Prinzipien des Naturrechts läßt sich kein Mehr an Inhaltlichkeit gewinnen. Dies geschieht nur durch den Rückgriff auf schon vorhandene und vorfindbare Bewußtseinsinhalte. Diese sind aber nicht absolut und universal, existieren nicht abgelöst von der geschichtlichen Lebenswelt, sondern »haben ihren ›Sitz im Leben‹ im sich wandelnden öffentlichen Zeitbewußtsein, im vorwaltenden, durch Geschichte, Religion und Kultur sowie die gegebenen sozialen Lebensbedingungen geprägten, oft durch Generationen hindurch ›angeeigneten‹ Ethos, das für eine be-

[21] Ebd. 87.
[22] Ebd. 322 mit Verweis, auf In EN X, l. 16, n. 2175ff.
[23] Ebd. 320 mit Verweis auf I–II 97, 2 c. mit ad 2.
[24] Ebd. 320.
[25] Ebd. 321.
[26] Ebd. 322.
[27] Vgl. die verschiedenen Beiträge in F. Böckle/E.-W. Böckenförde, Naturrecht in der Kritik, a. a. O.

stimmte Schicht, ein ganzes Volk oder eine Glaubensgemeinschaft in einem Volk verbreiteter Überzeugungsinhalt geworden ist, in gewonnener Erfahrung aus ethisch-sittlicher Situationsbewältigung u. a. m.«[28].

So ist auch für J. Messner das Erfassen der naturrechtlichen Prinzipien durch synthetische Urteile a priori erfahrungsbedingt. Damit wird aber der Sinngehalt der Prinzipien bereits vorausgesetzt, »induziert aus geschichtlich-kontingenter Erfahrung und ethisch-sittlichem Erleben, aus tradierten oder neu sich bildenden ethisch-sittlichen Ethosformen usw. Er unterliegt damit geschichtlicher Entwicklung und geschichtlicher Veränderung.«[29]

Desgleichen werden auch die sekundären, aus den Prinzipien abgeleiteten Naturrechtssätze als »Gemeinplätze eines – sich unter dem Einfluß der Wirtschafts- und Sozialwissenschaft in der Terminologie zunehmend verwissenschaftlichenden – jeweiligen (oder gar schon vergehenden) öffentlichen Bewußtseins«[30] angesehen. Im Bereich der scholastischen Naturrechtslehre suchte man im Rahmen der mittelalterlichen Synderesis-Lehre aus den allgemeinsten Naturrechtsprinzipien durch eine »Vergewisserung« der jeweiligen sozio-kulturellen Lebenswelt solche konkreten sekundären Naturrechtssätze zu gewinnen. Es ist jedoch aus wissenssoziologischer Perspektive zu vermuten, »daß die Synderesis-Lehre eine spekulative Überhöhung intuitiver Einsichten in dic Struktur des Alltagswissens darstellt«[31].

3. Stufen der Erfahrung

Der Erfahrungsprozeß, der vom bloßen Erlebnis zu sittlich relevanten Einsichten führt, ist ein vielschichtiger Vorgang. Es

[28] E.-W. Böckenförde, Kirchliches Naturrecht und politisches Handeln, in: F. Böckle/E.-W. Böckenförde, a. a. O. 96–125, 110.

[29] Ebd. 110, Böckenförde verweist in diesem Zusammenhang auf J. Messner, Das Naturrecht, Innsbruck, [5]1966, 101: »Die Prinzipien werden zuerst in ihrer besonderen inhaltlich bestimmten Gestaltungsweise als Lebensordnung der Familiengemeinschaft gelebt, erlebt, erfahren; durch die sich entfaltende Vernunft wird ihr allgemeiner Gehalt erfaßt und ihre allgemeine Gültigkeit eingesehen.«

[30] F.-X. Kaufmann, Wissenssoziologische Überlegungen zu Renaissance und Niedergang des katholischen Naturrechtsdenkens im 19. u. 20. Jahrhundert, in: F. Böckle/E.-W. Böckenförde, a. a. O. 126–164, 147.

[31] Ebd. 147.

lassen sich drei grundlegende Perspektiven unterscheiden: die *Kontrasterfahrung, Sinnerfahrung* und *Motivations-* bzw. *Intensitätserfahrung*[32].

Der vielleicht wichtigste Aspekt der Erfahrung ist der der *Negativerfahrung:* Erfahrung als Widerfahrnis, als Ent-täuschung. »Diesen Sinn hat der Sprachgebrauch im Auge: ›seine Erfahrung mit jemand, mit etwas machen‹. Solche Erfahrung geschieht, wo ein Wahrheits- und Werterlebnis korrigiert werden muß, das unsere Existenz berührt hat.«[33] Es ist die Lebenserfahrung, die jedermann selber erwerben oder durchmachen muß[34]. »Erfahrung in diesem Sinne setzt vielmehr notwendig mannigfache Enttäuschung von Erwartungen voraus und nur dadurch wird Erfahrung erworben. Daß Erfahrung vorzüglich die schmerzliche und unangenehme Erfahrung ist, bedeutet nicht etwa eine besondere Schwarzfärberei, sondern läßt sich aus ihrem Wesen unmittelbar einsehen. Nur durch negative Instanzen gelangt man, wie schon Bacon gewußt hat, zu neuer Erfahrung. Jede Erfahrung, die diesen Namen verdient, durchkreuzt eine Erwartung. So enthält das geschichtliche Sein des Menschen als ein Wesensmoment eine grundsätzliche Negativität, die in dem wesenhaften Bezug von Erfahrung und Einsicht zutage tritt. Einsicht ist mehr als die Erkenntnis dieser oder jener Sachlage. Sie enthält stets ein Zurückkommen von etwas, worin man verblendeterweise befangen war. Insofern enthält Einsicht immer ein Moment der Selbsterkenntnis und stellt eine notwendige Seite dessen dar, was wir Erfahrung im eigentlichen Sinne nannten.«[35] Die Erfahrung des Negativen vollendet sich für Gadamer in der grundsätzlichen Erfahrung der Endlichkeit und Geschichtlichkeit. Diese vom philosophischen Bewußtsein geleistete Einsicht beinhaltet den prinzipiell defizienten Charakter unserer menschlichen Lebenspraxis, die erfahrbar wird etwa an der Differenz »zwischen der

[32] Vgl. hierzu D. Mieth, Die Bedeutung der menschlichen Lebenserfahrung. Plädoyer für eine Theorie des ethischen Modells, in: Concilium 12, 1976, 623–633 (im folgenden zit. als Lebenserfahrung), bes. 626–628.

[33] R. Egenter, Erfahrung ist Leben, a. a. O. 37.

[34] Vgl. das in § 15 über den Tun-Ergehen-Zusammenhang in der Weisheit Gesagte. In der Weisheitsliteratur wird geradezu in klassischer Weise gezeigt, wie auf erfahrungsmäßiger Grundlage der Unterscheidungsprozeß zwischen gut und schlecht verläuft.

[35] H.-G. Gadamer, Wahrheit und Methode, a. a. O. 338f.

eigenen Praxis und der allgemeinen Praxis«[36] oder auf der Ebene der Werteinsichten an den »Differenzen sozial vorgegebener Wertmuster, sei es den Differenzen zwischen Anspruch und Verwirklichung, sei es den Differenzen in der Werteinsicht selbst«[37]. Auf die einfachste Formel gebracht, ist es die »Differenz von ›es geht‹ und ›es geht nicht‹. An anderen Personen, an der gesamten Wirklichkeit und an sich selbst wird zutiefst erfahren, ob behauptete Werteinsichten durch ihren Vollzug im Leben ratifiziert erscheinen.«[38] Die Negativerfahrung ist jedoch nicht Endpunkt des Erfahrungsprozesses, sondern im Sinne einer Dialektik des Entwicklungsganges zu neuen Einsichten produktiv; sie erschließt neue Möglichkeiten und ist insofern hermeneutisch[39]. »Sie bringt nicht nur eine Enttäuschung, eine Berichtigung des bisher Gewußten, sondern ein weitergreifendes Wissen und damit eine existentielle Bereicherung des Erfahrenden, ein tieferes Verstehen seiner selbst.«[40]

Hierin deutet sich ein weiterer wesentlicher Aspekt der Erfahrung an; denn die Erfahrung des Negativen erschöpft keineswegs das Ganze der Erfahrung. Schon die Kontrasterfahrung setzt ja voraus, daß bestimmte Werterfahrungen gemacht werden müssen, damit sie überhaupt in Frage gestellt werden können. Wenn innerhalb der menschlichen Lebenspraxis sich bestimmte Modelle des Handelns bewähren oder innerhalb einer Kontrasterfahrung neue Lebensmöglichkeiten sich eröffnen, so konstituieren sich diese Erfahrungsgegebenheiten zu einer Einsicht, die ihrerseits als

[36] D. Mieth, Praxis ohne Theorie?, in: Diakonia 2, 1971, 150–162, 159.

[37] D. Mieth, Lebenserfahrung, 627.

[38] Ebd. Mieth verweist in diesem Zusammenhang auf die moralische Entwicklung des Kindes.

[39] Vgl. hierzu H.-G. Gadamer, Wahrheit und Methode, a. a. O. 340ff. Es ist das Moment, welches Hegel mit dem Begriff der bestimmten Negation faßt. Erst in der Negation des Kontrastes geschieht für ihn eigentliche Erfahrung. »Die *dialektische* Bewegung, welche das Bewußtsein an ihm selbst, sowohl an seinem Wissen als an seinem Gegenstand ausübt, *insofern ihm der neue wahre Gegenstand* daraus *entspringt*, ist eigentlich dasjenige, was *Erfahrung* genannt wird« (Phänomenologie des Geistes, hrsg. v. J. Hoffmeister, Hamburg [6]1952, 73).

[40] R. Egenter, Erfahrung ist Leben, a. a. O. 37, mit Verweis auf Hegel, Enz. § 7: »Das Prinzip der Erfahrung enthält eine unendlich wichtige Bestimmung, daß für das Annehmen und Für-Wahrhalten eines Inhaltes der Mensch selbst dabei sein müsse, bestimmter, daß er solchen Inhalt mit der Gewißheit seiner selbst in Einigkeit und vereinigt finde.«

Sinnzusammenhang erfahren wird[41]. Im »Sinn« gewinnt die jeweils begegnende Wirklichkeit ein »Bedeutsamkeitsprofil« oder eine »Plausibilitätsstruktur« (P. L. Berger), welche auch die Basis für die sittliche Sinnerfahrung ist und sich im Werterleben als »Normenprofil«[42] verdichtet. In der sittlichen Sinnerfahrung eröffnen sich Möglichkeiten echter menschlicher Praxis, welche wiederum gerade »im Kontext ihrer Bedrohung«[43] am intensivsten erfahren werden. »Würde jemand eine Sinnerfahrung punktuell ausdrücken, so könnte er etwa sagen: ›es geht mir auf..., es leuchtet mir ein ... es überzeugt mich‹... Barmherzigkeit, Gerechtigkeit, Versöhnung werden am Licht ihrer Bezeugung in einer gegenläufigen Wirklichkeit präsent und rufen als humane Möglichkeiten zur Nachfolge auf.«[44] Die Entdeckung neuer sinnhafter Möglichkeiten beinhaltet zudem ein Wissen darum, was empirisch gesehen überhaupt möglich ist[45]. Die Fülle von empirischen Tatsachen, die die Humanwissenschaften bislang zutage gebracht haben, bedingen zu einem großen Teil eine Revision überkommener Sinneinsichten und geben den Anstoß zu neuen Sinnerfahrungen, welche sich in gelebter Überzeugung als sittlich relevante Einsichten in veränderten Wertfeststellungsurteilen niederschlagen. Man bedenke, welche Wandlungen sich im Strafrecht hinsichtlich des Strafzweckes aufgrund neuer anthropologischer Erfahrungen und Einsichten ergeben haben.
Man wird andererseits auch sehen müssen, daß nicht jede Sinnerfahrung als solche eine sittlich relevante Einsicht ist. Sittliche Erfahrung entsteht erst da, wo Sinnerfahrung – oft eben über den Kontrast – eine solche Dichte für den Menschen gewinnt, daß sie ihn betroffen macht und die existentielle Bedeutsamkeit

[41] Vgl. hierzu A. Schütz, Der sinnhafte Aufbau der sozialen Welt, stw 92, Frankfurt a. M. 1974, bes. 100 ff.
[42] Zum Begriff des Bedeutsamkeits- bzw. Normenprofils vgl. R. Egenter, a. a. O. 32 f.
[43] D. Mieth, Lebenserfahrung, 627.
[44] Ebd.
[45] Vgl. dazu B. Schüller, Die Bedeutung der Erfahrung für die Rechtfertigung sittlicher Verhaltensregeln, in: K. Demmer/B. Schüller, Christlich glauben und handeln. Fragen einer fundamentalen Moraltheologie in der Diskussion, Düsseldorf 1977, 261–286, 277 ff. Schüller sieht die Relevanz empirischer Einsichten für die normative Ethik zusammengefaßt im Axiom, Sollen setze Können voraus (vgl. ebd. 284), und erkennt in dieser Relation einen wesentlichen Grund für die »›Wandelbarkeit‹ sittlicher Normen oder auch die ›Wandelbarkeit‹ des Naturrechts« (284).

für seine freie Selbstverwirklichung in seiner Personmitte erfahren läßt. Das Sittliche in diesem Sinne ist »die allgemein-menschliche, persönliche und gemeinschaftliche Erfahrung von den letztentscheidenden und daher verbindlichen Notwendigkeiten und Möglichkeiten des Gelingens menschlich-mitmenschlichen Daseins und deren sinngemäße Verwirklichung«[46]. Erfaßt wird die sittliche Bedeutsamkeit einer in ihrem Sinnzusammenhang erfahrenen Handlungswirklichkeit in dem, was man Gewissen nennt[47]. Das Gewissen ist die Intensitäts- oder Motivationserfahrung dessen, was »mich (unausweichlich) angeht«[48]. »Damit ist gemeint: Ausflüchte sind hier nicht zulässig; dies gehört in meine Lebenskonsequenz; wenn ich anders handle, bin ich durch mich selbst überführt. Nur in der zureichenden Intensität dieser Motivationserfahrung wird die Sinnerfahrung unausweichlicher Bestandteil der Strukturgenese der sittlichen Person.«[49]

So konstituiert sich im Ethos – sei es einer Person oder eines bestimmten Lebenskreises – ein Fundus sittlich relevanter Lebenserfahrung, welcher die Basis allen sittlichen Urteilens und Abwägens bildet. Dies ist jedoch nur möglich, wenn diese Erfahrung von einem Prozeß der Interpretation begleitet wird, der diese Erfahrung im jeweiligen Erfahrungshorizont deutet und im Bewußtsein als sittlich relevante Einsicht bzw. als Wertfeststellungsurteil reflektiert. Und erst innerhalb dieser Reflexion kann der allgemeine Verbindlichkeitscharakter im Sinne sozialethischer Relevanz erschlossen werden. Dazu aber bedarf es nun der Tätigkeit der kritischen Vernunft.

B. Kritische Reflexion als Unterscheidungsmaßstab

1. Grundlagen kompetenter Lebenserfahrung

Wenn Erfahrung eine gültige Quelle sittlich relevanter Einsichten sein, d.h. zu einer allgemein anerkannten Güter- und Werteordnung führen soll, muß man zunächst auf die zureichenden Bedingungen reflektieren, die gegeben sein müssen, wenn der

[46] R. Hofmann, Was ist Sittlichkeit? Zur Klärung des Begriffs, in: J. Sauer (Hrsg.), Normen im Konflikt, Freiburg i. Br. 1977, 102–124, 121.
[47] Vgl. ebd. 114ff. und R. Egenter, a. a. O. 88ff.
[48] D. Mieth, Lebenserfahrung, 628.
[49] Ebd.

Lebenserfahrung oder praktisch gelebten Überzeugung sittliche Relevanz zukommen soll. Es wäre ein »genetischer Fehlschluß«, wollte man von der Genese sittlich relevanter Einsichten direkt auf deren Wahrheitswert schließen[50]. Hier kann man bestenfalls zu Vermutungen gelangen. Uns geht es jedoch darum, die konstitutiven Bedingungen zu analysieren, welche Erfahrung als kompetente, glaubwürdige Erfahrung auszuweisen vermögen[51].

»Lebenserfahrung ist dort relevant, wo sie durch die gelebte Konsequenz von Überzeugungen eine reflektierte und konfrontierte Verbindlichkeit aufweist.«[52] Erst im Durchhalten gegen Widerstände kann sich erweisen, wie stark die Überzeugung ist, die einer bestimmten Lebenspraxis zugrunde liegt. Dazu bedarf es einer gewissen »Ich-Stärke«, welche ihre Kraft aus der personalen Verwurzelung echter Lebenserfahrung bezieht[53]. In praktischer Erprobung und reflektierender Erhellung erhält sittliche Erfahrung eine Verbindlichkeit, die ihren Anspruch nicht aus der Faktizität bloßer Vollzüge herleitet, sondern aus der Identität mit dem je schon beanspruchten personalen Grund. Diese von der reflektierenden Vernunft zu leistende Aufgabe beinhaltet nun zunächst die selbstkritische Reflexion auf die Ermöglichung in Freiheit und Bedingtheit in Sozialität.

»Erfahrung ist nur dort kompetent, wo sie auf ihre Entstehungsbedingungen reflektiert hat.«[54] Der Spielraum möglicher Erfahrungen wird durch den Sozialisationsprozeß und die soziale Interaktion mit den jeweiligen Gruppen und Institutionen begrenzt. Erfahrung ist daher nur dort glaubwürdig, »wo sie nicht auf autoritärer Interaktion beruht, sondern sich in der Möglichkeit kritischer Reflexion behauptet«[55]. Hier gilt es, Manipulationen von Erfahrungsmöglichkeiten zu durchschauen, denn echte Erfahrung hat die Sicherung ihrer Orientierungsfreiheit zur Voraussetzung. Andererseits droht die Orientierungsfreiheit in Orientierungslosigkeit umzuschlagen, wenn der Raum sozialer Ordnungen im Sinne einer Privatisierung von Erfahrungsmöglichkeiten außer

[50] Vgl. dazu die Analyse von B. Schüller, Die Bedeutung der Erfahrung ..., a. a. O., bes. 267 ff.
[51] Vgl. zum folgenden D. Mieth, Lebenserfahrung, 623 ff.
[52] Ebd. 623.
[53] Vgl. R. Egenter, Erfahrung ist Leben, a. a. O. 29.
[54] D. Mieth, Lebenserfahrung, 624.
[55] Ebd.

acht gelassen wird. Denn Sozialität ist Grenze und Ermöglichung zugleich.

Sittliche Erfahrung ist nur dann überzeugend, wenn sie in personaler Selbstverantwortlichkeit erworben ist. Diese Autonomie im Sinne eines Mündigwerdens ist »das Ergebnis eines längeren Prozesses, dessen Vorstufen man vereinfacht als Autoritätsmoral und Gruppenmoral bezeichnen könnte, d.h. als eine vorpersonale Orientierung an internalisierten Verhaltensschemata«[56]. Zu jener personalen Selbständigkeit gehört ebenso die Kontrollfähigkeit gegenüber den eigenen emotionalen Antriebskräften[57]. Diese Autonomie des Subjekts darf dabei aber nicht individualistisch verengt werden, sondern beinhaltet im Rahmen der kommunikativen Praxis die Respektierung sittlicher Erfahrungen anderer.

Dies bedeutet auch, daß sittliche Erfahrungen nur dann die Grundlage einer Lebensüberzeugung zu bilden vermögen, wenn sie von ihrem jeweiligen Träger kommunikabel gemacht werden können. Mitteilbar und tradierbar sind sie, wenn sie in ihrem Wertgehalt einsichtig gemacht werden können. Zweifellos ist die Schwierigkeit dieser Vermittlung eine hinlänglich bekannte Alltagserfahrung. Dies enthebt sie jedoch nicht der grundsätzlichen Forderung nach der Verstehbarkeit des Sittlichen. Das Problem verschiebt sich lediglich auf die Art und Weise der angemessenen Übermittlung. Und in der Tat liegt hier die Bedeutung einer »narrativen Ethik«[58], wenn es darum geht, Wertprädikate in Form erzählender Überlieferung von Lebens-Modellen als »Förderungsgestalten« des Sittlichen zu vermitteln. Jedoch vermag die Überzeugungskraft von Erfahrungsmodellen den argumentativen Ausweis von deren Gültigkeit angesichts bestimmter Entscheidungssituationen nicht zu ersetzen[59].

Vermittlung, Tradierung weisen ihrerseits auf die grundlegende geschichtliche Bedingtheit aller Lebenserfahrung hin, deren Berücksichtigung ebenso zu den Bedingungen glaubwürdiger Lebenspraxis gehört, sollen falsche Verabsolutierungen vermieden werden. Es wurde schon auf die grundlegende – aus ihrem

[56] Ebd.
[57] Vgl. R. Egenter, Erfahrung ist Leben, a.a.O. 30.
[58] Vgl. D. Mieth, Narrative Ethik, in: FZPhTh 22, 1975, 297–326.
[59] Zum Verhältnis von Modell- und Normethik vgl. ebd. 319f.

Verhältnis zur Theorie resultierende – Aporie des Erfahrungsbegriffes hingewiesen. Dies gilt auch für die Werterfahrung. Sie ist zwar durch vorgegebene, historisch gewachsene Ordnungsgestalten ermöglicht, kann aber andererseits nur dadurch ihre Eigenständigkeit wahren, daß sie sich immer wieder gegen verfestigte Ordnungsmodelle richtet. Man bedenke etwa die Entwicklung in der Lehre vom »gerechten Krieg« bis zur Ablehnung des Kriegs als Mittel der Friedenserziehung durch das II. Vaticanum. Überlieferte Werteinsichten, die in den überkommenen Ordnungsgestalten oft nur noch latent enthalten sind, können dann nur in der Weise ihre Kontinuität wahren, wo sie auch unter veränderten Bedingungen erfahrbar bleiben oder wieder gemacht werden können[60]. »Die Bindung der Erfahrungskompetenz an die Dynamik sittlicher Werteinsichten – in der sich die Geschichtlichkeit menschlicher Existenz manifestiert – darf nicht als Relativismus geschmäht werden. Eine prozessuale Wertorientierung destruiert nicht den Wert, sondern bewahrt und überliefert ihn.«[61] Damit darf andererseits auch nicht die Ambivalenz geschichtlicher Lebenspraxis übersehen werden, welche »sittlichen Fortschritt, aber auch Verfall vermitteln«[62] kann.
So gesehen bringt Erfahrung, wo sie sich als kompetent ausweisen kann, Modelle gelebter Überzeugung hervor, die in ihrer Vielfalt und in ihrem unterschiedlichen Niveau eben nur der Niederschlag geschichtlicher Teilerfahrungen sind. Hier stoßen wir an das Problem, die allgemeine *Verbindlichkeit* sittlich relevanter Lebenseinsichten zu erschließen.

2. Die Begründung sittlich-relevanter Einsichten

Sittlich relevante Einsichten, welche aus kompetenter Erfahrung erwachsen, können in ihrem allgemeinen Verbindlichkeitscharakter nur in kommunikativer Praxis einsichtig gemacht werden. Das Prinzip der Transsubjektivität[63] als Grundnorm aller Kommuni-

[60] Vgl. das zum Verhältnis von Thora und Neuem Gesetz Gesagte (§ 17). Jesus sucht gerade den genuinen Sinn des Alten Gesetzes wieder erfahrbar zu machen, allerdings vermittelt durch seine Person.
[61] D. Mieth, Lebenserfahrung, 624f.
[62] G. Sala, Die Entwicklung vernünftiger menschlicher Einsichten, in: Concilium 12, 1976, 634–640, 639.
[63] Vgl. dazu das in § 4C. Gesagte.

kation beinhaltet die Verpflichtung aller an einem rationalen Diskurs Teilnehmenden, alle »normativen Geltungsansprüche nach Maßgabe der *intersubjektiven Universalisierbarkeit* der durch sie vertretenen Interessen«[64] argumentativ einzulösen. Hierbei gilt es zu prüfen, inwieweit bei der Realisierung jeweiliger Konsense die transzendentalpragmatischen Grundnormen wie etwa die der Wahrhaftigkeit »durch zahllose mehr oder weniger konventionelle Praktiken des Euphemismus, des taktvollen Verschweigens, des Ausweichens und Ablenkens, aber auch des Overstatements der übertreibenden Dramatisierung, der politischen und kommerziellen Propaganda, der künstlerischen Lüge, durch die Wahrheit sichtbar wird (Picasso), usw. usw. ihren Kompromiß mit der jeweiligen ›condition humaine‹ eingehen«[65] mußten. Dies zu leisten ist Aufgabe der kritisch-rekonstruktiven Sozialwissenschaften, welche ihr erkenntnis-leitendes Interesse aus der Beziehung zum normativen Prinzip der transzendentalpragmatischen Ethik gewinnen[66]. Die »Sinnkonstitution menschlicher Erfahrung und ihre(r) methodische(n) Ausarbeitung in den Wissenschaften ist nur möglich, wenn die Bedingungen dazu »in demselben *nichthintergehbaren* Situations-Apriori entspringen, in dem auch das normative Grundprinzip der Ethik ... lokalisiert wurde«[67]. Dies bedeutet in unserem Falle: Wenn sittlich relevante Einsichten in ihrem Sinngehalt kritisch rekonstruiert werden sollen, um über deren intersubjektive Verbindlichkeit eine Verständigung zu erzielen, so kann nur dann ein gültiger Konsens erzielt werden, wenn die betreffenden Sozialwissenschaften, in denen diese kritische Rekonstruktion geleistet wird, dieselben transzendentalen Normen zugrunde legen, die das Apriori jeder Kommunikationsgemeinschaft bilden. Nur unter dieser Voraussetzung kann auch im Bereich der Werteinsichten, welche in ihrer

[64] K.-O. Apel, Sprechakttheorie und transzendentale Sprachpragmatik zur Frage ethischer Normen, a. a. O. 126.

[65] Ebd. 129.

[66] Vgl. dazu ebd. 134ff. Die kritisch-rekonstruktiven Sozialwissenschaften vermitteln im Unterschied zu den empirisch-analytischen Verhaltenswissenschaften »die von ihnen angestrebte reflexive Vertiefung des menschlichen Selbstverständnisses durch eine quasi-naturalistische Phase der partiellen Suspendierung der Subjekt-Subjekt-Relation der kommunikativen Erfahrung zugunsten quasikausaler und quasi-funktionaler Erklärungen zwanghafter Verhaltensprozesse und ihrer institutionellen Verdinglichungen« (ebd. 143).

[67] Ebd. 134.

sozialen Vermitteltheit auch konventionellen Charakter haben, der Versuch gemacht werden, »die aus der historischen Situation der jeweiligen Lebensbedingungen heraus als notwendig verständlichen und insofern historisch legitimierbaren Konventionen von solchen Konventionen zu unterscheiden, deren Abweichung von der transzendentalen Norm der Kommunikation und Interaktion nicht mehr die ›prudentia‹ der Anpassung an das ›Realitätsprinzip‹ (Freud), sondern den Verlust der Selbsttransparenz im Sinne der quasi-pathologischen Verdinglichung der Selbstentfremdung – eventuell sogar der Regression auf eine bereits überholte Stufe verantwortlicher Lebensführung – bezeugt«[68].
Nun kann jedoch über den Sinn von Sätzen, welche sittlich relevante Einsichten zum Inhalt haben, nur dann eine Verständigung erzielt werden, wenn zugleich über die Sache Einverständnis erzielt wird[69]. In diesem Sinne sind »*Zeichen-Verständlichkeit, Aussagen-Wahrheit und Erfahrungs-Evidenzen* ... als *Momente funktionierender Sprachspiele* zwar nicht auseinander ableitbar, aber doch a priori ›verwoben‹«[70]. Diese Verwobenheit beider Interessen: »von möglicher Sinn-Verständlichkeit und möglicher sachbezogener Wahrheit ... im Verständigungsinteresse«[71] ist für Apel eine universalpragmatische Konstante, deren methodologische Ausprägungen sich jedoch geschichtlich entfalten und differenzieren[72]. Dieses Verhältnis läßt nun deutlich werden, in welcher Weise Sachverhalts- und Sinnforschung methodisch vermittelt und zu einer intersubjektiv gültigen Verständigung über sittlich relevante Einsichten genutzt werden können. Die Humanwissenschaften können so über eine methodisch bedingte Verobjektivierung der Subjekt-Subjekt-Beziehung zu einem Verfügungswissen gelangen, welches seinen Sinn nicht in planender Sozialtechnologie hat, sondern ein vertieftes Verstehen erfahrener Sinngehalte menschlichen Lebens ermöglicht. Wenn in dieser

[68] Ebd. 129f.
[69] Vgl. dazu ebd. 135ff. Apel verweist auf diese grundlegende Erkenntnis im Spätwerk von L. Wittgenstein sowie auf H.-G. Gadamers Ansatz, daß Verstehen von Sinn-Gebilden »primär aus dem Zusammenhang einer Verständigung über die Sachen, bei denen wir uns immer schon im In-der-Welt-sein aufhalten« (ebd. 136), zu begreifen ist.
[70] Ebd. 136.
[71] Ebd.
[72] Vgl. das Verhältnis von Geistes- und Naturwissenschaften.

Weise ein intersubjektives Einverständnis über sittlich relevante Erfahrungsevidenzen erzielt werden kann, das vom Interesse getragen ist, die »Kluft zwischen dem immer schon antizipierten verantwortlichen Subjekt und dem realiter vorgefundenen Objekt–Subjekt der Geschichte«[73] zu beseitigen, könnte eine Kontinuität von Werteinsichten erreicht werden, hinter die der Mensch nicht mehr zurück kann, wenn er sein Leben vernünftig human gestalten soll[74]. Dies ist dann auch die Grundlage zur Herausarbeitung unverzichtbarer Rechtsgüter und Grundwerte, wie sie in den Grundrechten der Kulturstaaten bestimmt sind und die sich als unverzichtbar für das menschliche Zusammenleben erweisen. Die Erkenntnis entwickelt sich in einem kultur- und geistesgeschichtlichen Prozeß, in dem die Güter und Werte präzise erfaßt und definiert werden. Dieser Prozeß erscheint de iure, wenn auch nicht de facto irreversibel[75].

3. Die Herstellung von Prioritäten in einer Güter- und Werteordnung

Wenn über sittlich relevante Einsichten ein intersubjektives Einverständnis erzielt ist und zur Herausarbeitung von Gütern und Werten führt, so ist damit noch nichts über deren Zuordnung gesagt. Es geht also darum, einen ordo bonorum herzustellen, der die Grundlage der Begründung sittlich normativer Urteile darstellt. Praktisch kann man das Problem in der Weise angehen, daß man versucht, divergierende Sinneinsichten bzw. »divergie-

[73] Ebd. 144.

[74] So ist es heute nicht mehr möglich, die Sexualität vornehmlich oder gar ausschließlich als Mittel zum Zweck der Zeugung zu verstehen, wie dies in der traditionellen Sexualmoral über Jahrhunderte geschehen ist. Ihr eigenständiger Wert als Ausdruck sowohl der Individualität als auch der Sozialität des Menschen ist anerkannt. Ebenso muß eine bestimmte Tendenz, Sexualität ausschließlich als Mittel zur Lustbefriedigung zu verstehen und alles, was sinnlich affektiv besetzbar ist und materiell angeeignet werden kann, dem partikulären isolierenden Zugriff unmittelbar erreichbar zu machen (Konsum-Aspekt), als Fehldeutung abgelehnt werden. Die Notwendigkeit der Integration ist empirisch aufgewiesen, und manche Erkenntnisse über die sozialen Konsequenzen des Triebverhaltens können als gefestigt gelten. Eine Reduktion der Sexualität auf die orgastische Potenz und auf bloße Genitalientätigkeit bedeutet eine neue Form des Dualismus, die nicht weniger falsch ist als der Manichäismus, von dem wir uns eben erst befreit haben. Eine bloße Umkehrung der Tradition führt nicht weiter.

[75] Vgl. G. Sala, Die Entwicklung vernünftiger menschlicher Einsichten, a. a. O. 638.

rende Sinninterpretationen in wechselseitig kritische Beziehung«[76] zu setzen. Sittlich relevante Perspektiven, die sich hier bewähren, verlangen Berücksichtigung und lassen sich mit anderen bestehenden Einsichten integrieren.

D. Mieth illustriert dies im Erfahrungsbereich der Sexualität. Bei den Menschen unserer Gesellschaft lassen sich drei typische Sinninterpretationen sexuellen Erlebens unterscheiden, die sich je auf bestimmte Erfahrungen berufen. So begegnen wir der Auffassung sexueller Gestaltungsfreiheit. Ihre Vertreter berufen sich darauf, die primären Triebe würden sich nur so lange als unersättlich erweisen, als sie nicht erfüllt werden. Normative Einengung durch gesellschaftliche Zwänge würde den sexuellen Gestaltfindungsprozeß im Rahmen der Selbstfindung verunmöglichen. Geschlechtliche Selbstfindung im Zusammenhang mit der individuellen Selbstverwirklichung erscheint hier als der beherrschende Sinn von Sexualität. Häufiger noch wird die erotische Erfüllung als primäre Bedeutung herausgestellt. Es ist das Erfahrungsmodell, das mit dem Begriff des aufgeklärten Eros bezeichnet werden könnte. Bei der dritten Sinninterpretation steht die institutionelle Integrierung der Sexualität in der Ehe als dem Ort der Zeugung und Erziehung von Nachkommenschaft im Vordergrund. Die drei Deutungen brauchen sich nicht auszuschließen. »Sie können phasenweise gelebt werden, sie können ausschlußweise gelebt werden und sie können nach der einen oder anderen Dominanz hin integriert gelebt werden. Daraus ergibt sich eine Fülle von Formen, die unsere Erfahrungswirklichkeit geschichtlichen Verhaltens bestimmen«[77]. Wichtig ist nun, daß die Modelle sachlich dargestellt, die Zielvorstellungen herausgehoben und in kritische Relation zueinander gebracht werden. Möglicherweise läßt sich zeigen, daß ein institutionelles Integrationsmodell die Bedeutungsdimensionen des ersten und zweiten Erfahrungsfeldes aufzunehmen und auf lange Sicht am besten zu erfüllen vermag.

Doch zeigt gerade dieses Beispiel, daß Sinninterpretation in einem bestimmten Erfahrungsbereich und erst recht die daraus zu gewinnende Güter- und Werteordnung nur auf dem Hintergrund eines bestimmten Selbst- und Weltverständnisses des Menschen möglich ist. Entsprechend werden dann die Prioritäten gesetzt. So werden Sinnentwürfe, die die *Selbstverwirklichung* des Menschen primär *in der repressionsfreien Erfüllung seiner Bedürfnisse* verankern, materiellen Gütern einen höheren Stellenwert zuweisen. Dies wird deutlich, wenn etwa H. Marcuse schreibt: »Die Übersetzung der Werte in Bedürfnisse ist der doppelte Prozeß 1.

[76] D. Mieth, Lebenserfahrung, 630.
[77] Ebd. 631.

der materiellen Befriedigung (Materialisierung der Freiheit) und 2. der freien Entwicklung der Bedürfnisse auf der Basis der Befriedigung (nicht-repressive Sublimierung). In diesem Prozeß erfährt das Verhältnis von materiellen und geistigen Anlagen und Bedürfnissen eine grundlegende Änderung. Das freie Spiel von Denken und Einbildungskraft nimmt bei der Verwirklichung eines befriedeten Daseins von Mensch und Natur eine rationale und leitende Funktion an. Und die Idee der Gerechtigkeit, Freiheit und Humanität werden dann auf dem einzigen Boden zu einer Wahrheit und Sache des guten Gewissens, auf dem sie überhaupt Wahrheit sein und gutes Gewissen haben können – als Befriedigung der materiellen Bedürfnisse des Menschen, als die vernünftige Organisation des Reichs der Notwendigkeit.«[78] Sieht man andererseits die *Selbstverwirklichung* des Menschen und seine Würde *in der frei gewollten Hingabe an andere* als Antwort auf einen als unbedingt erfahrenen Anspruch von sittlichen Werten wie Gerechtigkeit und Treue, »dann weiß sich der Mensch in seinem Verhalten zu seinen Mitmenschen unter Anforderungen gestellt, die durch keine Rücksicht auf Nutzen oder Schaden im Wesen verändert oder gar aufgehoben werden können. Dann zeigt sich der Anspruch, der von Treue und Gerechtigkeit ausgeht, als so hoch, daß man ihn auch mit dem Aufgebot der ganzen Welt nicht auskaufen kann, und daß im äußersten Grenzfall die Totalität des Einsatzes und damit auch das Inkaufnehmen des Todes vom Menschen abverlangt werden kann durch die Unbedingtheit dieses Anspruchs... Das, worum willen der Mensch je sich verhält, ist so unbedingt in seiner Intensität, daß es für den Menschen möglich und unter äußersten Umständen geboten ist, eher sein physisches Dasein aufzugeben als die Treue oder die Gerechtigkeit.«[79]

Diese Gegenüberstellung läßt überdies hinaus indirekt noch einen anderen Aspekt deutlich werden: Nämlich daß es zwei Prinzipien gibt, von denen aus sich eine hierarchia bonorum aufbauen läßt: die Fundamentalität und die Dignität[80]. Das Prinzip der Funda-

[78] H. Marcuse, Der eindimensionale Mensch, Neuwied ^{6}1968, 245f.

[79] B. Welte, Determination und Freiheit, Frankfurt a. M. 1969, 94.

[80] Vgl. dazu G. Otte, Über geschichtliche Wirkungen des christlichen Naturrechts, in: F. Böckle/E.-W. Böckenförde, Naturrecht in der Kritik, a. a. O. 61–79, bes. 68f.

mentalität gibt »demjenigen Wert den Vorzug ..., der die notwendige Bedingung für die Verwirklichung des anderen Wertes ist. Das Leben ist in diesem Sinne der fundamentalste Wert und demnach im Konfliktfalle jedem anderen Wert vorzuziehen.«[81] Gemeint ist in diesem Falle die Zuordnung »prä-sittlicher« Werte (bonum physicum im Unterschied zum bonum morale), und man müßte daher eher von einer *Güterordnung* sprechen. Ziel einer durch diese Zuordnung von Gütern konstituierten Rechtsordnung ist dann »zunächst die Sicherung und Erhaltung des Friedens und sodann die Schaffung der materiellen Voraussetzungen für ein sinnerfülltes Leben«[82]. Das Prinzip der Dignität ordnet hingegen Werte nach ihrer jeweiligen Sinnfülle. Der jeweils höhere Wert zeichnet sich dadurch aus, daß er dem jeweils fundamentaleren seinen eigentlichen Sinn erst verleiht. Eine solche *Werteordnung* ist aber daher nur auf dem Hintergrund bestimmter Sinnentwürfe möglich. Damit ist die wertende Sinndeutung unweigerlich abhängig vom jeweiligen epochalen Welt- und Selbstverständnis des Menschen.
Hier ist der Ort, an dem der *Glaube* bei der Entstehung und Begründung sittlich relevanter Einsichten seine eigentliche Funktion hat. Die Ausprägung sittlicher Normen in der Urkirche ließ bereits deutlich werden, in welcher Weise dies geschieht. Es gilt nun, dies in systematischer Weise zu reflektieren.

§ 22 Glaubenserkenntnis

Religion hat »das Eigentümliche an sich, daß sie ihre ethische Funktion gerade nur so lange erfüllen kann, als sie nicht durch sie definiert wird«[1]. Religion, hier verstanden als gelebtes Zeugnis von Gottes Heilshandeln in Jesus Christus, darf nicht in Ethik aufgelöst werden. Wo man Religion durch ihre ethische Funktion zu definieren sucht, wird sie als Religion funktionslos. Christlicher Existenzvollzug in Glaube, Hoffnung und Liebe transzendiert die Ebene zwischenmenschlicher Ordnung (den Bereich der sittlichen

[81] Ebd. 69.
[82] Ebd.
[1] R. Spaemann, Christliche Religion und Ethik, in: PhJ 80, 1973, 282–291, 286.

Tugenden), und er ist doch ganz und gar darauf angelegt, diese menschliche Welt zu gestalten. Es war bei der bisherigen Entwicklung dieser Fundamentalmoral unser durchgehendes Bemühen, immer wieder auf den Einfluß des Gottesglaubens hinzuweisen. So suchten wir vom Glauben aus ein vertieftes Verständnis sittlicher Autonomie (§ 5) wie auch menschlicher Schuld (§§ 8–10) zu gewinnen. Und der Blick in die Heilsgeschichte des Alten und Neuen Bundes hat uns erst recht die Ausgestaltung des biblischen Ethos unter dem Einfluß des Glaubens deutlich gemacht. Hier soll nun nicht bereits Gesagtes wiederholt werden. Aber wir wollen versuchen, auf dem Hintergrund bisheriger Einsichten grundsätzlich etwas über die Funktion des Glaubens in der Ethik zu sagen.

Wir tun dies auch in der Absicht, hiermit eine zusammenfassende Antwort auf die Frage nach dem »*Proprium einer christlichen Ethik*« zu geben; obwohl wir der Auffassung sind, daß die umfassende Antwort auf dieses vieldiskutierte Problem[2] eigent-

[2] Im Hintergrund steht die Frage nach dem Proprium des Christlichen überhaupt. Vgl. H. U. v. Balthasar, Merkmale des Christlichen, in: Verbum caro, Einsiedeln 1960, 172–194; J. Ratzinger, Strukturen des Christlichen, in: Einführung in das Christentum, München [12]1977, 197–221; W. Kasper, Was heißt eigentlich christlich?, in: J. Schreiner (Hrsg.), Die Kirche im Wandel der Gesellschaft, Würzburg 1970, 87–101; G. Adler (Hrsg.), Christlich – was heißt das? mit Beiträgen von J. Blank, H. Braun, K.H. Deschner, E. Jüngel, W. Künneth, J. Milic-Lochmann, G. Mainberger, J. Ratzinger, G. Rendtorff, D. Sölle, H. Vorgrimler, Düsseldorf 1972; H. Küng, Christ sein, München 1974.
Die Debatte innerhalb der theologischen Ethik beginnt mit einer wissenschaftlichen Tagung der Societas Ethica in Lund 1966. Vgl. die dort gehaltenen Referate von K. E. Løgstrup, Das Proprium des christlichen Ethos, und F. Böckle, Was ist das Proprium einer christlichen Ethik?, in: ZEE 11, 1967, 135–147 bzw. 148–159. Vgl. ferner zur Diskussion um das Proprium: K. Demmer, Glaubensgehorsam als Verpflichtung zur Wirklichkeit, in: Cath 21, 1967, 138–157; W. van der Marck, Grundzüge einer christlichen Ethik, Düsseldorf 1967, bes. 17ff.; R. A. McCormick, Human Significance and Christian Significance, in: G. Outka/P. Ramsey (Ed.), Norm and Context in Christian Ethics, New York 1968, 233–261; B. Schüller, Beansprucht die Botschaft Christi eine Zuständigkeit in Fragen gesellschaftlichen Lebens und seiner Entwicklung?, in: Fragen des sozialen Lebens: Möglichkeit und Grenzen einer katholischen Soziallehre. Bericht über das Symposion der Katholischen Sozialakademie Österreichs vom 8.–10. November 1968, Wien o. J., 16–29; A. Manaranche, Y-a-t-il une éthique sociale chrétienne?, Paris 1969; J. Fuchs, Gibt es eine spezifisch christliche Moral?, in: StZ 95, 1970, 99–112; R. Simon, Spécificité de l'éthique chrétienne: L'Éthique chrétienne à la recherche de son identité, in: Le Supplément (VS) 23/No 92, 1970, 74–104; J. Gründel, Ethik ohne Normen? Zur Begründung und Struktur christlicher Ethik, in: J. Gründel/H. van Oyen, Ethik ohne Normen? Zu den Weisungen des

lich nur dem Gesamt unserer Darlegungen zu entnehmen ist. Die in der Diskussion immer wieder herausgestellte Kernfrage, ob das Christentum inhaltlich originäre oder exklusive sittliche Normen zu verkünden habe, oder anders ausgedrückt, ob ein Christ aufgrund seines Glaubens zu anderen sittlichen Forderungen aufgerufen sei als Menschen, die sich nicht zu diesem Glauben bekennen, diese Frage scheint mir nicht geeignet, auf die Eigenart christlicher Ethik eine Antwort zu finden. Wenn wir von der inneren Einheit von Schöpfungs- und Erlösungsordnung ausgehen, so muß sich diese Frage eigentlich als Scheinfrage erweisen. Die christliche Botschaft ist doch nichts anderes als die Erfüllung der tiefsten menschlichen Erwartungen. Sie kann den Menschen nicht »verfremden« und kann ihn letztlich auch nicht fremd anmuten. Trotzdem wirkt sie auf ihn wie eine Herausforderung aus einer anderen Welt. In seiner endlichen Freiheit steht der Mensch als selbstzentriertes Wesen dem absoluten Selbst gegenüber. Er gewinnt sich selbst nur in der Anheimgabe; er ist zu sich selbst ermächtigt nur, indem er sich überantwortet. Das ist – wie wir gesehen haben – kein Widerspruch, aber eine Quelle radikaler Versuchung zum fundamentalen Widerspruch. Dazu kommt noch ein weiteres Element: Die *Heilsgeschichte* vollzieht sich in der großen Zuordnung von *Verheißung und Erfüllung*. Insofern Jesus der Christus in seinem Kommen Erfüllung brachte, waren seine Forderungen neu und anders, ohne dem Menschlichen fremd zu sein. Und genauso sind die Verheißungen des kommenden Herrn im Heute verkündet »ex natura rei« provokativ anders, aber

Evangeliums, Ökumenische Forschungen, Kleine ökumenische Schriften 4,Freiburg i. Br. 1970, 9–88; L. E. Curran, Y-a-t-il une éthique sociale spécifiquement chrétienne?, in: Le Suplément (VS) 24, 1971, 39–58; A. Auer, Autonome Moral und christlicher Glaube, Düsseldorf 1971; B. Schüller, Die Bedeutung des natürlichen Sittengesetzes für den Christen, in: G. Teichtweier/W. Dreier (Hrsg.), Herausforderung und Kritik der Moraltheologie, Würzburg 1971, 105–130; F. Compagnoni, La specificità della morale cristiana, in: Studi e ricerche 17, Bologna 1972; F. Furger, Anspruch Christi und Handeln des Menschen. Elemente christlicher Welt- und Lebensgestaltung, Freiburg i. Br. 1972, bes. 189ff., K. Demmer, Moralische Norm und theologische Anthropologie, in: Gr 54, 1973 263–306; Ph. Delhaye, La mise en cause de la spécificité de la morale chrétienne. Étude de quelques prises de position récentes et réflexions critiques, in: RThL 4, 1973, 308–339; W. Korff, Norm und Sittlichkeit. Untersuchungen zur Logik der normativen Vernunft, Tübinger Theologische Studien I, Mainz 1973, bes. 42ff. 110ff. 128; H. Rotter, Die Eigenart der christlichen Ethik, in: StZ 98, 1973, 407–416.

wiederum ohne den Menschen zu verfremden, sondern vielmehr dazu befähigt, dieses »laboratorium beatitudinis possibilis« – wie Bloch den Menschen einmal nennt – zu sich selbst zu bringen. Und wenn die Verheißung seit dem Schöpfungsmorgen allen Menschen gegeben ist, so ist auch die Offenheit dafür sowie die grundsätzliche Möglichkeit zur Erkenntnis überall zu finden.
Die Kernfrage einer vom Glauben geprägten Ethik kann darum nicht heißen, ob die für das zwischenmenschliche Verhalten sich stellenden Forderungen nur von Christen vertreten werden. Die Frage heißt vielmehr, ob und wie die sich aus der umfassenden Botschaft des Evangeliums ergebenden Konsequenzen für das zwischenmenschliche Leben allen Menschen verständlich gemacht werden können, weil sie im Blick auf eine heilsgeschichtlich verstandene Natur im Prinzip konsensfähig sind[3]. Mit einem Wort: Das Problem der christlichen Ethik ist nicht die *Exklusivität* der vom Glauben geprägten Normen, sondern vielmehr deren *Kommunikabilität.* Bevor wir auf die Frage nach dem konkreten Einfluß des Glaubens auf die sittliche Erkenntnis eintreten (B), soll darum kurz die Verstehbarkeit des Sittlichen besprochen werden. Sie nimmt im Problemkreis von Glauben und Verstehen (A) eine Sonderstellung ein.

A. Glauben und Verstehen

Wir haben im § 5 B. vom Gott des Glaubens gesprochen und dabei auf die Schwierigkeit des rechten Redens von Gott hingewiesen. Wie soll der Namenlose angesprochen, wie der Unaussprechliche verkündet werden? Unsere Worte und Begriffe vermögen in ihrer Ausrichtung auf gegenständliche Erfahrung das Göttliche in

[3] R. Spaemann, Christliche Religion ..., a. a. O. 286, schreibt treffend: »Das Christentum hat deshalb nicht die gleichen Anpassungsprobleme in Bezug auf den modernen Universalismus der technischen Zivilisation wie andere Religionen. Es kann hier Geist von seinem Geist entdecken, ... das Gebot der Nächstenliebe ist an keine bestimmte Gestalt der Selbststilisierung des Menschen (gebunden) ... Christentum scheint dagegen Unterscheidungen niederzureißen, so wie es schon anfänglich die zwischen Juden und Heiden niedergerissen hat. Seine einzige Intoleranz scheint sich gegen die Intoleranz zu richten. Die einzige Forderung des Christentums müßte es – so gesehen – sein, jene Residuen abzubauen, die der Herstellung einer Ordnung universalen Konsenses im Wegen stehen.«

seiner Unbegrenztheit und Ungegenständlichkeit nie zu fassen. Um aber den verborgenen auch als den sich offenbarenden Gott zu bezeugen, ist die Theologie darauf angewiesen, von dem ganz Anderen und seinem »Handeln« am Menschen im Modus der unähnlichen Ähnlichkeit (Analogie) zu sprechen. Bei Glaubensaussagen kommt daher den darin verwendeten Begriffen im Verhältnis zur gemeinten Sache nur analoge Bedeutung zu. Inwiefern gilt dies auch für sittliche Aussagen, die vom Glauben her bestimmt sind?

1. Einsicht als Voraussetzung sittlichen Handelns

Sittlich handeln heißt verantwortlich handeln. Und dies fordert ein Handeln aus *Einsicht*. Mit dieser Forderung nach Einsicht ist nicht gemeint, daß der Handelnde in jedem Fall die Sachgründe für ein bestimmtes Tun durchschauen müsse, um überhaupt verantwortlich handeln zu können. Es kann genügen, daß er sich von einer sachkompetenten Autorität, die über diese Einsicht verfügt, führen läßt. Wenn aber ein Sachbezug überhaupt nicht positiv einsehbar wäre, oder wenn jemand überhaupt keine Einsicht hätte in das, was er sachlich tun soll, dann könnte er dafür auch keine Verantwortung übernehmen. Sein sittlicher Entscheid würde sich auf einen bloßen Akt formalen Gehorsams reduzieren. Die in solchem Gehorsam vollzogene Tat wäre zwar indirekt im Gehorsamsakt sittlich zu verantworten, formal könnte sie aber nicht als eigener sittlicher Akt gelten. Ein sittlicher Akt muß als solcher grundsätzlich einsehbar und verstehbar sein. Entsprechend müssen aber auch *die Normen,* durch die unser verantwortliches Verhalten *zum Menschen* und *zur Welt* direkt geregelt werden soll, grundsätzlich der vernünftigen menschlichen Einsicht offenstehen[4]. Das schließt nicht aus, daß einzelne Güter oder

[4] Vorschriften, durch die der Vollzug religiöser Akte vorgeschrieben wird (Eucharistie- und Taufbefehl, Verpflichtung zur Beichte aller Todsünden), zählen wir nicht zu den sittlichen Normen (mores) im engeren Sinn. In der Tradition hat freilich der Begriff »mores« auch eine weitere Bedeutung. In diesem Sinn gehören jene Vorschriften zu den »traditiones ... ad mores pertinentes« (DS 1501), ja möglicherweise waren sie in der Doppelformel »tum ad fidem, tum ad mores« des Trienter Konzils allein gemeint (vgl. J. Murphy, The Notion of Tradition, Milwaukee 1959, Appendix III: »Faith and Morals« at Trent, 292–300). Das schließt nicht aus, daß der Ausdruck »fides et mores« bei den Kanonisten und

Werte, die eine Norm bestimmen, durch den Offenbarungsglauben eine besondere Begründung und Sicherung erfahren. Der das Handeln konkret bestimmende *Wert* oder das entsprechende *Gut muß* aber dem menschlichen Verstehen *eindeutig faßbar bleiben.* So vertieft beispielsweise unser Glaube, daß Gott jeden Menschen liebt und in Christus zum Heil beruft, unsere Einsicht in die Würde des Menschen. Um aber für den Umgang mit dem Menschen bestimmend zu sein, muß der Würdebegriff durch eindeutig und allgemein verständliche Wertprädikate wie z. B. »Person«, »Leben«, »leibliche Integrität« usw. interpretiert und operational gemacht werden. Die Geltung einer sittlichen Norm als solcher kann eben nicht allein auf einen autoritativen Akt, auch nicht auf das bloße Faktum des Bezeugtseins in Schrift und Tradition zurückgeführt werden, die Norm muß in der Sache selbst einsichtig sein. Ein theologischer Positivismus wäre in der Moraltheologie nicht mehr wert als der Rechtspositivismus in der Rechtslehre. Man muß sich daher fragen, was genauerhin gemeint sei, wenn man in der traditionellen Moraltheologie von »geoffenbarten sittlichen Forderungen« spricht. Keinesfalls sind damit – wenn wir vom Glaubensentscheid selbst sowie der religiös sakramentalen Praxis absehen – irgendwelche Forderungen gemeint, die in ihrem Sachgehalt nicht eindeutig bestimmt und einsehbar sind. Die theologische Tradition besagt vielmehr, daß die Moral der Offenbarung die wahre Vernunftmoral sei, die gerade auf diese Weise ihre Bestätigung erfahre[5].

2. Glaubenssätze und sittlich normative Sätze

Die Notwendigkeit der Einsicht in das sittlich Geforderte führt zu der *grundsätzlichen Frage* nach dem *Verhältnis* von *Glaubenssätzen* und offenbarungstheologisch bezeugten *sittlich normativen Sätzen* aus dem zwischenmenschlichen Bereich. Für beide Kategorien gilt, daß sie nur in menschlichen Begriffen und Denkformen zu fassen sind; insofern unterliegen sie auch beide einer allgemei-

Theologen des XII. u. XIII. Jh. eine weitere Bedeutung hatte (vgl. Y. Congar, Die Tradition und die Traditionen I, Mainz 1965, 194) und sich nachtridentinisch wieder ein Bedeutungswandel vollzog (vgl. M. Bévenot, ›Faith and Morals‹ in the Councils of Trent and Vatican I., in: The Heythrop Journal 3 [1962] 15–30, bes. 16f.).

[5] Vgl. S. 234, Anm. 1.

nen Bedeutungsoffenheit menschlicher Sprache und Begriffe. Darüber hinaus gibt es aber – zumindest nach dem traditionellen Verständnis von Offenbarung – auch Unterschiede. Der Glaube fordert Zustimmung zu einer Dimension der Wirklichkeit, die ohne Offenbarung gar nicht erkennbar wäre. So können wir uns nur im Glauben an die Geheimnisse der Person Christi oder des dreieinigen Gottes herantasten. Entsprechende Glaubenssätze, welche die Erkenntnisinhalte zu fassen suchen, müssen sich analoger Begriffe bedienen[6]. In unserem Bekenntnis, daß Gott den Menschen liebt, ist bekanntlich sowohl der Begriff »Gott« wie auch der Begriff »Lieben« nur analog zu verstehen. Auch die Glaubensaussage, daß der Mensch ein von Gott Geliebter ist, drücken wir in entsprechenden analogen Begriffen aus. So sprechen wir von der »neuen Schöpfung«, von der »Gnade« oder von den »eingegossenen Tugenden«. Im Unterschied nun zu diesen Glaubenssätzen, die in univoken Begriffen gar nicht zu fassen sind, müssen Normsätze, die konkretes menschliches Handeln regulativ bestimmen, *univoken* Charakter haben. Es muß genau und präzise gesagt werden, was der richtige Umgang mit dem von Gott geliebten Menschen fordert, oder in welcher Weise die eheliche Treue bindet. Dazu muß das Lebens- und Existenzrecht präzisiert, und es müssen die Bedingungen der ehelichen Bindung eindeutig festgelegt werden. Mit anderen Worten: Es gibt Mysterien des Glaubens, es kann aber keine mysterienhaften sittlichen Handlungsnormen geben, deren inhaltliche Forderung im Hinblick auf das zwischenmenschliche Handeln nicht positiv *einsehbar* und *eindeutig bestimmbar* wäre. Dieser formale Unterschied zwischen Glaubenssätzen und sittlichen Normsätzen ist von fundamentaler Bedeutung. Glaubenssätze sprechen Wahrheiten aus, deren Einsicht auf die Nichtbeweisbarkeit eines Widerspruchs beschränkt bleibt; sittliche Normen stellen sachliche Forderungen, für deren Inhalt eine positive

[6] Der Begriff der Glaubensanalogie »bedeutet im katholischen Verständnis, daß es keine Aussage der Offenbarung oder des Glaubens gibt, die nicht von dem *einen objektiven* Gesamtglauben der Kirche her verstanden werden müßte; er verlangt daher auch, daß bei jeder dogmatischen Formulierung deutlich bleibe, daß alle darin verwendeten Begriffe im Verhältnis zur gemeinten Sache nur analoge Bedeutung haben. Dieses Prinzip ist vom Lehramt anerkannt (DS 3283, 3543–3547, 3887)« (K. Rahner/H. Vorgrimler, Kleines Theologisches Wörterbuch, Freiburg i. Br. [10]1976, 187.

Einsehbarkeit verlangt werden muß[7]. *Die Intelligibilität in das zu Tuende ist für ein verantwortliches zwischenmenschliches Handeln konstitutiv.* Aber dies ist nur *ein,* wenn auch ein grundlegender Aspekt. Das nur analog im Glauben zu fassende fundamentale Geheimnis, daß Gott den Menschen liebt, hat eine anthropologische Bedeutung, die – ohne das eben Gesagte aufzuheben – für das sittliche Handeln erhebliche Folgen hat. Dieser *Einfluß des Glaubens* ist nun noch näher zu bestimmen.

B. Einfluß des Glaubens

Unsere Darlegungen zum Ethos der Urkirche haben deutlich gemacht, wie sich die Apostel in ihrer Verkündigung vornehmlich an Jesu Verhalten und Wort zu orientieren suchen (vgl. § 18 A.). Die Berufung auf den Herrn führt zu einer Grundeinstellung sowie zu einem Verhalten der einzelnen wie der Gemeinden, daß man mit Recht von einem *christlichen Gemeindeethos* sprechen kann. Aber gerade dieses Glaubensethos ist in seiner anthropologischen Ausrichtung zutiefst menschlich und kommunikabel. Seine Eigentümlichkeit liegt nicht in der Exklusivität einzelner Normsätze, sondern in der im *Glauben begründeten Gesamthaltung,* in einem neuen *Verstehenshorizont,* der freilich den partikulären Normen des Verhaltens einen bestimmten Stellenwert gibt.

[7] Vgl. K. Rahner, Zum Begriff der Unfehlbarkeit in der katholischen Theologie, in: ders. (Hrsg.), Zum Problem Unfehlbarkeit, QD 54, Freiburg i. Br. 1971, 25. – Rahner sieht in dieser Differenzierung eine »in sich wichtige und nirgends bedachte grundsätzliche Frage der (logischen) ›Klassen‹ von Glaubenssätzen«. Eine Untersuchung würde aber wohl zeigen, »daß der Unterschied zwischen scheinbar handfesten und konkret in ihrem Sinn verifizierbaren moraltheologischen Sätzen einerseits und anderen, ›metaphysischen‹ Glaubenssätzen andererseits, nicht so groß und eindeutig ist, wie man zunächst zu denken geneigt sein mag«. Zur Begründung sagt er auch, »solche moraltheologische Sätze wollen und müssen Sätze des Glaubens sein«, denn sie »sind erst sie selbst, wenn ihre Bezogenheit auf das absolute Mysterium mitrealisiert wird«. Daran ist soviel richtig, daß die durch den normativen Satz inhaltlich bestimmte Handlung ihre sittliche, d. h. unbedingte Verpflichtung (Sollenscharakter) und ihren Heilsbezug erst aus der transzendentalen Verwiesenheit des menschlichen Freiheitsvollzugs als solchem erhält. Darüber wird gleich ausführlicher zu reden sein. Mit dieser Gemeinsamkeit zwischen dogmatischen moraltheologischen Sätzen kommt aber das *Spezifische* normativer Sätze noch nicht in Blick. Dieses liegt in ihrer regulativen Funktion für *kategoriales* Handeln. Und hier ist im Bezug zur Wirklichkeit eine eindeutige Einsehbarkeit erfordert.

1. Begründung christlicher Existenz

Im Glauben an Gottes Heilstat in Jesus Christus *findet* der sittliche *Freiheitsvollzug den tragenden Grund* und Sinn. Die ständige Erinnerung der urkirchlichen Paränese an das, was Gott durch Jesus Christus am Menschen getan hat und immerfort tut, weist entsprechend hin auf den tragenden Grund und das Leitmotiv des sittlichen Lebens der Christen. Es wird eine grundlegende Entscheidung (μετάνοια, Umkehr) gefordert, die als »fundamentum et radix« (DS 1532) die ganze sittliche Existenz bestimmt. Es handelt sich um ein Leben aus der *Entscheidung für Gott*. Für den gläubigen Menschen wird Gott zur lebendigen Wirklichkeit, indem er sich für ihn entscheidet und sich bindet. »Der Glaube ergreift die Wahrheit des Lebens und wagt es, ihr zu trauen. Die Heilige Schrift nennt diese Wahrheit des Lebens ›Gott‹. Doch das ist nur halb richtig. Im Neuen Testament, auf dem Höhepunkt des biblischen Offenbarungsgeschehens also, wird gesagt, daß ein *Mensch* diese Wahrheit sei, nämlich Jesus von Nazaret. Richtiger müßte man sagen, daß in ihm, in der Weise, wie er gelebt hat, im Vollzug seiner Existenz, diese Wahrheit ins Licht getreten und offenbar geworden sei.«[8] Dabei geht es primär nicht um Aufklärung über Gott, sondern um die Wahrheit des Menschen. Jesus ist und lebt diese Wahrheit. »Man wird also sagen müssen: das spezifisch Christliche bei den Christen besteht darin, zur Existenzform Jesu zu finden. Nicht eigentlich zu Gott und nicht eigentlich zu Jesus, sondern zu seiner Existenzform. Das ist der Sinn der Nachfolge. Es handelt sich, pointiert ausgedruckt, nicht um das Bekenntnis zu ihm, sondern um das Sein und Bleiben in ihm. Beide brauchen sich nicht auszuschließen.«[9] Es geht darum, an der Existenzform Jesu abzulesen, welches die letzte, das Menschenleben bestimmende Wirklichkeit sei und wie man sich zu ihr verhalte. Diese letzte, ihn bestimmende Wirklichkeit nennt Jesus »Abba, Vater«. Aus dieser personal vertrauenden Bindung gewinnt er sein Leben. Diese Grundentscheidung für Gott im Geiste Christi, die glaubend, hoffend und liebend gelebt werden will, bildet den Kern des christlichen Ethos. Insofern sie in einem

[8] M. Seckler, Kommt der christliche Glaube ohne Gott aus?, in: H. J. Schultz (Hrsg.), Wer ist das eigentlich – Gott?, a. a. O. 189f.
[9] Ebd. 190.

reflektierten Bezug auf die Botschaft und das Wirken Christi gründet, kann man darin eine exklusiv christliche Haltung sehen. Die so »in Christus« gewonnene neue Existenz gibt dem ganzen Leben eine *unterscheidende Richtung.* »Christliches Leben kann, im Sinne der Gnade, des Glaubens und der Liebe, nur ein Leben aus der Fülle und darum ein Leben der Dankbarkeit sein: eucharistia.«[10] Diese »Unterstellung der ganzen gläubigen Existenz unter die Weisung des erhöhten Herrn (Jo 8,12)«[11] als Mit- und Nachvollzug seines Weges berührt in erster Linie den transzendentalen Freiheitsvollzug. J. Fuchs spricht zu Recht von einer »christlichen Intentionalität«, von einem »Sich-entschieden-Haben«[12] und »Entschieden-Bleiben«, das nun freilich auch eine Konkretisierung verlangt in überlegten kategorial-sittlichen Entscheidungen. Es ist jene von Gott im Menschen gewirkte Grundentscheidung, von der wir schon mehrfach gesprochen haben. Es ist unsere Antwort, aber sie ist durch und durch von der Anziehungskraft und der Präsenz Gottes inspiriert und getragen. Sie realisiert sich in der Vielfalt der Einzelakte, darf aber mit ihnen nicht einfach parallel gesetzt werden. Damit ist *einerseits* gesagt, daß dem menschlichen Tun *als solchem* keine heilskonstitutive Bedeutung zukommt. Das uns verheißene Heil ist genausowenig unsere Leistung, wie die Vollendung der Welt durch unser menschliches Engagement aus ihr selbst heraus entwickelt werden kann. Das aber bedeutet für den Christen, daß im menschlichen Leben letztlich nicht die Praxis allein sinnstiftend sein kann, sondern die Anschauung dessen, was immer ist. *Andererseits* ist aber damit das menschliche Handeln keineswegs aus dem

[10] H. U. v. Balthasar, Merkmale des Christlichen, in: ders., Verbum Caro, Skizzen zur Theologie I, Einsiedeln 1960, 179. Balthasar stellt das christliche Leben unterscheidend dem natürlichen Leben gegenüber, dieses »kann nur, im Sinn des platonischen Eros, ein Leben der Bedürftigkeit und der Bedürfnisbefriedigung sein. Es strebt unaufhörlich und unersättlich zur Fülle hin.«

[11] R. Schnackenburg, Art. Biblische Ethik II, in: SM I, 1967, 547.

[12] J. Fuchs, Gibt es eine spezifisch christliche Moral?, in: StZ 185, 1970, 99–112, 102 (vgl. ders., Moraltheologie und Dogmatik, in: Gr 50, 1969, 689–716). Zur Dogmatik der transzendentalen Sittlichkeit betont Fuchs mit Recht, daß die Moraltheologie da, wo sie »mehr oder weniger ausschließlich« über die »kategoriale Eigenart« des Einzelaktes reflektiert, in Gefahr ist zu übersehen, »daß im Aktvollzug der *Selbstvollzug der Person* sich ereignet und daß dieser Selbstvollzug ein *übernatürlich-christlicher* ist. In diesen beiden Elementen liegt aber das Tiefste der christlichen Sittlichkeit« (698f.).

Heilsbezug ausgeklammert. Ihm eignet eine spezifische »Trägerfunktion«, d. h., es ist gerade der Einsatz unserer Freiheit, durch den wir unsere Erfüllung mitbereiten, genau wie es diese unsere menschliche Geschichte ist, in der wir auf die verheißene Vollendung zugehen.

2. Vertiefung sittlich relevanter Einsichten

Wir dürfen wiederum zurückverweisen auf all das, was im Abschnitt über das biblische Fundament zum Einfluß des Glaubens auf die Gestaltung des Ethos ausgeführt wurde. Dabei ist das *Faktum der Beeinflussung* auch auf die konkreten Handlungsnormen *unbestritten.* Man denke etwa im Alten Testament an die Ausprägung der Eigentumsbestimmungen und im Neuen Bund an die strengen Forderungen der Treue, der Nächstenliebe oder auch der Enthaltung von Unzucht. Entscheidend für unsere systematische Reflexion ist aber die *Frage der Art und Weise,* wie sich dieser Einfluß des Glaubens vollzieht.
Nach dem bisher Gesagten dürfte klar sein, daß durch den Glauben zwar der *transzendente* Sollensanspruch begründet, daß aber die *kategoriale* Eigenstruktur des Sittlichen (Kontingenz der Güter und Werte sowie die Intelligibilität der Sachforderung) nicht aufgehoben wird. Die christliche Moral ist »in ihrer kategorialen Bestimmtheit und Materialität grundsätzlich substantiell ein Humanum, also eine Moral echten Menschseins«[13]. Das schließt aber nicht aus, daß durch die Glaubenseinsicht bestimmte Güter herausgestellt und Werthaltungen als unverzichtbar gefordert werden (z. B. die Menschenwürde für Sklaven wie für Freie oder die Treue der Gatten). Durch deren Hervorhebung und den damit gegebenen Einfluß auf den wertrealisierenden Akt wird dieser dem Inhalt nach nicht »exklusiv christlich«. Doch die Verbindung der Güter und Werte mit der theologischen Anthropologie macht ihre Berücksichtigung zu einem unverkennbaren Bestandteil eines »unterscheidend christlichen« Ethos[14].

[13] J. Fuchs, Gibt es ..., a. a. O. 103.

[14] In einem gewissen Sinn ist es also richtig zu sagen, der Inhalt der christlichen Moral sei menschlich und nicht unterscheidend christlich (vgl. A. Auer, Autonome Moral und christlicher Glaube, Düsseldorf 1971, 161, in Interpretation der Aussagen von J. Fuchs, Gibt es ..., a. a. O. 100–105). Richtiger freilich müßte es

Der vom Glauben eröffnete *Sinnhorizont begrenzt* und modifiziert das *Dispositionsfeld* der zum sittlichen Entscheid notwendigen *Güterabwägung*. Die konkrete Bestimmung, wie die Menschenwürde der Sklaven wahrzunehmen oder die eheliche Treue in der realen Situation des Lebens zu verwirklichen sei, das hat man seit der Urkirche durch eine einsichtige Abwägung der Güter (auch der in Glaubenseinsicht erkannten Güter und Werte) zu vollziehen versucht. Um es kurz zu sagen: *der Einfluß des Glaubens läuft über die theologische Anthropologie und ihre Güter- und Wertelehre*. Er vollzieht sich in einem langen dynamischen Erkenntnisprozeß, bei dem Glaube und allgemeine menschliche Erkenntnis letztlich untrennbar zusammenwirken. Es kommt dabei zu einer fortschreitenden Konkretisierung von theologischen Aussagen über Gott, zu Aussagen über den Menschen und schließlich zu eindeutigen Wertprädikaten. Als Beispiel diene die Glaubensaussage, daß Gott jeden Menschen liebt und trotz der Sünde zum Heil beruft. Dieser deskriptive Satz ist als *Aussage über Gott* nur analog zu verstehen. Aber auch seine anthropologische Konsequenz, d. h. die deskriptive Aussage, was die Tatsache göttlicher Erwählung und Rettung *für den Menschen* bedeutet, wird unmittelbar in analogen Begriffen beschrieben. Die apostolische Verkündigung spricht in den bekannten Heilsindikativen von dem »in Christus« oder »im Geist« erneuerten Menschen. Die theologische Reflexion kommt mit dem Begriff der »virtutes infusae« über dieses analoge Sprechen auch nicht hinaus. Der Bezug zum Handeln bleibt darum in dem mit der eingegossenen Tugend verbundenen

heißen: der Inhalt der christlichen Moral ist menschlich *und*, ohne »erkenntnismäßig aus ›menschlichem‹ Verstehen« (vgl. J. Fuchs, Gibt es..., a. a. O. 103) herauszufallen, unterscheidend christlich.
Daß die Intelligibilität und damit die grundsätzliche Zuordnung zum allgemeinen menschlichen Verstehen zur Eigenart ethisch normativer Sätze, der kategorialen sittlichen Werte in thematisch reflexer Form (A. Auer, a. a. O. 176) gehört, darin sind wir mit A. Auer völlig einer Meinung. Unsere Fragestellung sieht jedoch insofern über diese Aussage – in der uns auch das eigentliche Anliegen von J. Fuchs, B. Schüller, W. Kerber u. a. zu liegen scheint – hinaus, als u. E. damit nur *ein* – allerdings bedeutsamer – Aspekt der Problematik der inhaltlichen Bestimmung des »unterscheidend Christlichen« erfaßt ist. Im übrigen liegt unsere Differenz zu A. Auer mehr im *Begriff* »unterscheidend christlich« als in der Sache. Denn, was die christliche Glaubenseinsicht nach Auer kritisch und stimulativ beim Weltethos bewirkt, schafft doch eine »gruppenspezifische« – wenn auch nicht grundsätzlich nur für Christen intelligible – Moral auch mit ganz bestimmter *inhaltlicher* Prägung.

Gedanken einer übernatürlichen Qualifizierung natürlicher Handlungspotenzen nur im sehr Allgemeinen. Er berührt wie der allgemeine Hinweis auf die Gottes- und Nächstenliebe den transzendental-sittlichen Akt, die christliche Intentionalität. Zur konkreten sittlichen Verwirklichung so begründeter Existenz bleiben wir auf die Ausformung eines »ordo caritatis« verwiesen[15]. Dabei müssen zwar nun die Glaubenseinsichten über den Menschen beachtet werden. Sie können aber nur so weit inhaltlich bestimmend in eine Präskription eingehen, als sie in einem *eindeutigen* Wertprädikat zum Ausdruck kommen. So müßte beispielsweise gesagt werden, daß jedem einzelnen Menschen ein personaler Wert eigen sei, der ihm unabhängig von seiner Mitgliedschaft in irgendeinem denkbaren Sozialsystem zukommt und darum von keinem Sozialsystem abgesprochen werden darf[16]. Diese Einsicht ist »menschlich« verstehbar und (zumindest heute) keine exklusive Einsicht von Christen[17]. Sie ist aber – wie die gegenwärtige Diskussion zeigt[18] – keineswegs zwingend. Für eine christliche Ethik ist sie unverzichtbar. Der Kampf um ihre grundsätzliche Anerkennung muß zum Politikum werden, d. h., Christen können sich durch keine Opportunitätsrücksicht und durch keine demokratische Mehrheitsmeinung vom Zeugnis für die gleiche Menschenwürde und das Lebensrecht auch der geistig Behinderten und der Ungeborenen abbringen lassen. Das für den

[15] Vgl. B. Schüller, Zur Problematik, a. a. O. 8.

[16] Die Soziologen sprechen von der »transzendenten Menschenwürde« und grenzen sie gegenüber der »immanenten Menschenwürde« ab. Bei der immanenten Menschenwürde erscheint der Mensch »als Repräsentant der existierenden Menschheit« bzw. »der Gemeinschaft aller existierenden Sozialsysteme« (vgl. W. Siebel, Soziologie der Abtreibung, Stuttgart 1971, 230).

[17] Die Frage, ob diese Erkenntnis entscheidend auf die Wirkgeschichte des Evangeliums zurückzuführen sei, ist praktisch unlösbar. Aus theoretischer Überlegung sagt H. U. v. Balthasar dazu lapidar: »Daß die Einzelperson ewigen und unersetzlichen Wert haben kann, ist philosophisch nicht zu begründen, weder in der vorchristlichen Philosophie noch im nachchristlichen Idealismus, geschweige denn im Materialismus und biologischen Evolutionismus« (Gott begegnen in der heutigen Welt: Spiritus Creator, Einsiedeln 1967, 274).

[18] Vgl. W. Siebel, a. a. O. Siebel meint, die durch die transzendente Menschenwürde begründete Mitgliedschaftswürde könne heute »allerdings keinen offiziellen Charakter mehr erreichen. Diese Möglichkeit zugestehen heißt, sich auf den Standpunkt der Religion stellen« (230, vgl. dazu auch Anm. 12, wo ausdrücklich betont wird mit Berufung auf N. Luhmann, R. Marcic, W. Maihofer, H. D. Schelauske, »die Menschenwürde sei aus dem Personsein allein, etwa unter naturrechtlichem Gesichtspunkte, nicht abzuleiten«).

Christen Unverzichtbare ist auch philosophisch in seinem Wahrheitsgehalt einsehbar, wenn auch möglicherweise nicht gleich zwingend. Unter Christen ist dann eine Moral ohne Berücksichtigung dieser Werteinsichten nicht möglich. Allerdings wird auch für sie das Leben dadurch nicht als absoluter Wert jeder denkbaren Güterabwägung entzogen. Das Dispositionsfeld wird zwar eingeschränkt, aber wir bleiben im Bereich der Menschlichkeit, in der bis zum Ende der Zeiten das Gute immer nur in der Wahl zwischen vorläufigen Gütern zu suchen ist.

3. Herausforderung zum christlichen Radikalismus

Gilt aber die Bedingung vernünftiger Einsicht und Abwägung in das, was vom gläubigen Menschen verlangt wird, auch für die radikalen Forderungen der Bergpredigt? Wird hier nicht die Weisheit der Welt durch die Torheit des Kreuzes überwunden? Verlangt die Nachfolge des Gekreuzigten Herrn nicht ein Leben, das vernünftige Kalkulation weit hinter sich läßt? Das sind Fragen, die ins Zentrum einer christlichen Ethik zielen. Und so, wie diese Fragen gemeinhin verstanden werden, kann man darauf auch nur mit einem selbstverständlichen Ja antworten. Ob damit aber die These von der Verstehbarkeit des sittlichen Handelns aus den Angeln gehoben wird, ist eine andere Frage.

Wir haben wohl bei der Darlegung der sittlichen Botschaft Jesu (§ 16 und 17) genügend deutlich gemacht, daß sie nur im Rahmen der präsentisch-eschatologischen Verkündigung der Gottesherrschaft verstanden werden kann. Die Basileia-Kunde eröffnet einen heilsgeschichtlichen Horizont, der immanentistisches menschliches Denken und Handeln völlig relativiert. Damit aber führt er das menschliche Denken – wie wir eben einleitend sagten – zutiefst zu sich selbst. Der eschatologische Vorbehalt durchstreicht alle Rechnungen auf menschliche Selbsterlösung. Und die in der Urgemeinde lebendige Erwartung des bald wiederkommenden Herrn zwingt zur Revision der Güterordnung und fordert damit eine neue »Kalkulation« dessen, was die Stunde verlangt. Zu unüberlegt schwärmerischem Handeln aber bietet das Neue Testament keinen Anlaß. Dazu gibt es sogar gegenteilige Mahnungen. Die im Glauben eröffneten Ziele fordern Berücksichtigung im Handeln. Dies ist aber nichts anderes, als was wir vorhin in Punkt 2 schon herausgehoben haben: Die Glaubenserkenntnis modifiziert die Einsicht in die Güter und Werte. Das Urteil über das, was daraus für das menschliche Handeln zu fordern ist, muß prinzipiell einsichtig und kommunikabel bleiben. Die Prämisse, der Verstehenshorizont für die Modifikation der Güter, ist freilich nur im Glauben erfahrbar. Für ethische Allgemeinaussagen scheint uns dies völlig klar. Ich meine aber, es gelte dies im Prinzip auch für die Gewissensentscheidung, mit der sich ein Christ zu einer persönlichen Berufung in Ehe oder Ehelosigkeit oder etwa auch zum Zeugnis der Gewaltlosigkeit entscheidet.

Dieser letzte Hinweis bedarf aber doch wohl noch einer Ergänzung. Wir haben im Zusammenhang mit den Antithesen der Bergpredigt auf die besondere Bedeutung der Botschaft Jesu zur Überwindung des Bösen (S.209ff.) hingewiesen. Sie gewinnt durch seinen Erlösungstod ein besonderes Gewicht. Ausgehend von konkreten Konflikten des Alltags, von den zwischenmenschlichen Aggressionen, von den Schwierigkeiten der ehelichen Treue oder von Lüge und Betrug, macht er deutlich, daß diese Probleme von der rechtlichen Seite her allein nicht zu bewältigen sind. Eine Veränderung der geltenden Rechtsnorm, sei es im Sinne einer Verschärfung oder einer Erleichterung, bringen den angefochtenen Menschen keine entscheidende Hilfe. Sie bringen keinen relevanten Fortschritt. Wirklich weiterführend erscheint in den Augen Jesu nur eine Neuorientierung des Denkens unter Berücksichtigung der Macht der anbrechenden Gottesherrschaft. So reicht nach seiner Lehre eine bloße Domestizierung der Rache durch die »lex talionis« nicht aus. Der Christ muß auf die Vergeltung des Bösen verzichten können und unter Umständen zum Hinhalten der anderen Wange bereit sein. Ähnliches gilt vom Scheidungs- oder vom Schwurrecht. Damit wird weder eine rechtliche Regelung dieser Bereiche noch eine notwendige Rechtsreform abgewiesen. Es wird jedoch deutlich, daß sich Jesu Bemühen nicht unmittelbar auf die Rechtsordnung und die entsprechende Gesetzgebung richtet. Er ruft vielmehr zur kritischen Prüfung der in Frage stehenden Güter und Werte. Seine radikalen Forderungen berühren den Kern der sittlichen Verantwortung. Sie haben den Charakter der Herausforderung zur kritischen Selbstprüfung. Der Herausgeforderte soll sich weder mit dem gesetzlichen Minimum noch mit dem Kalkül eigener

Einsicht und Kraft begnügen. Er soll seinen Horizont weiten auf die mit Jesus angebrochene Gottesherrschaft. In diesem Sinn steht die Forderung als Antithese zum Gesetz. Wir können Gottes Reich nur näher kommen, wenn wir im Vertrauen auf seine Verheißung unsere eigenen Erwartungen und Befürchtungen überschreiten. Eine *spezifisch christliche Ethik müßte* in ihrem Normensystem *diese antithetische Struktur* der Verkündigung Jesu deutlich *zum Ausdruck bringen.*

3. KAPITEL: ENTWICKLUNG UND BEGRÜNDUNG SITTLICH-NORMATIVER URTEILE

Die Einsicht in die unserem Handeln vorgegebenen Güter und Werte bildet die entscheidende Grundlage für die sittlichen Handlungsurteile und die darauf basierenden Normen. Ohne Kenntnis, welche bestimmenden Realitäten (Güter) und unverzichtbaren Werthaltungen (Werte) uns zur Beachtung aufgegeben sind, läßt sich nicht beurteilen, ob und wie menschliches Handeln sittlich zu verantworten sei. Das *Feststellungsurteil,* ein bestimmtes Gut, beispielsweise das Leben, sei beachtenswert, kann natürlich leicht in ein Handlungsurteil, d. h. in ein sittliches Urteil, umgeformt werden. »Beachtenswert« heißt ja nichts anderes als »im Handeln zu respektieren«. Wenn dem Menschen eine durch sein Menschsein selbst begründete Würde zukommt, so ist diese Würde zu respektieren. Wenn das Leben und die leibliche Integrität gemäß reflektierter Erfahrung (vgl. § 21) hohe Güter darstellen, dann sind sie zu achten. Die Verpflichtung zum Respekt ergibt sich allerdings letztlich nicht aus diesen Gütern, sondern aus einer umfassend verstandenen Verantwortung des Menschen. Als sittliches Subjekt ist er transzendental gefordert, sich der Realität zu stellen. Das Feststellungsurteil bringt zum Ausdruck, ein bestimmtes Gut, in unserem Beispiel das Gut des Lebens, sei unverkennbar *Objekt* sittlicher Verantwortung. Das Objekt im Tun zu beachten ist sittlich richtig, es nicht zu beachten ist sittlich falsch[1]. Man kann mit J. Messner bei solchen Feststellungen von »synthetischen Urteilen a priori« sprechen, wenn sie sich einer Verbindung von elementarer Erfahrung und vernünftiger Reflexion unmittelbar erschließen (vgl. S. 252). Man kann – wie wir gesehen haben – die Feststellungen auch in apodiktischen Sätzen zum Ausdruck bringen. Der Dekalog bietet dafür das klassische Beispiel. »Du sollst nicht durch Gewalt Blutschuld auf dich bringen! Du sollst nicht ehebrechen!« hat dann den Sinn, dem Volk die wichtigsten Güter und Werte in ständige Erinnerung zu bringen. In dieser allgemeinsten Form lassen sich die apodiktischen Sätze auf analytische Urteile reduzieren; denn sinngemäß wird ja gesagt: Du sollst nicht ungerecht töten! und dies läßt sich auch ausdrücken im Satz: *Ungerecht* töten ist *ungerecht!* Oder entsprechend: Ungerechterweise die Frau entlassen ist treulos! Solch analytische Urteile gelten natürlich immer und ausnahmslos. Solche »Tautologien« zu gebrauchen ist keineswegs sinnlos. Als appellative Sätze haben sie im Rahmen der sittlichen Verkündigung einen wichtigen Platz in der Ermahnung.

Wenn wir aber hier von der Begründung sittlich normativer Urteile sprechen, dann zielen wir auf das konkrete Handeln, auf den praktischen Umgang mit den vorgegebenen Gütern und Werten. Wir wollen wissen, wie die Menschenwürde konkret zu respektieren sei oder was ungerecht töten heiße. Ist der Waffeneinsatz der Polizei erlaubt? Ist Todesstrafe vom sittlichen Standpunkt aus zu rechtfertigen? Was ist zur Steuerhinterziehung, zum Bau von Atomkraftwerken, zum Geschlechtsverkehr Verlobter oder zur Falschaussage in Not zu sagen? Um darauf antworten zu können, muß geprüft werden, welche Güter und Werte tangiert und wie sie in einem möglichen Konkurrenzverhältnis richtig abgewogen werden. Die Beantwortung solcher Fragen ist nur durch die Synthese von Beurteilungen, d. h. in einem *synthetischen Urteil a posteriori,* möglich. Durch Verallge-

[1] Die Begriffe »sittlich gut« bzw. »sittlich böse« und »sittlich richtig« bzw. »sittlich falsch« werden in der Moraltheologie nicht einheitlich gebraucht. Wir halten uns an folgende Terminologie: Von der *Gesinnung* her (Liebe = Wohl-Wollen) sprechen wir von »sittlich gut« (aus Wohlwollen) bzw. von »sittlich schlecht« (aus Selbstsucht). Von der *Tat* her sprechen wir von »*richtig*« resp. »*falsch*«. Wenn sich nämlich die Liebe in Taten realisiert (Werke tut), steht sie vor der Wahl, an einer Güterordnung gemessen, das Richtige oder das Falsche zu tun, d. h. einen »sittlich *richtigen*« oder »sittlich *falschen*« Akt zu setzen.

meinerung der in der Beurteilung gefundenen Antwort kommen wir dann zu entsprechenden normativen Aussagen, z. B., Steuerhinterziehung sei in der Regel sittlich falsch oder der Waffeneinsatz sei unter bestimmten Bedingungen sittlich richtig usw. Die Methode, wie solche Normsätze zu begründen sind, interessiert uns in diesem Kapitel. Die traditionelle Moraltheologie behandelt diese Frage im Zusammenhang mit der Bestimmung der Sittlichkeit des actus humanus als actus moralis (de moralitate actuum humanorum); und sie achtet dabei auf das Objekt (das objektive Wirkziel) unter den gegebenen Umständen sowie auf die Absicht des Handelnden (das subjektive Wirkziel). Wir halten diesen Ansatz im Prinzip für richtig. Wir versuchen aber, die Feststellung, daß ein bestimmtes Gut als Objekt dem Handeln bestimmend vorgegeben sei, in ihrer Bedeutung für die objektive Begründung und Geltung konkreter Normen genauer zu differenzieren.
Diese Vorbemerkungen müßten eigentlich bereits deutlich genug zeigen, daß es sich bei diesem Kapitel zur Normbegründung nur um eine Teilfrage der Ethik handelt. Sie setzt die Antwort auf das Problem der ultimativen Sollensbegründung sowie die Begründung von Werteinsichten schon voraus. Man sollte darum vorsichtig sein mit einer globalen Beurteilung dieser unserer Bemühungen. Man kann nicht schon von einem ethischen Utilitarismus oder Eudaimonismus sprechen, nur weil wir der Güterabwägung als Methode der Normbegründung eine zentrale Rolle zusprechen. Man muß mitbeachten, was zur Sollensbegründung sowie zur Güter- und Wertelehre gesagt worden ist. Wir sind gerade der Überzeugung, daß sich eine Ethik nicht von einem einzigen Gesichtspunkt her konstruieren läßt. Es sind eben drei untrennbar zusammenhängende Grundfragen zu lösen, von denen jede ihre eigene Methode erheischt. Wollte man unseren Entwurf einer Fundamentalmoral unbedingt unter einem Sammelbegriff fassen, dann könnte man noch am ehesten von einer *theologisch begründeten realistischen Vernunftethik* sprechen. Dabei müßte allerdings der Begriff Vernunft[2] in jener Beziehung zum Glauben gesehen werden, wie dies im vorigen Paragraphen dargestellt wurde.

[2] Im Zusammenhang mit der Werteinsicht besagt Vernunft die natürliche geistige Fähigkeit des Menschen, Wirklichkeit zu fassen und zu verstehen. Bei der nun zu besprechenden Güterabwägung kommt ihr mehr der Charakter der positiv

§ 23 Zwei Typen der Begründung

Es ist das unbestreibare Verdienst von B. Schüller, daß er in zahlreichen Veröffentlichungen die Frage der Begründung und Geltung sittlich normativer Urteile kritisch aufgegriffen hat[3]. Er hat damit eine breite Diskussion ausgelöst[4]. Schüllers Untersuchungen haben gezeigt, daß sich in der langen Tradition katholischer Moraltheologie im Grunde zwei Argumentationstypen herausschälen lassen. Gewisse Handlungen werden durch eine Abwägung der Folgen beurteilt, bei andern scheint die sittliche Bestimmung »a priori«, unabhängig von den Folgen festzustehen. Es sind dies Begründungen, die interessanterweise auch in der modernen Ethikdiskussion eine wichtige Rolle spielen [5]. Freilich stehen sie hier in einem anderen Zusammenhang; sie haben viel-

praktischen Vernunft zu. Der ab und zu erhobene Vorwurf, die Moraltheologen würden von einem »verkürzten«, »empirisch-konkreten« Vernunftbegriff ausgehen, scheint mir nicht zu stimmen, sofern man den unterschiedlichen Gebrauch in bezug auf die unterschiedlichen Fragen beachtet.

[3] Vgl. B. Schüller, Zur Problematik allgemein verbindlicher ethischer Grundsätze, in: ThPh 45, 1970, 1–23; ders., Typen ethischer Argumentation in der katholischen Moraltheologie, in: ebd. 526–550; ders., Zur Rede von der radikalen sittlichen Forderung, in: ThPh 46, 1971, 321–341; ders., Die Begründung sittlicher Urteile, Düsseldorf 1973; ders., Neuere Beiträge zum Thema »Begründung sittlicher Normen«, in: J. Pfammatter u. F. Furger (Hrsg.), Theologische Berichte IV, Einsiedeln 1974, 109–181; ders., Empfängnisverhütung im Lichte einer ethischen Theorie teleologischen Typs, in: R. Olechowski (Hrsg.), Religion, Wissenschaft, Kultur, Jb Wiener Kath. Akad. 25, 1976/77, I 57–63; ders., Typen der Begründung sittlicher Normen, in: Concilium 12, 1976, 648–654.

[4] J. Fuchs, Der Absolutheitscharakter sittlicher Handlungsnormen, in: H. Wolter (Hrsg.), Testimonium veritati = Frankfurter Theol. Studien 7, Frankfurt a. M. 1971, 211–249; F. Böckle, Theonomie und Autonomie der Vernunft, in: W. Oelmüller (Hrsg.), Fortschritt wohin, a. a. O. 63–86.81 f.; J. Ratzinger, Prinzipien christlicher Moral, Einsiedeln 1976; F. Scholz, Wege, Umwege und Auswege der Moraltheologie, München 1976; D. Mieth, Autonome Moral im christlichen Kontext, in: Orientierung 40, 1976, 31–34., B. Schüller, Zur Diskussion über das Proprium einer christlichen Ethik, in: ThPh 51, 1976, 321–343., dazu das ausschließlich diesem Thema gewidmete Heft Concilium 12, 1976, sowie mehrere Beiträge, in: K. Demmer/B. Schüller (Hrsg.), Christlich glauben und handeln, Düsseldorf 1977.

[5] Vgl. C. D. Broad, Five Types of Ethical Theory, London ^{9}1967; H. J. McCloskey, Meta-Ethics and Normative Ethics, The Hague 1969; W. Frankena, Ethics, Englewood Cliffs 1963; D. H. Hodgson, Consequences of Utilitarianism, Oxford 1967; D. Lyons, Forms and Limits of Utilitarianism, Oxford ^{3}1970; G. E. Moore, Principia Ethica, Cambridge 1903, ^{12}1966; W. D. Ross, The Right and The Good, Oxford 1930, ^{8}1967; ders., Foundations of Ethics, Oxford 1939, ^{6}1968; G. J. Warnock, The Object of Morality, London 1971.

mehr den Charakter eines das betreffende System bestimmenden Grundprinzips. In der katholischen Moraltheologie – in der Tradition genau wie in der neueren Diskussion – haben diese Begründungstypen genau den Stellenwert, den wir ihnen soeben im Rahmen der Gesamtethik für die Normbegründung zugewiesen haben. Wir beschränken uns hier im wesentlichen auf die moraltheologische Diskussion und verweisen nur am Rande auf Entsprechungen der hauptsächlich im angelsächsischen Raum geführten Auseinandersetzungen um den »Utilitarismus« und »Konsequentialismus«.

A. Teleologische Begründung

Als *teleologisch* (von τέλος = Ziel)[6] bezeichnen wir jene Theorie, die besagt, *alle* Handlungen müßten *ausschließlich* von ihren Folgen her sittlich beurteilt werden. Eine wachsende Zahl katholischer Moraltheologen ist der Überzeugung: Sittliche Normen im zwischenmenschlichen Bereich[7] können nur unter Berücksichtigung aller voraussehbaren Folgen des Handelns begründet werden.

[6] Der Begriff »teleologisch« wird hier im Anschluß und in Weiterführung der auf C. D. Broad, Five Types of Ethical Theory, a. a. O. zurückgehenden Unterscheidung zwischen dem »teleologischen« und dem »deontologischen« (von griech. δέον) Typ einer Theorie ethischer Normbegründung gebraucht. Nach Broad ist in der teleologischen Theorie die Richtigkeit oder Falschheit einer Handlung »always determined by its tendency to produce certain consequences which are intrinsically good or bad« (ebd. 206f.), während die deontologische Theorie argumentiert: »Such and such a kind of action would always be right (or wrong) in such and such circumstances, *no matter what its consequences might be*« (ebd. 206). Eine typisch teleologisch begründende ethische Theorie ist der Utilitarismus im Gegensatz zum Intuitionismus (vgl. ebd. 206). Hierbei sei noch erwähnt, daß man in der englischsprachigen Literatur zwischen einem Handlungs- und einem Regelutilitarismus unterscheidet. Letzterer ist eine eingeschränkte Form des Utilitarismus, insofern weniger die jeweils voraussehbaren Folgen zur Handlungsnorm werden als vielmehr bestimmte mehr oder weniger feste Regeln, von denen man gemeinhin annimmt, daß sie die besten Folgen haben (vgl. J. R. Connery, Morality of Consequences: a critical appraisal, in: ThSt 34, 1973, 396–414).

[7] Wir sprechen hier nur vom zwischenmenschlichen Bereich; Forderungen, die das Grundverhältnis des Menschen zu Gott betreffen (Glaube, Hoffnung, Liebe) sind durch das absolute Gute bestimmt und fallen daher hier außer Betracht (vgl. die den gleichen Sachverhalt anzielende Unterscheidung von »Weltethos« und »Heilsethos« bei A. Auer, Autonome Moral und christlicher Glaube, Düsseldorf 1971).

1. Das Hauptargument

Ihr Hauptargument liegt im Hinweis, daß die unserem Handeln aufgegebenen Güter und Werte ausschließlich *bedingte, geschaffene* und damit *begrenzte* Güter oder Werte sind. Dann aber kann die sittliche Beurteilung des Handelns nur unter Berücksichtigung dieser Bedingtheit sowie unter Abwägung der eventuell konkurrierenden Güter erfolgen. Zwar ist der Mensch vom absoluten Grund des Sittlichen unbedingt gefordert, doch als kontingentes Wesen in einer kontingenten Welt kann er das ihn absolut anfordernde »bonum« immer nur an und in den »bona« verwirklichen, die als kontingente Güter oder Werte eben »relative« Werte sind und als solche niemals a priori als der je größte Wert, der überhaupt nicht mit einem höheren konkurrieren könnte, ausgewiesen sind. Im Hinblick auf die bona bleibt daher je nur die Frage nach dem vorzugswürdigeren bonum möglich, und das heißt, jede konkrete kategoriale Entscheidung *muß* – um nicht fälschlich Kontingentes zu verabsolutieren – letztlich auf einer Vorzugswahl beruhen, in der nach Güter- und Wertprioritäten entschieden werden muß.

2. Die Verbindlichkeit

Damit wird weder die Relevanz verpflichtender Güter oder Werte angezweifelt, noch werden allgemein verbindliche Normen bestritten. Allgemeinverbindlich regeln heißt nämlich per se weder für alle Zeiten in gleicher Weise (universell) regeln, noch bedeutet es so regeln, daß ein bestimmtes Verhalten unabhängig von jeder möglichen Bedingung und damit ausnahmslos (absolut) als geboten oder verboten gelten müßte. Wenn man beispielsweise bis vor kurzem der Überzeugung war, die Rechtsordnung könne tatsächlich nur gesichert werden, wenn Rechtsbrecher möglicherweise mit der Todesstrafe rechnen müssen, war das verallgemeinernde Urteil richtig: *Todesstrafe ist* (im allgemeinen) *erlaubt.* Heute dürfte es schwer sein, plausibel zu machen, daß die Tötung von Rechtsbrechern das einzige und proportionierte Mittel sei, den Rechtsstaat zu retten. Konsequenterweise ist generalisierend zu formulieren: *Todesstrafe ist* (im allgemeinen) *nicht erlaubt.* Beide scheinbar widersprechenden Urteile sind unter den je vorausgesetzten Bedingungen richtig. Sie bringen eine sittliche Norm zum Ausdruck, die »ut in pluribus« gilt. Die »Allgemeingültigkeit« sittlicher Normen besagt bei genauerer Analyse ein »Im-allgemeinen-gültig-Sein«, d.h., die Normen sind gültig, soweit sie das Allgemeine ausdrücken und soweit sie die notwendigen Bedingungen umfassend und zutreffend berücksichtigen. Normen dieser Art sind keine bloß gut gemeinten Ratschläge, mit denen man machen kann, was man will. Sie bringen verpflichtende Werte zum Ausdruck, an denen keiner vorbeigehen kann, der sittlich verantwortlich handeln will. Sie helfen dem einzelnen in der mühsamen Suche nach dem sittlich richtigen Handeln, aber sie entlasten ihn nicht davon zu prüfen, ob und wieweit die allgemeinen Vorschriften für seinen konkreten Fall zutreffen. Er kann nur unter Einbezug aller in Frage stehenden Werte und Umstände erkennen, wie er optimal sittlich handeln soll.

Im Zusammenhang mit dieser als teleologisch bezeichneten Begründung sittlicher Urteile wird auch klar, was ein »in sich guter« bzw. ein »in sich schlechter« Akt bedeuten kann und was nicht. »In se« oder »intrinsece inhonestum« besagt dann, dieser Akt sei durch einen objektiven Wertgehalt bestimmt. Da aber jeder geschaffene Wert bedingt ist, ist auch das sittliche Urteil über den Akt nur gültig unter der Voraussetzung der Bedingungen des entsprechenden Wertes. Dementsprechend kann es aber dann im Bereich des zwischenmenschlichen Handelns keine Akte geben, von denen man sagen könnte, sie seien unabhängig von allen Bedingungen (Umständen, Motiven) a priori in sich immer und ausnahmslos schlecht[8]. Demgegenüber finden wir in lehramtlichen Aussagen immer wieder Aussagen, die auf eine *bedin-*

[8] Gegenbeispiele lassen sich sehr leicht auf analytische Urteile reduzieren, weil der widersittliche Aspekt ins Urteil eingebracht wurde, z.B. »jemanden aus egoistischen Motiven quälen« oder auch »ehebrechen« – »unrechtmäßig mit einem fremden Partner verkehren«. Ist aber der Geschlechtsverkehr eines geschiedenen wiederverheirateten Partners unter allen Umständen »Ehebruch«? Darum geht es! Die traditionelle Moraltheologie hat um den bedingten Charakter sittlicher Urteile immer gewußt. In den Handbüchern werden die meisten Handlungen in die Kategorie der »moralitas conditionata« eingeordnet. Im zwischenmenschlichen Bereich werden nur zwei davon ausgenommen: die Lüge und ein der Zeugung widersprechender Geschlechtsakt. Hier spricht man von einer »moralitas absoluta« bzw. von einer »malitia intrinseca absoluta« (vgl. z.B. J. Mausbach-G. Ermecke, Katholische Moraltheologie, Bd. I, Münster [9]1959, 240; O. Schilling, Handbuch der Moraltheologie, Bd. I, Stuttgart 1952, 178).

gungslos sittliche Verurteilung einzelner Akte hinauslaufen. So wird in der Enzyklika »Humanae vitae« erklärt: Ein absichtlich unfruchtbar gemachter Geschlechtsverkehr sei ein in sich unsittlicher Akt (intrinsece inhonestum) und es sei »niemals erlaubt – auch aus noch so ernsten Gründen nicht –, Böses zu tun, um eines guten Zweckes willen: d.h. etwas zu wollen, was seiner Natur nach die sittliche Ordnung verletzt« (14). Dies letztere ist insofern richtig, als keine noch so gute Absicht je rechtfertigen kann, daß man *sittlich schlecht* handelt. *Die Frage ist aber, ob ein absichtlich unfruchtbar gemachter Akt bedingungslos sittlich schlecht sei.* Dies wird zwar im Text nicht explizit gesagt, aber der Begriff »intrinsece inhonestum« wird »als bedingungslos = absolut widersittlich« insinuiert, weil die Argumentation letztlich darauf hinausläuft, die künstliche Empfängnisverhütung unter allen Umständen und ohne Rücksicht auf eventuelle Folgen für verboten zu erklären. Diese Art der Begründung stößt bei den Vertretern teleologischer Argumentation auf Bedenken. Wer die Kontingenz der unsere menschlichen Handlungen bestimmenden Werte anerkennt, muß grundsätzlich für eine Berücksichtigung der Bedingungen, d.h. für eine Güterabwägung, offen sein. Das gilt für alle kontingenten Güter und gilt auch für das Gut der Zeugung. Auch von ihm kann nicht gesagt werden, es könne nie und nirgendwo gegen ein größeres Gut stehen und binde darum auf jene – in der Normierung der Empfängnisregelung implizierte – absolute Weise[9].

[9] Die praktischen Konsequenzen sind leicht zu erkennen. Wer an der moralitas absoluta festhält, kann ein abweichendes Urteil – wie es ja auch die Erklärungen zur Enzyklika oder entsprechende Synodalbeschlüsse für möglich halten – nur als »conscientia erronea« betrachten. »Eine teleologische Begründung läßt dagegen eine ›conscientia recta‹ zu; denn die Norm würde lauten: ›Der Gebrauch empfängnisverhütender Mittel ist unerlaubt, es sei denn, die Vermeidung einer Empfängnis sei sittlich gerechtfertigt und die Enthaltsamkeit dem Wohl des Ehepaares abträglich‹« (B. Schüller, Zur Problematik, a.a.O. 4f.). Wenn sich nun heute die Bedingungen so geändert haben, daß nicht nur ausnahmsweise, sondern regelmäßig der Fall einer sittlich gerechtfertigten Empfängnisverhütung eintritt, dann braucht man nicht das sittliche Urteil zu ändern, wohl aber ist die veränderte Regelmäßigkeit in entsprechender Weise normativ deutlich zu machen. Das könnte geschehen, indem man erklärt, die Empfängnisverhütung müsse in jedem Fall durch entsprechende Gründe gerechtfertigt sein und die Methode müsse auf die Gesundheit und die personale Würde der Gatten Rücksicht nehmen. Die Aussagen verschiedener Synoden der letzten Zeit gehen in diese Richtung.

3. Einwände

a) Der heute wohl *am meisten vorgetragene Einwand* gegen die teleologische Begründung kommt aus der *Sorge,* damit würden *alle Normen relativiert.* Sie hätten dann nur noch hypothetische Gültigkeit: sie gelten eben nur sofern und solange! Diese Feststellung ist im Prinzip richtig, und die Sorge ist nicht unberechtigt. Doch das sind keine Argumente gegen die Richtigkeit der Teleologie. Und es ist vor allem zu sagen, daß eine bedingte Allgemeingültigkeit keine Unverbindlichkeit darstellt. Es kommt alles darauf an, wie sie verkündet und dargestellt wird. Die Moraltheologie hat über Jahrhunderte hinweg die allermeisten operativen Handlungsnormen durch Güterabwägung begründet. Im Umgang mit dem fundamentalsten aller Güter, mit dem Leben, war dies selbstverständlich. Niemand kam deswegen auf die Idee, das Leben stehe beliebig zur Disposition oder die entsprechenden Normen würden nicht verpflichten. Im Kern geht es bei der teleologischen Begründung um die Kritik falscher Verabsolutierungen, wie sie in letzter Konsequenz eigentlich nur für die Lüge und den »widernatürlichen« Gebrauch der Geschlechtlichkeit vorgetragen wurden. Darauf ist gleich zurückzukommen. Hier genüge es, nochmals festzustellen, daß gerade der gläubige Mensch weiß, daß es *nur ein* höchstes, *absolutes Gut gibt: Gott.* Er fordert, daß wir uns bedingungslos glaubend, hoffend und liebend in dieser Welt relativer Güter und Werte in ständiger Vorläufigkeit bewähren.

b) *Ein zweiter Einwand* betont, grundlegende menschliche Güter dürften nie direkt verletzt werden. Wenn bei einem Konflikt zwischen zwei Werten nicht beide verwirklicht werden können, so dürfe man die Verletzung des einen nur *indirekt zulassen.* Bei diesem vor allem von G. Grisez[10] vorgetragenen Einwand ist zuerst nicht deutlich, was er genauerhin mit »grundlegenden menschlichen Gütern« meint. Allem Anschein nach meint er damit ungeschieden »Güter und Werte«. Es wird jedenfalls in einem Atemzuge vom Leben wie von Rechtschaffenheit und Gerechtigkeit gesprochen[11]. Hier liegt aber das Problem. Hier

[10] Vgl. G. Grisez, Abortion: The Myths, the Realities, and the Arguments, Washington 1970.

[11] Vgl. R. McCormick, Das Prinzip der Doppelwirkung einer Handlung, in. Concilium 12, 1976, 662–670, 666.

zeigt sich genau der Fehler mangelnder Unterscheidung zwischen Gütern und Werten, wie wir sie immer wieder monieren. *Güter,* die unserem Bewußtsein vorgegeben sind, haben als solche nicht sittlichen, sondern »*prä-sittlichen*« Charakter. Ihre – auch direkte – Verletzung zeigt sich im Leben immer wieder als notwendig. Die Tradition hat auch nie etwas gegen die direkte Verletzung des Lebens bei der Verhängung der Todesstrafe eingewandt. Dabei handelt es sich um das fundamentalste Gut, wenn auch nicht um den höchsten Wert. *Werte,* wie wir sie definiert haben, besitzen dagegen sittlichen Charakter. Sie dürfen in der Tat nie direkt verletzt werden. Ich darf nie ungerecht, nie treulos, nie zuchtlos sein. Darüber herrscht doch gewiß Einvernehmen. Jedenfalls behauptet kein Vertreter der teleologischen Argumentation das Gegenteil. Es kann also nie gefragt werden, ob jemand untreu oder ungerecht sein darf; es kann und muß aber gefragt werden, unter welchen Umständen jemand ohne Verletzung der Treue an ein Versprechen nicht mehr gebunden sei. Der Einwand scheint mir daher kein Argument gegen die teleologische Begründung zu sein. Freilich scheint mir die Art und Weise, wie ein physisches Übel verursacht bzw. ein Gut verletzt wird, aus rechtlichen und damit auch sozial-ethischen Gründen nicht ohne Bedeutung.

Die katholische Moraltheologie hat zur Beurteilung bestimmter Konfliktsituationen des menschlichen Handelns das *Prinzip der Doppelwirkung* entwickelt[12], das die Inkaufnahme eines bestimmten Übels, das zur Erreichung eines notwendigen Guten unabdingbar ist, unter folgenden vier Bedingungen rechtfertigt bzw. toleriert[13]:

1. Die Handlung, aus der sich die schlechte Folge ergibt, muß an sich gut oder indifferent, sie darf nicht sittlich schlecht sein.
2. Die Absicht beim Handeln muß gut sein, d. h., die schlechte Folge darf nicht intendiert werden.

[12] Sie bezog sich mit dem Begriff »Doppelwirkung« auf einen Thomastext (STh II–II 64,7): »Nihil prohibet unius actus esse duos effectus, quorum alter solum sit in intentione, alius vero sit praeter intentionem. Morales autem actus recipiunt speciem secundum id quod intenditur, non autem ab eo quod est praeter intentionem ... Potest tamen aliquis actus ex bona intentione proveniens illicitus reddi si non sit proportionatus fini.« Dabei ist aber diese Stelle, wie F. Scholz jüngst wieder überzeugend gezeigt hat, grundlegend mißdeutet worden (vgl. F. Scholz, Wege, Umwege und Auswege der Moraltheologie, Ein Plädoyer für begründete Ausnahmen, München 1976, 112–120.

[13] Zur Formulierung dieser Bedingungen vgl. R. McCormick, Das Prinzip der Doppelwirkung einer Handlung, a. a. O. 662; F. Scholz, Wege ..., a. .a. O. 79; A. Vermeersch, Theologia Moralis, Principia – Responsa – Consilia I, Rom 1947, 105 ff.

3. Die schlechte Folge muß sich ebenso unmittelbar ergeben wie die gute Wirkung, denn sonst wäre sie ein Mittel zur guten Wirkung und somit intendiert.
4. Es muß ein entsprechend schwerwiegender Grund vorliegen, um die schlechte Folge in Kauf zu nehmen.
In der Anwendung dieses Prinzips wird die schlechte Folge einer Handlung beim Vorliegen eines hinreichenden Grundes unter Ausschluß der *direkten* Willensintention als eine *unbeabsichtigte* Nebenwirkung *gerechtfertigt;* die traditionelle Anwendung des Prinzips der Doppelwirkung gründet also wesentlich in der Unterscheidung von direkt und indirekt Gewolltem, wodurch die Kollision mit deontologisch verstandenen Normen vermieden ist.
Bei der näheren Betrachtung dieser für die traditionelle Argumentation wesentlichen Unterscheidung zwischen direkt und indirekt Gewolltem drängt sich unter Berücksichtigung der von der Tradition selbst aufgestellten Kriterien der Verdacht mangelnder Logizität auf: was als in Kauf genommene Nebenwirkung gefordert und ausgegeben wird, erweist sich de facto als – wenn auch indirekt, so doch – Gewolltes, d. h. als *Mittel*[14]. »Entweder kommt die gute Wirkung über die üble zustande oder die üble muß als conditio sine qua non mitgewollt werden, sowenig das auch gewünscht werden mag«[15]. An diesem Punkt setzt die heutige Diskussion um das Prinzip der Doppelwirkung ein.
P. Knauer gibt in seiner Untersuchung[16] als erster die in der traditionellen Argumentation des Prinzips der Doppelwirkung grundlegende Unterscheidung zwischen direkt und indirekt Gewolltem als das für die sittliche Bewertung von Handlungen maßgebende Kriterium auf und setzt an dessen Stelle den *angemessenen Grund:* »Wenn der Grund einer Handlung angemessen ist, bestimmt er allein den *finis operis,* so daß dann die betreffende Tat sittlich gut ist.«[17] Die Antwort auf die sich daraus ergebende Frage nach der Beurteilung der Angemessenheit des Grundes sieht Knauer mit der Formel Thomas' »actus ... proportionatus fini« (STh II–II 64,7) gegeben, die für ihn gleichbedeutend ist mit der Definition: »Die Handlung entspricht ihrem Grund.«[18] Er hält also einen Grund für angemessen, insofern »die Handlung dem Wert angemessen

[14] *Mittel* nennen wir mit Aristoteles den Sachverhalt, den wir nicht um seiner selbst willen als Ziel erstreben, sondern den wir um eines anderen Zieles willen, das wir erreichen wollen, willentlich (absichtlich) herbeiführen (Aristoteles, NE I, 1 [1094a 1–25] und I, 6 [1097a 25–34]).
[15] F. Scholz, Wege ...,a. a. O. 125.
[16] P. Knauer, Le détermination du bien et du mal moral par le principe du double effet, in: Nouvelle Revue Théologique 87, 1965, 356–376; vgl. auch: ders., The Hermeneutic Function of the Principle of Double Effect, in: Natural Law Forum 12, 1967, 132–162 sowie ders., Überlegungen zur moraltheologischen Prinzipienlehre der Enzyklika »Humanae vitae«, in: ThPh 45, 1970, 60–74.
[17] P. Knauer, The Hermeneutic Function of the Principle ..., a. a. O. 141.
[18] »L'acte est proportionné à sa raison« (P. Knauer, La détermination ..., a. a. O. 369).

ist, den sie verfolgt«[19]. Der sittliche Gehalt einer Handlung wird somit nicht mehr an den mit ihr gesetzten üblen Folgen gemessen, sondern an dem für die Zulassung der Folge hinreichenden Grund[20].

L. *Janssens*[21] gelangt von einem etwas anderen Ansatz zu einem ähnlichen Ergebnis wie Knauer. Grundlage seiner Überlegungen ist die thomistische Handlungstheorie, deren Ausgangspunkt der innere Willensakt ist[22]; dieser setzt sich zusammen aus dem Streben nach dem Ziel (intentio) sowie der Wahl der Mittel (electio)[23] – electio und intentio sind Aspekte des *einen* Aktes[24], dessen *Formal*objekt das Ziel (finis) ist. Dieses wiederum bestimmt den actus exterior als Mittel zu diesem Ziel. Er bildet das *Material*objekt der Handlung[25]. Es ist somit das *Ziel,* das über die Sittlichkeit einer Handlung entscheidet[26]. Dieses Ziel des inneren Willensaktes darf allerdings nie etwas ontisch Schlechtes (Übel) sein, »wenn unter Ziel verstanden wird, was der Tätigkeit des Subjekts endgültig und im Vollsinn des Wortes ein Ziel setzt«. Das ontisch Schlechte (Übel) kann jedoch Ziel sein, »wenn dieses Ziel nicht als Endziel gewollt wird, sondern bloß als *finis medius et proximus* zu einem höhern Ziel«[27]. Gerade dadurch muß das Materialobjekt dem Formalobjekt adäquat, d. h. angemessen, sein. Maßstab für Janssens ist demnach auch die *debita proportio* des Mittels zum Ziel[28]; sie entscheidet darüber, ob ein Übel im *moralischen* Sinn intendiert wird oder nicht[29].

[19] ». . . il y a raison proportionnée lorsque l'acte est proportionné à la valeur qu'il poursuit« (P. Knauer, La détermination . . ., a. a. O. 368 f.).

[20] Dies impliziert die früher wenig beachtete scharfe Unterscheidung zwischen physischem *Übel* und moralisch *Bösem:* »Eine innerlich moralisch böse Handlung liegt in diesem Konzept dann vor, wenn durch das Tun oder Lassen ein physisches Übel bewirkt wird, für dessen Realisierung kein Grund vorliegt« (F. Scholz, Wege, 123). In diesem (neuen) Sinn behält Knauer auch die Unterscheidung zwischen direkt und indirekt der traditionellen Argumentation bei: »Die Zulassung oder Verursachung eines physischen Übels ist direkt oder indirekt, je nachdem ein entsprechender Grund vorhanden ist oder nicht.« Liegt ein solcher Grund vor, »nimmt er den gleichen Platz ein wie das direkt Gewollte und bestimmt allein den gesamten sittlichen Gehalt einer Handlung« (P. Knauer, The Hermeneutic Function of the Principle . . ., a. a. O. 141).

[21] L. Janssens, Ontic Evil and Moral Evil, in: Louvain Studies 4, 1972, 115–156.

[22] »voluntas fertur in finem ut est ratio volendi ea quae sunt ad finem« (STh I–II 8,3).

[23] STh I–II 12,4 ad 3; vgl. 12, 1 ad 4.

[24] »Manifestum est ergo quod unus et idem motus voluntatis est quo fertur in finem, secundum quod est ratio volendi ea quae sunt ad finem, et in ipsa quae sunt ad finem« (STh I–II 8,3).

[25] »Finis autem comparatur ad id quod ordinatur ad finem, sicut forma ad materiam« (STh I–II 4,4).

[26] »finis enim dat speciem in moralibus« (STh II–II 43, 3 [vgl. I–II 1,3]).

[27] Janssens, Ontic Evil . . ., a. a. O. 141.

[28] Ebd. 140.

[29] Die hier wiederum begegnende Unterscheidung zwischen *direkt* und *indirekt* besagt de facto eine Identifizierung dieser Begriffe mit dem *angemessenen Grund.*

B. *Schüller*[30] legt in seiner Argumentation die bei Knauer[31] implizierte Unterscheidung von sittlich Bösem und nichtsittlichem Übel zugrunde. Hinsichtlich der *Mitwirkung zum sittlich Bösen* (der Sünde eines anderen) besteht die Unterscheidung von direktem Wollen und Zulassen (indirektem Wollen) zu Recht. Man darf Sünde niemals positiv wollen. Man darf aber aus einem wichtigen Grund in Kauf nehmen, Anlaß zur Sünde zu geben. Wo es sich jedoch um die *Verursachung nicht-sittlicher Übel handelt,* verliert die Unterscheidung direkt – indirekt ihren eigentlichen Sinn. Wo ein entsprechender Grund vorhanden ist, darf ein physisches Übel auch direkt gewollt und verursacht werden.
Die genannten Untersuchungen von Knauer, Janssens und Schüller zeigen deutlich, daß das der klassischen Argumentation des Prinzips der Doppelwirkung nach *indirekt* Gewollte in allen Fällen, in denen ein Wesenszusammenhang besteht, de facto ein *Direktes* ist. »Was als in Kauf genommene Nebenfolge ausgegeben wurde, hat sich als still und uneingestanden erwähltes (übles) Mittel oder als unverzichtbare Voraussetzung zur Erreichung des ins Auge gefaßten Ziels erwiesen.«[32] Die in der vierten conditio des Prinzips explizit abgelehnte Abhängigkeit der guten von der üblen Wirkung ist demnach *tatsächlich* gegeben, wodurch sich das »indirekt« Gewollte eo ipso als ein um des übergeordneten Zieles willen *direkt* Gewolltes erweist. Das alte Gebot: »Niemals direkt« ist durch die Neufassung »direkt aus angemessenem Grund« zu ersetzen.

Ich halte die von den eben genannten Autoren geleistete Analyse des Prinzips der Doppelwirkung für richtig. Ich stimme auch B. Schüller zu, daß im Hinblick auf die Verursachung eines physischen Übels primär die Güterabwägung, d. h. eine teleologische Begründung der sittlichen Qualität der Handlung, entscheidet. Ich glaube aber, daß die Unterscheidung im Modus der Verursachung durch ein freiwilliges Tun (volo agere) bzw. durch freiwilliges Unterlassen volo non agere) trotzdem auch beim physischen Übel nicht außer acht gelassen werden darf. Es ist nicht gleichgültig, ob man bei einem Patienten die nicht mehr indizierte Infusion abstellt und damit den baldigen erlösenden Tod fördert oder ob man ihm eine sofort tödlich wirkende Spritze setzt. Im *Rechtsbereich* ist der Fall klar: für die Unterlassung oder den Abbruch einer Therapie ist man nur verantwortlich, sofern dies als pflichtwidrig erwiesen werden kann. Für ein direkt wirkendes Tun wird man in jedem Fall zur Verantwortung gezogen. Für den *sittlichen Bereich* vermag ich allerdings *keinen wesentlichen*

30 B. Schüller, Direkte Tötung – indirekte Tötung, in: ThPh 47, 1972, 341–357.
31 Vgl. Anm. 20.
32 Vgl. F. Scholz, Wege ..., a. a. O. 125.

Unterschied zu erkennen. Der Unterschied ist durch die *Rechtssicherheit* bedingt (Prinzip des periculum commune). Da es aber kein vom sozialen Bezug losgelöstes Handeln gibt, scheint mir der Unterschied auch für die *sittliche* Verantwortung bedeutungsvoll.

B. Deontologische Begründung

Als *deontologisch* (τὸ δέον = Pflicht) bezeichnen wir jene Theorie, die behauptet, *nicht alle* Handlungen seien ausschließlich durch ihre Folgen sittlich bestimmt. Diese Theorie schließt also nicht aus, daß manche Handlungen teleologisch beurteilt werden müssen. Sie verneint aber, daß dies allgemein so sei. Ihre Vertreter sind überzeugt, daß es Handlungen gebe, die unabhängig von möglichen Umständen in sich selbst sittenwidrig seien, gleichgültig, welche Folgen auch damit verbunden seien. Dazu zählen sie beispielsweise die Falschaussage (Lüge) oder den Ausschluß der Zeugung aus dem Geschlechtsakt (Masturbation, Sterilisation). Darüber hinaus gibt es ihrer Meinung nach auch Handlungen, die zumindest unter bestimmten Umständen, unabhängig von den Folgen, immer und ausnahmslos verboten sind. Dazu wäre etwa die Tötung eines unschuldigen Menschen (occisio innocentis) zu rechnen. In der öffentlichen Diskussion werden oft auch Handlungen als »ganz offensichtlich immer und unter allen denkbaren Umständen verboten« hingestellt, die sich aber leicht auf analytische Urteile rückführen lassen. So wird etwa gesagt: Mord, Meineid oder Ehebruch seien doch gewiß immer schlecht. Darüber besteht kein Zweifel; denn Mord heißt »unrechtmäßig töten« oder Ehebruch heißt »unrechtmäßiger Geschlechtsverkehr«. Ein unsittliches Tun ist natürlich immer unsittlich. Es lassen sich beliebig viele Sätze bilden, bei denen im Subjekt das im Prädikat angesprochene Unwerturteil schon eingeschlossen ist (vgl. S. 308, Anm. 8). Darüber kann der wissenschaftliche Streit um die Begründung sittlicher Urteile sinnvollerweise nicht gehen. Wir müssen uns darum hier auf die Begründung der eben erwähnten zwei Kategorien von Handlungen beschränken.

1. Das Argument einer allgemeinen Gefahr

Das Argument drohender allgemeiner Gefahr beruht an sich auf einer Güterabwägung. Es ist also eigentlich teleologischer Natur. Mit dem Hinweis auf die für die Rechts- und Sittlichkeitsordnung drohende Gefahr wird jede an sich denkbare Ausnahme von der Regel ausgeschlossen. So wurde von vielen Autoren z. B. das ausnahmslose Verbot des außerehelichen Geschlechtsverkehrs begründet[33]. Es lassen sich sicher Fälle denken, bei denen weder das Wohl des Kindes (bonum prolis) noch das persönliche Wohl der zwei Liebenden gefährdet scheint; wollte man aber in diesen Fällen die Entscheidung den Betroffenen freistellen, so würde dies zu einer ernsten Gefahr für die Ordnung führen. Sosehr selbstverständlich immer auch das allgemeine Wohl und die institutionellen Werte in eine Güterabwägung einbezogen werden müssen, so vermag doch der Hinweis auf dieses übergeordnete Gut aus sich keine Ausnahmslosigkeit der Norm zu begründen. Es läßt sich immer noch der Fall denken, daß von den Betroffenen (z. B. durch Geheimhaltung) der mögliche Schaden abgewandt oder so vermindert werden könnte, daß er wieder aufgewogen würde. Das Argument einer allgemeinen Gefahr bleibt grundsätzlich dem teleologischen Typ zuzurechnen.

In die gleiche Ordnung gehört auch *das Argument der mangelnden Berechtigung,* mit der man die Selbsttötung oder die Tötung Unschuldiger als ausnahmslos verboten zu erweisen suchte. Schüller macht dazu mit Recht aufmerksam, daß dabei vielfach eine falsche Vorstellung der Verantwortung des Menschen vor Gott im Spiele sei[34]. Hierzu wäre alles zu wiederholen, was wir zur theonomen Autonomie des Menschen ausgeführt haben. Es steht aber hinter der Argumentation noch eine weitere Überlegung. Die Moraltheologen als Verantwortliche für die Normbegründung fragen sich gewissermaßen stellvertretend, ob sich für eine bestimmte Handlung, z. B. Tötung eines Unschuldigen, beim Durchdenken aller Möglichkeiten überhaupt eine Situation ab-

[33] Vgl. B. Schlegelberger, Vor- und außerehelicher Geschlechtsverkehr. Die Stellung der katholischen Moraltheologen seit Alphons von Liguori, Remscheid 1970. In ähnlicher Weise wird auch die ausnahmslose Gültigkeit der konkret geltenden Rechtsordnung für die Unauflöslichkeit der Ehe bewiesen (vgl. R. Gall, Fragwürdige Unauflöslichkeit der Ehe?, Zürich 1970).
[34] Vgl. B. Schüller, Die Begründung sittl. Urteile, a. a. O. 180f.

zeichne, bei der in verantwortlicher Abwägung aller Güter eine Ausnahme denkbar wäre. Läßt sich eine solche nicht finden, betrachtet man das Verbot faktisch als ausnahmslos und unter allen Umständen gültig. Doch auch diese praktische Argumentation – die als pragmatische auch ihre Richtigkeit hat – überschreitet prinzipiell nicht die Teleologie. Unter den endlichen Gütern kann es nun einmal keines geben, von dem man sagen könnte, ein ihm bedeutenderes lasse sich nicht denken. Zur Deontologie im eigentlichen Sinn führt darum nur ein bestimmtes Verständnis von der Naturordnung.

2. Die Berufung auf die Naturordnung

Die katholische Naturrechtstradition hat über Jahrhunderte hinweg die operativen Handlungsregeln durch Güterabwägung begründet. Das schließt – wie wir gezeigt haben (S. 250f.) – nicht aus, daß dabei auch auf die »rectitudo naturalis« zurückgegriffen wird. So kann etwa Thomas im Hinblick auf die Lüge sagen, es sei der Naturzweck (intentio naturae) des Sprechens, das, was man denkt und empfindet, zu sagen. So sei Unwahrhaftigkeit gegen die Natur des Sprechens und damit gegen die menschliche Natur (vgl. II–II 110,3). Und Thomas läßt auch um der Vermeidung größeren Übels willen eine Falschaussage nicht gelten (110,3 ad 4). Mit diesem Beispiel scheint sich Thomas einer Argumentation zu bedienen, die man bei einem »Neo-Thomisten« als essentialistisch bezeichnen würde. Aus der Gesamtlehre des Aquinaten läßt sich aber zeigen, daß der Rückgriff auf die Natur im Rahmen der Vernunftordnung verstanden werden muß[35]. Auch F. Suarez, der eine für die Neuzeit bestimmende Konzentration auf die objektiv vorgegebene Aktmoral vollzogen hat[36], betont ausdrücklich, daß

[35] Die Lüge widerspricht in einer viel tieferen Weise der Vernunftordnung. Die Wahrhaftigkeit als eine Grundform der Wahrheit hängt so fundamental mit der Vernunftordnung zusammen, daß sie sozusagen ihr Apriori bildet. Hier scheint das Prinzip der Rationalität selbst durch den Widerspruch gefährdet (vgl. I–II 18,5; 94,2). Sittliches Handeln ist in erster Linie vernunftgemäßes Handeln, das sich nicht widersprüchlich vollziehen darf und das gerade als solches die menschliche Natur verwirklicht und vollendet (vgl. F. Böckle, Natürliches Gesetz als göttliches Gesetz, in: F. Böckle/E. W. Böckenförde [Hrsg.], Naturrecht in der Kritik, a. a. O. 179–183).

[36] Vgl. § 19.

man zum Verständnis des in sich guten bzw. in sich schlechten Aktes »die Bedingungen und Umstände erforschen muß, unter denen der betreffende Akt in sich schlecht oder in sich gut ist«[37]. Damit wird deutlich, daß die innere Bestimmung des Aktes (malitia intrinseca) keineswegs mit bedingungsloser (absoluter) sittlicher Bestimmung gleichgesetzt werden kann.
Erst gegen Ende des 19. und zu Beginn des 20. Jahrhunderts setzt sich in der Moraltheologie eine neue Naturrechtsauffassung durch. Anstelle einer objektiv begründeten Vernunftordnung tritt die göttliche *Natur- oder Wesensordnung,* in die der Wille Gottes selbst eingeschlossen ist. Vermeersch macht den Moraltheologen des 18. und 19. Jahrhunderts den Vorwurf, sie sähen die Sittenordnung wie eine objektiv begründete Rechtsordnung. Die Sittenordnung erscheine dann als sekundäre Ordnung, d. h. als eine Ordnung, die aufgrund vorgegebener Wirklichkeit von der sittlichen Vernunft entworfen und begründet wird. Dabei würden die einzelnen Akte nach der Bedeutung ihrer Objekte und nach den möglichen Folgen beurteilt. Demgegenüber gelte es, den wahren Charakter des göttlichen Sittengesetzes zu erkennen. Dieses ist in der Seinsordnung vorgegeben. Die sittliche Ordnung ergibt sich unmittelbar aus dem Wesen des Menschen und der ihn umgebenden Welt. Sie läßt sich durch Verallgemeinerung und Abstraktion aus der Erfahrung gewinnen. Diese Ordnung ist als Wesensordnung prinzipiell schon immer unveränderlich vorgegeben. Es ist Gottes eigene Ordnung. *Ihre Verletzung ist daher immer und in jedem Fall innerlich schlecht.* Ein Unterschied ergibt sich nur hinsichtlich der »gravitas materiae«. Die Ordnung kann in ihrer Substanz oder nur in ihrer Integrität verletzt werden. Eine Verletzung, die den Menschen und seine Naturanlage betrifft, muß als substantielle Verletzung objektiv immer als schwere Sünde beurteilt werden[38]. Eine Verletzung der Integrität der Ordnung dagegen wäre eine nur läßliche Sünde.

[37] Vgl. F. Suarez, De Legibus, Lib. II, cap 16, n. 6: »lex autem secundum se spectata non praecipit actum nisi ut illum bonum esse supponit, nec prohibet nisi prout supponit intrinsece malum, et ideo ad intelligendum verum sensum naturalis praecepti, necesse est inquirere conditiones et circumstantias cum quibus actus ille secundum se malus est vel bonus, et haec vocatur interpretatio praecepti naturalis quoad verum sensum eius.«
[38] Vgl. A. Vermeersch, De castitate et de vitiis contrariis, Rom ^{2}1921, n. 305; Text zitiert bei B. Schlegelberger, a. a. O. 129.

Wir können hierzu nur kritisch erinnern an das, was wir zur Frage des natürlichen Sittengesetzes ausführlich dargelegt haben (vgl. § 19). Insbesondere verweisen wir auf die Schwierigkeiten – um nicht zu sagen Unmöglichkeit – der Erkenntnis einer Wesensordnung so konkreter Art. Es ist in der Moraltheologie nicht strittig, daß die sittliche Ordnung in Grundwerten verankert ist, die dem Menschen unverfügbar und verpflichtend vorgegeben sind. Durch eine Überanstrengung »metaphysischer« Erkenntnis wird aber gerade diese Rückbindung gefährdet. Karl Rahner hat bereits in den fünfziger Jahren vor einer solchen Überziehung der moraltheologischen Naturrechtsargumentation gewarnt[39]. J. Ratzinger hat jüngst ebenfalls auf die Folgen dieser Entwicklung hingewiesen: »Bei dem Versuch, Werte metaphysisch zu begründen und abzuleiten, wird die grundsätzliche Möglichkeit von Metaphysik nicht genug bedacht, womit das Ganze in Gefahr gerät, ins Unbegründete, Unreale, Fiktive zu entgleiten.«[40] Wir dürfen nicht da, wo die Anwendung der Grundwerte auf das konkrete Handeln schwierig wird, die plausible Begründung durch einen Naturrechtspositivismus ersetzen, »der aus der vermeintlichen Metaphysik eine theokratische Lehramtsgesetzgebung macht... Was als pragmatische Regel hingehen mochte, kann unerträglich werden, wenn es als ewige Wahrheit der lex naturalis ausgegeben wird.«[41]

[39] Vgl. K. Rahner, Bemerkungen über das Naturgesetz und seine Erkennbarkeit, in: Orientierung 19, 1955, 239–243.
[40] J. Ratzinger, Theologie und Ethos, in: K. Ulmer (Hrsg.), Die Verantwortung..., a. a. O. 57.
[41] Ebd.

Dritter Abschnitt: Der Beitrag der Kirche

Theologie ist keine Privatwissenschaft. Theologie geschieht im Raum der Kirche; sie gehört zur wesentlichen Funktion der Kirche. Weil die Kirche sich aus dem Glauben an Gottes Heilshandeln in Jesus Christus aufbaut, gehört das immer neue Durchdringen und Verstehen der Offenbarung Gottes in der Geschichte zu ihrem Selbstvollzug als Gemeinschaft gläubiger und im gleichen Glauben verbundener Menschen. Dem Verstehen der Glaubensbotschaft im umfassenden Sinn dient die Theologie. Für die *Moraltheologie* als theologische Ethik spielt darum das lebendige *sittlich-religiöse Glaubensbewußtsein der Kirche* eine fundamentale Rolle. Es hat als »unmittelbare Quelle« – so wurde es in den Handbüchern genannt – alles theologische Bemühen zu speisen. Die Art und Weise, wie dies geschieht, kann verschieden sein. In einer säkularisierten Gesellschaft, in der dieses sittliche Bewußtsein bald herausgefordert und bald wieder kritisch in Frage gestellt wird, muß dieser Situation Rechnung getragen werden. Die Theologie hat die Fragen und Zweifel der Menschen zu hören und aus dem Glaubensbewußtsein heraus darauf eine glaubhaft überzeugende Antwort zu geben. Sie muß sich dabei von billiger Anpassung genau so fern halten wie von falscher Verabsolutierung. Wir haben uns bemüht, unseren Entwurf einer Fundamentalmoral im ganzen so zu verstehen. Dieser moraltheologische Beitrag als ganzer soll ein Beitrag der Kirche, d. h. ein aus dem kirchlichen Glaubensbewußtsein heraus geschriebener Beitrag, sein. Wenn wir trotzdem hier noch einen eigenen Abschnitt – freilich nur in der Form eines einzigen Paragraphen – beifügen, so geschieht dies nur, um auf ein paar Einzelpunkte hinzuweisen, die gerade in den Auseinandersetzungen der letzten Jahre im innerkirchlichen Bereich zur Diskussion gestanden sind.

§ 24 Kirche und sittliche Norm

Der Gang durch die Bibel wie der Blick auf die Naturrechtstradition haben uns gezeigt, daß sich der Anspruch Gottes an den Menschen seinem sittlichen Gehalt nach weder in einer Sammlung von biblischen Aussagen noch in einer Auswahl von Naturrechtssätzen einfach konservieren und tradieren läßt. Christliche Ethik fordert eine immer wieder neue, geschichtlich bedingte Konkretisierung der Botschaft von »Gottes Herrschaft und Reich«, wie wir die βασιλεία-Verkündigung Jesu mit dem Hauptgebot der Gottes- und Nächstenliebe genannt haben. So ist die Findung und Formulierung konkreter sittlicher Weisungen ein geschichtlicher Prozeß, bei dem der Kirche in ihren verschiedenen Gliederungen und Ämtern eine wichtige Rolle zufällt. Dabei liegt für den Glauben der ausschließliche Bezugspunkt »im Jesusgeschehen ... und nicht in einer abstrakt übergeschichtlichen ›lex aeterna‹, deren Absolutheit sich in unmittelbarer Deduktion geschichtlichen Normenentwürfen mitteilt. Das heißt: Es wird nicht von einem übergeschichtlichen Seins-›ordo‹ auf geschichtliche Situationen hingedacht; die immanente Richtung des Denkens verläuft vielmehr von der ontologischen Einzigartigkeit des vergangenen Jesusgeschehens zur Gegenwart der eigenen Einsicht wie Entscheidung. Für den Glauben liegt der übergeschichtliche ›ordo‹ im geschichtlichen Jesusereignis beschlossen.«[1] Zur Erkenntnis sittlicher Wahrheit und erst recht zu deren Konkretisierung in praktischen Handlungsnormen ist darum die *Glaubenserfahrung* der gesamten Kirche (A) von großer Bedeutung. Im Bewußtsein der »Kommunikabilität« sittlicher Wahrheit wird es das Bemühen aller sein müssen, sie möglichst breit in das *gesellschaftliche Denken* und Handeln einzugliedern (B). Soweit im sittlichen Bereich eigentliche Glaubenswahrheiten berührt werden, kommt dem *kirchlichen Lehramt* auch eine spezifische Funktion zu (C).

[1] K. Demmer, Die Weisungskompetenz des kirchlichen Lehramts im Licht der spezifischen Perspektivierung neutestamentlicher Sittlichkeit, in: K. Demmer/B. Schüller, Christlich glauben, a. a. O. 143.

A. Die Glaubenserfahrung der Gesamtkirche

Das Suchen und Ringen nach konkreten Verhaltensnormen zur Lösung schwieriger Probleme unserer Gesellschaft kann weder von den Lehramtsträgern noch von den Moraltheologen allein geleistet werden. Hier besteht offenbar zwischen der traditionellen Auffassung vom kirchlichen Lehramt und der Mitverantwortung der gesamten Kirche noch reichlich Unsicherheit. Es ist klar zu unterscheiden zwischen dem Prozeß der Wahrheitsfindung einerseits und einem unter Umständen notwendigen Entscheidungsakt durch das authentische[2] Lehramt. Und guter theologischer Begriffsbestimmung gemäß kommt dem kirchlichen Lehramt per se nur für den formalen Akt der »Vorlegung einer Glaubenswahrheit« *unersetzliche* Bedeutung zu. Es besteht wohl kein Zweifel, daß zu der immer umfassenderen und praktisch gelebten Wahrheitsfindung alle Gläubigen gerufen und ermächtigt sind. »Der Leib Christi hat prinzipiell weder verschiedene voneinander abgeschlossene Vollkommenheitsstufen noch irgendeine reservierte Erkenntnis.«[3] Es geht gerade bei der sittlichen Botschaft um eine zu lebende und letztlich auch in einem Leben aus dem Glauben zu verifizierende Wahrheit. Hier darf das Zeugnis engagierter Christen nicht überhört werden. Hier gibt es jene Normfindung »von unten«, von der wir im Paragraphen über die Erfahrung ausführlich gehandelt haben. Es gelten dafür im Prinzip auch die gleichen Regeln. Auch hier hat das faktische Verhalten als solches selbstverständlich keine, mindestens keine direkte normative Kraft. Es kann immer nur die einem tatsächlichen Verhalten innewohnende Überzeugung sein, die auf soziale Anerkennung drängt und als solche normative Kraft entwickelt. Man wird aber auch innerhalb der Kirche schwerlich einer Überzeugung einfach deswegen, weil sie das Leben bestimmt, ehe sie auch amtlich-rechtlich anerkannt ist, Glaubenseinsicht und

[2] Die viel gebrauchten Begriffe »authentisch« und »unfehlbar« gehören verschiedenen Bereichen an. »Authentisch« entstammt der Rechtssprache und meint die »amtliche« Verkündigung der Kirche im Unterschied zu einer »privaten«. Das Begriffspaar »fehlbar – unfehlbar« qualifiziert einen Urteilsprozeß: Es geht dabei nicht um Erkenntnis von Wahrheit, sondern um das *Urteil*, dieses Erkannte gehöre zum Depositum fidei (oder nicht).

[3] A. Müller, Das Problem von Befehl und Gehorsam im Leben der Kirche, Einsiedeln 1964, 100.

Vernunft absprechen. Im Bereich der sittlichen Ordnung hat dieser »Weg von unten« in der Geschichte der Kirche entscheidend zur Ausprägung konkreter Verhaltensnormen beigetragen. Heilige und Ketzer waren dabei naturgemäß die stärksten Triebkräfte. Man denke an die verschiedensten Armutsbewegungen, die – mühselig genug – die Kirche immer wieder an die Relativität von Reichtum und Besitz erinnert haben. Man erinnere sich an die Vertreter des »Sozial-Katholizismus« im 19. Jahrhundert oder an die Bemühungen um die Anerkennung der Religionsfreiheit im Vorfeld und bei den Verhandlungen des Zweiten Vatikanischen Konzils. Man kann nur hoffen, daß auch in anderen Bereichen die heute noch vorhandene deutliche Diskrepanz zwischen den Wertvorstellungen vieler Gläubiger und den lehramtlichen Aussagen der Kirche[4] zu einer echten Weiterentwicklung normativer Aussagen führen. Solche innerkirchlichen Entwicklungen stehen natürlich stets auch in Zusammenhang mit bestimmten gesellschaftlichen Voraussetzungen. Der Christ und der Bürger im Menschen lassen sich nicht trennen. Darum wird der innerkirchliche Prozeß zwangsläufig zu einem wichtigen *Faktor* der *gesellschaftlichen Entwicklung*. Und es ist dabei keineswegs gleichgültig, in welcher Art, nicht nur der Sache nach, sondern auch im Stil, diese innerkirchliche Auseinandersetzung läuft. Beides ist für den gesellschaftlichen Auftrag relevant.

B. Der gesellschaftliche Auftrag

Das christliche Ethos – so wurde dargelegt – solle und wolle keine trennenden Unterschiede aufrichten, sondern vielmehr einer Ordnung universalen Konsenses dienen. Dann muß man der Kirche auch ein Mitspracherecht im Bereich der sittlichen Vernunft zubilligen. Die Tatsache, daß sich die heutige Gesellschaft aus der Leitungs- und Lehrvollmacht der Kirche emanzi-

[4] Bei den Umfragen zur Vorbereitung der Gemeinsamen Synode der Bistümer in der Bundesrepublik Deutschland zeigten sich im Bereich von Sexualität und Ehe die stärksten Dissonanzgefühle. An der Spitze steht mit Abstand die Frage der Empfängnisverhütung (61% denken anders, 35% haben Schwierigkeiten in dieser Sache). Über Sexualität allgemein denken 43% anders und selbst über die Unauflöslichkeit der Ehe denken 39% anders, als die Kirche sie lehrt (vgl. J. Gründel, Kirche und moderne Wertsysteme, in: K. Forster [Hrsg.] Befragte Katholiken, Freiburg i. Br. 1973, 64–72).

piert und ein säkularisiertes Moralbewußtsein entwickelt hat, darf kein Grund sein, die kirchliche Lehrverkündigung aus dem »Weltethos« auszuklammern. Im Grunde will das auch niemand. Unter Theologen hat noch keiner dieses Postulat erhoben, und die Kritiker außerhalb der Kirche sind die ersten, die den Bischöfen wie den kirchentreuen Christen Vorwürfe machen, wenn sie zu konkreten Fragen schweigen. Darüber geht eigentlich auch gar nicht der Streit. Umstritten ist allein die Frage, mit welcher Autorität, mit welchen Gründen und mit welcher Sicherheit die Kirche in konkreten Moralfragen mitsprechen und entscheiden könne. Dieses Problem hat sich im Anschluß an »Humanae vitae« mit besonderer Dringlichkeit gestellt. Die Theologie hatte sich im Anschluß an das Erste Vatikanische Konzil weitgehend auf die *formelle Behauptung* der (auch unfehlbaren) Lehr- und Entscheidungskompetenz der Kirche in Naturrechtsfragen beschränkt. Die moraltheologischen Handbücher lassen keinen Zweifel, daß sie die Sittenlehre als solche, d.h. alles, was unter diese Kategorie fällt, der kirchlichen Lehrautorität unterstellen. Kurz und bündig wird gesagt: »Ist die Kirche ... beauftragt, den Menschen Führerin zu sein auf ihrem Lebensweg zum ewigen Heil, dann lehrt, führt, entscheidet sie eben mit göttlicher Autorität.«[5] Und speziell zur Kompetenz in Naturrechtsfragen werden stereotyp drei Argumente angeführt: 1. Weil das natürliche Sittengesetz von der übernatürlichen Offenbarung bestätigt wird[6], mit ihr organisch verbunden[7], ja in ihr enthalten ist[8] und von ihr vervollkommnet wird[9], ist das kirchliche Lehramt auch dafür zuständig. 2. Weil das übernatürliche Ziel auch die Erfüllung des natürlichen Sittengesetzes fordert[10], hat die Kirche als »unfehlbare Wächterin der Sittlichkeit«[11] und Verkünderin »der ganzen Gotteswahr-

[5] J. Mayer, Die Notwendigkeit einer Autorität in religiös-sittlichen Fragen, in: J. Mausbach (Hrsg.), Moralprobleme, Freiburg i. Br. 1911, 248.
[6] J. Fuchs, Theologia moralis generalis (Romae 1960) 71; A. Lanza/P. Palazzini, Theologia moralis I, Taurini 1949, 13; J. Mausbach/G. Ermecke, Katholische Moraltheologie I, Münster [8]1954, 48.
[7] O. Schilling, Handbuch der Moral I, Stuttgart 1952, 17.
[8] J. Mausbach/G. Ermecke I, a. a. O. 48.
[9] F. Hürth, Notae ad praelect. theol. mor. I, 38; J. Fuchs, Theol. mor. gen., a. a. O. 71.
[10] J. Mausbach/G. Ermecke I, a. a. O. 116; K. Hörmann, Handbuch der christl. Moral, Innsbruck 1958, 84–86.
[11] J. Mausbach/G. Ermecke I, a. a. O. 32.

heit«[12] auch über das natürliche Sittengesetz zu befinden. 3. Weil es der Heiligkeit der Kirche widersprechen würde, wenn sie lehren könnte, »was nicht ehrenhaft ist«[13], muß das gesamte »Honestum« in ihre Kompetenz fallen. Grundsätzlich wird dafür auch die Möglichkeit einer unfehlbaren Entscheidung beansprucht[14]. »Die unfehlbaren Lehrentscheidungen ...«, steht in der ersten wie in der neuesten Auflage der Katholischen Moraltheologie von Mausbach-Ermecke, »erstrecken sich zunächst auf geoffenbarte Wahrheiten, können aber auch Wahrheiten der natürlichen Ethik entscheidend festlegen.«[15] Typisch für alle diese Behauptungen, die sich beliebig vermehren lassen, ist, daß sie aufgrund einer sehr allgemeinen theoretischen Überlegung großzügig für das Lehramt höchste Kompetenzen beanspruchen, *ohne* jedoch genauer *zu sagen, wann und mit welchen inhaltlichen Konsequenzen diese Vollmacht zu gebrauchen ist.* Es werden auch selten konkrete Beispiele genannt[16]; ja es wird ausdrücklich gesagt, es sei schwierig, den Sicherheitsgrad von Moralsätzen anzugeben[17]. Die Abgrenzung zwischen fehlbaren und unfehlbaren Entscheidungen bleibt – so hat man den Eindruck – mehr oder weniger bewußt im unklaren.

Für die Kirchenglieder hat diese Unklarheit allerdings keine große praktische Bedeutung. Zwar wird von ihnen – wo Unfehlbarkeit nicht sicher ist – keine absolute Zustimmung gefordert; sie dürfen

[12] F. Hürth, a. a. O. 8.

[13] T. Bouquillon, Instit. theol. mor. fundamentalis, Brügge 1903, 214; vgl. R. Hofmann, Moraltheol. Erkenntnis- und Methodenlehre, München 1963, 147.

[14] »Ecclesiam posse etiam authentice et infallibiliter interpretari legem naturalem«: J. Aerdnys/C. Damen, Theol. moralis I, Taurini [17a]1956, 95, vgl. 122. Desgleichen: H. Noldin, A. Tanquerey, Varceno u. a.

[15] J. Mausbach, Kathol. Moraltheol. I, Münster [2-4]1922, 12; J. Mausbach/G. Ermecke [9]I, 44f. (vgl. ganz ähnlich K. Hörmann, Lexikon der christlichen Moral, Innsbruck 1969, 876).

[16] Genannt werden: die Todsündlichkeit von Ehebruch, Kindsmord und Abtreibung. Dabei wird aber ein sehr allgemeiner Begriff dieser Vergehen vorausgesetzt; auch die Frage möglicher Ausnahmen wird nicht berührt (vgl. L. van Peteghem, Zekerheidsgraden in Moraaltheologie, in: Coll Gand 28, 1945, 173–175).

[17] Vgl. J. D. B. Hawkins, Christian Morality, London 1963, 63. Hawkins meint, es lasse sich keine lange Reihe von feierlichen Moraldefinitionen parallel zu den theologischen finden, weil das Christentum keinen neuen Moralkodex offeriere, sondern die Gebote grundsätzlich durch die Vernunft erkennbar seien und mit Vernunftgründen verteidigt würden, so daß sie einer Aussage der kirchlichen Autorität nach Art der Glaubensformeln nicht bedürften; indes habe es die Kirche an sittlicher Mahnung auf weniger feierlicher Ebene nicht fehlen lassen.

sich aber auch »nicht auf den Satz berufen (der Privatmeinungen gegenüber angewendet zu werden pflegt): ›Die Autorität gilt so viel wie ihre Gründe.‹ Selbst wenn daher jemandem eine Anordnung der Kirche aus den erbrachten Gründen nicht gerechtfertigt erscheint, bleibt doch die Verpflichtung des Gehorsams.«[18] Wir brauchen kein Wort darüber zu verlieren, wenn mit diesem Gehorsam der kirchliche Gehorsam gegenüber einem positiven Kirchengesetz gemeint ist. Fragwürdig wird diese Erklärung aber, wenn – wie sich aus dem Kontext ergibt – mit der Weisung eine interpretative Aussage, also eine Lehrmeinung zu einer Sachfrage des Naturrechts gemeint ist. *Hierbei muß sich das verantwortliche sittliche Handeln eines mündigen Menschen in erster Linie nach der Einsicht richten, und dafür zählt in erster Linie das Gewicht der Sachgründe.* Man wird sich in solchen Fragen auch gerne einer kompetenten Führung anvertrauen, wenn man überzeugt ist, daß für die Autorität nur Sachgründe maßgebend sind. Auch wenn man sich auf die Glaubensvernunft beruft, muß man mit sittlich-normativen Aussagen vernünftig umgehen. Man hat ihre kategoriale Eigenstruktur in jedem Schritt zu beachten. Das natürliche Sittengesetz muß sich prinzipiell argumentativ aufweisen lassen. Man kann sich vor den Menschen unserer Gesellschaft, seien sie gläubig oder nicht, nicht auf die sittliche Vernunfteinsicht berufen und zugleich auch von jenen sittliche Gefolgschaft fordern, die den Vernunftgründen nicht zu folgen vermögen. Hier liegt doch der Grund für die durch »Humanae vitae« ausgelöste Autoritätskrise.

Bei verschiedenen diözesanen Synoden der letzten Jahre hat sich allerdings in der Frage nach der kirchlichen Autorität im Umgang der Gläubigen mit den verantwortlichen Bischöfen sowie im Blick auf die Interpretation kirchlicher Dokumente ein deutlicher Wandel vollzogen.

Als Beispiel sei auf die Verhandlungen der *Gemeinsamen Synode der Bistümer in der Bundesrepublik Deutschland* zur Frage der Methode der Empfängnisverhütung hingewiesen. Bekannterweise erlaubt die lehramtliche Entscheidung der Kirche nur den Weg eines vollen oder teilweisen Verzichts auf die eheliche Hingabe. Aber es ist nun ebenso bezeichnend

[18] Pius XII. Ansprache v. 2. Nov. 1954, zitiert nach K. Hörmann, Die Zuständigkeit der Kirche für das Naturrecht nach der Lehre Pius' XII., in: J. Höffner u. a. (Hrsg.), Naturordnung, Festschrift f. J. Messner, Innsbruck 1961, 143.

für die gegenwärtige Situation, daß sich kein einziger Laie aus dem Kreis der Synodalen für eine ausschließliche Festlegung auf diesen ›kirchlich allein erlaubten Weg‹ eingesetzt hat. Die Umfragen zur Vorbereitung der Synode wie die Verhandlungen in der Sachkommission und in den beiden Vollversammlungen lassen nur den Schluß zu, daß eine überwiegende Mehrheit der gläubigen Katholiken bei der Wahl der Methode zur Empfängnisregelung größere persönliche Entscheidungsfreiheit für richtig hält. Damit stellte sich für die Bischöfe wie für die übrigen Synodalen das Problem, wie man diesem Verlangen gerecht werden könne, ohne in einen direkten Gegensatz zur päpstlichen Entscheidung zu geraten. In der Vorlage zur ersten Lesung hieß es, die Wahl der Methode falle in die Entscheidung der Gatten und diese verantwortliche Entscheidung dürfe nicht von egoistischen Motiven bestimmt sein. Die Bischöfe sahen darin eine »Privatisierung« der Entscheidung und verlangten, unter Hinweis auf ihr Vetorecht, die Formulierung: »Diese Entscheidung ... muß in gewissenhafter Prüfung nach objektiven Kriterien und nach den Normen gesucht und gefunden werden, die das Lehramt der Kirche vorlegt.« Damit wäre aber das Urteil über die Methode der Empfängnisregelung einzig und allein auf die lehramtliche Norm festgelegt gewesen. Dem konnte die Sachkommission unmöglich zustimmen. Die Kommission gab ohne weiteres zu, daß ein Katholik nicht einfach an der von der Kirche verkündeten Norm vorbeileben dürfe, als ginge sie ihn nichts an. Aber sie beharrte unnachgiebig darauf, daß ein Katholik in gewissenhafter Prüfung zu einem von der Norm abweichenden Urteil kommen könne. Dieser Möglichkeit zu abweichendem Urteil und Verhalten glaubte die Sachkommission gerecht zu werden mit der Formulierung: »Das Urteil über die Methode der Empfängnisregelung muß in die gewissenhafte Prüfung die objektiven Normen miteinbeziehen, die das Lehramt der Kirche vorlegt.« Alles hängt an dem Wort »miteinbeziehen«. Dieser Begriff läßt einem abweichenden Urteil ganz anderen Raum als die Aussage, die Entscheidung müsse nach den objektiven Normen der Kirche »gesucht und *gefunden werden*«. Bei der Beratung in der Vollversammlung war es nicht leicht, einer starken Opposition klarzumachen, daß die von der Kommission vorgeschlagene Formulierung wohl der gegenwärtigen Situation in der Kirche am meisten gerecht werde. Man fand die Aussage zu prinzipiell theoretisch, zu wenig hilfreich für den »gewöhnlichen Christen«. Manchen war sie aber auch zu wenig konsequent auf der Linie der päpstlichen Entscheidung. Aber die große Mehrheit hat wohl eingesehen, daß die Synode keinen Beschluß fassen konnte, der der päpstlichen Entscheidung *direkt* widersprochen hätte. Man mußte sich mit einem *allgemeinen Prinzip* begnügen, *das uns den rechten Umgang mit einer lehramtlichen Äußerung* lehrt. *Darin* liegt wohl *die* nicht zu unterschätzende *Bedeutung* dieses Entscheids. Auch ein treu zu seiner Kirche stehender Katholik kann zu einer von der lehramtlichen Entscheidung abweichenden Auffassung kommen; er darf diese Meinung vertreten und persönlich oder z. B. als Arzt seinen Patienten gegenüber auch praktizieren.

Wenn das Lehramt und die Theologie glauben, aus anderen Quellen mehr zu einer sittlichen Sachfrage zu wissen, als durch Sachgründe aufzuweisen ist, dann müssen sie den Katholiken und allen Menschen guten Willens genau erklären, woher und was sie mehr oder zuversichtlicher zu sagen haben. Sonst wiegen die Argumente tatsächlich so viel, als sie aufzuweisen vermögen. Diese Feststellung braucht niemanden zu erschrecken, der gute Argumente hat. Die Art und Weise, wie die Kirche zu Fragen sozialer Gerechtigkeit oder zu den Problemen der Friedenspolitik Stellung genommen hat, und das Echo, das diese Äußerungen gefunden haben, zeigen deutlich genug, daß die Kirche in dem Maße moralische Autorität gewinnt, als sie sich einer offenen argumentativen Auseinandersetzung stellt.

C. Die spezifische Lehrkompetenz

Nach der übereinstimmenden Lehre beider vatikanischen Konzilien[19] bezieht sich die spezifische Lehrkompetenz der Kirche im Bereich der Moral auf die Anwendung des Glaubens auf das sittliche Leben. In »Lumen gentium« wird ausdrücklich gesagt, das Lehramt habe »fidem credendam et moribus applicandam praedicare« (Nr. 25). Daraus ergeben sich zwei ganz konkrete Fragen: zunächst und vornehmlich, was aus der spezifischen Glaubenseinsicht für die sittliche Erkenntnis resultiere; und dann mehr in obliquo, welche Rückwirkungen möglicherweise der Fortschritt der Erkenntnis im Weltethos haben könnte für die Glaubensbotschaft (sancte custodiendum et fideliter exponendum)[20]. Darauf kann man sachgerecht nur antworten, wenn man

[19] »Zwischen dem ›tamquam divinitus revelata credenda‹ der Konstitution ›Dei filius‹ und dem ›tamquam definitive tenenda‹ von ›Lumen gentium‹ gibt es in der Sache keinen Unterschied. Denn wie schon in der Definition der Unfehlbarkeit des Papstes (doctrinam de fide vel moribus ab universa Ecclesia tenendam definit: DS 3074), bezieht sich das ›definitive tenere‹ auf den in der Kirche festgehaltenen Glauben selbst« (E. Klingler, Die Unfehlbarkeit des ordentlichen Lehramts, in: K. Rahner [Hrsg.], Zum Problem Unfehlbarkeit, QD 54, Freiburg i. Br. 1971, 277 f.).

[20] Vgl. K. Rahner, Kommentar zu Art. 25 der Dogmatischen Konstitution über die Kirche, in: LThK^2 Vat. Bd. I: »Dadurch (sancte custodiendum) werden auch solche Wahrheiten in den Gegenstand dieser Lehrautorität einbezogen, die zum Schutz des eigentlichen Offenbarungsdepositum gehören, auch wenn sie nicht formell (explizit oder implizit) selbst geoffenbart sind« (Nr. 236). Sofern solche

die Eigenart des Sittlichen genau beachtet. Wir haben sie in § 22 dargelegt. Unter Beachtung der dort gewonnenen Einsichten ergibt sich für die »applicatio fidei« im Bereich der Moral:

– Der Glaube eröffnet dem transzendental sittlichen Akt sein eigentliches und umfassendes Ziel. Der damit gegebene Heilsbezug gehört mit der Lehre von Gnade und Rechtfertigung fraglos zum klassischen Lehrbereich der Kirche.

– Mit diesem Ziel ist auch die theonome Beanspruchung des Menschen im Selbstvollzug seiner Freiheit glaubensmäßig gesichert. Die Kirche muß diesen theonomen Anspruch verteidigen gegen jeden Versuch, den Sollensanspruch ideologisch zu deuten und damit kontingente Werte zu verabsolutieren. Sie muß sich aber selbst bewußt sein, daß die theonome Legitimierung des Sollens die kreatürliche Vernunft nicht verändert oder beengt, sondern als *kreatürlich* freisetzt.

– Konkrete sittliche Handlungsnormen können durch die Glaubenseinsicht eine inhaltliche Bestätigung sowie eine vertiefte Begründung erfahren (z. B. das Verfügungsrecht über den Menschen, die eheliche Treuebindung usw.). Das Lehramt hat sie dementsprechend in ihrer Geltung zu sichern. Glaubenseinsichten über den Menschen sind dabei besonders wichtig. Auch sie können aber nur so weit inhaltlich bestimmend in eine Präskription eingehen, als sie in einem eindeutigen Wertprädikat zum Ausdruck kommen. Weiter bleibt zu beachten, daß durch eine lehramtliche Bestätigung und Verkündigung als solche sittliche Normen keinen Absolutheitscharakter erhalten, d. h., daß sie deswegen nicht zu ausnahmslos und unter allen Umständen gültigen Normen werden[21]. Sie gelten im allgemeinen unter den

Wahrheiten und eine entsprechende »fides ecclesiastica« überhaupt möglich sind (worüber sich die »Gelehrten« streiten), müßte man sich also fragen, ob und welche vernünftigen sittlichen Einsichten unbedingte Voraussetzung sind zur Bewahrung des Depositum revelationis. Dazu müßte man aber zuerst genau wissen, welches denn nun das geoffenbarte »Depositum in re morali« ist. Daß dies mit dem Hinweis auf das materiale Vorhandensein einer sittlichen Forderung in der Schrift oder Tradition allein nicht entschieden werden kann, dürfte in Kenntnis der einfachsten hermeneutischen Regeln klar sein. Die konkreten sittlichen Forderungen der Bibel sind – wie dargelegt wurde – in einen kulturgeschichtlichen Prozeß eingebunden. Dieser Prozeß geht weiter, und das eigentliche Problem liegt in dem reziproken Verhältnis von Glaube und Fortschritt.

[21] Allgemeine sittliche Prinzipien fallen hier nicht in Betracht; ihre unbedingte Gültigkeit ergibt sich aus ihrer tautologisch-explikativen Natur.

für sie gegebenen Bedingungen und bleiben durch die Kontingenz der Bedingungen zur Applikation und Weiterentwicklung offen. Soweit dabei ein durch die Glaubenseinsicht garantierter Wert die Geltung sichert, können Normen in der eben dargelegten Allgemeingültigkeit auch mit letzter Verbindlichkeit vorgetragen werden[22].

Jede Generation der Kirche hat die sittliche Botschaft des Evangeliums in praktisch-kritischer Intention in ihrer Zeit zu leben. Diese horizontale Dimension der in der Gegenwart gelebten Botschaft Christi ist gleichsam in einer vertikal-geschichtlichen Dimension mit allen früheren Epochen verbunden. Wenn es nun in der vernünftigen Selbsterkenntnis des Menschen und seiner Welt einen fortschreitenden und gewissermaßen irreversiblen Prozeß gibt, so bleibt wahrscheinlich dieser Prozeß nicht ohne Einfluß auf ein immer tieferes Verstehen der Botschaft Jesu selbst. Die Geistes- und Kulturgeschichte des Abendlandes ist nicht denkbar ohne die »Wirkgeschichte des Evangeliums«; desgleichen ist die Theologiegeschichte nicht denkbar ohne die Geistesgeschichte. In diesem gegenseitigen Bedingungsverhältnis sind Einsichten gewonnen worden, die für das zwischenmenschliche Verhalten von bleibender Bedeutung sind. Bei der »applicatio fidei« im Bereich der Sittlichkeit ergibt sich ein reziproker Erkenntnisprozeß, bei dem es schwer ist zu sagen, ob jeweils ursprünglich eine theologische Einsicht oder ein Fortschritt sittlicher Vernunft den konkreten Impuls gegeben hat. Darüber zu streiten lohnt sich nicht. Entscheidend ist allein, daß die Kirche stets neu ihren Auftrag erkenne und lebe. So bleibt sie Zeichen der Hoffnung für die Welt.

[22] Das Scheidungs- bzw. Wiederverheiratungsverbot in der gegenwärtigen Rechtsordnung bietet dafür ein gutes Beispiel. Die Unauflöslichkeit der Ehe gilt, wenn drei Bedingungen zusammentreffen: gültig geschlossene Ehe; sakramentale Ehe, d.h. zwischen zwei Christen, und Vollzug dieser, d.h. sakramentalen Ehe. Wenn es an einer dieser drei Bedingungen fehlt, kann die Ehe entweder für nichtig erklärt oder aufgelöst werden. Diese normative Regelung hat, wie übrigens auch die Entscheidungen des Tridentinums, deutlich einen doppelten Aspekt. Sie spricht eine unverzichtbare Forderung des Evangeliums aus und stellt sie doch unter kontingente Voraussetzungen. »Die kirchliche Praxis *ist* nicht einfach die Lehre des Evangeliums; sie ist aber auch nicht bloß ›nicht gegen die Lehre des Evangeliums‹..., sondern ›iuxta‹: auf der Linie des Evangeliums, es aufnehmend und konkretisierend« (J. Ratzinger, Zur Frage nach der Unauflöslichkeit der Ehe, in: Ehe und Ehescheidung, Mü. Akademie-Schriften, Bd. 59, 1972, 49f.).

Personen- und Sachregister

Vorbemerkung: Namen sind nur insoweit aufgeführt, als sie für den Textzusammenhang relevant sind. Schlag- und Stichwörter sind unter dem Gesichtspunkt moraltheologischer Systematik ausgewählt.

Abkürzungsverzeichnis

BK	Biblischer Kommentar
BZAW	Beihefte zur Zeitschrift für die alttestamentliche Wissenschaft
Cath	Catholica
Coll Gand	Collationes Gandavenses
DThA	Deutsche Thomas Ausgabe
EKK	Evangelisch-katholischer Kommentar zum NT
FZPhTh	Freiburger Zeitschrift für Philosophie und Theologie
Gr	Gregorianum
HAT	Handbuch zum Alten Testament
HerKorr	Herder Korrespondenz
HPhG	Handbuch philosophischer Grundbegriffe
HThG	Handbuch theologischer Grundbegriffe
HThK	Herders theologischer Kommentar zum NT
HWP	Historisches Wörterbuch der Philosophie
LThK	Lexikon für Theologie und Kirche
LUÅ	Lunds Universitets Årsskrift
MS	Mysterium salutis
MThZ	Münchener Theologische Zeitschrift
NovT	Novum Testamentum
NZSTh	Neue Zeitschrift für systematische Theologie (und Religionsphilosophie)
NZZ	Neue Zürcher Zeitung
PhJ	Philosophisches Jahrbuch
QD	Quaestiones disputatae
SBS	Stuttgarter Bibelstudien
Schol	Scholastik
SM	Sacramentum mundi
StZ	Stimmen der Zeit
THAT	Theologisches Handwörterbuch zum AT
ThLZ	Theologische Literaturzeitung
ThPh	Theologie und Philosophie
ThSt	Theologische Studien
ThWAT	Theologisches Wörterbuch zum AT
ThWNT	Theologisches Wörterbuch zum NT
VTS	Vetus Testamentum Supplementum
WiWei	Wissenschaft und Weisheit
WMANT	Wissenschaftliche Monographien zum AT und NT
ZAW	Zeitschrift für alttestamentliche Wissenschaft
ZEE	Zeitschrift für evangelische Ethik